国家社科基金
后期资助项目
GUOJIA SHEKE JIJIN HOUQI ZIZHU XIANGMU

安全情报学导论

An Introduction to Safety & Security Intelligence Science

王秉　吴超　著

科学出版社

北　京

内 容 简 介

　　安全情报学是一门适用于所有安全领域或行业的具有普适性的情报科学和安全科学新分支，旨在解决安全管理过程中的安全情报缺失（不完备）问题。在当今高风险社会和信息时代（特别是大数据与智能化时代），安全情报学研究意义重大，迎来了发展的春天。本书专门介绍与研究安全情报学，立足于大安全观和大安全情报观，面向和聚焦安全管理的全过程，构筑和发展安全情报学理论体系，提升安全情报对安全管理的支撑，描绘和展望安全情报学未来发展。本书共分七章，内容包括：绪论、安全情报基本问题、安全情报学学科建设理论、安全情报学基本理论、情报主导的安全管理及典型应用、大数据时代的安全情报学发展与展望，以及安全情报学实践应用的重要新领域。

　　本书可作为高等院校安全类（包括安全科学与工程、国家安全学、应急管理、公安学与网络空间安全等）、图书情报、信息管理、管理科学与工程等相关专业的本科生、研究生的学习之书，也可作为广大情报科学和安全科学相关科研人员、学者与实践者的参考用书。

图书在版编目（CIP）数据

安全情报学导论／王秉，吴超著．—北京：科学出版社，2022.5
ISBN 978-7-03-071964-5

Ⅰ.①安… Ⅱ.①王… ②吴… Ⅲ.①信息安全–情报学 Ⅳ.①G250.2

中国版本图书馆 CIP 数据核字（2022）第 048070 号

责任编辑：杨逢渤／责任校对：樊雅琼
责任印制：吴兆东／封面设计：无极书装

科学出版社 出版
北京东黄城根北街 16 号
邮政编码：100717
http://www.sciencep.com

北京虎彩文化传播有限公司 印刷
科学出版社发行　各地新华书店经销

*

2022 年 5 月第 一 版　开本：720×1000　1/16
2023 年 10 月第二次印刷　印张：24 1/4　插页：3
字数：500 000

定价：248.00 元
（如有印装质量问题，我社负责调换）

国家社科基金后期资助项目
出版说明

　　后期资助项目是国家社科基金设立的一类重要项目，旨在鼓励广大社科研究者潜心治学，支持基础研究多出优秀成果。它是经过严格评审，从接近完成的科研成果中遴选立项的。为扩大后期资助项目的影响，更好地推动学术发展，促进成果转化，全国哲学社会科学工作办公室按照"统一设计、统一标识、统一版式、形成系列"的总体要求，组织出版国家社科基金后期资助项目成果。

　　　　　　　　全国哲学社会科学工作办公室

作 者 简 介

王秉，1991年出生，汉族，甘肃兰州榆中人，博士。中南大学特聘教授，博士生导师，中南大学安全理论创新与促进研究中心/中南大学安全科学与应急管理研究中心副主任，国家社会科学基金重大项目首席专家，中南大学十佳青年。兼任《灾害学》《中国安全科学学报》《西安科技大学学报》等期刊编委（青年编委）、*Safety Science* "*Safety & Security Informatics and Safety & Security Management*" 专刊特邀主编、科普杂志《健康世界》通讯编委、全国公共安全基础标准化技术委员会安全文化工作组委员、中国职业健康协会"安全科学领域高质量期刊分级目录"评审会专家委员、中国职业健康协会安全文化专家、湖南省应急管理专家等。主要从事大安全观指导下的安全情报学（包括生物安全情报）、安全信息学、安全文化学（包括安全人文）、安全学科建设等文理跨学科交叉领域的安全科学研究。先后创立安全文化学、安全信息学、安全情报学学科理论体系，以及循证安全管理理论、安全认同理论等安全新理论。以第一或通讯作者在本领域重要期刊发表成体系的 SSCI、SCI、CSSCI、CSCD 检索论文 100 余篇；出版《安全文化学》《安全信息学》等专著或教材八部（其中，国家级规划教材两部）。主持国家社会科学基金重大项目一项、国家社会科学基金一般项目两项、国家社会科学基金重大项目子课题一项、教育部人文社会科学研究项目一项、省自然科学基金项目一项、教育部产学合作协同育人项目一项，参与国家级、省部级课题 10 余项。获省级社会科学优秀成果奖二等奖、省级教学成果奖二等奖、省级优秀博士学位论文、省级研究生优秀教材等荣誉。在《中国应急管理报》等发表安全评论或科普文章数十篇。

　　吴超，1957年出生，男，汉族，广东揭阳人，工学博士。中南大学教授、博士生导师。国务院政府特殊津贴获得者。主要从事安全科学理论的教学和科研。曾主讲10余门本科和研究生课程，已培养100余名硕士和博士研究生；曾获国家和省部级教学与科研奖和图书奖19项；在国内外发表论文400多篇，其中100多篇被EI、SCI收录；作为第一和第二作者出版专著及教材30余种（其中，三部专著获国家科学技术学术著作出版基金资助，一部专著获第14届中国图书奖，两本教材被列为国家级规划教材）；主讲的两门课程获评国家级精品课、国家级精品共享资源课和国家级精品在线课。

专家推荐语

安全是任何社会的重大问题,更是今天数字社会的重大问题。安全科学是21世纪以来发展最快的学科之一。安全情报铸造数字社会的安全之锚。安全管理离不开情报。现代情报学的重要任务和职能之一是研究安全预警的原理、方法和技术。该书把安全科学与情报科学结合起来,力图建立一门新的交叉融合学科。作者基于项目研究成果,首次提出情报主导的安全管理思想,强调安全情报是安全管理的必用之宝,指出当今安全管理面临的一个重大挑战就是"有价值的安全情报缺失",认为应该深刻认识安全情报研究的重要性和紧迫性。该书系统介绍和阐述了安全情报学的研究对象、内容和性质,初步构建了安全情报学的内容体系,比较深入地阐述了安全情报学的基本问题、基本理论、主要应用领域和典型应用,以及大数据时代安全情报学的发展趋势。书中提出了一些重要的颇具启发性的观点。例如,安全管理的本质是安全管理者运用安全情报实施安全管理的行为;安全情报的概念是管理者在情报学视域下对安全管理的新认识;安全情报学是以解决安全情报缺失问题为导向和归宿的一门研究安全情报的性质、结构、功能及其产生、传递和利用规律的新兴应用性交叉学科;等等。该书的出版将进一步丰富安全科学和情报科学的知识库,为相关领域的研究者、实践者及对此领域有兴趣的广大读者提供非常有参考价值的知识内容和资料。

——赖茂生(北京大学信息管理系教授)

古今中外,情报工作都是安全的重要保障。在总体国家安全观倡导的大安全体系中,总体性安全情报研究具有非常重要的现实意义和学术价值。该书的出版适应了大安全、大情报时代的安全情报工作需要,丰富了安全情报理论的学术体系,提升了安全情报研究的学术价值!该书以问题为导向,具有较强的实践价值;学术体系完整,具有多方面的理论创新;研究方法科学,体现了交叉学科的鲜明特征。无论是从事安全和情报方面的实际工作,还是进行安全和情报方面的科学研究,抑或仅仅是对安全和情报问题感兴趣,该书都是一部值得拥有并珍藏参阅的学术著作。

——刘跃进(国际关系学院公共管理系教授)

安全情报学是近年来情报科学与安全科学交叉融合而成的新兴学科领域。该书构建了安全情报学理论体系，提出了情报主导的安全管理新方法，指明了安全情报学的未来发展方向，为安全情报学的构建与完善做出了突出贡献，开辟了情报科学和安全科学新阵地。该书结构合理，内容丰富，逻辑清晰，辨析了安全、安全科学、情报、情报科学与安全情报等安全情报学的基本概念，探讨了安全情报（Safety & Security Intelligence）的基本问题及安全情报学相关理论，开展了情报主导的安全管理及典型应用，并展望了大数据时代的安全情报学发展方向。创新之处在于从大安全观、安全情报和大安全情报观的视角，提出了情报主导的安全管理新方法，为创新安全管理方法、解决安全管理中安全情报缺失问题做出了贡献。

——李纲（教育部人文社会科学重点研究基地武汉大学信息资源研究中心主任、教育部长江学者特聘教授）

大数据时代为安全管理提供了更加多样和更多规模的数据信息，但也导致决策者面临从浩瀚的数据中识别并挖掘洞见即形成决策情报的重大挑战。如何为安全决策提供有价值的安全情报，推动智慧安全管理，成为安全科学和情报科学共同面临的重要任务。《安全情报学导论》首次构建了安全情报学的理论体系，提出了情报主导的安全管理新方法，阐述了安全情报学的实践应用范式，并讨论了安全情报学的未来发展方向。该书所做的工作及创新研究有效促进了安全科学和情报科学的交叉融合，也为安全情报学作为一个重要新领域的发展奠定了重要基础。

——沙勇忠（兰州大学副校长、兰州大学管理学院教授）

【本书内容导图】

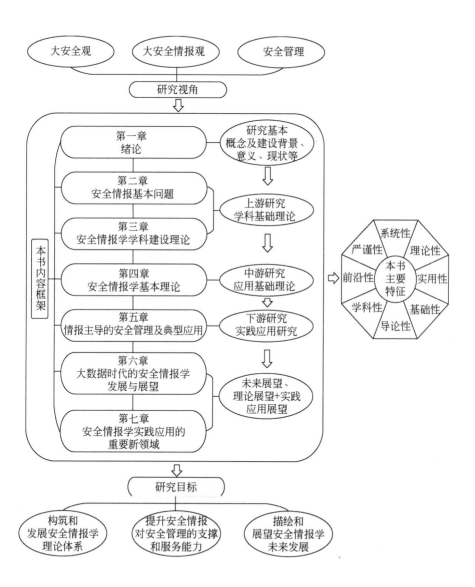

前　言

自人类迈入风险社会，各种安全威胁、安全风险与安全事件层出不穷，时刻威胁着人类生存和国家、社会等的发展。同时，当前世界充满变化，各类人造系统（如城市）日益巨化、复杂化，各类不确定安全因素和安全风险剧增，呈现交织叠加、整体涌现的趋势，传统安全问题和非传统安全问题相互交织，给现代安全管理带来诸多挑战。安全已逐渐成为世界各国和人类社会的一个"主旋律"，安全问题已成为社会各界广泛关注的一个重要现实问题。近年来，安全事业蓬勃发展。例如，在学科建设方面，我国至今已有安全科学与工程（代码0837）、国家安全学（代码1402）、网络空间安全（代码0839）、公安学（代码0306）与公安技术（代码0838）五个安全类一级学科，已形成庞大的安全学科群。

情报科学历来强调关注国家和社会发展中的重大现实问题的研究，且安全情报（Safety & Security Intelligence）是安全管理的支撑和基础，安全情报研究对促进安全管理意义重大。正因如此，新时代中国的情报科学与情报工作以服务于国家、社会和其他组织的安全与发展为宗旨。鉴于此，近年来，安全情报研究逐渐兴起，已载入情报科学与安全科学（Safety & Security Science）发展史册，已成为情报科学与安全科学交叉领域新的学科生长点和延伸点。

其实，情报概念与安全科学领域结缘已久，其早就进入了安全科学领域。或者说，情报概念最早就起源于安全科学领域。为什么会这么说呢？情报概念的渊源已久，若追溯其起源，应滥觞于"军事安全情报""国家安全情报""公安情报"（或称为"警务情报"，其涉及众多公共安全情报）等，这也是人们会将情报与军事安全、国家安全紧密联系起来的重要原因之一。此外，安全情报是人类安全需要的产物，安全情报是古老的。自人类诞生以来，其就开始追求安全，同时也就有了人类因安全需要而产生的安全情报需求，而安全情报活动也就自然出现了。

在早期，与情报概念一样，安全情报概念带有显著的敏感神秘色彩，主要集中在安全领域（如国家安全、军事安全等）和应急管理领域，安全情报研究相对分散和缺乏普适性，各领域对安全情报概念的认识也各不相同，有点"各自为政"，缺乏共识。在当今时代，随着情报概念的发展和安全情报研究的不断深入，安全情报概念的科学性和普适性不断增强，目前已基本实现"从分散到统一""从具体性到普适性"的演化过渡，具体体现在三方面，即"从局部安全到总体安全""从'安全（Security）'到'安全一体化（Security & Safety Integration）'""从应急管理到安全管理全过程"。从安全管理角度看，安全情报是指影响了安全管理的安全信息（或者说，对安全管理有用的安全信息），安全管理离不开安全情报的支持，安全情报旨在提升安全管理能力，可对安全绩效产生重要影响。

随着人类社会迈入当今信息时代，特别是大数据时代，安全信息量呈井喷式增长，安全情报的作用与意义并未削减，"无用的安全信息泛滥，有价值的安全情报缺失"的问题反倒愈发凸显，严重影响安全管理的效果。在此背景下，安全情报和安全管理工作者开始对安全科学（特别是安全管理）进行安全情报反思，并通过反思深刻意识到，安全情报不同于安全信息，对安全管理失败原因的认识亟待从过去的安全信息缺失层面过渡至安全情报缺失层面，未来的安全管理重点任务应是解决安全管理中的安全情报缺失（不完备）问题，亟待深刻认识安全情报概念及安全情报研究的重要性。同时，在当今大数据和智能时代，应以数据信息为基，情报（情报是封装的智能，智能是开放的情报）为网，实现国家、社会和各类组织的智慧管理。同样，安全大数据与安全情报已成为推动安全管理变革、创新与进步，以及实现智慧安全管理的主要驱动力。

综上可知，在当今高风险时代、大数据时代和智能时代，特别是随着《中华人民共和国国家情报法》与《中华人民共和国国家安全法》的颁布实施，以及习近平总书记的"总体国家安全观"的提出，安全情报研究与实践工作的意义日益凸显。安全情报已成为新时代情报科学和安全科学创新的必然选择。安全情报研究的兴起和发展呼唤一门与之相应的学科作为指导，安全情报学便由此诞生。从学术角度看，从"安全情报"到"安全情报学"，绝非仅为一字之差，而是实现了从"情报科学+安全"的输入到"安全+情报科学"的输出，实现了安全情报研究一次质的飞跃。

安全情报学作为情报科学与安全科学进行交叉融合而形成的一门新学科，作为一门适用于所有安全领域或行业的普适性安全科学和情报科学新分支，作为专门研究安全情报的一门科学，旨在解决安全管理过程中的安全情报缺失（不完备）问题。目前，安全情报学地位由被动附属型转变为主动引领型。同时，安全情报学的诞生和发展有助于推动情报科学逐步独立出来而形成一门独立的一级学科，有助于推动新时代情报科学与安全科学研究的纵深和横向发展。可以说，目前，安全情报学迎来了发展的春天，且是一门蓄势待发的朝阳学科。

安全情报学作为一门新学科，目前尚不成熟，且发展面临许多挑战。其中，最显著的不成熟之处和最大的挑战是安全情报学基础理论（包括学科上游的学科基础理论和学科中游的应用基础理论）相对薄弱，尚未构建完整、科学的安全情报学理论体系，尚未明确安全情报学的实践应用范式，进而导致安全情报学未来研究、实践和发展缺乏理论依据和方向、方法指导，这严重阻碍安全情报学未来研究、实践和发展。与此同时，安全情报学的未来发展也充满迷茫。因此，目前，情报与安全学者在以开放和包容的态度接受和支持安全情报学研究和建设的同时，更要重视构筑发展安全情报学整体体系，特别是出版一部较全面地介绍和研究安全情报学的学术专著，这应是当前安全情报学研究、实践和发展无法回避的重大课题。

为弥补上述安全情报学研究存在的缺憾，为促进安全情报学发展，为满足广大安全情报学同仁学习、研究和发展安全情报学的需求，近年来，作者以出版一部介绍和研究安全情报学的学术专著为基本追求和目标，在前人的安全情报学研究基础上，持续专门开展安全情报学方面的研究探索。作者的初心是撰写一本系统全面的安全情报学专著。但由于安全情报学研究内容繁杂而庞大，很难用一本书囊括所有安全情报学的研究内容；再加之，目前尚未有一门专门以"安全情报学"命名的专著。鉴于此，作者最终决定基于学科建设高度，撰写一本具有概括性、基础性和导论性的专著，故将本书命名为"安全情报学导论"。

本书作立足于当今情报科学和安全科学学科研究与实践重大需求，基于学科建设高度，从大安全观、大安全情报观与安全管理视角出发，面向和聚焦于安全管理全过程，旨在构筑发展安全情报学理论体系和实践应用范式，并辐射安全情报学基本应用和发展展望。概括而言，本书的基本思路和目标是：立足于大安全观和大安全情报观，面向和聚焦于安全管理的全过程，构筑和发展安全情报学理论体系（理论目标），提升安全情报对安全管理的支撑和服务能力（实践应用目标），描绘和展望安全情报学未来发展。

作为科研工作者，集中一段安静的时间来撰写论文和著作，是一种品味灵魂超脱的欢欣与孤独。本书的撰写花费了作者巨大心血。看到努力已久的心血终于著成书，作者自然有一种收获的喜悦，这是一种非文字工作者难以了解的体验。近年来，作者坚持在安全科学与相关学科交叉领域持续耕耘，已撰写出版《安全文化学》《安全信息学》《安全科学新分支》

等专著（本书是作者在该领域的第四本专著），算是积累了一定的研究经验，在该领域的研究和思考也逐渐成熟、科学而系统。

但是，毋庸讳言，安全情报学作为情报科学和安全科学交叉而形成的一个新领域，本书的出版更多的是表明我们的探索取得了阶段性的成果，本书难免存在一些不足，所提出的部分理论、认识和观点尚不成熟，尚有待相关研究者和实践者批评指正和提高、完善与丰富。首先，安全情报学作为一门新兴学科，它的学科体系和实践应用仍在不断嬗变、发展和完善之中，而本书主要目标是为从事安全情报学研究和应用的同仁奠定一定理论基础、方法指导和提供一个初步的框架体系，进而促进安全情报学理论研究和实践应用逐步走向成熟。由此可见，本书是一本探索性、导论性、基础性的专著。其次，由于本书是首部冠以"安全情报学"的著作，以及安全情报学是一个全新的领域，多学科交叉，时间仓促，资料收集不全，有些问题尚未组织充分讨论，特别是作者心得、经验、水平与精力有限，书中难免存在疏漏，恳请广大同仁和读者批评和指正。

这里，作者衷心感谢在本书的撰写中提出许多宝贵建议的朋友们和书中引用的相关文献的作者们。同时，须重点一提的是，作为一名年轻的科研工作者和原来以安全科学为背景的研究者，在情报科学领域，作者是一名彻底的"新兵"，在安全情报学研究过程中，作者得到了情报科学领域各位前辈和图情领域学术期刊的鼎力支持和悉心指导，让作者深深感受到了图情领域的开放、包容、热情和对年轻人的扶植与培养。在目前交叉学科发展环境下，交叉科学研究仍非常不易，若没有情报科学领域前辈和学术期刊的开放、包容、支持、鼓励，可想而知，我们的安全情报学研究之路注定会困难重重。在此表示衷心感谢！

王　秉

2021 年 2 月

目　录

第一章 绪 论

※本章导读※

本章是本书的开篇，本章内容是为了给读者学习本书后面章节内容打好基础。首先，本章界定和剖析安全情报学所涉及的五个基本概念，即安全、安全科学、情报、情报科学与安全情报。其次，提出和建设安全情报学是颇具挑战性的，要求学者以开放、包容、创新的学术态度尝试认可和接纳它，更需要学者本着严谨的科学态度真正潜沉下来，开展严谨而深入的安全情报学学科建设方面的思考与研究，为明确学习和研究安全情报学的必要性与重要性，本章分别从学科与实践两方面出发，深入论述开展安全情报学研究与实践工作的背景及意义。在此基础上，从哲学基础、实践基础与理论基础三方面出发，深入论证安全情报学建设的基础条件。最后，为了解安全情报学的研究进展，基于学科高度，系统梳理和深度剖析安全情报学研究进展。

第一节 安全情报学的学科基本概念

所有学科都有各自基础的学科基本概念，即一门学科应该探讨什么基本问题，这直接决定学科存在的价值。就安全情报学来说，要明确它的学科基本概念有哪些，从而把握安全情报学的内涵和外延，有机整合有关资源、理论和方法。同时，从理论上看，对安全情报学的学科基本问题（如学科属性、研究对象、研究方法等）的认识和定位应建立在安全情报学的学科基本概念体系之上。若将安全情报学学科体系看作一座"大厦"，那么，学科基本概念就是建筑"大厦"的材料，界定安全情报学相关基本概念就是了解、学习、研究与探索安全情报学的前提与基础。因此，在安全情报学学科建设与发展过程中，学科基本概念发挥着举足轻重的作用。可见，厘清安全情报学的学科基本概念是建设和研究安全情报学学科的基础。鉴于此，在本书开篇，对安全情报学的学科基本概念进行扼要介绍。

须补充说明的是，虽然学术研究和讨论不必拘泥于对某一学术概念的原始考证，也不必遵循某种定论，但厘清和统一学科基本概念是非常必要的。尤其是，如果要建立科学合理的学科理论体系和进行良好的学术对话，学科基本概念体系是必不可少的。因此，构建以学科基本概念为基础的安全情报学学科体系，必须准确界定和理解安全情报学的学科基本概念。

"安全是安全科学及其分支学科的元概念""就学科归属而言，安全情报学是安全科学与情报科学的交叉综合学科""安全情报是安全情报学的研究对象"，因此，明确界定安全、安全科学、情报、情报科学与安全情报五个概念，应是开展安全情报学相关研究的基础和前提。但目前对这五个学科基本概念的界定和理解还极为模糊，导致学界对安全情报学的研究对象、研究范畴和学科属性等的定位和认识，存在偏颇甚至错误之处。

概括而言，当前对安全情报学学科基本概念界定与理解的模糊地方主要体现在四个方面：①尚未明晰现代安全科学中安全的定义，尤其是尚未全方位认识与理解安全的内涵、外延与属性；②尚未统一界定情报概念（梁战平，2003；陈超，2017），导致在安全情报概念的界定与理解方面存在众多分歧；③虽然安全情报概念在各个具体的安全领域或行业（如国家安全、军事安全、生物安全、科技安全、公共安全、应急管理等）都有一些散乱的阐释和认识，但统一而通用的安全情报定义尚未形成；④尚未清晰认识安全情报与安全信息间的区别（差异），致使人们对安全管理的理解和认识还停滞在安全信息层面，尚未过渡至安全情报层面。

目前，在安全情报学学科基本概念界定与理解上仍存在上述分歧和问题的主要原因是：①安全与情报本身就是两个极具争议的概念，尤其在不同学科中，对二者的界定及其内涵、外延的认识，仁者见仁，智者见者，极难达到统一；②部分安全情报学研究者的学科背景是情报科学和管理类学科，对安全科学的学科内涵和来龙去脉了解不足，不清楚在现代安全科学发展中形成的主流、科学的安全定义，缺乏基于安全科学角度审视和解读安全情报概念。

从理论上讲，安全情报学作为情报科学和安全科学的交叉学科，廓清安全情报学学科基本概念，需要情报科学与安全科学学者的共同参与和对话。基于此认识，近些年，作者依赖自身所具备的安全科学背景和优势，在积极学习情报科学知识和与情报科学工作者进行讨论交流的基础上，持续致力于安全情报学学科基础理论研究。通过长期研究、探索和思考，以及与情报科学学者的对话交流，作者认为，目前，学界对安全情报学的学科基本概念界定与理解已日渐趋同，这有利于筑牢安全情报学学科建设、研究与发展的根基。

正因如此，本节基于目前的主流观点及以上五个术语概念的演进发展趋势，分别提出它们在本书中的定义，并简要阐释它们的含义和范畴等。尽管上述概念在相关文献中均能找到相应的解释，但为了本书讨论问题的需要，作者在这里做了进一步归纳总结和梳理分析。

一、安全

中文"安全"一词具有两层含义，即它是英文单词"Safety"与"Security"二者含义合成的。就 Safety 与 Security 的差异，国外学者 Piètre-Cambacédès 和 Chaudet（2010）曾做了详细剖析，见表1-1。

表1-1　Safety 与 Security 的区别

区分角度	具体解释
系统与环境角度	Security 与源于环境的风险有关，且会潜在影响系统，而 Safety 与源于系统本身的风险有关并会潜在影响环境
蓄意的与意外的角度	Security 一般关注蓄意风险，而 Safety 解决纯意外风险。对一个系统来讲，其不可避免会涉及 Safety 和 Security 二者的安全风险，且来自二者的安全风险有时会发生互相转化

根据上述认识，Piètre-Cambacédès 和 Chaudet（2010）构建了基于"系统与环境–恶意的与意外的"（System & Environment- Malicious & Accidental，SEMA）的系统安全框架，见图1-1。

根据图1-1，严格地说，任何系统安全问题都属于安全一体化（Safety & Security Integration，SSI）问题。基于系统安全学视角看，安全一体化是指系统安全风险涵盖 Safety 与 Security 两方面的安全风险，系统安全促进要注意系统全部安全风险（即要同时重视以上两方面的安全风险）管控（吴超和王秉，2018b；王秉和吴超，2018a，2018b）。例如，对城市系统安全（简称城市安全）来说，它涉及自然灾害、社会安全案件、恐怖袭击、工业事故、地下管线安全问题、火灾、交通事故、公共场所踩踏事故等的安全风险因素和安全威胁，这包括 Safety 与 Security 两方面的安全风险，且来自二者的安全风险通常是可以相互交织和转化的。因此，城市安全是一种典型的安全一体化问题。

总之，在安全科学研究和发展的高级阶段（即系统安全学阶段），随着系统安全学研究的日益深入，学界和实践界逐渐意识到：对一个系统（如企业系统、工业系统、城市系统、社会系统和国家系统等）来说，其

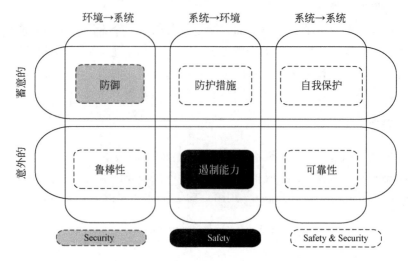

图 1-1 基于 SEMA 的系统安全框架
据 Pietre-Cambacédès 和 Chaudet（2010）修改

安全问题必然会牵扯到来自 Safety 与 Security 两方面的安全风险，且两方面安全风险相互影响、交织和转化，极难分割（吴超和王秉，2018b；王秉和吴超，2018a，2018b）。可见，过去单一的 System Safety/System Security 问题与概念已慢慢演化成为复合型 System Safety & Security（即安全一体化）问题与概念（王秉和吴超，2018b）。

近些年，安全工作者开始逐渐重视安全一体化方面的研究，开始认可与讨论 Safety & Security 这一复合概念（Florea and Popa，2012；Riel et al.，2018；王秉和吴超，2018b）。例如，基于安全一体化视角的各类安全问题（如关键设施设备安全、重大工程安全、化工等重要工业系统安全、核安全和社会安全等），都受到了广泛重视和研究；荷兰的代尔夫特理工大学（Technische Universiteit Delft）（国际上知名的安全科学研究机构之一）在过去的 Safety Science Group 基础上，专门成立 Safety & Security Science Group；2017 年，中南大学（国内安全科学重要研究机构之一）专门设立中南大学安全理论创新与促进研究中心（Safety & Security Theory Innovation and Promotion Center of Central South University，STIPC of CSU）；2018 年，国际知名安全科学学术期刊 *Safety Science* 在其期刊网站刊登一则题为 "Editor Security Research Selection" 的征稿信，旨在邀请安全一体化方面的研究成果；2020 年，北京科技大学专门成立大安全科学研究院，这里的 "大安全" 显然涵盖 Safety 与 Security；等等。

虽然现在已有众多仅针对 Safety 或 Security 的安全定义，但尚未有同时融合 Safety 与 Security 含义的安全定义。根据上面论述的安全一体化（System Safety & Security）的内涵，从系统角度出发，提出本书关于安全（Safety & Security）的定义：系统免受不可接受的内外因素不利影响的状态（王秉和吴超，2017a）。这一安全定义的逻辑及数学表达式为

$$\begin{cases} S = (0, X_0] \\ X = f(x_1, x_2) = f(x_{11} + x_{12}, x_{21} + x_{22}) \end{cases} \tag{1-1}$$

式中，S 为系统的安全度；X 为内外因素对系统的不利影响；X_0 为可接受的内外因素对系统不利影响的最大值（临界值）；x_1 为系统内部因素；x_2 为系统外部因素；x_{11} 为系统内部的蓄意风险；x_{12} 为系统内部的意外风险；x_{21} 为系统外部的蓄意风险；x_{22} 为系统外部的意外风险。

其中，"不利影响"的表征具体包括系统正常运转受干扰或终止、系统功能降低甚至失效、系统内出现安全事件（包括事故）、系统内发生损失等；根据安全的属性（相对性）和安全管理习惯，"可接受安全风险"可作为衡量和判断"内外因素不利影响的可接受程度"的基本判据。很明显，上述界定的安全属于广义的安全概念：①就内容和内涵而言，它既包括 Safety 又包括 Security；②就主体、行业或领域而言，它针对普遍安全（最一般和最普遍的安全），是超越所有特定主体、行业或领域的安全，这是因为定义中的"系统"可以指生产、工业、城市、国家与社会等任何特定主体、行业或领域，在安全领域，这就是所谓的"大安全/普通安全"（General Safety & Security）（将在第三章第一节进行详述）。安全概念的演化过程见图 1-2。

此外，为深入理解和明确安全的定义，这里也给出系统的具体定义：系统是指相互作用、相互依存的若干组成部分结合而成的具有特定功能的有机整体（王秉和吴超，2017a）。

二、安全科学

随着 Safety & Security 这一复合概念的提出，以及广义安全概念逐渐得到学界认可，学界已将传统的 Safety Science 与 Security Science 进行合并提出广义的现代安全科学（Safety & Security Science）。

安全科学是研究安全促进（安全事件防控）的学科（王秉和吴超，2018c）。具体讲，它的研究对象是安全；研究目的是安全促进（安全事件防控）；研究路径是正向（即从系统安全出发）和逆向（即从安全事件出发）相结合；研究内容是安全（安全事件）发生发展规律，以及安全

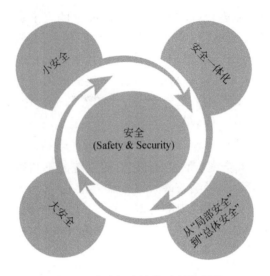

图 1-2　安全概念演化过程示意图

促进（安全事件防控）手段；研究范围是所有系统的安全。根据王秉和吴超（2017a，2018d），广义的现代安全科学（即普通的安全科学）的学科基本问题见图 1-3。

须特别指出的，在中国现行的学科分类目录［《学科分类与代码》（GB/T 13745—2009）］中，"安全科学"对应的英文是"Safety Science"，其主要的研究领域是生产安全和部分公共安全，仍是传统意义上的狭义的安全科学，不同于广义的现代安全科学。本书所说的安全科学指"广义的现代安全科学"，属于普通安全学，这是一个庞大的学科门类（体系），包括不同的分支学科（如国家安全学、网络空间安全学、公共安全学、生产安全学、工程安全学与资源安全学等）。同时，如果与现实中安全存在的普遍性及多样性相对应，安全科学学科体系中还会有更多的分支。

综上，就安全科学的学科内涵而言，21 世纪的安全科学将从单一的 Safety Science 或 Security Science 向综合的 Safety & Security Science 发展。此外，根据王秉和吴超（2018d）的研究，现代安全科学研究实践与传统安全科学研究实践相比，更加重视"预防为主"的安全思想，更加强调安全事件的早期识别与预防是提升安全生产生活水平的最佳安全管理模式。因此，21 世纪的安全科学将从"重事中与事后控制"的安全管理模式向"兼具事前预防及事中与事后控制"的全周期、全过程、全方位安全管理模式演变和发展。

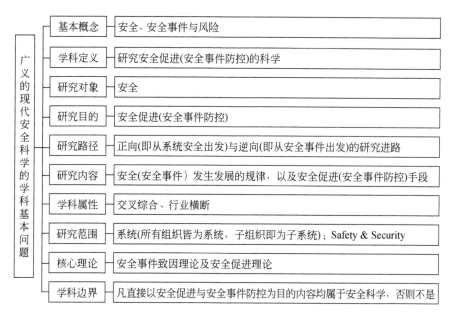

图 1-3　广义的现代安全科学的学科基本问题

三、情报

从概念的包含关系来看，安全情报属于情报概念范畴。"情报"是属概念，"安全情报"是种概念。因此，理解安全情报概念离不开对情报概念的洞察。情报概念源自人类社会实践活动，它是人类社会发展的产物。由于人类在社会生产与日常生活活动中，需要频繁接收、传递与使用各类情报，因此从广义角度理解，自从有了人类就有了情报。只是人类初期的情报比较原始，情报交流与传递的内容和形式都比较简单。随着人类社会与文明的发展和进步，情报交流与传递的内容和形式均发生巨大变化。

情报发展大体经历了四次大转折：第一次转折是因部落联盟间矛盾激化导致军事行动而产生的军事情报；第二次转折是因文字诞生，以及造纸术和印刷术的发明而出现情报交流，情报传递方式发生重大变革；第二次转折是因人类文明和科学技术高度发展，情报成为政治、经济、文化、教育和科学技术等的前提和基础而出现情报工作职业化发展倾向；第四次转折是因情报业在国家治理、国民经济和社会发展中的重要性越来越高而出现情报社会化倾向。在漫长的情报实践发展过程中，人类对情报概念的理解也是不断发展变化的，这是因为人们在不同时期对情报概念的认识，始终与当时的情报工作发展密切相关。下面简要枚举和分析不同时期的一些具有代表性的对情报概念的理解和认识（梁慧稳，2017）。

在现代情报学形成之前，情报的早期概念源于军事领域，并局限于军事领域（谢晓专和高金虎，2020）。在《辞源》（1915年10月版）中，情报的释义是："军中集种种报告，并预见之机兆，定敌情如何，而报于上官者"。在《辞海》（1939年版）中，情报被解释为："战时关于敌情之报告，曰情报"。在《辞海》（1969年版）中，情报解释为："情报泛指一切最新的情况报道"。从军事领域来理解情报一词，多带有机密性和对抗性。这也是日常生活中人们对"情报"一词的直观理解和感受（梁慧稳，2017）。

步入20世纪50~60年代，由于科学技术迅速发展，文献记录数量日益繁多，世界各国普遍建立科技情报（或称为"科学情报"或"文献情报"）机构，其主要工作任务为编制文摘、目录和索引，实现对文献情报开展书目控制管理和开发利用。系列化知识性质的情报概念正好体现了这一时期的情报工作情况。据考证，1963年，日本学者梅棹忠夫（Tadao Umesao）定义了情报：人和人之间传播的所有符号系列化的知识（周柏林，1997）。科技文献量快速增长的同时，计算机开始普及并被应用于文献管理工作中，计算机能够帮助人们解决对知识的大量搜集、浓缩和系列化问题。计算机辅助的"系列化"由传统的以数本书、数种刊物为对象发展至以数篇文献资料为对象，直至以数个知识单元（即数据）为对象。在科技文献领域，上述演变发展促使"情报"概念由将文献作为工作对象转变为以文献内容（即知识）作为工作对象，这又赋予了"情报"一词独特的含义——情报的知识传递性（梁慧稳，2017）。

随着情报从军事领域发展演变到政治、经济、科技、商业、管理、文化、教育等领域，"情报"概念的含义已不再局限于单纯的"带有机密性质的消息或报道"，而是逐渐与文献、资料、资讯、信息和知识等术语建立了密不可分的关联。例如，《辞海》的1989年版和1999年版依次解释："情报是获得他方有关情况以及对其分析研究的成果"和"情报是获取的他方有关情况以及对其分析判断的成果"。但值得一提的是，这两版《辞海》也补充说明了情报概念的外延，根据内容与性质的不同，把情报具体划分为政治情报、经济情报、军事情报与科技情报等。美国战略情报之父谢尔曼·肯特（Sherman Kent）认为："情报是某种组织通过行动而追求的特定的知识"（Kent，1951）。肯特剥除了千百年来笼罩在情报工作上的神秘面纱，使人们认识到，情报是人们日常生活中不可或缺的知识或信息，而"情报工作本质上就是寻找唯一的最佳答案的过程"（高金虎和吴晓晓，2014）。中国著名科学家钱学森先生推崇情报概念的"知识说"。在 1983 年国防工作情报工作会上，他指出，情报是激活了、活化了的知识（袁有雄，2013）。1988 年，杨峥嵘和解虹指出，情报是新的能影响决策的知识。

随着情报科学的发展，传统情报概念的"知识说"又不断发展演变成情报概念的"信息说"。例如，美国学者 Yovits 和 Kleyle（1993）指出，情报是对决策有价值的数据和信息资料。杨建林（2020）指出，情报是基于用户所须解决的问题以及所处环境约束而从全部利益相关者外部获得的信息。换言之，若基于信息概念理解和认识情报，则情报是一种具有传递价值的信息。当今，情报理论界与实践界一致认为，情报是一种有用的"信息"（包括知识），这应是情报的本质（陈超，2017）。换言之，具有价值是情报的根本属性。细言之，情报是针对特定对象的需要而提供的有用的信息。

情报的定义始终是情报理论界的热点主题之一。虽然至今尚未形成具有共识的情报定义，但综合分析多方观点和认识，有以下两方面具有共性的认识（王秉和吴超，2018b）：①情报是被"激活"了的"加工了的信息"，情报的本质依旧是一种信息（就逻辑次序而言，信息在先，而情报在后）；②如果面向管理，情报研究旨在服务于管理（主要是决策），旨在解决管理中的情报缺失（不完备）问题。由此可将一般意义上的情报理解为：情报是指所有影响了管理的信息（内容）（陈超，2017）。

四、情报科学

情报科学作为一个独立的研究领域，是 20 世纪 50 年代随着科技情报工作的兴起和发展而开始确立的。例如，1967 年，苏联科技情报研究所所长尼古拉·亚历山德罗维奇·米哈伊洛夫发表的论文《情报科学——科技情报理论的新名称》认为："科技情报的构造和特性便是这门新学科——情报科学，但是，称之为科学理论是不恰当的。其实，情报科学不单是理论，还应有研究方法、历史和组织化的问题。至于说到科技情报，其实指科技情报活动"（马费成，2013）。至此，情报科学逐步发展起来，至今仍处于动态发展之中。自 20 世纪 50 年代至今，情报科学已发展 70 多年。就现代意义上的中国情报科学而言，大部分情报学者在回顾中国情报科学的发展时均是从 1956 年中国科学院科学情报研究所成立这一事件开始研究的。也有学者认为，1964 年中国科学技术情报学会的成立意味着中国情报科学正式开始发展（王艳卿，2020）。

一般理解，情报科学是指研究情报的产生、传递及利用规律的一门学科。换言之，情报科学是研究有关情报的搜集、整理、存储、检索、报道服务和分析研究的原理、原则与方式、方法的科学（叶鹰和武夷山，2012）。特别是，现代情报科学高度重视运用现代化信息技术与手段，以期让情报交流过程和情报系统维系最佳效能状态。同时，帮助情报工作者充分借助信息技术和手段，提升情报产生、加工、储存、检索、交流和利用效率（叶鹰和武夷山，2012）。

当然，国内外情报界对情报和情报科学的认识多种多样，尚无统一标准，情报科学"是研究情报传递工作的理论、方法和原理的学科""是研究如何开发、利用信息资源的规律及其技术、方法的学科""是研究人类如何创造、利用和交流各种形式的情报的学科"等观点均具有代表性（叶鹰和武夷山，2012）。但总的来看，情报科学可以说是以情报本身及情报工作的理论、原则、技术、方法为研究对象的学科（严怡民，1994；叶鹰和武夷山，2012）。

作为一门近半个世纪才发展起来的新兴学科，情报科学的主要研究任务包括：①揭示情报和情报工作的本质与特性；②探索情报工作的产生和发展规律；③探讨情报工作的内容环节及其在情报工作中的地位、作用，它们之间的内在联系，以及各个环节的原则和方法；④研究各个时期情报工作的方针、政策、标准化的内容，以及现代化的情报理论、方法和技术；⑤阐明情报工作的科学管理理论与方法；等等。

情报科学作为一门新兴的交叉学科，它研究情报的性质与特点、情报流通的影响因素，以及有效查询、获取与利用情报的处理技术和方法。也就是说，情报科学具有交叉学科或跨学科特点，是一门综合性的横断学科，它的相关学科有信息科学（信息论）、控制论、智能科学、数据科学、语言学、符号学、目录学、文献学、档案学、图书馆学等（叶鹰和武夷山，2012）。

随着人类社会向信息化社会的演进，特别是在当今大数据和智能化时代，情报科学的重要性与日俱增，它的作用与研究成果被视为信息社会的有力支柱之一（马费成和赵志耕，2019）。情报科学把各类高新技术紧密地结合在了一起，已逐渐形成较为充实的学科体系和研究规范，旨在挖掘和揭示未来信息社会中的人类情报实践活动的各类规律，以及情报在社会经济文化发展中的重要影响与价值。

五、安全情报

（一）谁来统一安全情报概念

经检索文献发现，专门针对安全情报的研究成果还较为罕见。归纳看，这方面的有关研究主要具有下述三个显著特征（王秉和吴超，2019a）：①就研究主题而言，研究主题集中在国家安全、军事安全、科技安全和网络空间/信息安全等 Security 方面，当然也有公共安全、城市安全应急等 Security & Safety 方面的研究，但单纯是 Safety 方面的研究成果极其少见［仅有少数关于灾害情报（苏幼坡和刘瑞兴，2001）的研究探索。近年来，作者在这方面开展了一些探索性研究］；②就研究涉及领域而言，研究成果分散在国家安全、军事安全、科技安全和公共安全等各个特定的安全领域或某个特定的安全管理环节（主要是应急管理环节），面向总体安全（或称为"全面安全/普通安全"）与安全管理全过程的相关研究较为少见；③就研究主体而言，研究主体集聚在情报科学和公共管理等学科领域，很少有安全科学领域的研究者关注和研究安全情报，致使基于安全科学视角的安全情报研究非常不足。

目前，关于安全情报的研究比较零散，缺乏统一的规范和指导，并且，不同领域的研究者对安全情报的概念并未形成统一认识。这不仅导致人们对安全情报概念缺乏全面的把握和理解，也使得不同领域学者之间的安全情报学学术对话交流存在阻碍和困难。概念非常重要，它一方面是人们对以往认识的总结和提炼，另一方面也是人们新认识的起点。概括地讲，科学准确认识的逻辑起点和基本单位应是概念。可见，在安全情报研究方面，紧要任务应该是明晰安全情报概念。作者认为，安全科学研究者应肩负起统一安全情报概念的重任，主要理由如下。

1）安全情报作为一个新的学术概念，是由情报科学与安全科学直接交叉而延伸出的，是安全科学中的基础概念之"安全"和情报科学中的基础概念之"情报"的有机结合。因此，既须从情报科学角度出发认识安全情报概念，又须从安全科学角度出发解释安全情报概念，两个学科视角都不可或缺。只有这样，才能确保系统、科学地理解和认识安全情报概念。目前，安全科学角度的安全情报解读和研究存在严重不足，亟待完善。此外，情报科学和安全科学有一个共性属性，那就是学科所涉及的研究范畴都非常广泛，研究内容也都非常庞杂（吴超和王秉，2018b；梁战平，2003；包昌火，2009）。两个学科领域的安全情报研究互相交流、切础和补充完善，一定会推进安全情报研究的进一步深入与丰富。

2）其他学科领域的安全情报研究者通常只从情报科学角度审视某个特定领域的安全问题或处于某个安全管理环节的问题（王秉和吴超，2019a）。如今，安全科学的发展强调系统安全学研究范式，即从整体（全局）的角度关注一切系统安全影响因素（王秉和吴超，2019b）。同时，安全科学研究者普遍具备丰富的安全科学研究和工作实践知识及经验。因而，相比来看，安全科学研究者更容易和更有能力从全局视角理解和诠释安全情报概念，从而实现统一安全情报概念的终极目标。

3）安全情报是一个情报科学和安全科学交叉研究的边缘性新阵地。近年来，在情报科学领域，由已存在的大量安全情报研究易知，安全情报可能已不是一个新概念，其正在被越来越多的情报科学学者所了解、认可与重视。但遗憾的是，对于绝大多数安全科学研究者而言，安全情报仍是一个很是陌生的概念，这可从侧面表明，安全情报在安全科学领域将是非常新而具有吸引力的一个新概念。情报科学等领域研究者的安全情报探索研究成果必会让安全科学研究者豁然开朗，会帮助安全科学研究者在安全科学领域开拓研究新思路与开辟研究新路径。因而，安全科学研究者颇有必要知晓、领悟与接受安全情报概念，并基于情报科学等领域研究者在安全情报方面的有益探索和研究，进一步深入研究与探索安全情报。

4）近些年，有关组织和机构（如政府部门和企业等）的安全管理信息化（简称安全信息化）工作正在热火朝天地开展，陆续建设了各种相应的安全信息系统和平台。然而，在安全管理实践中，安全情报工作仍存在很多不如意之处，主要表现在下述三方面：①对安全管理中安全情报的认识含混，对安全管理的理解仍停留在安全信息层面（将在第二章第二节具体阐述），安全管理工作参与人员的情报能力偏低；②安全管理的安全情报网络尚未通达（安全管理信息系统间未实现互联互通），各子系统相互间的协同合作和安全管理共享极难实现；③尚未把情报专业人员与专业情报机构纳入安全管理的情报网络之中，情报工作在安全管理工作中的拓展、渗透和融入不够，还没有受到安全管理领域的充分认可与重视。

综上可知，安全情报是安全科学与情报科学交叉领域的一片"富矿"，还存在广阔的开采空间，情报科学等领域的研究者已及锋而试，后续"开采"工作期盼着安全科学工作者的助力和参与。目前，面向安全科学（尤其是安全管理）的专门针对安全情报的研究存在缺失，迫切需要开展基于安全科学角度的安全情报研究。面临的第一项任务就是从安全科学视角出发诠释和界定安全情报概念，这一定是全部安全情报研究者所翘首以待的。作为纯安全科学研究者，作者在近些年的安全信息学相关研究和探索中，尤其是最近深入反思目前的安全信息学研究与实践工作时，逐步清晰认识到开展安全情报研究的紧要性和必要性。正因如此，本节在现有的安全情报研究成果基础之上，尝试给出安全情报的定义，并剖析其内涵。

(二) 安全情报的定义

安全情报是情报的一个子概念，可简单理解成"与安全有关的情报"。但这种认识的针对性、科学性和严谨性明显不足，未阐明安全情报的功效与本质等，缺少安全科学自身内涵与特色。此外，根据第一章第一节，为实现理解、表达与交流方面的统一，为适应安全科学演进趋势和安全情报概念发展趋势，为防止各个不同情报子概念之间的混淆，非常有必要立足于安全科学学理层面科学界定安全情报概念。

安全情报是"安全"和"情报"两个概念的组合。对于本书所涉及的广义安全情报的定义，根据广义的安全定义和面向管理的情报定义，从系统安全学角度出发，安全情报可定义为：安全情报指所有影响了 (系统) 安全管理的安全信息 (王秉和吴超，2019a)。详细讲，安全情报指一切影响了安全管理者 (它既可指"个体人"，也可指"组织人，即安全管理机构") 的安全管理行为 (主要包括安全预测行为、安全决策行为和安全执行行为) 的安全信息。为深刻理解安全情报的定义，需要简要剖析上述安全情报定义的深层含义。

1) 该定义清晰阐明了安全情报的本质：安全情报的本质是一类安全信息。但需要强调的是，不能混淆"安全信息"和"安全情报"两个概念，它们之间的差异和联系相当于"信息"和"情报"二者之间的差异和联系 (详细解释见第二章第一节)。安全信息流贯穿安全管理工作全过程，安全情报是直接针对安全管理问题和安全管理中的不确定性的安全信息，是对安全管理有用 (即具有重要价值和意义) 的安全信息。

2) 该定义表明了安全情报的价值 (即效用)：影响安全管理。从安全管理行为要素角度讲，安全情报主要影响安全预测行为、安全决策行为和安全执行行为三类安全管理行为。

3) 该定义强调了安全情报的要义：安全情报的宗旨是服务安全管

理，安全情报对安全管理者的安全管理行为具有显著的支撑、改进与修正作用，安全情报的关键价值在于克服安全管理中的安全情报缺失问题。

4）该定义符合安全情报概念的发展走向：根据上面所述，基于系统安全学视角定义安全情报具有巨大优势，主要理由是系统安全学视域下的安全情报定义能全方位体现安全情报概念的演进走向，包括总体（全面）安全、安全一体化和安全管理全过程。

（三）安全情报的内涵

根据安全情报的定义，实际上，安全情报也是一个类似于"情报"的总括性学术术语。换句话说，安全情报有多重含义。本书认为，安全情报是一种产品、过程、工具（或技术）和能力。

1. 安全情报是一种产品

情报专业人员强调，若收集到的情报不可用（或不可操作），那么它就不是情报（Turban et al.，2008）。作为一种产品，安全情报是可用的、可操作的安全信息（包括安全知识），是由组织规定的根据安全管理需求确定的可操作输出。安全情报是指收集、评估、整理、分析、整合和解释与安全的一个或多个方面有关的所有可用信息（包括数据）而产生的产品，这些信息对组织的安全管理具有直接或潜在的意义，如安全计划、政策的制定和执行或安全风险管理等。简言之，安全情报是经过处理（分析与解释）的安全信息的产物。

2. 安全情报是一种过程

第一，安全情报是通过规划、收集、处理和分析来自组织内外部环境的安全信息，获得具有可操作性和有用的安全情报的过程，以期帮助安全管理者开展安全管理工作，提高组织的安全性。安全情报过程包括五个关键阶段：

1）安全情报规划。例如，关注组织安全管理者的安全情报需求、组织亟待解决的安全问题。

2）安全信息收集。例如，从组织内部或外部的各种来源收集安全信息。

3）安全信息处理。例如，从不同角度，按照一定的规则划分安全信息类型，采用多种方法和技术从物理和电子安全管理记录中获取关键安全信息。

4）安全信息分析。例如，将安全信息转换为可操作的安全决策信息。

5）安全情报报告和传播。例如，向组织中有权和有责任对安全信息分析结果采取行动的人员报告和传达安全情报。

根据 Wang 和 Wu（2019）以及 Brummer 等（2006）的研究，安全情报过程具有一系列相关步骤，且具有周期循环性（图1-4）。安全信息分析是把原始安全数据信息变成安全管理提供支持的安全信息的关键步骤。作为一个过程，安全情报是指利用零碎的安全数据信息，将安全数据信息转化为与组织安全目标和安全管理建议有关的具有可操作性的信息或知识，并将其应用于帮助组织提升安全管理能力。

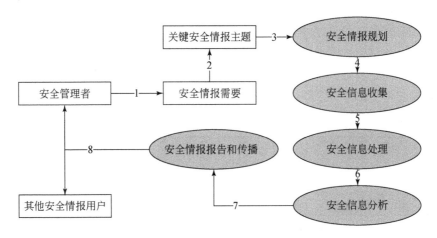

图 1-4　安全情报过程循环

第二，安全情报是一个安全信息（包括安全数据）驱动的过程，它将安全信息存储和收集与安全信息和知识管理结合起来，以期为安全管理（特别是安全决策）过程提供输入。

第三，由于处理安全信息需要依赖软件和信息技术，故安全情报是一个软件和技术驱动的过程，这一过程旨在从多个来源分析原始安全信息，并从中提取见解，从而做出更有效的安全管理决策。

第四，从安全管理的角度来看，安全情报是一个支持安全管理的过程，它体现了基于安全情报的安全管理（或称为"情报主导的安全管理"）过程。换言之，安全情报是安全管理过程的重要组成部分。

3. 安全情报是一种工具（或技术）

第一，安全情报作为一种有效的工具（或技术），它可将安全数据转化为安全信息，再将安全信息转化为安全决策，从而推动有效的安全管理行动。安全情报包括数据仓库、安全分析（包括安全风险分析）工具和安全数据/信息/知识管理。具体来说，安全情报作为一种工具（或技术），它由一系列体系结构和技术组成（如数据库、数据仓库和数据挖掘等），它们将原始安全数据信息转换成有用的安全信息，以期支持安全管理。同时，各种信息技术也是安全情报的关键支撑技术。例如，安全情报系统（Safety & Security Intelligence System，SIS）使用机器学习技术来识别相关信息（组织安全管理中无明确原因而发生变化的事物之间的关系），从而智能地预测安全信息，这有利于让组织安全管理者更加清楚组织安全相关因素的发展变化及其相互关系。因此，近年来，数据库管理、数据仓库、大数据挖掘等信息技术的飞速发展，以及这些信息技术在安全管理中的广泛应用，进一步推动了安全情报在安全管理中的应用（图1-5）。由此可见，安全情报作为处理和分析收集到的安全数据信息的工具（或技术），它需要众多源自安全科学、数据科学、信息科学、计算机科学和人工智能科学等多门学科开发的工具。

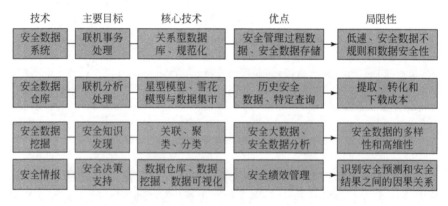

图1-5 应用于安全管理中的各种信息技术的比较

第二，安全情报是进行安全事件因果关系分析和安全风险诊断的强大工具和技术，这是因为它提供了一种安全数据信息驱动的方法，可将组织的战略安全目标和政策与战术安全程序及一线操作层的安全管理活动有效联系起来。

第三，任何组织的安全管理者若想使组织安全管理取得成功，就应考虑采用安全情报技术提高安全管理的质量和效率。安全情报技术可使安全管理者能够基于高度准确和有价值的安全信息做出更快、更有效的安全决策。

总之，安全情报是一套工具、技术，它能使组织将安全数据信息转换为安全管理过程中所需的及时和准确的安全信息，并以最合适的形式传递给合适的人员。

4. 安全情报是一种能力

第一，安全情报是组织收集和处理安全数据信息的能力。第二，安全情报是组织解决安全问题的能力，因为安全情报聚焦于解决安全问题，解决安全问题也是安全管理的直接目标和任务。第三，安全情报是组织了解和预测安全风险和变化并及时采取措施的能力。这种能力包括对安全管理的远见和洞察力。例如，安全情报可以识别组织中即将发生的安全变化，这些变化可能是积极的，代表安全改进机会；也可能是消极的，代表安全威胁或挑战。当然，安全情报还可以体现其他许多能力：

1）安全学习能力（如获取新的安全信息、了解最新的安全研究进展）；

2）适应和改造组织安全管理环境的能力；

3）理解安全管理因素（如危险、事件、不安全行为、安全文化和安全资源）并根据该理解采取适当行动的能力。

综上所述，从安全管理角度看，安全情报作为一个安全科学和情报科学的新术语，是一种现代的安全管理思想和方法，它结合了方法、过程、工具、技术和能力，将原始安全数据信息转换为安全情报产品（即有意义和具有操作性的安全信息），用以支持安全管理活动。安全情报可识别安全风险、新的安全促进机会、危险因素和潜在安全威胁，揭示新的安全管理见解，优化安全管理过程。可见，安全情报可在促进组织安全提升和提高组织安全绩效方面发挥重要作用。因此，在大数据和智能化时代，安全情报越来越受众多组织的青睐和重视。

（四）安全情报的基本要素

在上述安全情报定义的基础上，根据情报服务的基本原则（严怡民，1994）和情报的基本要素（姚乐野和范炜，2014），并结合（系统）安全管理工作自身特色和实际，归纳出四个安全情报的基本要素（王秉和吴超，2019e），它们依次是准确的安全信息、恰当的安全情景、对的安全管理者和合理的安全成本，具体解释见图1-6。

从图1-6可知，若安全管理情报化只考虑单一安全情报的基本要素，那难免会有偏颇之处。因此，安全管理中的情报收集和利用等安全情报工作要同时考虑安全情报的四个要素，也就是要以准确的安全信息为根基，

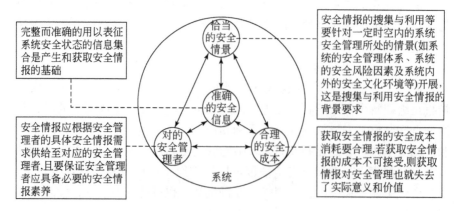

完整而准确的用以表征系统安全状态的信息集合是产生和获取安全情报的基础

安全情报应根据安全管理者的具体安全情报需求供给至对应的安全管理者,且要保证安全管理者应具备必要的安全情报素养

安全情报的搜集与利用等要针对一定时空内的系统安全管理所处的情景(如系统的安全管理体系、系统的安全风险因素及系统内外的安全文化环境等)开展,这是搜集与利用安全情报的背景要求

获取安全情报的安全成本消耗要合理,若获取安全情报的成本不可接受,则获取情报对安全管理也就失去了实际意义和价值

图 1-6　安全情报的四个基本要素

综合考量恰当的安全情景、正确的安全管理者、合理的安全成本,安全情报产品才能被生产出来并被安全管理者充分利用,从而发挥安全情报在安全管理工作中的支撑作用和价值。

六、本节结语

　　学科基本概念是了解和学习一门学科的相关知识与开展一门学科相关研究的基础和起点。本节主要界定和剖析了安全情报学所涉及的五个基本概念,即安全、安全科学、情报、情报科学与安全情报,旨在明晰安全情报学相关基本概念。当然,上述基本概念也是本书内容所涉及的基本概念,了解和掌握上述概念是学习本书后面章节内容的基础。

第二节　安全情报学的建设背景及意义

　　如今,人类正处于一个风险社会乃至高风险社会,各类安全威胁、安全风险和安全事件层见迭出,时时威胁人类社会安全①（吴超和王秉,2018b）。可见,安全问题已变成当前社会高度关注的棘手的现实问题之一。

　　情报科学向来重视研究重大社会现实问题,并倡导和强调与其他相关学科结合开展交叉研究（如公安情报学、科技情报学、医学情报学、竞

---

　　① 《风险社会的特征、危害及其应对》,《法制日报》2017年2月22日。

争情报学与军事情报学等情报科学分支领域的产生）（包昌火，2009），安全情报（如国家安全情报、网络安全情报、军事安全情报、科技安全情报和应急情报等）研究方向便应运而生，并已日趋发展成为继国家情报学、竞争情报学、公安情报学、军事情报学和科技情报学等传统情报科学分支学科领域之后的一门核心的新兴情报学科分支领域。此外，由于安全管理的直接任务是收集、处理、分析与传递安全信息（王秉和吴超，2018d），因此，从情报科学视角讲，安全情报工作是安全管理成败的关键，安全情报研究对于提升安全管理能力具有重大理论意义和现实价值（王秉和吴超，2019c）。

正因如此，近些年，安全情报研究迈入了情报科学和安全科学领域，成为情报科学和安全科学交叉领域新兴的学科增长点与生长点（王秉和吴超，2018a）。显而易见，当前，安全情报自身所具备的重要价值和现有的安全情报的研究和实践基础推动情报科学和安全科学交叉融合，从而必然会诞生一门情报科学和安全科学的新分支学科——安全情报学。总之，安全情报学学科建设和发展已势不可挡。

就理论而言，安全情报学的诞生、兴起和发展应该有它深厚的背景基础及重大意义。因而，就安全情报学建设而言，首要任务是缜密、深入地剖析与论证安全情报学建设的背景及意义，以期明确安全情报学建设的必要性、重要性和科学可行性。具体说，当前，安全情报学尚在"酝酿""蓄积""褴褛"阶段。为了使学界广泛接受与拥抱安全情报学，在以开放与包容的姿态接受安全情报学并支持它的学科建设发展的同时，安全科学和情报科学同仁应该更加重视和回答"为何要开展安全情报学建设？"这个重要问题。正因为考虑到上述问题，本节围绕这些问题，重点分析安全情报学的建设背景及意义，具体分为学科背景及意义和实践背景及意义。

一、学科背景及意义

（一）情报学科和安全学科发展的客观需求

所谓安全情报学，可以这样简单理解它：安全情报学是将情报科学理论、方法和技术等应用至安全科学（尤其是安全管理）领域形成的一门情报科学的特定应用领域，它旨在抽象和归纳安全情报工作实践中的相关原理规律。显然，安全情报学是情报科学与安全科学直接进行交叉融合而形成的一门新兴的交叉学科。或者说，安全情报学是一门从情报科学中延伸出来的，与安全科学紧密相关的分支学科。可知，安全情报学的母学科是情报科学与安全科学。安全情报学和它的母学科（即情报科学和安全科学）联系紧密，相互推进，相互依附。母学科的发展会有效推动子学科的发展，子学科的发展也会有助于充实母学科的理论（赵蓉英，2017）。因而，应注重和强化情报科学和安全科学相关分支学科研究，这是孕育生长出安全情报学的学科背景。由此可知，根据学科发展需要和趋势，安全情报学建设已成为情报科学和安全科学实现进一步拓展与深化的重要机遇和历史必然。

首先，安全情报学建设是情报科学发展的需要。情报科学与安全情报学都是研究情报生产、传递和利用过程中的各个环节的特点与规律的，两者的本质特征是一致的。情报科学作为安全情报学的母学科，至今已有 15 个以上的子学科（分支学科），其子学科的建设和发展会进一步完善情报科学学科体系建设，大大促进了情报科学发展（赵蓉英，2017）。安全情报学作为一门情报科学的子学科，其也会促进情报科学发展。同时，安全情报学建设有助于进一步拓宽情报科学的研究范畴、研究内容、应用实践领域，并有助于进一步深化情报科学的研究与应用价值。

其次，安全情报学建设是安全科学发展的需要。安全科学和安全情报学的研究目的相同——为安全促进提供支撑和依据（王秉和吴超，2018a）。现代安全科学是一个学科门类，具有庞大的学科群、专业群与领域群（图 1-7）。显然，安全情报学有着广博的应用领域与无穷的应用前景。同时，近些年，安全相关学科专业的地位已确立。例如，中国目前已设置安全科学与工程（代码 0837）、国家安全学（代码 1402）、网络空间安全（代码 0839）、公安学（代码 0306）与公安技术（代码 0838）五个安全类一级学科。并且，已初步建立具有通用性的普通安全科学分支（如安全科学学、安全哲学、安全信息学、安全系统学、安全管理学、安全教育学、安全文化学和安全法学等）及具有针对性的特定部门/领域/主体/行业的安全科学应用分支体系，这为创立安全情报学学科奠定了合法地位。由此可见，安全情报学的建立有利于进一步扩宽安全科学的内涵和研究范畴，可为安全科学进一步发展增添动力。

从安全科学发展角度看，安全情报学是安全科学发展至安全 4.0 阶段的典型产物。若追溯安全科学的起源，安全科学发端于工业社会（具体讲，是工业安全问题）。安全科学伴随人类工业生产发展而演进变革（Wang and Wu，2020）。从人类社会发展角度看，从 18 世纪开始，人类

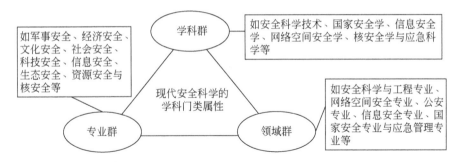

图 1-7　现代安全科学的学科门类属性

社会的发展史可看成是一部工业化的发展史，安全科学和工业可谓是相伴共生，且因工业发展而逐步发展和进步。根据工业发展的不同阶段（王飞跃，2015），近代安全科学相应经过了四次大变革（王秉和吴超，2019d）：①"工业 1.0"对应"安全 1.0——经验安全科学"；②"工业 2.0"对应"安全 2.0——技术安全科学"；③"工业 3.0"对应"安全 3.0——系统安全科学"；④"工业 4.0"对应"安全 4.0——计算安全科学"。其中，计算安全科学是安全 4.0 时代的产物，它打开了安全科学的新时代、新范式、新航向和新征程，是当下与将来安全科学研究与发展的新领域和新热点（图 1-8）。在这一时代，安全管理重心是情报主导的智慧防控模式，安全情报在安全管理中变得日趋重要，安全情报学便由此诞生。

（二）安全情报自身学科发展的需求

安全情报活动和研究的兴起与发展，召唤专门以情报作为研究对象的安全情报学提供支撑和指导。近些年，伴随着安全情报研究与实践在全球范围内的逐步开展，国内外众多专家、学者和实践者对安全情报进行了大量研究与实践探索，极大限度上丰富了安全情报学的理论大厦。但是，众多的安全情报研究实践成果缺乏系统性，主要原因是来自不同学科领域的研究者基于多个角度研究安全情报，研究的出发点和归宿点千差万别，对安全情报实质的理解也存在较大差异和分歧。同时，目前对安全情报的研究主要集中在表层（如对安全情报定义、研究内容和研究成果的直接介绍）和应用层面，缺乏深层和学科建设层面的研究和探索。所以，基于理论层面及学科建设高度认识安全情报对把握安全情报的本质和内在规律，以及从宏观上指导和促进安全情报研究与实践均是十分必要的。

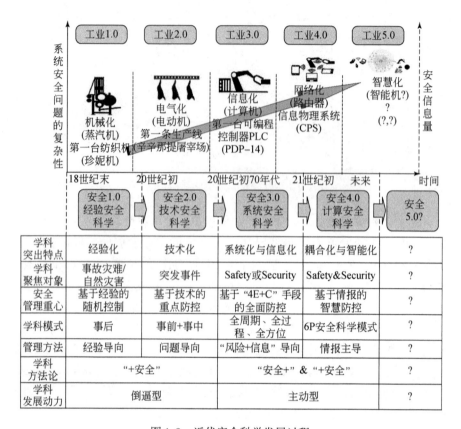

图1-8　近代安全科学发展过程

［"4E＋C"手段是指安全强制（Enforcement）、安全教育（Education）、安全工程（Engineering）、安全经济（Economics）与安全文化（Culture）五种安全管理手段；6P安全科学模式是指集预见性（Predictive）、预防性（Preventive）、个性化（Personalized）、参与性（Participatory）、精准性（Precision）与公共性（Public）六种特征、要求与目标于一体的一种安全科学模式］

二、实践背景及意义

（一）回应和服务总体国家安全观重大战略的需要

当今时代，是以战略制胜的时代（赵蓉英，2017）。在人类迈入21世纪的今天，一个组织要想安全发展并最终取得成功，关键在于制定自己的安全战略。科学正确的安全战略，能够使组织（如企业、政府、社会和国家等）提高自身的安全保障能力，进而推动安全发展和壮大。所以，安全战略管理作为安全管理新理念，已处于现代安全管理的中心地位。正因如此，在 2014 年 4 月 15 日召开的中央国家安全委员会第一次会议上，为开创国家安全新局面，习近平总书记首次提出"总体国家安全观"的伟大国家安全理论和战略。2020 年召开的党的十九届五中全会提出，"统筹发展和安全，建设更高水平的平安中国"。至此，形成了安全方面的战略——国家安全战略。鉴于此，如何依靠安全资源，回应和服务国家安全、平安中国和安全发展重大战略的需要，成为当下之要务。

安全情报是安全管理方面关键的安全资源，安全战略研究重点是搜集、分析、处理与利用安全情报，以期制定适用于自身的安全战略思想及目标。换言之，基于安全情报的安全战略制定和实施是安全情报研究的重大任务。显然，开展安全情报学研究是实施国家安全、平安中国和安全发展重大战略的基础和要务。

总之，推进安全情报学学科建设工作，一方面可为国家安全、平安中国和安全发展重大战略提供知识服务，另一方面也能满足新时代中国特色社会主义改革创新和高质量安全发展的需求。此外，安全情报学学科建设工作有利于进一步夯实国家安全、平安中国和安全发展战略的理论基础，并可为国家安全、平安中国和安全发展战略的制定与实施的可行性和科学性提供理论支持。因而，当前，安全情报学学科建设是大势所趋，势在必行。

（二）应对信息时代的安全管理挑战的需要

概括讲，安全情报学诞生的时代背景的主要特征是：信息数字时代安全威胁/风险复杂化、安全形势严峻化、安全信息爆炸而有价值的安全情报缺失，以及安全管理模式变革等多重安全管理挑战叠加交织。安全情报学的形成、兴起与研究发展是积极应对信息时代复杂多变的安全威胁/风险的现实需求，是不断适应信息社会安全形势发展变化的必然结果，是解决信息时代安全管理中的"有价值的安全情报缺失"这一突出问题的必由之路，是在信息时代有效发挥安全情报价值的必然抉择。

（三）在信息时代，安全形势变得日益严峻

进入信息时代，信息流与日俱增，社会及绝大多数组织的信息化、网络化趋势日益凸显，安全问题也体现出越来越强的"信息化"特征（王秉和吴超，2018d）。例如，在信息时代，信息引发的安全风险在某种意义上已超过了工业时代的核安全风险，来自信息网络上的突然袭击已成为国家安全最严重的安全威胁之一（吴世忠，2013；吴汉东，2017）。概括而言，在当今信息时代，我们所面临的安全挑战主要体现在以下三方面。

1）在信息时代，安全风险的关联性、不确定性、难以预测性与复杂性更加凸显（王秉和吴超，2018c）。在信息时代，以信息为媒介、纽带和连接物，信息使虚拟社会与现实社会的安全问题相互交织；使政治、经济、军事、社会、信息与生产等具体领域的安全问题间的界线日益模糊（王秉和吴超，2018a）；使各种安全隐患和安全风险交错叠加、相互转化的问题更加突出，安全风险的"蝴蝶效应"引发巨大的连锁反应的概率大幅增加；使传统安全因素和非传统安全因素相互交错的局面变得愈加扑朔迷离（王秉和吴超，2018a）；使各种可预测与难以预测的安全威胁与安全风险明显增多，特别是各类安全威胁与安全风险的联动效应日益显著；等等。

2）在当今大数据时代与智能时代，人类所面对的安全挑战不断增多（吴世忠，2013）。例如，①当前的安全手段，已难以满足大数据时代的安全（特别是信息安全）需求（吴世忠，2013）；②人工智能时代的安全风险更是层出不穷，人工智能与机器人技术本身潜在的社会安全风险和负面影响目前尚无法确定（王秉和吴超，2018a）；③高技术往往也伴随着高的安全风险，智能化引发的失业惶恐、机器人攻击人类事件、大规模杀伤性武器（如核武器、化学武器、细菌武器和生物武器等）的存在与扩散等，给人们带来了更严重的安全威胁；等等。

3）目前，中国社会正处在转型期，呈现出各类矛盾、安全危机和安全风险加剧且增多的显著特征（王秉和吴超，2018a）。例如，目前，安全风险的阶级性更加凸显，安全资源分配不合理、占有不均，尤其是"安全资源在上层汇聚，而安全风险在下层汇聚"的问题越来越突出。细言之，与穷人面对安全风险的无奈相比，富人由于安全风险导致的损失通常会比穷人少很多，甚至也许能从安全风险中获得好处。可见，安全风险不但不会消解阶级，反而会加重贫富差距和阶级分化。同时，当前中国正处于工业化、城镇化持续推进进程中，各种人造系统（如城市）愈加庞大和复杂，生产经营规模愈加扩大，各种不确定的安全因素和安全风险急剧增加，并呈现出交织叠加和总体涌现的特征和趋势。此外，政府和民众安全需求和期望的不断攀升，以及"低成本高效益"理念的推广和普及，进一步增加了安全管理的期望压力和成本压力，推动传统安全管理转向现代安全管理模式——情报主导的安全管理模式，把安全情报置于安全管理工作的中心地位，进而促进安全管理水平的提高和安全资源的优化配置。

总之，当前信息时代的种种安全问题，给安全管理带来了诸多挑战。信息时代日益多元化和复杂化的安全因素、日益严峻的安全形势，以及不断加大的安全管理压力，使得人们愈加重视研究如何通过有效搜集、分析、处理与利用安全情报来有效应对复杂而严峻的安全形势。显然，在这样的安全形势下，安全情报学亟须产生，其产生和建设是积极应对信息时代一系列安全挑战、安全风险和安全威胁的现实需求。同时，根据包昌火（2009）的观点，情报科学应该重视重大事件、威胁和风险的研判、分析、预警、防控与处置。可知，在上述安全形势下，须从情报科学角度出发关切重大安全事件、安全威胁和安全风险的研判、分析、预警、防控与处置，情报科学理当是安全科学的核心支撑学科，安全管理正在召唤情报科学的介入和助力，理当创立情报科学和安全科学的共有分支学科——安全情报学。

（四）在信息时代，"有价值的安全情报缺失"的问题愈发凸显

在信息时代的安全管理工作中，安全信息缺失（不完备）问题普遍存在，这被视为是安全管理失败的根源原因。这一观点是信息时代安全学界和实践界产生的新认识（Wang et al.，2017）。正因如此，王秉和吴超（2018c）提出下述观点和认识："安全信息是通往安全的必经之路。"可知，安全管理的最有效、最佳方法是基于最佳安全信息开展安全管理工作。安全信息的搜集、管理与利用直接决定安全管理的成败（Wang et al.，2017）。正因如此，近些年，在安全界，人们正在努力倡导和推行一种安全管理新理念和新方法——循证安全（Evidence-Based Safety & Security，EBS）管理（基于证据的安全管理）（Wang et al.，2017），以期有效解决安全管理中的安全信息缺失困境。

其实，对于管理来讲，人们通常这样认识情报：情报指所有影响管理（主要指管理决策）的信息（内容）（陈超，2017）。根据该认识，若从情报角度看，准确严格讲，上面所说的"安全信息"（即影响了安全管理的安全信息）实则是"安全情报"。由此可知，在安全管理工作中，真正缺失的并不是安全信息，而是安全情报。例如，灾情情报贻误是造成1995年发生在日本的阪神大地震救灾效果不理想的主要原因①。

---

① 《阪神大地震后日本做了什么?》，《第一财经日报》2008年5月19日。

与此同时，目前，安全问题逐渐复杂化与交织化，加之物联网、移动互联网、大数据、云计算乃至区块链等新型信息技术已广泛应用于安全管理工作，安全信息量呈井喷式增加，安全管理已真正迈入大数据时代。在该时代背景下，安全情报的作用和价值也愈加重要，但"无用的安全信息泛滥，有价值的安全情报缺失"的问题愈加突出，这严重影响安全管理能力的提升。究其原因，主要是因为：安全管理者尚未高度重视安全管理工作中的安全情报工作，导致安全管理工作中的安全情报工作开展不到位（如低质量的安全情报产品、不及时的安全情报传递等问题经常出现）。此外，目前，人类正处在一个高风险社会，金茜认为，高风险社会并不是意味一个"危险性升高的世界"，而是一个愈来愈关切"将来安全"的世界①。为提高对"未来安全风险"的超前预测和管控能力，更加需要进一步深度挖掘与有效发挥安全情报的安全预测、预警功效和潜力。综上可见，在信息时代，须重视和加强安全情报学研究，从而助力提升安全管理中的安全情报工作能力。

三、本节结语

本节从学科背景及意义与实践背景及意义两方面出发，深入论证安全情报学建设的背景及意义。通过学习本节内容发现，安全情报学建设具有深刻的背景条件和重大意义。近些年，安全情报领域已变成情报科学和安全科学领域新的研究和学科增长点与延伸点，安全情报学建设已势在必行。

第三节　安全情报学的建设基础

所有学科的建立、研究与发展均应有自身的基础条件。基于哲学基础、实践基础和理论基础三个角度，本节详细剖析安全情报学建设的基础条件，旨在明确建设安全情报学的基础与条件。

一、哲学基础

安全情报学建立的重要基础之一是安全情报要对安全管理有用。安全情报对安全管理发挥作用的基本前提是：安全情报工作可融入安全管理工

---

① 《风险社会的特征、危害及其应对》，《法制日报》2017 年 2 月 22 日。

作。那么，安全情报与安全管理可实现融合吗？这成为建立安全情报学的一个核心的哲学问题。从哲学层面讲，两个及以上的事物间进行融合的哲学基础是它们之间应具备一些契合（共同）之处。因而，从哲学角度讲，发现和明确安全情报与安全管理的契合之处，是将安全情报和安全管理二者进行有机融合的前提条件与基础。概括而言，安全情报与安全管理的契合点，即二者间的共同之处主要有以下四方面（姚乐野和范炜，2014；田水承和景国勋，2016；王秉和吴超，2018a）。

（一）以安全为中心

安全情报和安全管理都强调"以安全为中心"。安全管理是聚焦安全风险防控（或称为安全促进）所开展的一系列管理活动，其始终围绕安全这一中心（目标）。安全情报也是坚持"以安全为中心"（换言之，与其他情报相比，"以安全为中心"是安全情报的最本质区别和特色），安全情报工作是全面围绕安全风险预警、安全风险防控、危险源监测、安全促进途径和安全促进实施过程等展开的。

（二）对安全环境的关注

安全管理与安全情报同样支持"安全环境是开放系统"的观点，二者都关注系统（组织）内外环境对系统（组织）安全的影响（如组织对外部安全环境变化的反应，以及安全环境变化所带来的安全威胁、挑战和安全管理机遇等），以期更好地理解和干预引起安全事件及促使安全事件发展变化的相关因素。

（三）对整个系统（组织）安全的考虑

安全情报是在系统（组织）安全管理目标指导下，旨在全面收集与提供能够促进整个系统（组织）的安全管理。现代安全管理也坚持管理有可能对整个系统（组织）造成负面影响的安全风险。两者均立足于整个系统（组织）高度，关注系统（组织）及其相关子系统（子组织）的安全运行和发展。

（四）工作具有相同的特点

安全管理工作和安全情报工作具有诸多共性特点。例如，①制定和实施决策是安全管理工作流程和安全情报工作流程的两个共同重要步骤；②安全管理工作和安全情报工作均是持续的和循环发展的；③安全管理工作和安全情报工作均关注"未来安全",都强调"预防为主"的安全管理理念;④安全管理工作与安全情报工作均着眼于系统(组织)的长久生存与安全运转及发展;等等。上面提及的安全管理工作和安全情报工作所具有的一系列共性特点,是将安全管理工作和安全情报工作进行契合的关键。

此外,由于安全情报工作方法与任务更接近实际的安全管理工作方法与任务,而安全管理工作强调从战略与系统(组织)安全角度对安全管理工作开展宏观、整体规划和设计,因此,安全情报工作应隶属于安全管理工作的一个核心构成元素。开展安全情报学相关研究,有助于进一步增强安全管理学的科学化水平,有助于改进安全管理工作中的安全情报相关工作,从而增强安全管理能力。

二、实践基础

近年来,随着信息技术的不断发展及其在安全科学领域的普及使用,安全科学(特别是安全管理)方面的信息化水平和进程不断推进。同时,由于信息化可有效促进科学安全管理、提升安全绩效与完善安全管理能力,近些年,安全管理掀起了一股"信息化"热。例如,①安全管理信息化方面的研究成果层出不穷;②推进安全管理信息化已被中国政府纳入安全促进的重点与优先发展领域之一 [在安全生产方面,《中共中央国务院关于推进安全生产领域改革发展的意见》(2016 年印发)与《安全生产"十三五"规划》(2017 年印发)均重点提及要促进安全管理信息化]。可见,安全管理工作的信息化已成为现代安全管理的典型标志和追求目标,它可为安全情报工作创造良好基础和条件。由此,基于安全管理信息化的安全情报工作逐渐得到人们的重视。

其实,从某种意义上说,情报概念与情报工作早已在安全科学领域出现(不夸张地讲,情报概念与情报工作滥觞于安全科学领域)。为什么会这么讲呢?这主要因为:情报概念和情报工作源自"军事情报"(含军事安全情报)、"国家安全情报"和"公共安全情报/警务情报"等情报子概念及其相应的情报工作。这也是为什么人们往往容易把情报与军事安全、国家安全之间建立关联。同时,如果立足于另一视角讲,安全情报是人类安全需求的产物,安全情报工作历史是非常悠久的。自人类出现,人们就开始关注和寻求安全,这会促使人类产生安全情报需求,并为满足安全情报需求而开展相关的安全情报工作,以期保障人类安全。人类保障安全的高级目标是"防患于未然",安全情报具有预测性和预警性,故安全情报工作也就会自然产生。由此观之，安全情报工作在安全管理工作中由来已久，只是安全情报工作的重要性与地位在安全管理信息化中更加凸显了出来。可以说，高质量的安全情报工作是现代安全管理（尤其是安全管理信息化）发展的必然需要与最终目标。具体体现在以下六大方面。

1）安全情报工作是主动顺应安全管理形式方法变革、安全管理信息化升级的必然要求。

2）安全情报工作是解决安全管理中的安全信息缺失（不完备）问题的必然要求。

3）安全情报工作是下好安全管理"先手棋"（即"预防为主"的安全管理），提升安全管理主动性，在安全事件发生之前，有效利用安全情报的安全预测、安全预警和安全预防价值的必然要求。

4）安全情报工作是信息时代，特别是大数据时代与智能化时代，推进安全管理信息化工作持续发展，以及实现现代安全管理的 6P 模式和目标的必然要求（王秉和吴超，2018d）。

5）安全情报工作是实施信息时代的主流安全管理方法（如"循证安全管理方法"与"安全知识管理方法"等）的必然要求。

6）安全情报工作是冲破安全相关部门或机构之间的"安全信息壁垒"，以及铲除它们间的"安全信息孤岛"，从而达到安全资源整合、安全情报共享共用、安全协同治理的必然要求。

总之，基于安全管理信息化的安全情报工作的开展及安全情报工作的现实需要，夯实了安全情报学产生和发展的实践基础，是安全情报学产生、兴起和发展的关键外在动因之一。这里，对实践层面的安全情报工作进行进一步阐释，具体如下。

1）安全管理信息化建设及其应用是安全情报工作的重要基础。随着各领域信息化工作的持续推进和延伸，安全管理信息化工作应时而生。近些年，中国开始大力推进安全领域的信息化建设工作。例如，在安全生产领域，中国在"十一五"期间实施了国家安全生产信息系统（"金安"工程一期项目）；根据《2006—2020 年国家信息化发展战略》，中国在 2011 年专门制定与实施《安全生产信息化"十二五"规划》；当前，中国已基本建成全国安全监管信息化系统和安全应急信息平台，并投入运行和使用。但是，安全管理信息化建设工作永远没有终点，须不断加强安全管理基础工作的信息化建设，须不断运用最新信息技术提升安全管理信息化水平，进而为安全情报工作开展提供更加坚实的基础。

2）安全情报工作贯穿安全管理工作全过程。安全情报工作在安全管理中的实践表明，安全情报工作是"以安全管理信息化工作为基本支撑，以安全情报研判分析为焦点内容，以服务和支持安全管理工作为中心目标"的情报工作。这一工作体系指明了安全情报工作本质与关键：安全信息供给与应用是基础和保障；安全情报分析是核心与难点；利用安全情报服务于安全管理是目标和追求。由此观之，安全情报工作是基础性安全管理工作内容之一，是一种增强安全管理能力的基本工具，它在安全管理工作与情报工作客观规律指导下，基于安全管理信息化平台，在安全管理人员和情报专业人员的合作下，运用安全管理学与情报科学理论与方法，整合和共享安全信息（数据）资源，筹划、收集和处理安全情报，生产出对安全管理有用的安全情报产品，以期为安全管理工作提供依据与智力支持。

三、理论基础

在理论上，任何一种管理方法的产生与兴起均得益于某一管理理念，安全管理方法的提出也是如此。例如，在"安全第一"理念、"安全事件可防可控"理念、"安全标准化"理念、"风险管理"理念、"系统安全"理念、"安全文化"理念，以及"循证安全"理念等安全管理理念基础上，人们提出了一系列践行上述安全管理理念的具体安全管理方法。近年来，随着"情报主导的安全管理"理念的提出，情报主导的安全管理方法已被提出与应用。

概括而言，从安全管理的触发点看，基于方法论的高度，可将已有的经典安全管理范式归纳为四种，即问题导向（Problem-Oriented）的安全管理（图1-9）、风险导向（Risk-Oriented）的安全管理（图1-10）、统计导向（Statistics-Oriented）的安全管理（图1-11）及情报主导（Intelligence-Led）的安全管理（王秉和吴超，2018a）。其中，前三种安全管理模式都需要安全情报工作的支持，都与情报主导的安全管理方法紧密相关，均可融入情报主导的安全管理范式，具体分析见图1-9~图1-11。换言之，情报主导的安全管理范式是一种综合的安全管理范式。

当下，情报主导的安全管理这一概念已经提出并付诸实践（Liska，2015）。例如，情报主导的安全管理范式已在信息安全、公共安全与突发事件应急管理等安全管理领域先行先试，进行了有益的探索，并已取得显著成效。其实，在其他许多领域的安全管理中，人们也同样提出并实施了一些情报主导的安全管理范式的具体方法，最为典型的是"循证安全管理"方法和安全知识管理方法。安全情报价值的实现须依赖积极倡导并

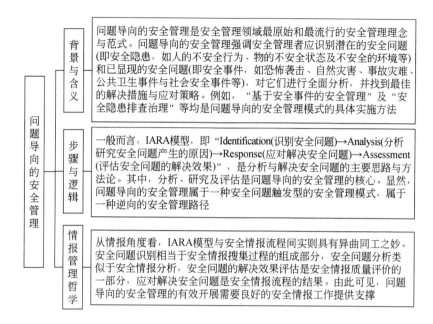

图 1-9　问题导向的安全管理范式

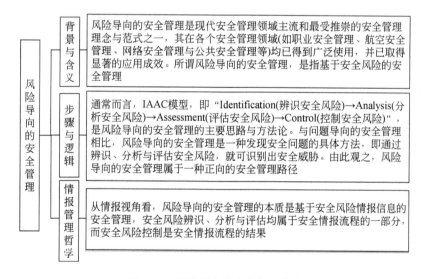

图 1-10　风险导向的安全管理范式

践行情报主导的安全管理理念（Liska，2015）。情报主导的安全管理理念的焦点在于如何进行成功的安全管理（即做出成功的安全预测、安全决策和安全执行），而安全管理又须依赖准确、及时、全面的安全情报，准

统计导向的安全管理	背景与含义	统计导向的安全管理是安全管理者常用的一种安全管理哲学，是一种降低安全事件、安全促进、配置安全资源的多层次动态方法，而非一种统计软件。1941年，美国著名安全师赫伯特·威廉·海因里希(Herbert William Heinrich)通过统计分析事故，得出著名的海因里希安全法则(又称为"300：29：1法则")，这一统计结果对后来乃至今天的安全管理工作均产生了深远了影响。此后，统计分析方法就成为安全管理领域中的一种重要的安全管理方法和工具
	步骤与逻辑	统计导向的安全管理核心是在收集整理安全数据(如安全事件数据、安全隐患数据、安全风险数据与安全绩效数据等)的基础上，运用各种统计分析方法分析与研究安全数据，以发现重要的问题及其分布特点与变化趋势等，并基于统计分析结果设计安全策略，解决安全问题
	情报管理哲学	从情报视角看，统计导向的安全管理在本质上是一个数据/信息驱动(Data/Information-Driven)的安全管理，是一个对安全数据进行分析的安全管理模式。它强调准确及时的安全情报与安全责任的重要性在制定安全管理方案与配置安全资源中的基础地位，是情报导向的安全管理理念在安全管理工作中的具体实现机制

图 1-11 统计导向的安全管理范式

确、及时、全面的安全情报的生成又离不开安全情报工作（主要含规划定向、安全信息搜集、安全信息加工处理、安全情报分析和安全情报传达，当然也需要一般管理中的领导、组织、协调、控制与评估活动作为其辅助活动）的支撑（Liska，2015）。

安全信息（数据）分析及安全情报对安全管理至关重要。情报主导的安全管理是一类新的安全管理范式与哲学。值得注意的是，与问题导向、风险导向和统计导向的安全管理的基本思想不尽相同，情报主导的安全管理是一种分析驱动的安全管理范式，它的重点是对安全问题开展深入、系统的安全情报分析，以及基于安全情报的安全资源优化配置及安全战略策略管理等。因此，安全管理者应学会与情报专业人员合作，既要开展动态的安全管理工作，也要对安全问题进行深入的情报分析，并促使情报专业人员提出解决安全问题的相关策略。唯有将情报转化为组织安全管理思维的不可或缺的一部分，一个组织才能从真正意义上实现情报主导的安全管理。

四、本节结语

本节在理论层面先行先试，以已有的安全情报研究实践成果为基础，详细剖析建设安全情报学的基础（包括哲学基础、实践基础和理论基础），旨在明确建设安全情报学的基础条件和可行性，为建设安全情报学夯实基础。

第四节　安全情报学研究进展

在当今高风险社会，安全情报作为大数据、智能化和安全4.0（即计算安全科学）时代进行安全风险管理或治理的根基和利器，已成为近年来情报科学和安全科学领域的研究热点（Wang and Wu，2020；Wang，2020）。例如，闫慧（2020）回顾2019年中国图书情报与档案管理领域研究热点发现，安全情报位列其中。安全情报的兴起和发展呼唤一门与之相应的学科作为指导，安全情报学便由此诞生。安全情报学是情报科学与安全科学深度融合的产物，是情报科学和安全科学发展的必然阶段，现已发展成为情报科学与安全科学交叉领域一个蓄势待发的重要学科阵地。

近年来，安全情报学发展极其迅速，关于安全情报学的研究已取得积极进展。理论而言，明确和掌握某一学科的研究进展理应是保证这门学科健康科学发展的基本前提和基础。目前，已有研究尚未系统梳理与深度评析近年来的安全情报学研究进展。正因如此，本书基于学科高度，根据国内外典型的安全情报学研究文献，聚焦于具有普适性的安全情报学研究问题，系统梳理和深度分析安全情报学的研究进展，以期推动安全情报学未来研究和健康快速发展。

经分析归类，已有的安全情报学研究主要集中在三大方面，分别是安全情报学学科建设研究、安全情报工作研究与安全情报管理研究。

一、安全情报学学科建设研究

在中国，一门学科是否被纳入国家学科分类目录，直接影响这门学科的发展和研究工作，如政府的重视程度和研究经费资助等一般都按国家学科分类目录进行。与此同时，近年来，国内情报学界和安全学界正在分别积极为做大、做强情报科学和安全科学而加倍努力，而安全情报学作为情报科学和安全科学的重要分支学科之一，其学科建设理应得到高度重视。正因如此，就专门而系统的学科建设层面的安全情报学研究与实践工作而言，中国走在世界前列，世界其他国家研究者和实践者对这方面关注不多。

近年来，中国安全情报学界高度重视安全情报学学科建设，并已取得一些显著成果。概括而言，中国的安全情报学学科建设主要集中在三方面，即总体国家安全观指导下的安全情报学发展研究、面向国家安全的国家安全情报学建设研究及面向大安全的普适性安全情报学建设研究。

（一）总体国家安全观指导下的安全情报学发展研究

2014 年 4 月 15 日，习近平总书记在主持召开中央国家安全委员会第一次会议时，正式提出"总体国家安全观"这一中国特色国家安全构想和道路。自此，总体国家安全观指导下的情报学发展问题得到了中国情报学界的广泛关注和讨论。从学科产物来看，总体国家安全观与情报学二者进行关联融合的产物就是安全情报学。同时，总体国家安全观是中国特色安全情报学建设和创新发展的总体战略指南与理论依据。因此，总体国家安全观指导下的情报学发展研究与安全情报学学科建设密切相关。

张秋波和唐超（2015）指出，情报学发展应以总体国家安全观为指导，拓宽研究领域、丰富理论和方法体系，建立更为丰硕的学科图景，以便更好地服务国家总体安全与发展。在总体国家安全观指导下，安全情报学应关注国家总体安全，应关注非传统安全。谢晓专（2019）指出，面向国家安全的情报学主要包括三大分支学科，即国家安全情报学、军事情报学和公安情报学。他认为，在总体国家安全观指导下，情报学发展要纠正过去存在的认识局限，重点解决情报学领域过去存在的敏感化、封闭化、狭隘化、分散化与过度保密化等问题，通过大跨界、大融合思路，建立和发展统一的大情报学学科理论体系。根据上述研究，在总体国家安全观指导下，就安全情报学发展而言，应打通囿于各具体领域和行业的狭义安全观，推动各个分支安全领域或行业的跨界融合，根据现代风险社会治理需求和总体国家安全观要求，构建统一的、具有统一性的大安全情报学学科理论体系。

（二）面向国家安全的国家安全情报学建设研究

国家安全风险治理能力提升需要情报提供支撑，故国家安全情报是情报和国家治理领域所关注的重要领域之一。据考证，系统专门的国家安全情报研究与实践工作始于第二次世界大战时期，早期的国家安全情报研究主要集中在军事（对外）安全情报和政权（对内）安全情报两方面（高金虎，2019a）。国外的国家安全情报研究先于国内，目前以英美等国为代表的西方国家的安全情报学学科体系已基本成熟，而中国对国家安全情报的正式研究始于改革开放之后（高金虎，2019a；谢晓专和高金虎，2020），研究主题主要集中在军事安全情报方面，且研究的层次和角度较为宏观，侧重于战略层面的军事安全情报工作，这导致研究与战术和战场（操作）层面的军事安全情报工作存在较大鸿沟，但这又更为契合偏宏观的国家安全情报学的研究主题（高金虎，2019a）。

在中国，2018 年教育部印发《关于加强大中小学国家安全教育的实施意见》，要求设立国家安全学一级学科。正因如此，自 2018 年以来，国家安全学一级学科建设问题受到了国内学界和高教界的热议。在此背景下，作为面向国家安全，旨在为国家安全治理提供情报服务和支持的国家安全学分支学科之国家安全情报学理应得到重视。尽管在情报学和国家安全学领域关于国家安全情报的研究由来已久，但学科建设高度的国家安全情报学建构研究仍较为缺乏（商瀑，2018）。为弥补这一研究缺失，进而促进国家安全情报学未来研究和发展，在总体国家安全观指导下，近年来，诸多学者开始关注面向国家安全的国家安全情报学建设研究。

商瀑（2018）探讨了国家安全情报学的研究对象（即国家安全情报）、学科特点（主要包括政治性、实践性、科学性、人文性及民族性）、学科体系（包括本体论、认识论、方法论与实践论四个分支学科子体系）及研究方法（主要包括马克思主义哲学、实验法、分析综合法、比较借鉴法、调查法与具体实例分析法等）。同时，他还指出，学科标志性传播平台、学科实践体系与学科教育体系是国家安全情报学学科建设的三大重要外部要件，且国家安全情报学是一门涉及国家安全学与情报学（国家情报学）的交叉学科。高金虎（2019a）指出，国家安全情报学的主要领域和重要议题包括国家安全情报基础理论（如国家安全情报概念界定、特征、功能、分类与构成要素等）、国家安全情报预警失误、战略欺骗、国家安全预警情报、国家安全情报分析、国家安全情报管理体制及国家安全情报监督与法制等。在此基础上，他指出，目前国家安全情报学仍存在学科边界模糊、研究学理性较弱、局限于英语世界、相关学科融合交叉不足和地方研究者参与不足五方面重要缺陷，国家安全学未来发展方向和目标是着重从上述五方面补齐国家安全情报学缺陷或短板。此外，他认为，国家安全情报工作是国家安全情报学的研究对象，国家安全情报学的研究目的是明晰国家安全情报工作规律，提出和建立国家安全情报工作的理论和方法体系，以期指导实践层面的国家安全情报工作（高金虎，2019b）。

（三）面向大安全的普适性安全情报学建设研究

近年来，国际上的安全科学（Safety & Security Science）发展和研究已正式迈入大安全（或称为"普遍安全"，所对应的英文翻译是"General Safety & Security"）时代（王秉和吴超，2019b）。须特别一提的是，对安全科学的理解和认识，不能受安全科学在中国学科专业划分中的属性

（目前中国将安全科学与工程类学科专业划分为理工科，但在国际上，安全科学属于典型的自然科学、社会科学与工程技术学科的大交叉大综合学科）和在中国的源头领域（在中国，安全科学诞生于安全生产领域，而国际上安全科学涉及 Security 或 Safety 大安全领域）的限制和影响。大安全范式从系统（如一个地区、国家、城市与企业等，或一个生态、军事、社会、资源、政治等系统）角度对安全科学研究与发展提出两方面重要要求：一是系统安全研究要从关注局部安全（即系统所涉及的各领域、各行业、各主体的具体安全）过渡到关注系统总体安全（即涵盖系统涉及的所有领域、所有行业、所有主体的安全），单就国家安全而言，这一要求和"总体国家安全观"的要义是一致的；二是系统安全研究要从 Security 或 Safety 单一层面的安全过渡到关注"安全一体化"，即中文语境的"安全"一词的整体含义（王秉和吴超，2019b）。根据交叉学科形成机理和思路，面向大安全，将安全科学与情报科学进行交叉融合就可形成具有普适性（或称为"通用性"）的安全情报学。

近年来，以王秉和吴超（2018a，2019b，2019c，2020a）为代表的安全科学学者对面向大安全的普适性安全情报学建设已开展较为深入的研究。首先，学科不同于专业，设立一门新专业主要是基于社会需求，而成立一门新学科需要详细论证它的建立背景与基础。因此，他们通过深入论证安全情报学建设的背景与基础指出，安全情报学建设的背景包括学科背景（具体包括两方面：一是情报学科和安全学科发展的客观需求；二是安全情报领域自身规范化和科学化发展的必然需求）和实践背景（面向安全管理的安全情报实践工作的现实需求），安全情报学建设的基础条件包括哲学、实践和理论三个层面的基础，依次为安全情报和安全管理二者的相互吻合之处、以安全管理信息化为支撑和驱动力的安全情报工作，以及蕴含和贯穿于经典安全管理范式中的安全情报管理哲学（王秉和吴超，2018a）。其次，从大安全角度出发，他们深入阐释了安全情报学的含义、学科属性、研究对象、研究内容、学科基础与学科分支，明确了安全情报学的学科基本问题，构建了立足于宏观和整体层面的完整的安全情报学学科体系架构（王秉和吴超，2019b）。接着，为消除安全情报学建设发展过程中的迷茫甚至歧途，他们详细解释了安全情报学的学科由来（"安全+"的学科产物）、学科元概念（包括安全、情报及安全情报）含义、学科身份（安全情报学不同于安全信息学，它具有学科合法性）与学科建设视角（立足于大安全观与大安全情报观，并面向安全管理）（王秉和吴超，2019c）。最后，为顺应时代发展需要，他们还分析大数据环境下安全情报学的变革与发展（王秉和吴超，2020a）。

（四）研究总体评述与展望

综上可知，近年来，中国已在安全情报学学科建设方面取得重大研究进展，有力推动安全情报学学科研究和发展。通过上述分析发现，首先，就中国的安全情报学学科建设而言，无论是面向国家安全的国家安全情报学建设还是面向大安全的安全情报学建设，均应以总体国家安全观为指导和引擎，这一点已基本达成共识。其次，有必要阐明面向国家安全的国家安全情报学和面向大安全的安全情报学的关系，从而推动二者的互为补充、协调发展和共同发展。根据科学层面的学科属性、范畴和归属，面向国家安全的国家安全情报学和面向大安全的安全情报学的关系见图 1-12。

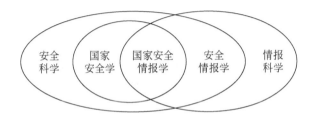

图 1-12　情报科学、安全科学、安全情报学、国家安全学与
国家安全情报学相互间的关系

从图 1-12 可知：①按照安全的对象主体划分，安全包括国家安全、社会安全、城市安全、企业安全等，故以国家安全为研究对象的国家安全学理应是以安全为研究对象的安全科学的一个重要分支（王秉和吴超，2019d）；②安全情报学是情报科学和安全科学进行交叉融合的学科产物，是二者共有的学科分支；③国家安全情报学是安全科学分支之国家安全学和情报科学（更具体和准确讲是"安全情报学"）进行交叉融合的学科产物，它是安全情报学的重要学科分支。由此可见，安全情报学理论和方法适用于国家安全情报学领域，可对国家安全情报学研究、实践和发展提供理论依据和方法指导，而国家安全情报学又是安全情报学应用层面的具体分支领域，相当于安全情报学主干的枝叶，是安全情报学的横向延伸和发展，且国家安全情报学的研究和实践工作早于安全情报学的研究和实践工作，国家安全情报学的理论和方法可通过提升和升华变为安全情报学的理论和方法，从而丰富安全情报学学科理论体系。其实，安全情报学及国家

安全情报学均已得到中国学界的关注和认可。例如，由中国科学技术情报学会、中国社会科学情报学会、中国国防科学技术信息学会和华中师范大学信息管理学院联合主办的"新时代 新使命 新作为——情报学与情报工作发展论坛（2019）"学术会议在征稿主题中专门设置了"安全情报"选题，包括国家安全情报、信息安全情报、科技安全情报、企业安全情报、城市安全情报、社会安全情报、文化安全情报、军事安全情报、反恐安全情报、公安安全情报等，显然这一选题属于面向大安全的安全情报学研究内容范畴，国家安全情报学仅是征稿内容之一。《情报杂志》举办的"华山情报论坛"历来极为关注安全情报学研究与发展，特别是 2019 年举办的第六届华山情报论坛，其主题就是"国家安全情报学的研究议题"。

由上可知，国家安全情报学和安全情报学二者之间并非相互矛盾的关系，而是互为补充和推动的关系。在中国，研究者的学科背景显著影响他们的安全情报学研究关注点，安全科学背景研究者主要关注面向大安全的安全情报学学科建设，形成了面向大安全的安全情报学学派，而军事、公安、国防学科背景的研究者主要关注国家安全情报学学科建设，形成了面向国家安全的国家安全学学派。今后两个学派应加强对话、合作和交流，不断凝练共识，从而促进两个学派和安全情报学学科主要方向协调共同发展，并统一和壮大安全情报学研究队伍，共同为安全情报学学科建设和发展贡献力量，共同发力使安全情报学更加根深叶茂。

此外，目前，安全情报学学科建设存在三方面主要问题：一是具有共识的学科基础概念认识和体系尚未形成，作者赞成应以王秉和吴超（2019c）界定的安全、情报及安全情报三个学科元概念为基础，建立和发展安全情报学学科基础概念体系；二是安全情报学的学科分支体系和方法论等尚未进行深入研究，后续研究需要关注这方面；三是尚未明确安全情报学的未来发展模式，在作者看来，未来的安全情报学发展应遵循"横–纵"式发展模式（即在横向通过交叉综合思路不断丰富和完善安全情报学学科分支体系；在纵向不断加强安全情报学的总体性、普适性学科理论和方法研究，以及各分支学科的纵深研究），唯有如此，才能同时加深安全情报学研究的宽度和深度，才能为安全情报学发展和研究开辟一片广阔天地。同时，安全情报学发展应及时顺应其母学科（包括安全科学和情报科学）的学科和实践背景（如新兴安全风险或问题的不断出现及安全风险的叠加化、复杂化等安全科学新特征，或者智能化、计算化等情报科学新特征），以及时代发展背景（如大数据和智能化时代），不断推动安全情报学创新发展和研究。

二、安全情报工作研究

安全情报工作（或称为"安全情报业务"）是获取、分析、存储、利用和传播安全情报，以期达到充分有效发挥安全情报价值的一种业务活动，它是安全情报学的应用基础和具体实践应用层面的主要内容。已有的安全情报工作研究主要包括安全情报分析研究、面向安全管理的安全情报工作研究，以及面向国家安全的国家安全情报工作研究。

（一）安全情报分析研究

安全情报分析是安全情报工作的核心业务和任务。例如，Fingar（2011）探讨情报分析与国家安全的关系，指出情报分析工作是降低不确定性的关键。随着安全情报学研究的不断深入，针对安全情报分析，已取得若干代表性研究成果，主要体现在以下三大方面：

1）安全情报分析总体模型或方法论研究。从安全管理角度出发，王秉和吴超（2019f）提出安全情报获取与分析的"安全风险"与"安全管理"两条进路，并基于此提出安全情报获取与分析的"风险–管理"（Risk-Management，R-M）总体模型和方法论。高金虎（2020）指出，情报分析不同于信息分析，国家安全情报分析具有极高的复杂性，常规的信息分析方法（如实证主义方法论）不能有效分析这类复杂性问题，应基于证伪主义、认知心理学建构新的情报分析方法论用于国家安全情报分析。作者认为，由于安全情报分析具有高度复杂性，安全情报分析应在复杂性科学和系统科学指导下开展。

2）安全情报分析的具体方法研究。在安全情报分析方法论指导下，实际的安全情报分析工作须使用一些安全情报分析的具体方法。例如，Atkinson等（2010）基于新闻挖掘的边防安全情报分析；薛梅（2011）、曹文（2017）与戴丽娜（2016）分别探讨空间建模、多层异质复杂网络与社交网络三种具体方法在安全情报分析中的应用；Kim等（2014）探讨面向网络空间安全的安全情报分析方法。安全情报分析的具体方法一般均是其他学科领域（如信息分析或一般情报分析）方法的借鉴使用，专有的安全情报分析的具体方法较为罕见。肖连杰等（2019）运用深度学习方法对安全情报分析的具体方法开展专门的识别研究，研究结果见图1-13。研究发现，社会调查法（包括实地调查法、专家咨询方法、抽样调查法与文件调查法等）、分类法（主题或文本分类）、综合评价法、归纳法、仿真法和聚类分析法是安全情报分析最常用的具体方法。

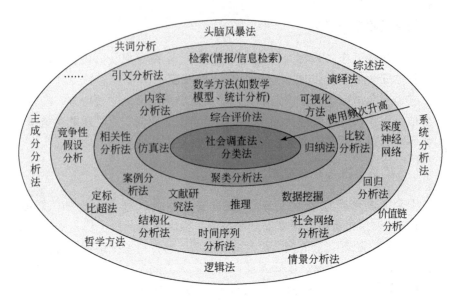

图 1-13 安全情报分析的具体方法

3）基于大数据和人工智能等新型信息和智能化技术的安全情报分析研究。近年来，随着大数据和人工智能等新型信息和智能化技术的出现，它们为安全情报分析提供了新机遇、新方法和新工具。例如，Pramanik 等（2017）探讨犯罪分析框架下的大数据分析在安全情报分析中的应用潜力，提出一个安全情报的大数据分析框架。丁晓蔚和苏新宁（2019）以金融安全情报分析为例进行研究并指出，"区块链、大数据、人工智能+情报分析"是金融风险防控的有效新路径，同时基于上述新认识，提出基于区块链可信大数据人工智能的安全情报分析理念，以期助力提升金融安全风险治理水平和能力。Benzidane 等（2016）提出运用大数据处理的基于云计算的安全情报分析处理方法。同时，李敏等（2019）构建了基于大数据的工业信息安全情报分析框架；刘京娟和黄丹（2013）探讨了基于大数据的信息安全情报分析。

（二）面向安全管理的安全情报工作研究

安全情报学的宗旨是为安全管理工作提供有效的安全情报服务和支撑（Barnes et al.，2007；Wang，2020；王秉和吴超，2019c）。因此，安全情报工作研究应指向安全管理（Asthana and Nirmal，2008）。基于系统角度，结合安全管理的对象和内容，可构建完整的系统安全管理循环模型（图

1-14）。从图 1-14 可知，安全管理内容、过程或手段包括常态安全管理和
应急管理（即非常态安全管理）（颜烨，2019）。基于此，可将已有的面
向安全管理的安全情报工作研究成果分为以下两大类。

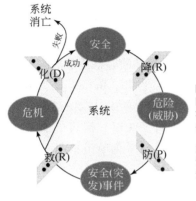

图 1-14　系统安全管理循环模型

　　1）面向安全管理全过程的安全情报工作研究。2019 年以来，这方面
工作已取得系列研究成果。首先，王秉和吴超（2019e）明晰了安全情报
在安全管理中的作用机理及价值，并构建了“安全情报–安全管理”相互
作用模型。其次，在此基础上，受 Liska（2015）等的研究启发，他们提
出情报主导的安全管理新理念和新方法（将安全情报有效、充分地应用
于安全管理工作，并运用安全情报统领安全管理全局全过程）（王秉和吴
超，2019g），并已在矿产资源安全管理（王秉等，2019）、城市安全管理
（包括智慧城市安全管理）（王秉和吴超，2020b；光夏磊等，2020）与突
发事件防控（王秉等，2020）领域对此方法开展应用实证研究，且讨论
了大数据驱动下情报主导的智慧安全管理的内涵与研究框架（王秉和吴
超，2020c）。同时，为促进安全管理中的安全情报工作的有效开展，章雅
蕾等（2019）指出，安全情报素养应是安全人员的必备素养，并针对安
全情报素养的概念、要素等开展了初步探索性研究。安全情报系统是开展
安全情报工作的基础，王秉和吴超（2019h）构建了面向安全管理的安全
情报系统理论框架。此外，Trim（2003）探讨了安全情报在灾难管理中的
作用；吴超和吴林（2020）探讨了安全情报视域下的安全管理模式。
　　2）面向应急管理的安全情报工作（即应急情报工作）研究。近年
来，应急情报工作研究是安全情报工作研究领域的热点，它先于面向安全
管理全过程的安全情报工作研究，且研究成果更为丰富而系统。例如，

Schlegelmilch 和 Albanese（2014）探讨如何运用商业情报创新及管理。赵发珍（2020）针对中国的应急情报工作研究开展了文献综述。根据赵发珍（2020）所开展的文献综述，中国已有的应急情报工作研究成果主要涉及应急情报工作流程、应急情报工作体系、应急情报驱动的应急决策、大数据环境下的应急情报工作，以及面向各类型突发事件的具体应急情报工作研究。根据图 1-14，应急管理除了安全事件（或称为"突发事件"）应急外，还包括危机管理。其实，面向危机管理的应急情报工作也已受到关注（Barnes et al.，2007；邹萍等，2018）。例如，Barnes 等（2007）讨论了如何将情报流和其他关键信息嵌入到风险框架中，以便对新出现的威胁场景进行危机管理中的早期预警；邓凯帆（2018）探讨了俄罗斯安全情报和危机预警机制；王克平等（2012）分析了竞争情报与企业危机预警之间的关系；邹萍等（2018）通过综述研究发现，这方面研究主要集中在危机预警与危机风险管理等方面。

（三）面向国家安全的国家安全情报工作研究

国家安全情报工作是针对国家安全治理的面向安全管理的安全情报工作的重要内容之一，是安全情报学的学科分支之国家安全情报学的重要研究内容，甚至高金虎（2019b）认为，国家安全情报工作就是国家安全情报学的研究对象。目前，国内外这方面研究均有很多，且历史非常悠久（Rankin，1986；Johnson，2012；Weller，2010），这里主要介绍中国近年在这方面的研究进展，主要包括五大方面：一是国家安全工作的基础性问题（如国家安全工作的内涵、特征、地位、体系与机构设置等）研究，如高金虎（2019b）解析了国家安全情报工作的含义与特征等，Dulles（1965）、Asthana 和 Nirmal（2008）探讨了国家安全情报机构在国家安全工作中的作用及职能，江焕辉（2015）分析了国家安全与国家安全情报工作关系的嬗变，何慧和刘胜湘（2017）分析了法国安全情报工作体系；二是总体国家安全观指导下的国家安全情报工作研究，如总体国家安全观背景下的国家安全情报工作的开展和深化研究（张家年和马费成，2018；杨国立和李品，2018），以及总体国家安全观指导下的反恐安全情报工作（李恒和刘左鑫惠，2018）、网络安全情报工作（蒋希，2019）等具体安全领域的国家安全情报工作研究；三是大数据环境下的国家安全情报工作转型和发展研究，如吴承义和唐笑虹（2020）分析了大数据时代国家安全情报工作面临的变革与挑战；四是服务于国家安全治理的国家安全情报工作，如张家年（2017）研究了基于国家安全保障视角的国家安全情报和国家安全战略抗逆力的融合及对策；五是由于保障国家情报工作本身的安全至关重要，故孙瑞英和马海群（2019）研究了中国特色的国家情报工作安全体系，陈明和王乔保（2018）也涉及这方面的研究。

（四）研究总体评述与展望

综上分析，在安全情报工作研究方面，虽然已开展相关研究，但尚存在一些主要缺陷和有待进一步开展的研究工作，分别如下。

1）安全情报分析研究方面。一是专门针对安全情报分析的模型尚缺乏，安全情报分析方法论单一，应建立整体性的安全情报分析模型，通过总结和提炼安全情报分析具体方法的共性特征来建立新的安全情报分析方法论。二是已有的安全情报分析方法主要来自其他学科领域或其他类型情报分析领域，尚未形成特有的安全情报分析具体方法，应在已有的安全情报分析具体方法基础上，结合安全情报分析自身特色和需求，在安全情报分析总体模型或方法论指导下，建立专有的安全情报分析方法。三是部分安全情报分析方法的实证性检验不足，部分安全情报分析方法的有效性、科学性、适用性有待进一步提升，应加强相关安全情报分析方法的实证检验和修正完善，并通过组合重构已有的安全情报分析方法（目的是使各种方法的优点和缺点进行相互补充），提出新的更加有效和适用性更强的安全情报分析方法。四是基于大数据、人工智能等新型信息和智能化技术方法的安全情报分析尚处于起步探索阶段，它们对安全情报分析的价值有待进一步挖掘利用，且它们对安全情报分析的影响分析不够，故应加强关于这些方面的深度研究（如安全情报分析与计算安全科学的融合）。

2）面向安全管理的安全情报工作研究方面。一是研究主要集中在应急情报工作研究方面（目前，应急情报工作理论和方法体系已基本建立，相关的应用实证研究也已初步开展），缺乏面向安全管理全过程的安全情报工作研究，尚未明确安全情报工作的内涵、属性和基本模式等重要问题，尚未关注安全情报服务、安全情报产品等方面的研究，应加强上述研究。二是已有的面向安全管理全过程的安全情报工作研究相对比较分散，尚未形成完整的理论和方法体系，今后应面向安全管理全过程，着眼于安全情报工作总体，科学筹划安全情报工作研究内容，建立安全情报工作模式，建立服务于安全管理全过程的安全情报工作体系。三是已有的面向安全管理全过程的安全情报工作研究主要是理论和定性层面的研究，定量分析和实证性检验不足，应重视相关研究成果的定量化深化研究和应用实证。四是基于大数据的安全情报工作和智能（智慧）安全情报工作研究不足，不能很好地适应当今大数据和智能化时代的安全情报工作需求，应加强这方面研究。五是针对重大安全风险（包括非常规重大安全事件）和新兴安全风险防范化解的安全情报工作研究缺乏，应重点关注并开展相关研究。

3）从不同具体类型的安全情报工作研究来看，安全情报工作研究的覆盖面仍较窄，研究涉及面亟待进一步丰富、拓展和深化。存在的主要具体问题包括：一是按照安全外延的不同，研究主要集中在 Security（如军事安全、网络安全与金融安全等）方面，面向 Safety（如城市安全、生产安全、航空安全与医疗安全等）和大安全（Safety & Security）的研究较少（Patriarca et al.，2019；Bruenisholz et al.，2019；王秉和吴超，2019a；高敏，2019）；二是按照领域的不同，研究主要集中在军事安全、反恐安全、科技安全与网络安全等情报科学历来关注的传统领域（Barnes et al.，2007；Asthana and Nirmal，2008；Cates，2015；王秉和吴超，2019a），对生物安全、公共安全、文化安全、资源安全、核安全等安全领域的关注和研究非常不足；三是按照对象主体的不同，研究主要集中在国家安全情报工作方面，对社会安全、城市安全与企业安全等对象主体的安全情报工作研究不足。

总体看，在安全情报工作研究领域，尽管已取得显著成果，但尚存在基本问题有待厘清、方法论层次的指导性和引领性研究缺乏、研究成果的普适性弱、研究覆盖面窄，以及实证性检验不足等问题，后续研究应在已有研究基础上针对上述问题开展。

三、安全情报管理研究

安全情报管理是以满足安全管理的安全情报需求为目标的管理活动，主要体现为有组织的计划、控制、协调的工作过程。要保证安全情报资源的有效开发和充分利用，安全情报管理至关重要。因此，安全情报管理属于安全情报学的核心研究内容之一。在中国，对安全情报管理的研究主要集中在安全情报体系机制研究、安全情报法律法规研究及安全情报管理系统研究三大方面。

（一）安全情报体系机制研究

安全情报体系机制建设是战略层的安全情报管理工作，直接决定安全情报管理工作的总体方向和任务，是安全情报管理成败的关键所在。同时，高效、完善的安全情报体系机制，对提升安全情报服务和支撑安全管理工作的能力极为重要。近年来，中国学者已开始关注并开展安全情报体系机制方面的研究，具有代表性的研究成果主要有：一是中国国家安全情报的组织结构模型研究，该模型根据总体国家安全观的内容，并结合中国实际的政府机构设置情况，明确了国家安全情报类别和各政府机构之间的对应关系（张家年和马费成，2015a）；二是国家安全情报运作流程研究（张家年和马费成，2015a）；三是安全情报立法和监督机制研究（张家年和马费成，2015a）；四是国家安全情报教育与培训体系和机制研究（张家年和马费成，2015a）；五是基于多角度的美国国家安全情报体系结构和运作机制研究，旨在为中国国家安全情报体系建设和优化提供借鉴和参考（张家年和马费成，2015b）；六是中国国家安全情报体制的改革路径研究，主要改革路径包括树牢情报主导的战略意识、顺应和落实总体国家安全观、设置专门的国家安全情报机构、加强国家安全情报体系机制建设的顶层设计、强化国家安全情报体制的立法与制度建设、重视国家安全情报教育培训，以及大力倡导和建设高质量的国家安全情报文化（高金虎，2019c）；七是美国国家安全情报传递机制研究，研究发现，美国国家安全情报体系已形成国家安全情报机构和任务一体化的双轮驱动体系，国家安全情报传递已实现全覆盖的横纵传播网络（纵向覆盖领导、协调、执行三个层级，横向实现了不同机构之间的有效协同），已基本实现国家安全情报有效协同（樊冰，2019）；八是国家科技安全情报体系及建设研究，如明确了国家科技安全情报体系框架结构，建立了"安全/监视双功能循环"模型，并对中国国家科技安全情报体系建设提出了相应对策建议（张家年和马费成，2016）。

（二）安全情报法律法规研究

安全情报法治建设是规范安全情报管理行为和加强安全情报工作的法治基础和保障。概括来看，中国已有的安全情报法律法规研究集中在以下四方面：一是总体国家安全观视域下的国家情报法机制构建研究，初步形成了"三层次"（包括国家间情报法律关系、国家机构间情报法律关系及国家与公民间情报法律关系）和"三状态"（包括情报合作、对抗及防御）的建设框架（靳海婷，2018），这也可对国家安全情报法律法规机制建设提供有益借鉴和参考；二是国家安全情报法律体系建设研究，周智博（2020）开展宪法"国家安全"条款指导下的国家安全情报法律体系建设研究，他指出，国家安全情报法的建设和完善应以宪法为根本导向，在宪法"国家安全"条款所蕴含的精神内涵指导下开展国家安全情报法律体系建设工作；三是公共安全法律法规体系建设研究，明确了总体国家安全观指导下的公共安全情报法律体系建设的着力方向和路径对策（包括在《中华人民共和国国家安全法》总体框架下设计、树立国家安全与人权保护相统一的价值导向，树立国际视野），以期形成新的公共安全情报法律体系框架（唐超，2017）；四是马海群和张斌（2019）分析国家安全情报类法律法规的主题扩散趋势，以期为中央层级与地方层级后续制定相关国家安全情报法律法规提供借鉴与参考。

（三）安全情报管理系统研究

在信息时代，特别是随着计算机技术的快速进步，安全情报本身及安全情报业务的管理需要依赖强大的安全情报管理系统。理论而言，所谓安全情报管理系统（或称为"安全情报管理平台"），是指安全情报从安全情报源，经过安全情报流通传递渠道，供给至安全情报用户（一般指安全管理者）的各构成部分的集合体。换言之，安全情报管理系统是为搜集、加工、处理、传递和利用安全情报（即为有效管理安全情报本身及安全情报业务）而建立的人工系统。安全情报管理系统是安全情报学的研究对象之一。在安全情报管理系统研究方面，中国学者在理论和具体应用实践层面均已开展初步探索性研究。例如，从理论角度出发，王秉和吴超（2019h）提出面向安全管理的安全情报管理系统的总体理论模型，指出安全情报系统是安全管理系统和情报系统的有机结合，它的基本框架是"一个组织、一个情报源、两个机构、两大系统及三大网络"。立足于具体应用实践层面，以所有安全情报的统一收集、自动化应用与闭环管控为目标，肖鹏等（2017）设计开发电网信息安全情报集中管控平台；针对校园网安全管理，相前（2019）设计校园网安全情报管理系统。

（四）研究总体评述与展望

综上分析，在安全情报管理研究方面，仍存在一些不足和有待进一步加深的方面。一是宏观整体层面的具有纲领性和指导性的安全情报管理模型或框架（如安全情报管理总体体系、安全情报法律法规总体体系等）尚未形成共识，应通过比较借鉴、优势互补和科学论证，尽快形成科学的安全情报管理研究和实践总体框架，指导安全情报管理研究和实践工作。二是就研究涉及面而言，目前仍有安全情报文化、安全情报管理的关键影响因素等重要的安全情报管理研究内容尚未涉及，上述研究缺失亟待弥补。三是安全情报管理领域是一个极具实践性的领域，但现有的研究多为思辨性和探讨式的研究，研究对实际安全情报管理实践工作的指导性及研究的可操作性有待进一步加强，应在已有的思辨探讨基础上，针对关键内容或环节深化具体研究，促进研究的纵向深度和促进研究落地生根、开花结果。四是研究多为理论层面的探讨，研究成果的检验实证不足，与实践之间尚存在一定鸿沟，后续研究应加强应用实证研究，以期不断修正和完善理论研究成果，且研究应面向安全管理（安全管理的本质特征是强实践性，且安全情报学的实践目标是为安全管理工作提供有效的安全情报服务），这是解决研究与实践之间鸿沟问题的有效途径之一。五是研究主要集中在国家安全情报管理方面，研究的通用性较弱，特别是对其他对象主体的安全情报管理（如城市安全情报管理和企业安全情报管理等）关注不够，导致基层的安全情报管理工作开展缺乏理论指导，故应既要注重研究的普适性，又要关注研究的具体性，促进各方面的安全情报管理研究和实践工作。

四、本节结语

本节基于学科高度，根据中国学者发表的安全情报学研究文献所涉及的典型研究领域，从安全情报学学科建设研究、安全情报工作研究与安全情报管理研究三方面出发，深度述评中国安全情报学的研究进展，并指出研究所存在的不足及未来研究方向。此外，不得不提的是，安全情报学是一门快速发展的科学，随着安全科学和情报科学的迅猛发展和革新，安全情报学也会日新月异。在未来，安全情报学研究不仅有可为，而且大有可为。同时，安全情报学的未来发展也充满机遇和挑战，需要众多安全情报学同仁相互之间加强对话交流，以大安全观和大情报观为指导，面向安全管理，顺应情报科学和安全科学发展需要和时代所需，不断凝心聚力、共同努力，一起推动安全情报学发展。

※本章小结※

安全情报学是情报学科和安全学科发展产生的标志性分支学科。本章对安全情报学的学科基本概念（即安全、安全科学、情报、情报科学与安全情报）、学科建设背景、学科建设意义、学科建设基础、学科建设基础条件和研究进展进行了详细的梳理和分析。对于安全情报学的学科基本概念，学界尚未达成共识，本章根据当前主流的观点和相关概念的演进发展趋势，尝试界定了具有普适性的安全情报学学科基本概念。通过本章学习发现，安全情报学建设具有必然的学科与实践背景和意义，以及坚实的基础条件，安全情报学是一门势在必建的情报学科与安全学科的新的学科分支，是21世纪乃至今后很长一段时间里最具生命力的情报学科和安全学科新分支，安全情报学建设正当时。近年来，特别在中国，安全情报学发展迅速，研究成果丰硕，但研究存在高度不足、视野狭隘、分散、学理性弱等不足及安全情报学学科基础理论薄弱的问题，以大安全观和大情报观为指导，面向安全管理，构建完整的安全情报学学科理论体系是未来安全情报学研究应重点发力的方向。

第二章　安全情报基本问题

※本章导读※

本章在第一章界定的安全情报概念基础上，从理论层面出发，全面解析和回答关于安全情报的若干关键基本问题，以期读者对安全情报概念有一个全面而深刻的认识和理解。首先，从安全科学学理角度出发，探讨安全情报概念的由来与演进趋势。其次，分析安全情报的特点和作用。最后，讨论安全情报的分类依据及其具体分类。

第一节　安全情报概念的由来

就"安全情报"概念的起源而言，其应是"情报"概念引入及情报科学相关理论与方法等应用至安全科学领域的典型产物。安全情报作为情报科学与安全科学交叉领域的一个学术概念，从安全科学学理层面看，安全情报概念源于情报科学视域下的安全科学（特别是安全管理）新认识，即"从安全信息到安全情报"的安全管理新认识。

一、重新审视安全管理中的安全信息缺失问题

安全信息缺失（或称为安全信息不完备或安全信息不对称）现象广泛存在于安全管理工作之中，是导致安全管理失败的根本原因，这是近年来在安全科学学术界与实践界形成的新认识和达成的新共识。王秉和吴超（2018b）认为，"安全信息是通往安全的必经之路。"最有意义、最好的安全管理方法是利用最佳安全信息来开展安全管理工作。如何收集、管理和使用安全信息将决定安全管理的成败（Wang et al.，2017）。

近年来，安全领域正在积极倡导与践行一种新的安全管理理念与方法，即循证安全（基于证据的安全）管理（Wang et al.，2017），以期有效解决安全管理中的安全信息缺失困境。循证安全管理中的"证据"实质是安全信息，更严格准确地讲，其应是安全情报（王秉和吴超，2018d）。就管理而言，"情报是所有影响管理（主要指管理决策）的信息（或称为内容）"（陈超，2017）。根据此认识，以及王秉和吴超对于循证

安全管理中的"证据"的本质的认识（陈超，2017），从情报角度看，上文所述的"安全信息"（即影响安全管理的"安全信息"）实则都是指"安全情报"（"安全信息"与"安全情报"不可混淆，二者的区别与联系类似于"信息"与"情报"之间的区别，将在第二章第二节进行详细分析），这是因为：

根据情报转化理论（化柏林和郑彦宁，2012），安全信息本来是"客观的""无穷的""无用的"，而安全情报才是面向安全管理服务的，才是会直接影响安全管理的。由此观之，就安全管理而言，真正缺失的是"安全情报"而并非"安全信息"。例如，1995年日本的阪神大地震因灾情情报延误导致救灾效果不佳[①]。

二、安全管理的情报反思

从情报角度看，安全管理应是一个"安全信息链"的升级和层递过程。一般认为，信息链由"事实（Fact）→数据（Data）→信息（Information）→情报（Intelligence）→智慧（Wisdom）"五个关键要素构成（李后卿等，2015），就安全信息链的要素而言，也有安全学者［如Huang等（2018a）］做过类似于信息链的要素的描述，其上游面向物理属性，而下游面向认知属性（梁战平，2003）。由信息（安全信息）链原理可知，安全信息多是靠近安全信息链的低层级的"眼睛朝下"，而安全情报则处于安全信息链的高层级，其更应是面向安全管理的"眼睛朝上"（李纲和李阳，2015）。因此，就安全管理而言，安全信息本来是"无用"的，安全信息（包括安全知识）唯有被"激活"转化为安全情报，才会对安全管理产生影响，才会对安全管理起到支持作用（即发挥效用）。简言之，缺失安全情报的安全管理就如同无源之水。基于此认识，应对第二章第一节的论断做一重要补充："安全信息是通往安全的必经之路，而安全情报是实现安全的必用之宝。"

由信息链理论可知，"情报化"是实现"智能（智慧）化"的基础与前提。若人们的认识一直停留在安全信息链的"安全信息"层级，那么，安全管理信息化（简称安全信息化）所追求的终极目标之"智慧（智能）安全"便会变得"无从谈起"和"遥不可及"。目前，国家、政府、社会、城市与企业等已建立各类安全数据库或安全信息系统与平台，

---

① 《阪神大地震后日本做了什么?》，《第一财经日报》2008年5月19日。

但其在实际安全管理中仍未发挥理想的作用。究其原因，主要是安全研究者与实践者尚未真正领悟到"安全信息"与"安全情报"的差异，导致其认识与工作侧重点仍停留在"安全信息"层级，尚未上升至"安全情报"层级，尚未将安全信息提升至安全情报并为安全管理提供服务。

显然，上述认识和研究实践弊端，必会严重阻碍安全信息化进程及其效用的有效发挥，也会导致安全信息化实践成为单纯的"安全数据（信息）库"，甚至是"空壳"和可有可无的"摆设"或"花瓶"。具体而言，目前，安全信息资源的建设已取得显著成就，但"重藏轻用"的问题长期存在，并愈发凸显，建成的大规模安全信息资源库并不能快速有效地服务于特定安全问题的解决，即安全情报资源本位的思想依然严重，其作用有限，为安全管理长期提供服务的动力不足。总之，安全情报是安全管理的支撑，是安全管理的关键点和必备要件。

从安全管理者的角度审视安全情报的作用非常重要。根据 Brookes（1980）的知识方程，即 $K(S) + \Delta I = K[S+\Delta S]$，式中，$K(S)$ 为原有的知识结构；ΔI 为吸收的情报量；$K[S+\Delta S]$ 为最终的知识结构，也可说明安全情报会使安全管理质量实现"质"的提升。就安全管理而言，根据 Brookes（1980）的知识方程，从安全管理者（主体）出发，$K(S)$ 是安全管理者原有的安全知识结构，ΔI 是通过吸收安全情报（变成安全情报的主体是安全信息）而增殖的安全知识，$K[S+\Delta S]$ 是指安全管理者在安全情报支撑下的安全知识结构。在这种情况下，从理论上讲，安全管理者的安全管理行为会变得更加可靠、科学而正确。

随着安全问题日益复杂化和交织化，特别是物联网、云计算与移动互联网等新技术在安全领域的广泛应用，安全信息量呈井喷式增长，安全领域的大数据时代也随之而来。在这种时代背景下，安全情报的作用与意义并未削减，反倒愈发凸显"无用的安全信息泛滥，有价值的安全情报缺失"的问题，严重影响安全管理的预测力、决策力和执行力。这主要包括以下三大方面原因：

1）大多安全信息化工作仅停留在安全信息层面，从而导致其游离于安全情报工作之外；

2）安全研究者与实践者缺乏强烈的情报意识，并对安全情报的认识与定位模糊，导致安全情报失察；

3）安全专业人员的情报分析能力有限，而情报专业人员（包括情报专业服务机构）又尚未很好地融入安全领域，未与安全专业人员开展良好合作并提供安全情报服务，从而导致安全情报产品质量低、时效差等问题的出现。

　　总之，只有安全研究者与实践者从安全管理各个维度出发将安全信息上升至安全情报的层级，只有在安全管理过程中提取安全情报，只有抓住安全管理中的"主要矛盾"——将安全信息（数据）升华为具有安全管理效用的安全情报资源，才能使安全信息（包括安全情报）对安全管理的预测力、解释力与支撑力更为显著，这也更易于实现以安全情报为主导与核心的安全管理体系。显然，以"安全情报-安全管理"为指导和核心的安全管理研究与实践范式实质上是一个安全信息认知、安全情报分析与应用、超前准确的安全预测、科学有效的安全决策和及时到位的安全执行的过程，在某种程度上，这是一种安全管理研究与实践范式的创新和变革。但目前来看，安全管理中的安全情报工作仍存在诸多不足与困惑。因此，安全管理的关注点亟须从"普适性安全变量"（安全信息）升级至"针对性安全变量"（安全情报），这是情报视域下安全管理的重难点所在。

　　近年来，在安全科学领域，特别是 Security（如军事安全、国家安全、科技安全、信息安全与公共安全等）领域，安全情报（这里特指 Security Intelligence）已得到广泛关注，并已开展一系列极具理论和实践意义的研究实践探索，这为安全信息向安全情报的成功过渡，为安全情报的认识、研究与实践的进一步深化开启了一个良好的开端。目前，安全情报研究尚处于初步探索阶段，在安全管理（特别是安全信息化）中，安全情报仍处于游离状态，缺乏有效的融入。因此，从情报视角看，安全管理需一场"破釜沉舟"的变革，特别是随着大数据时代的到来，安全管理必须融入"安全情报"理念，唯有这样，才能在繁芜丛杂的安全信息海洋中，实现将安全信息提升至安全情报的目标，从而使安全信息的价值真正得以升值和释放。

三、本节结语

　　从安全科学学理层面看，安全情报作为安全科学与情报科学领域的一个重要概念，安全情报概念源于情报科学视域下的安全科学（特别是安全管理）新认识，即"从安全信息到安全情报"的安全管理新认识。简言之，安全情报是安全信息研究的升华。安全情报可为创新安全科学（特别是安全信息学）理论和拓展情报科学范畴提供重要指引。令人非常遗憾的是，尽管近年来安全科学已得到快速发展，但安全科学研究者和实践者对安全信息链的高端环节之"安全情报"的关注与重视严重不足，甚至丢失了这一重要概念，应深刻认识安全情报概念及安全情报研究的重要性，关注和重视安全情报研究。

第二节　安全情报与相关概念的区别和联系

安全情报是安全领域中一个容易被误解的概念。最常见的错误是将"安全情报"视为"安全信息"的同义词。此外，在安全领域，有时"安全情报"与"安全分析"也容易混淆。为准确认识和理解安全情报的概念，本节根据安全情报的含义（见第一章第一节）和安全情报概念的由来（见第二章第一节），探讨安全情报与安全领域现有的两个概念（即安全信息和安全分析）之间的关系，尤其是差异。

一、安全情报与安全信息

根据安全情报的定义和基本要素，安全信息是安全情报概念的核心，它为安全情报生产提供了基础和命脉。然而，安全情报不同于安全信息，因为它需要某种形式的处理（如分析），其目的是从大量安全信息中获得一些意义。换言之，安全情报涵盖了更广泛的目标，它不仅仅是收集安全信息。此外，安全情报的成功不是通过收集安全信息来衡量的，而是通过支持安全管理活动（如安全决策）的及时性、效率和准确性来衡量的。

其实，第一章第一节的安全情报的定义已经澄清了安全信息与安全情报之间的差异。安全信息是事实（Kahaner，1996），它是关于一个组织或系统的数字类、统计类、分散的安全数据（Wang et al.，2019）。安全情报并非安全数据库的"直接输出"，而是安全信息已经过了过滤、提炼和分析。换言之，如果不经过安全信息处理，就没有安全情报。安全情报是收集的安全信息（或数据）经过处理后产生的对安全管理有用的信息。简言之，安全情报是被处理的安全信息。为使安全信息有用，必须由受过培训的情报专业人员处理安全信息。因此，必须准确了解安全信息和安全情报之间的区别。安全管理者需要的是安全情报，而不是安全信息，以指导和推动组织的安全管理活动。

此外，在整个安全信息周期内，安全情报管理者的角色是"丰富"安全数据，将安全信息转化为可利用的安全情报，以供安全决策者等安全管理者使用并开展安全管理工作。从图2-1可知，安全信息循环（Huang et al.，2018b）与一般信息循环（Liew，2013）相似。根据 Liew（2013）和 Huang 等（2018a，2018b），可对安全信息循环具体解释如下：一是安全数据是一组表示原始安全事实（包括观察）的可感知的符号；二是安全信息是组织（即收集和选择）安全数据（它旨在回答四个基本问题：什么？谁？什么时候？哪里？）；三是安全情报是被处理的安全信息（它旨在回答三个基本问题：为什么？怎样？为了什么目的？）。

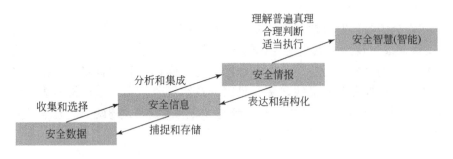

图 2-1　安全信息循环

根据图 2-1，可以得出三个重要结论：一是安全情报不是关于真理的，但若对它进行进一步解释，可认为安全情报是近似接近安全智慧的；二是严格地说，安全管理的直接基础和支持是安全情报，而不是安全信息；三是安全智慧直接从安全情报中提取，是智慧安全管理的直接驱动力。根据第三个结论，安全情报是实现智慧安全管理的前提和基础。从这个意义上讲，安全管理者在安全管理实践中应该更加关注安全情报而不是安全信息。当然，安全信息对于安全管理来说也是非常关键的。总之，为安全信息（或数据）带来价值，并能够传输、利用安全信息是安全情报的主要目的。

二、安全情报与安全分析

安全分析是解决安全问题的科学方法，依赖演绎和归纳推理来定义安全管理需求和预测安全威胁（Rozenfeld et al.，2010）。因此，安全分析的概念侧重于分析组织中潜在的安全危险或威胁、安全管理能力、安全管理的优缺点、当前的安全状况和未来安全趋势等（Rozenfeld et al.，2010）。也就是说，安全分析的目的是解决以下问题："组织中已经或正在发生什么安全现象或问题？""为什么组织中会出现安全问题？""组织的主要安全风险或威胁是什么？"等。例如，安全事件分析是一种典型的安全分析，它包括安全事件模式分析、原因分析、类型分析、位置分析、时间序列分析、频率分布分析、统计分析等。安全情报和安全分析在安全管理中都起着关键作用。但是，根据第一章第一节的安全情报的定义，安全情报不同于安全分析。

安全分析和安全情报的生产都需要基于安全信息（Rozenfeld et al.，2010；王秉和吴超，2019g）。因此，安全信息是安全情报和安全分析的通用要素。Lowenthal（2009）认为，"所有情报都是信息，而不是所有信息都是情报"，类似于第二章第二节中分析的安全情报与安全信息之间的关系。安全分析也可以这样说，所有的安全分析结果都是安全信息，但并非所有的安全信息都是安全分析结果。有了这个前提，就可解释安全情报和安全性分析之间的区别。简言之，安全分析及其附加值提供了安全信息和安全分析产品（结果）之间的关键区别。换言之，如果没有安全信息分析，就没有安全情报。因此，安全分析是安全情报过程的重要组成部分。此外，安全情报是安全分析的产物。

当然，尽管安全情报和安全分析不是同义词，但它们之间具有很多共同点。安全情报和安全分析之间的共同点是基于一个相同的目标，即支持安全管理（Rozenfeld et al.，2010；王秉和吴超，2019g）。例如，安全分析和安全情报都是为了支持安全管理者做出明智的安全决策。安全情报支持安全管理者做出明智的安全决策。以类似的方式，安全分析的结果也可为安全管理者提供制定安全管理政策和策略所需的安全信息。此外，安全情报也可为安全分析提供支持。

三、本节结语

尽管安全情报与安全信息、安全分析两个概念存在紧密关联，但通过比较分析发现，安全情报不同于安全信息和安全分析，是对安全管理有用的安全信息，是安全信息经（安全）分析处理的产物。明确安全情报与安全信息、安全分析之间的区别和联系，对深刻认识和理解安全情报概念以及安全情报学研究和发展具有重要意义。

第三节　安全情报概念的演进趋势

随着人们认识的不断加深及社会需求及环境等的不断演变，许多概念（特别是人文社科领域的概念，如"文化""信息""情报"等）都处于动态的演变过程中。安全情报概念也是如此。随着人们安全需求、安全主要矛盾、安全形势、安全任务与所面临的安全问题、安全风险等的不断演变，安全情报概念在不断发生嬗变。这里，对安全情报概念的演进趋势进行简要梳理分析，以期在此基础上提出更加适应和契合当前安全科学研究与实践需求的安全情报概念。

一、领域：从局部安全到总体（全面）安全

2014年4月15日，习近平总书记在其主持召开的中央国家安全委员会第一次会议上，首次提出"总体国家安全观"的伟大国家安全理论和构想，旨在建立集政治安全、国土安全、军事安全、经济安全、文化安全、社会安全、科技安全、信息安全、生态安全、资源安全、核安全等于一体的国家安全体系。其实，从系统安全学角度看，若将安全这一条件、状态、属性与任一系统（如国家系统、文化系统与生态系统等）相结合，便可延伸出一系列"××安全"的二级安全概念。基于安全科学视角，以总体国家安全观为指导，根据所针对的安全保护的对象系统规模的不同〔若按中国安全学者吴超等（2018a）的理解，根据系统规模的不同，可将系统划分为三个层级，即宏系统、中系统与微系统〕，中国安全学者罗云（2018）将安全科学领域大致划分为三个一级领域（范畴），依次如下。

1）宏系统安全（简称为"大安全"），即国家安全（National Security）领域，其主要包括政治安全、国土安全、军事安全、经济安全、文化安全、科技安全、信息安全与生态安全等二级安全领域。

2）中系统安全（简称为"中安全"），即公共安全（Public Safety & Security）领域，其主要包括食品安全、防灾减灾、消防安全、交通安全、核安全、社会安全、反恐安全与校园安全等二级安全领域。

3）微系统安全（简称为"小安全"），即生产安全（Production Safety）（在中国，人们习惯于将其称为"安全生产"）领域，其主要包括职业安全、职业健康与工业安全（矿山安全、建筑安全、化工安全、冶金安全与运输安全等）等二级安全领域。

针对上述三大一级安全领域的安全管理工作的不同安全情报需求，可将安全情报划分为国家安全情报、公共安全情报与生产安全情报，具体解释如下。

1）国家安全情报。据考证，国家安全情报（包括军事安全情报）是情报学领域最早关注和开展研究的领域之一。正因这种历史背景的影响，直到今天，绝大多数非情报学领域或无情报学背景的人，对情报的认识仍仅局限于国家安全与军事（包括军事安全）领域。自习近平总书记于2014年提出"总体国家安全观"后，"国家安全情报"研究在中国得到学界的广泛关注（张家年和马费成，2015a）。当然，目前学界已提出一

些属于国家安全情报范畴的二级 "××安全情报" 概念。通过检索 Web of Science 数据库和中国知网数据库发现，它们主要有：军事安全情报、信息安全情报 [具体涉及网络安全情报（或称为 "网络安全威胁情报"）与网络空间安全情报等] 与科技安全情报等。

2）公共安全情报。公共安全情报概念提出已久。唐超（2017）认为，在中国，由于公安机关长期承担着维护公共安全的绝大多数任务，故公共安全情报一直被视为公安情报的同义词。由上面对公共安全的范围界定来看，这种认识并不完全准确，存在一定的局限性。与此同时，目前学界已提出部分属于公共安全情报范畴的二级 "××安全情报" 概念。通过检索 Web of Science 数据库和中国知网数据库发现，它们主要有：核安全情报、食品安全风险情报、灾害情报（具体包括地震灾害情报与自然灾害情报等）、消防情报与反恐情报等。

3）生产安全情报。经检索文献发现，在生产安全领域，专门针对该领域的 "生产安全情报" 概念目前尚未正式提出。究其原因，主要原因也许是传统的生产安全领域的研究者一般均是理工科背景，缺乏人文社科（特别是情报学）背景，他们的学科背景决定其对安全信息化的认识主要集中在信息技术在安全管理中的应用，或者说仅停留在 "安全信息" 层级。显然，这种认识亟须改变，亟须升级至 "安全情报" 层级，上文已详述。

自习近平总书记于 2014 年提出 "总体国家安全观" 后，中国安全学者逐渐认识到，由于各具体领域（如公共安全与生产安全）的安全问题会相互交织和相互转化，若要实现真正的安全发展，应树立 "总体（全面）安全" 意识和理念。作者认为，所谓总体（全面）安全，就是全面建成安全国家和社会，其核心在 "全面" 二字，要求各个领域的安全发展都不能有短板，应把安全工作的着力点和重点放在补齐全面安全的短板上，力争做到一个都不能少、一项都不能缺、一步都不能慢。其实，这也是世界安全科学的重要发展趋势之一。显然，按总体（全面）安全的要求，目前的安全情报研究仍集中在局部安全管理方面，亟须朝向服务于总体（全面）安全建设发展。因此，安全情报概念的一个重要演进趋势应是从局部安全到总体（全面）安全。

二、内涵：从 Security 到安全一体化

汉语中的 "安全" 一词包含两层含义，即是两个英文单词 Safety 和 Security 含义的组合。对于 Safety 和 Security 的区别，详细解释见第一章第一节。由第一章第一节可知，就某一系统而言，它的安全难免会涉及来自 Safety 和 Security 两方面的安全风险，且有时二者会发生互相转化。鉴于此，近年来，安全学界已开始广泛关注安全一体化研究。

由第一章第一节易知，目前，在 Security 领域，安全情报研究已得到广泛关注，但在 Safety 领域，对安全情报的关注甚少，还基本停留在安全信息的收集阶段（具体原因在第二章第一节已做解释，这里不再赘述）。从系统安全学角度看，安全情报研究旨在服务系统整体安全的促进。显然，目前的安全情报概念的内涵尚主要体现在 Security 方面，Safety 方面的内涵体现严重不足，更是无法体现安全一体化方面的内涵。因此，安全情报概念的内涵应从 Security 向安全一体化过渡发展。

三、环节：从应急管理到安全管理全过程

由于应急管理工作具有偶然性、突发性与紧迫性等属性，情报对应急管理工作显得尤为重要。鉴于此，应急情报被认为是情报学研究领域的下一个重要阵地（姚乐野和范炜，2014）。确实，目前，应急情报方面的研究成果已非常之多。就中国的应急情报研究而言，这主要得益于国家和政府的高度重视和支持。例如，2007 年 11 月中国实施的《中华人民共和国突发事件应对法》在应急管理中明确要求重点强调"情报合作"；近年来的国家社会科学基金项目和青年项目的立项项目中有多项关于应急情报的研究课题（如 2018 年国家社会科学基金年度项目和青年项目立项名单就有"面向应急管理的情报工程服务机制建设研究"等研究项目）。

其实，从安全科学角度看，按照安全管理的环节划分，安全管理包括"常态安全管理"（其侧重点是事前预防）与"非常态安全管理"（即应急管理，其侧重点是事后应急）两方面，安全管理工作的"重头"应是"常态安全管理"。同时，"常态安全管理"与"应急管理"均需情报的支持。但令人遗憾的是，目前面向安全管理全过程（环节）的安全情报研究比较少见（不过，在部分具体安全领域，已开展这方面研究实践，如公共安全领域的"情报主导的警务"模式和信息安全领域的"情报主导的信息安全"方法），研究主要集中在面向应急管理的安全情报研究。因此，今后的安全情报概念应从主要面向应急管理环节转向面向安全管理全过程。

四、本节结语

从历史角度看，结合安全科学的演进及发展趋势，概括而言，安全情

报概念的演进趋势是"从分散到统一""从具体性到普适性",具体体现在三方面,即"从局部安全到总体安全"、"从'Security'到安全一体化",以及"从应急管理到安全管理"。

第四节　安全情报的特点

安全情报的特征有很多。例如,安全情报是情报的一个子集,它理应具有情报的一些基本性质,主要包括知识性、传递性等。本节面向安全管理,根据金声(1996)、秦铁辉(1991)、王哲和陈清华(2004)、赵蓉英(2017)、梁慧稳(2017)、时艳琴等(2017),概括总结出一些安全情报的显著特征。在此基础上,结合安全管理,对安全情报的主要特征之于安全管理的特殊而重要的意义进行扼要释义。

一、知识性

知识是人的主观世界对于客观世界的概括和反映。随着人类社会的发展,每日每时都有新的知识产生,人们通过读书、看报、听广播、看电视、参加会议、参观访问等活动,都可吸收到有用知识。在安全领域,按广义的说法,对安全风险防控和安全管理有用的相关安全知识就是人们所需要的安全情报。换言之,安全情报是人们安全管理和安全行动所需要的特定安全知识。由此可见,安全知识是安全情报的本质内容,没有一定的安全知识内容,就不能成为安全情报,也就没有什么价值可言。因此,知识性是安全情报的主要属性之一。安全情报中所含的安全知识内容正是安全情报之价值所在。安全情报中所含安全知识量的多少决定了安全情报价值的高低。

1)安全情报的安全知识面。安全情报的安全知识面,是指安全情报内容所含安全知识范围的广度。安全情报的安全知识面越宽,可利用的范围和领域就越广,得到利用的机会和可能就越大,安全情报价值实现的条件就越充分,预期产生的安全效益就越大,故其潜在的安全管理价值就越高。

2)安全情报的安全知识量。安全情报的知识量,主要是指安全情报所含安全知识内容质量的高低,它主要体现在三方面:一是安全情报所含的安全知识内容的先进性和新颖性;二是安全情报所含的安全知识内容的可靠性和适用性;三是安全情报所含的安全知识内容的详尽性。一般而言,安全情报价值与安全情报所含的安全知识内容的先进性、新颖性、可靠性、适用性和详尽性成正比关系。

二、传递性

安全情报要发挥价值，就必须经过传递，安全情报若不进行传递交流、供人们利用，就不能构成安全情报。安全情报传递的实质，是将固化的安全信息（包括安全知识）活化，以实现安全情报的潜在价值。就安全管理而言，只有将安全情报传递至安全管理者，才可为情报主导的安全管理实施提供一定可能。安全情报的传递性是安全情报的基本属性之一。

理论上讲，所谓安全情报传递，是指安全情报可在时间上或空间上从一点传递至另一点。安全情报可在时间上或空间上进行传递。在时间上的传递称为存储；在空间的传递称为传播（交流）。由此可见，安全情报具有超越时空限制的传递特征。与此同时，现实传递安全情报具有低能耗性，现代信息通信技术及信息存储技术的发展使这一点尤为突出，比起物质产品传递的交通运输所消耗的能量，安全情报传递所需要的能量较少。一般来讲，安全情报传递的时机、速度与完整程度，对安全情报价值的高低起着决定性作用（换言之，安全情报具有时效性）。它具体体现在以下三方面：

1) 安全情报传递的及时性。安全情报只有在安全情报用户最需要的时刻传递到安全情报用户手中，才能发挥其最大效能。传递过早，安全情报用户对安全情报吸收利用的条件还不成熟，不能最大限度地对安全情报加以利用，必将影响安全情报的利用效果。传递过晚，一切已成为过去，对安全情报用户来说已没有任何意义。一般来讲，安全情报传递得越及时，安全情报潜在价值就发挥得越充分。随着安全情报传递时间的延误，其价值也将呈下降趋势。

2) 安全情报传递的迅速性。安全情报从安全情报源到安全情报用户手中所用的时间越短，速度越快，安全情报的先进性与新颖性就反映得越充分，安全情报所产生的效益也就越大，安全情报的价值也就越能够得以充分体现。

3) 安全情报传递完整性（系统性）。因为只有系统完整的安全情报，才能发挥出最大的效能。分散、无序、残缺的安全情报传递给安全情报用户，必然造成利用上的困难，安全情报价值也会发生扭曲和变形。因此，所传递的安全情报越完整、越系统，它的价值也将实现得越充分。

此外，安全情报的传递性表明安全情报具有共享性。理论上讲，安全情报可被多个认识主体（即安全情报用户）所共享。安全情报在一定的时空范围内可同时被多个安全情报用户接收、感知和利用。但是，须注意的是，有些安全情报（特别是 Security 情报）往往具有保密性和对抗性。因此，有些安全情报尽管理论上具有共享性，但实际上也是有限共享的。

三、效用性（价值性）与实用性

人们生产安全情报、交流传递安全情报的目的在于充分利用，不断提高它的效用性（价值性）和实用性。安全情报为安全情报用户提供服务，安全情报用户需要安全情报，效用性（价值性）和实用性是衡量安全情报服务工作好坏的重要标志。其实，效用性（价值性）和实用性是安全情报最本质的属性，是其区别于安全信息的本质特征。由安全情报的含义（见第一章第一节）可知，安全情报的实质是一种安全信息，但安全情报不同于安全信息，它是对安全管理具有价值与意义的安全信息，可影响安全管理。安全情报旨在服务于安全管理，安全情报可有效支持、优化和修正安全管理者的安全管理行为，解决安全管理中的安全情报缺失问题是安全情报的关键价值所在。从经济学角度看，安全情报是一种资源，它具有价值。细言之，安全情报是安全管理的基础资源，它之于安全管理至关重要，这也是研究安全情报的意义和价值所在，安全管理过程是安全情报效用的实现过程。由此可见，安全情报具有效用性（价值性）和实用性，就安全管理而言，它的效用性（价值性）和实用性在于提升安全管理绩效。

安全情报价值的最终实现，只有通过安全情报用户吸收利用并付诸安全管理实践才能体现出来。因此，安全情报内容的适用范围与安全情报用户需求之间的吻合程度，就成为安全情报价值能否实现及实现程度的关键。它主要体现在两方面。

1）安全情报的针对性。在安全情报传递中，所传递的安全情报一定要与安全情报用户的吸收能力相匹配，安全情报用户的吸收能力，一般是指其对安全情报进行识别、理解、消化、运用的能力。就安全管理者而言，安全管理者对安全情报的吸收能力主要取决于其安全管理能力、知识水平与情报素养。

2）安全情报的有效性。在安全情报传递中，所传递的安全情报一定要填补安全情报用户的未知。若所传递的安全情报不能改变安全情报用户的知识结构，不能触发安全情报用户的创造性思维，安全情报自身的潜在价值就永远不会实现。因此，所传递的安全情报越能满足安全情报用户解决关键安全问题的需要，越能适用于安全情报用户的需求，安全情报效用就越高，安全情报可能产生的经济效益和社会效益就越大，安全情报价值也就越高。

四、谋略性

安全情报的价值不在于简单的安全信息收集和加工，其更注重对收集到的安全信息进行深入分析和研究，力求透过安全数据信息看清其背后隐藏的真实情况，以勾画出组织或系统所处的安全环境的全面图景。在这一过程中，安全情报的分析研究工作成为其过程的关键环节。

安全情报分析人员没有现成的答案可以搬用，也无法沿用传统的、常规的、重复的方法来分析安全问题，因为安全情报分析的对象是复杂的、不确定的安全问题和环境。因此，在安全情报分析过程中，安全情报分析人员要融入较多的智力活动，包括分析推理、安全风险分析、创新性思维、超前安全预测等。正因如此，可将安全情报称为"安全信息+智力"的安全融智工程。通过安全思维创新发现新思路、创造新的安全知识、产生安全管理新理念、产生有利于安全管理的安全情报，并且在安全管理中有效地加以应用。

由上可知，安全情报活动是把分散的有关安全风险或安全环境的信息、资料转化为相互联系的、准确的、可以使用的安全信息的分析工程，这些经过分析处理的安全情报能够使安全管理人员清楚地认识和了解安全风险和安全管理优势、弱势、机会及挑战等，大大降低安全管理过程中的不确定性，提高安全管理的有效性，并能为安全管理带来巨大的安全效益。

安全情报概念的引入，可以说为传统的安全管理工作和安全管理信息化工作注入了新的生命力，它使传统的安全管理工作和安全管理信息化工作从死的安全资料管理向围绕组织安全目标而进行的活的安全情报的收集分析方向拓展，从一般性的日常安全数据信息管理系统向突出"安全情报收集分析功能"的"智能性"安全情报系统方向拓展，提高其智力参与程度，以更有价值的安全情报产品为安全管理提供服务和支持。

五、预测性

安全情报可用来表征和反映组织或系统的安全状态及其变化方式。由此观之，安全情报可预测组织或系统未来的安全状态及其变化趋势。因此，安全情报具有预测性。安全预测是安全管理的逻辑起点，是实现"事前预防"的核心手段，安全情报是实现精准安全预测的前提。也就是说，如果要保障组织或系统安全，就需要及时、准确地收集安全情报为安全管理服务，而保障系统或组织未来安全的安全管理活动是未来的事情，故安全情报必须具有预测性，滞后的安全情报没有任何实际意义。

对于一个组织或系统的安全管理来讲，安全情报不仅要解决现实的、已经出现的安全问题，更要解决长远的安全问题和安全战略问题，利用安全情报的目的是为安全管理服务，为把握安全管理未来服务。它要求广泛收集关于安全态势、安全风险等方面的信息，在进行深入研究的基础上，预测组织或系统的未来安全形势，制定组织或系统的安全保障战略，来达到提升组织或系统安全保障能力的目的。所以，安全情报具有较强的预见性与前瞻性。

六、目的性

安全情报活动具有非常明确的目的性、目标性和针对性。安全主体开展安全情报活动的基本目的就是要通过对自身各方面的安全情况、信息进行收集、分析与研究，为安全主体提供具有高度指向性的安全情报服务，协助安全主体制定有效的安全管理方案和策略，从而保障自身安全。

七、智能性

从情报学角度看，安全智能源于安全情报，这是因为根据信息链，情报是封装的智能，智能是开放的情报。王飞跃（2015）指出，情报与智能化有着"天然"的内在联系。同理，安全情报和安全智能化密切相关。安全智能是获取和应用安全信息（包括安全知识）的能力，而安全情报又是服务于特定安全目标的安全信息，安全情报和安全智能是不可分割的一个整体。与此同时，"安全情报"所对应的英文是"Safety & Security Intelligence"，而"Intelligence"一词既有"情报"之意，又有"智能"之意。因此，"Intelligence"一词在被翻译成中文有时又被叫作"智能"，众所周知的人工智能（Artificial Intelligence）即是一个例证。因此，安全情报本身具有智能性，在大数据和人工智能环境下，安全情报的智能性更加突出。同时，由此可见，安全情报是实现智能（智慧）安全管理的基础。

此外，安全情报的智能性在安全情报工作（即安全情报产品的生产、投送和评价）中得到充分体现。安全情报产品的生产是运用安全智能、产生智能的过程。对情报产品的投送则要顾及安全智能、反映安全智能，也就是要考虑安全情报用户对安全情报产品的数量和形式要求。安全情报研究工作中的智能性体现在对安全情报素材的凝练与组织上，体现在对安全情报结论的谋略性要求上，也体现在对安全情报投送的方式与渠道的设计和管理上。

八、本节结语

本节面向安全管理，概括提炼出了一些安全情报的显著特征，主要包括知识性、传递性、效用性（价值性）与实用性、谋略性、预测性、目的性和智能性，并分析了上述安全情报特征在安全管理中的实际意义。

第五节　安全情报的作用

一、安全情报的基本功能

安全情报是开展安全管理工作的前提与基础，安全情报是安全管理的"耳目、尖兵与参谋"。细言之，安全管理失败的根本原因是安全情报缺失，就安全管理而言，安全情报的价值是解决系统安全管理中的安全信息缺失问题。由此，根据安全管理活动的分类（即安全预测活动、安全决策活动与安全执行活动），可概括出安全情报以下三项最基本的主要功能（王秉和吴超，2019a）。

（一）安全情报可充当安全预测（预警）支持系统

"发现得了，发现得准，发现得早"是掌握安全管理主动权的先决条件。所谓"发现得了，发现得准，发现得早"，是指成功的安全预测（预警），即在充分收集、了解与掌握各种安全信息的基础上，通过分析这些安全信息获得有效的安全情报，进而基于安全情报做出超前、正确、科学而精准的安全预测。换言之，安全情报有助于发现组织的安全威胁与安全促进机会，并通过增加超前安全预警时间来增加安全管理者的反应时间，进而获得安全风险管控优势，做到防患未然。

（二）安全情报可充当安全决策支持系统

"决定得好，决定得快，决定得省"是制定安全管理方案的基本要求。所谓"决定得好，决定得快，决定得省"，是指成功的安全决策，即在综合研判各类安全预测情报的基础上，基于最佳安全情报快速作出科学、可靠、有效且经济的安全决策。

（三）安全情报可充当安全执行支持系统

"防控得早，防控得实，防控得住"是安全管理响应的终极目标。所谓"防控得早，防控得实，防控得住"，是指成功的安全执行，即根据安全决策情报，通过及时、有效而到位地实施安全决策方案（主要指各类安全措施，包括应急管理措施），尽力防控各类不安全事件发生，或通过有效的应急管理措施使各类安全事件的不良后果及影响降至最低。

二、安全情报的延伸功能

根据安全情报的基本功能，可提出它的主要延伸功能，具体如下。

（一）安全情报可作为重要的安全学习系统

安全情报能够提供隐性安全知识，而知识与学习密不可分。因此，安全情报是重要的安全学习资源（王秉和吴超，2019a）。安全情报不仅可为安全管理工作提供具体线索与思路，为安全管理工作提供依据与参考，帮助安全管理者不断接触新的安全思想及先进的安全管理方法，还能让安全管理者学习安全经验、教训等，让他们从安全情报中挖掘出安全管理改革与创新的机遇，从而帮助组织找到最佳的安全管理提升方案，不断推出安全管理新策略和新技术，为组织带来更高的安全管理绩效。

（二）安全情报是安全管理咨询服务的基础

近年来，安全管理咨询服务已逐步成为全球安全领域的重要支柱性产业之一。安全管理咨询服务是以安全情报收集、分析与利用为基础的。因此，不管何种形式的安全管理咨询服务，其本质都是对安全情报的收集、分析与利用。安全管理咨询服务机构为用户提供安全管理咨询服务，归根结底是对安全情报进行收集和分析整合，并有针对性地为用户提供系统化的安全管理方案和知识。以安全情报收集、分析与利用为基础的安全管理咨询服务是一种利用、传递和扩散安全管理知识，并促进安全管理知识增殖的行为，它能帮助用户提高安全管理水平。

（三）安全情报推动安全管理信息化发展

信息化已成为当今时代的安全管理发展的主流，也是安全管理水平的重要体现。所谓安全管理信息化，是指运用信息管理的一般理论与方法，以现代信息技术为核心技术工具与支撑，充分考虑与收集组织内外部的安全信息，并有效组织与配置安全信息资源而进行信息化安全管理活动，以期安全管理者能够及时掌握组织总体的安全状态和获得对安全管理有用的安全信息（即安全情报），并及时制定和实施有效的安全管理策略。由此可见，安全管理信息化的发展从一开始就离不开安全情报的有效支持，安全情报对安全管理信息化发展具有决定性作用和推动作用，对安全情报的恰当认识和利用有助于组织找准安全管理信息化发展目标，进而促进安全情报工作和安全管理信息化工作的良性循环发展。

（四）安全情报可创造出不可估量的社会经济效益

安全情报对国家和社会安全发展至关重要，意义重大。安全情报可有效维护国家安全和社会安全稳定，可有效预防和减少安全事件的发生，以及降低安全事件所造成的损失，这体现了安全信息潜在的无法估量的社会经济效益。

三、安全情报工作的作用

根据安全情报的功能，讨论安全情报工作对安全管理的作用和意义。安全情报工作能力是安全管理的主要体现和基础保障，加强安全情报工作是推动安全管理能力提升的利器。概括来看，安全情报工作对于安全管理能力提升的助推作用，主要体现在以下五方面。

（一）安全情报工作推动安全风险预测预警工作及时化和准确化

未雨绸缪，防患未然，准确及时的安全风险预测预警是安全管理工作的重点。安全情报研究的目的之一是实现有效的安全风险预测（张家年和马费成，2016）。安全风险预测机制是指通过对安全情报研究对象的分析，明确安全现状，有效防范安全风险。同时，安全情报有助于实时监测、发现和预测各种安全风险因素的发展变化，并通过增加超前预警时间来增加安全风险防范的响应时间，从而获得安全风险防范优势，实现早发现、早预警、早防范，做到防患未然。

由上可知，安全情报工作是实现安全管理"耳聪目明"的基础，安全情报掌握得快、掌握得准是掌握安全管理工作主动权的关键。因此，准确及时的安全风险预测预警须依赖准确、及时、高效的安全情报监测、收集和分析工作。随着安全情报工作水平的不断提升，进行安全风险预测预警时的"底气"越来越足，安全风险预报预警的准确率与及时性也会大幅提升。

（二）安全情报工作促进安全管理工作科学化

科学防控是安全管理工作的基本原则和要求。情报位于决策过程最前端，是决策的前提和根基（Simon，1959）。同样，科学、正确的安全管理决策也离不开高质量的安全情报的支持，安全情报是安全管理决策的关键。其实，安全管理的决策过程就是对安全情报的搜集、分析、处理和运用，排除安全风险认识和判断上的偏颇甚至错误，把握安全管理最佳、合适时机，看清安全管理形势和突出问题，做出正确、科学、可靠的安全管理决策判断，并制定安全管理战略和策略实施方案的过程。安全情报不完备或失误是导致安全管理失败的主要原因，科学的安全管理离不开准确的安全情报支持。由此可见，安全情报工作有助于形成科学、正确的安全管理决策。

（三）安全情报工作推动安全管理工作精准化

精准治理是提升安全管理水平的一个重要方法论。不同地方、不同环节的安全风险种类、数量和严重程度等各异，安全管理工作的重点自然各不相同。与此同时，安全风险会随时间推移不断呈现新的特点、新的发展趋势，甚至出现新的安全风险等，故安全管理工作应根据安全风险实时变化而灵活调整。由此可见，安全管理工作不能眉毛胡子一把抓，而应精准分析和研判安全风险、分清轻重缓急、辨明主要安全风险和突出问题，根据不同地点、不同环节、不同时点的不同情形采取分类施策的方法，实现精准治理，有针对性地控制各类安全风险和问题，进而把安全管理工作抓精抓准。"摸清底数"是准确识别问题、精准治理的首要环节。在安全管理工作中，只有"摸清底数"，才能准确识别重大安全风险，才能准确把握安全管理工作的方向和着力点，才能以问题和风险为导向精准施策和治理。因此，在安全管理工作中，精准治理的关键在于"摸清底数"，即安全情报工作。

（四）安全情报工作助推安全管理工作协同化

安全管理工作涉及多要素、多因素、多主体、多部门、多层级、多环节等，是一项复杂的系统工程。这决定安全管理工作的实际执行与实施需要多部门、跨区域或层级的沟通、协作和联防联控。因此，在安全管理工作中，多方的协同（包括联防联控）至关重要。情报信息是连接多主体协同的桥梁和纽带。因此，安全情报协同是安全管理协同的基础和支撑，唯有安全情报互通和传递通畅，才能实现高效的安全管理工作协同。

（五）安全情报工作助力安全管理工作智慧化

安全管理手段的智慧化是大数据、数字化、信息化、智能时代、工业4.0时代及安全4.0时代的最直接要求（Wang and Wu，2020）。安全管理工作智慧化就是要自觉顺应社会信息化、数字化与智能化的大趋势。根据信息链（即"事实→数据→信息→情报→智慧"）（Liew，2013），情报是封装的智慧，智慧是开放的情报，智慧性是情报的本质特征（王飞跃，2015）。正因如此，情报理应是实现智慧管理的前提和基石，理应是实现智慧管理所要关注的焦点。同理，安全情报是实现智慧安全管理的基础，将安全情报采集、分析、处理、运用和智能决策体系纳入安全管理工作体系，有助于构建智慧化的安全管理工作体系。

四、本节结语

从安全管理角度出发，介绍安全情报及安全情报工作的重要功能。"安全情报可充当安全预测（预警）支持系统""安全情报可充当安全决策支持系统""安全情报可充当安全执行支持系统"是安全情报的基本功能，"安全情报可作为重要的安全学习系统""安全情报是安全管理咨询服务的基础""安全情报推动安全管理信息化发展""安全情报可创造出不可估量的社会经济效益"是安全情报的延伸功能。同时，安全情报工作的主要作用是推动安全风险预测预警工作及时化和准确化、促进安全管理工作科学化、推动安全管理工作精准化、助推安全管理工作协同化与助力安全管理工作智慧化。

第六节　安全情报的类型

根据不同的分类标准或依据，安全情报可划分为不同类型（王秉和吴超，2019b）。从安全情报的形态看，安全情报包括静态安全情报（如与人口、地理区位与时间等相关的安全情报）和动态安全情报（如安全事件的演化轨迹、安全风险的发展变化、安全因素的相互关联关系与安全形势的变化趋势等）。需说明的是，安全信息的分类方式并非唯一的，随着安全信息学和安全管理学的研究与实践发展，可能还会产生其他分类方式，以满足不同的安全管理需要。

一、面向安全管理的安全情报分类

安全情报是用来服务安全管理的。结合安全管理特色和实际，根据安全管理环节和层次，可对安全情报进行分类（王秉和吴超，2019b）。

（一）根据安全管理环节的安全情报分类

从安全情报所服务的具体安全管理环节［包括"常态安全管理"（其侧重点是事前预防）与"非常态安全管理"（即应急管理，其侧重点是事后应急）］看，安全情报包括常态安全情报和非常态安全情报（或称为"应急情报"）。

（二）根据安全管理层次的安全情报分类

安全管理要求安全管理者随着时间推移开展一组相互关联、连续的安全管理活动。从长远来看，安全管理者须开展一些战略性的活动（如决定潜在的安全管理投入和安全管理战略、政策、体系及能力建设），以选择或适应最能实现安全管理目标的方法。从中期来看，安全管理者须开展一些战术性的活动（如制定安全计划、程序、资源、预防和控制措施以指导和优化安全风险防控）。但是，战术性的安全管理活动描述不足以触发日常的安全管理体系运行和活动开展，安全管理者须采用具体的方法或措施来落实和执行战术性的安全管理要求或决策。也就是说，在短期内，安全管理者须开展一些具体操作层面的安全管理工作事务，从而执行日常的安全管理操作指令。事实上，Hale（2003，2005）和 Winge 等（2019）也表达了类似的观点。他们认为，一个好的安全管理体系的结构必须包括一个解决安全问题的周期（它涵盖三个层次，即操作、战术和战略）。此外，Hale（2003）指出，这三个安全问题解决层次具有不同的时间动态，从第一级的秒到天，第二级的周和月，到第三级的 3~5 年。

基于此，可将安全管理划分为战略层、战术层与操作层三个层面。战略层安全管理指安全管理者进行安全投资和长期安全管理体系决策的长期安全决策过程；战术层的安全管理是指安全管理者进行安全管理体系更新的中期安全决策过程；操作层的安全管理指安全管理者的短期安全决策过程，主要是日常的一线安全风险防控。由于安全情报是面向安全管理的，且各层次的安全管理都需要相应的生物安全情报提供支持，故可将安全情报划分为 3 种不同类型，即战略层、战术层和操作层的安全情报。综上所述，可构建面向安全管理不同层级的安全情报的金字塔模型（图 2-2）。

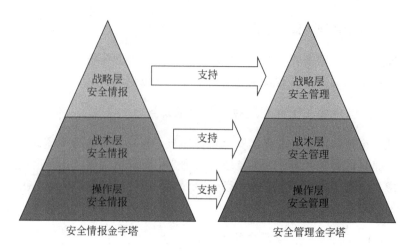

图 2-2　面向安全管理不同层级的安全情报的金字塔模型

从图 2-1 可知，不同类型的安全情报是分层的，战略层的安全情报处于安全情报金字塔的顶部。战略层的安全情报旨在帮助组织高层的安全管理人员了解组织安全大局，并思考如何适当有效地提高组织的安全。战略层的安全情报应关注组织安全风险、安全技术、安全文化或潜在安全威胁的长期趋势。战略层的安全情报是前瞻性的安全管理思想，高度依赖安全预测和评估——根据过去的安全管理行动或预期的安全能力预测未来的组织安全。有效的战略层的安全情报要求安全管理人员（或更具体地说是安全分析师）具有深厚的安全管理专业知识、相当的安全管理洞察力、丰富的安全管理经验，以及理解和适应高度动态的安全管理环境变化的意愿。

如果战略层的安全情报是为组织的安全领导设计的，那么，组织的中层安全管理使用战术层的安全情报。战术层的安全情报关注安全风险和威胁，它试图通过提供有关安全计划、程序和技术的安全情报来回答什么和什么时候的问题。战术层的安全情报是对一个组织的直接安全管理能力的评估，它重点关注安全风险评估（包括危害识别），以及安全管理的弱势、优势、机会和挑战。一个组织的有效的战术层的安全风险评估和安全管理分析允许那些直接控制安全风险的人以最有效的方式为安全关键任务分配关键资源，并在适当的时间按照正确的安全计划和程序进行一线安全风险管理。

操作层的安全情报关注组织的所有日常安全管理活动。操作层的安全情报是面向一线安全风险管理者的。操作层的安全情报是实时的，或接近实时的安全情报，通常来源于技术手段，并传递给组织成员，用来直接开展一线的安全风险管理活动。操作层的安全情报是即时的，并且生存时间很短。操作层的安全情报的即时性要求安全管理人员（或更具体地说，安全分析师）能够即时访问安全数据和信息收集系统，并能够在短时间内和高压环境中将安全数据和信息转换为安全情报。

由以上分析可知，战略层的安全情报关注的是组织的安全管理战略和长期安全投资、目标和政策；战术层的安全情报关注的是组织的安全计划、程序和资源；操作层的安全情报关注的是组织的所有日常和一线的安全风险管理活动。就安全管理和安全提升目的而言，无论是在所需的详细程度上，还是在安全数据和信息的及时性上，操作层的安全情报都与战略层和战术层的安全情报大不相同。操作层的安全情报需要一个及时实时更新的安全情报系统。战略层和战术层的安全情报可能是实时的，但也可以基于每周、每月或每年的安全信息。同时，这三种类型的安全情报相互作用、相互影响。战略层的安全情报驱动战术层的安全情报需求，战术层的安全情报驱动操作层的安全情报需求。因此，安全情报提供了一种数据驱动的方法，将组织的战略安全目标与战术安全政策和操作层的具体安全行动联系起来。

二、基于安全概念范畴的安全情报分类

从安全概念范畴角度看，可依次按照安全情报所涉及的安全外延、领域与对象主体的不同对其进行分类，见表 2-1（王秉和吴超，2019b）。

表 2-1　基于安全概念范畴的安全情报分类

序号	分类标准（依据）	具体类型	具体解释或举例
1	按照外延划分	Safety 情报	与 Safety 相关的情报（如事故灾难情报），是服务于 Safety 管理的安全情报
		Security 情报	与 Security 相关的情报（如恐怖袭击情报），是服务于 Security 管理的安全情报
2	按照领域划分	政治安全情报	政治意识安全情报、政治需要安全情报、政治内容安全情报、政治活动安全情报等
		国土安全情报	领土安全情报、领海安全情报、领空安全情报、国家关键基础设施安全情报等
		军事安全情报	军队安全情报、军备安全情报、军事设施安全情报、军事秘密安全情报、军事活动安全情报等

序号	分类标准（依据）	具体类型	具体解释或举例
2	按照领域划分	经济安全情报	金融安全情报、财政安全情报、经济战略资源危机情报与产业安全情报等
		文化安全情报	语言文字的安全情报、风俗习惯的安全情报、价值观念的安全情报、生活方式的安全情报等
		社会安全情报	社会治安情报、交通安全情报、生活安全情报与生产安全情报等
		科技安全情报	科技成果安全情报、科技人员安全情报、科技产品安全情报、科技设施安全情报等
		信息安全情报	物理安全情报、网络安全情报、主机（系统）安全情报、应用安全情报、数据安全情报等
		生态安全情报	自然生态系统安全情报、人工生态系统安全情报、生态风险情报与生态脆弱性情报等
		资源安全情报	水资源安全情报、能源资源安全情报、土地资源安全情报、矿产资源安全情报等
		核安全情报	核设施安全情报、核活动安全情报、核材料安全情报、放射性物质安全情报、核事故情报等
		生物安全情报	外来物种入侵情报、疫情情报、生物技术安全情报、生物实验室安全情报、生物性食品安全情报、生物恐怖袭击情报和生物武器威胁情报等
		……	……
3	按照对象主体划分	企业安全情报	服务于企业安全管理的安全情报，如企业安全隐患、安全风险、应急能力等方面的安全情报
		社区安全情报	服务于社区安全管理的安全情报，如社区危险源、治安、安全事件、伤害、应急等方面的安全情报
		城市安全情报	服务于城市安全管理的安全情报，如城市危险源、治安、交通安全、自然灾害、反恐等方面的安全情报
		国家安全情报	服务于国家安全治理的安全情报，包括国土安全、政治安全、经济安全等领域的安全情报
		……	……

三、基于安全情报来源的安全情报分类

根据安全情报的基本来源，安全情报可划分为以下三大类（图2-3）（Wang and Wu，2019）。

1）安全风险情报。安全风险情报是指专门针对安全风险的情报，它

的获取方式是安全风险辨识、安全风险分析与安全风险评估。安全风险情报有助于组织识别和理解潜在的安全威胁，并为组织降低安全风险提供强有力的支持。

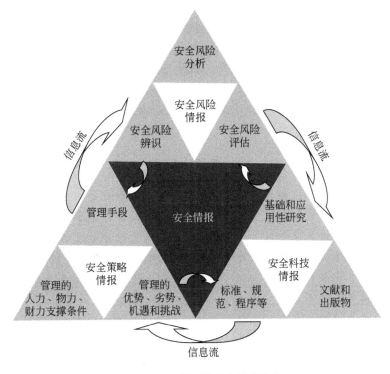

图 2-3　基于来源的安全情报分类

2）安全策略情报。安全策略情报是指关于安全管理策略的情报，包括管理手段（如安全工程、安全强制、安全教育、安全经济和安全文化等手段）、管理的优势、劣势、机遇和挑战，以及管理的人力、物力、财力支撑条件等情况。安全策略情报有助于帮助组织确定和了解其安全管理的优势和劣势，预测其未来的安全趋势和变化，以及发现可能有效改进其安全管理和提升安全能力的潜在因素。

3）安全科技情报（即科技类安全情报）。安全科技情报是指安全管理的科技证据，包括安全科学方面的基础和应用性研究、文献和出版物，以及标准、规范、程序等。安全科技情报有助于收集和使用科学研究证据，以评估当前和新的安全管理方法和安全管理手段的成本/效益，并指导安全管理实践。安全科技情报类似于循证安全管理中的安全研究证据，可以帮助组织获得更好的安全管理绩效。此外，安全科技情报有助于缩小安全管理研究与安全管理实践之间存在的鸿沟。

四、本节结语

没有分类就没有科学，讨论安全情报的分类至关重要。本节重点讨论了三种安全情报的分类方式：一是面向安全管理的安全情报分类；二是基于安全概念范畴的安全情报分类；三是基于安全情报来源的安全情报分类。上述安全情报分类有助于明确安全情报的相关研究领域，有助于圈定安全情报的研究范畴，有助于指导具体深入的安全情报研究与实践工作的开展。

※本章小结※

为深入认识和挖掘安全情报的本质、特质和价值等，促进安全情报学研究及其学科建设，本章从安全情报学高度，从多维度审视、考察和认识安全情报。通过本章学习，主要得到以下六大方面主要发现：①从安全科学学理层面看，安全情报概念源于情报科学视域下的安全科学（特别是安全管理）新认识，即"从安全信息到安全情报"的安全管理新认识；②安全情报概念不同于安全信息和安全分析概念，但又与其存在紧密联系；③安全情报概念的总体演进趋势是"从分散到统一""从具体性到普适性"；④从安全管理角度看，安全情报具有知识性、传递性、效用性（价值性）与实用性、谋略性、预测性、目的性和智能性等显著特征；⑤安全情报及安全情报工作的作用主要体现在它对安全管理的巨大推动和支撑作用方面；⑥根据安全管理的环节和层次、安全概念的范畴和安全情报来源，可对安全情报进行不同分类，安全情报分类有助于深入认识和研究具体的安全情报类型，有助于使安全情报领域更加枝繁叶茂。

第三章　安全情报学学科建设理论

※本章导读※

一门学科的学科建设理论旨在明确一门学科的学科建设方向、学科基本问题、学科基础、学科分支体系及学科方法论等。理论而言，明确一门学科的学科建设理论是建构这门学科并推动其发展的首要问题和根基所在。因此，极有必要探讨安全情报学的学科建设理论。本章针对安全情报学的学科建设理论，首先，探讨安全情报学的学科由来、学科元概念、学科身份及学科建设视角的定位问题；其次，分析安全情报学的学科定义与内涵、学科性质、学科研究对象、学科研究内容和学科研究目标五个安全情报学学科基本问题。在此基础上，讨论安全情报学的学科基础和可能的学科分支。最后，提出安全情报学方法论。

第一节　安全情报学学科建设的基本定位

安全情报学是近两年才逐渐兴起的一门新学科，与安全情报学实践相比，安全情报学学科建设相对落后，安全情报学的基本学科理论体系尚未形成，安全情报学基础理论研究非常薄弱。特别是目前安全情报学学科建设正处于"迷茫期"（主要表现为在学科由来、学科身份与学科建设视角三个方面存在突出问题），严重阻碍科学合理的安全情报学学科理论体系的构建。因此，当务之急是分析安全情报学学科建设存在上述迷茫的原因，并找到解决迷茫的出路。鉴于此，本节从学科建设层面出发，探讨目前安全情报学学科建设在上述三个方面中所存在的突出问题，以期帮助安全情报学学科建设尽快走出迷茫，进而推动安全情报学学科建设、研究和发展。

一、学科由来的定位

目前，学界尚未明确安全情报学的由来。从科学层面来看，安全情报学是"安全+"的学科产物。"+安全"和"安全+"是安全科学的两个重要方法论，是安全科学研究实践的两条元进路（王秉和吴超，2019d）。

它们的基本含义与侧重点见表3-1。由表3-1可见，二者的相同点是：本质都是安全科学与其他学科或领域的交叉融合；二者的不同点是：站位、主导者和对安全科学发展的优势不同（图3-1）。"安全+"和"+安全"与安全科学之间的关系如图3-2所示。

表3-1 "+安全"和"安全+"的基本含义及侧重点（王秉和吴超，2019d）

名称	基本含义	侧重点
+安全	以其他学科或领域为主体，并附加安全或安全科学的一种研究实践模式。在"+安全"中，安全科学不是主导者，而是附属体，主要体现安全本身的依附性以及安全科学的应用性，其着力点是从其他学科或领域开始，旨在服务于其他学科或领域的发展和优化（安全发展）。在这个过程中，安全科学起到的只是工具的作用。显然，"+安全"很难产生具有普适性的安全科学理论、方法与技术等	强调顺势发展安全科学，即以发展和服务其他学科或领域为导向，主要是以其他学科或领域的既有理论、方法与技术等为基础，利用安全科学的理论、方法与技术等，稍加改造或优化其他学科或领域，保障其他学科或领域安全发展
安全+	将安全科学作为主体和引擎的一种研究实践模式，其着力点是安全科学领域，旨在运用其他学科或领域的理论与方法等服务于安全科学发展。它的本质是把其他学科或领域的理论与方法等彻底实现"安全化"，把"+安全"的输入转化为"安全+"的输出。显然，"安全+"是安全科学发展成一门独立学科和形成具有普适性安全科学理论、方法与技术等的根本思维和手段	强调逆袭发展安全科学，即以发展和服务安全科学为导向，把其他学科或领域的理论、方法与技术等直接改造为安全科学的理论、方法与技术，实现安全科学的爆发式发展

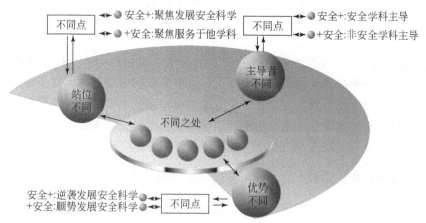

图3-1 "+安全"和"安全+"的区别

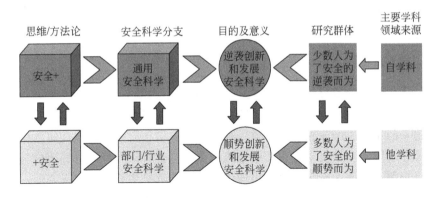

图 3-2 "安全+"和"+安全"与安全科学之间的关系

从方法论的角度来看，安全科学基础理论研究的方法论是将"+安全"的输入转化为"安全+"的输出，而安全科学应用实践研究的方法论是将"安全+"的输入转化为"+安全"的输出（王秉和吴超，2019d）。从"+安全"与"安全+"的视角来看，安全情报这一概念是"安全+情报"的产物。同样，安全情报学也是"安全+"的学科产物。因此，从科学的角度来看，安全情报学以安全科学为主导，将情报科学理论、方法、技术与原则等应用到安全科学领域中，旨在服务于安全科学领域发展。当然，安全情报学也是情报科学的一片广袤的应用实践天地，是情报科学应用层面的学科分支，它的诞生和发展必然有助于拓展情报科学研究疆域、顺势发展情报科学。安全情报学者的核心任务是将"+安全"（即情报科学领域与安全相关的理论、方法、技术与原则等）的输入转化为"安全+"（即具有普适性的安全科学理论、方法、技术与原则等）的输出。换言之，安全情报学者应把情报科学领域的理论、方法、技术与原则等改造加工成为安全科学领域的理论、方法、技术与原则等。

须着重强调的是，安全情报学学科建设应立足于安全科学，主要是因为以下三个原因：一是情报科学是一门应用型学科，实践证明，情报学科的应用分支学科，要以应用学科为主体进行建设，并吸收应用情报科学理论方法，这样才能使分支学科更有独特内涵，更具适用性；二是相对而言，安全科学研究者更具优势提出相对准确和更易达成共识的学科元概念（尤其是"安全"）；三是只有从更偏"科学"的安全科学角度出发，才可淡化传统安全情报的"敏感"和"政治色彩"，真正发挥安全情报在安全管理中的重要价值。此外，当前，安全情报学学科基础理论研究甚少，绝大多数安全情报学学科基础理论都是一些情报科学研究成果稍加改造而成的，安全情报学的自身特色体现显著不足，故应进一步强化安全情报学理论研究成果的"安全化"程度。

二、学科身份的定位

任何学科的发展（特别是在一门学科产生之初）难免都会经历认同危机，安全情报学也概莫能外。安全情报学者应清晰地认识到安全情报学作为一门年轻、不成熟的新学科，存在学科危机在所难免，应直面危机并积极寻求使安全情报学尽快摆脱危机的出路。学科认同危机有其历史与逻辑之根源。当前，安全情报学出现的学科认同危机主要表现在三方面：一是安全情报学的学科属性（特别是安全情报学与安全信息学之间的关系）不明招致安全情报学的学科独立性遭受质疑；二是安全情报学的学科功能不明生成安全情报学的学科认同隐忧；三是安全情报学学科基础理论研究缺乏导致安全情报学的学科理论基础薄弱。这里仅聚焦于解决安全情报学的前两大学科危机问题，而就解决安全情报学学科理论基础薄弱问题而言，它是一项长期任务，须不断加强和深入开展安全情报学基础理论研究来逐渐予以解决。其实，无论是学科属性还是学科功能，都是学科身份问题。因此，概括讲，要消解当前安全情报学出现的学科认同危机，须准确理解和定位安全情报学的学科身份。

作者通过研究，认为安全情报学具有六大基本学科属性（即交叉学科属性、社会科学属性、思维科学属性、管理科学属性、应用科学属性，以及安全情报学是一门安全科学与情报科学共有的学科分支）（王秉和吴超，2019b）。但在后期学术交流中，作者发现，仅仅明确安全情报学的六大基本学科属性是不够的，还不能真正阐明和确立安全情报学的学科独立性，这主要是因为，学界还存在一大迷茫，那就是一直纠结安全情报学与安全信息学之间的关系，特别是两门学科之间的区别，对此存在很大纷争。

为了消解上述迷茫，首先应明确安全情报与安全信息间的区别和联系。从系统安全学（安全科学发展的高级阶段）角度来看，安全情报是指影响了系统安全管理的安全信息，而安全信息是指系统安全状态及其变化方式的自身显示（王秉和吴超，2019a）。由此可见，安全情报的本质是一类安全信息（换言之，所有安全情报皆是安全信息），但安全信息并非一定是安全情报（王秉和吴超，2019a）。基于这一基本认识，不难发现，安全情报不同于安全信息，安全情报学应准确定位在安全情报研究方面，要与安全信息学进行严格区分，以期促进学界对安全情报学的学科独立性的承认。从研究与实践范式角度来看，安全情报与安全信息之间存在差异，导致在安全科学（特别是安全管理学）的"信息化"发展的过程中产生了安全信息（学）与安全情报（学）两大研究与实践范式。这里，对安全信息（学）与安全情报（学）两大范式进行比较分析，如表3-2所示。

表3-2 安全信息（学）与安全情报（学）两大范式的比较

比较方面	安全信息范式	安全情报范式
取向	面向安全发展	面向安全管理
缘起	解决安全管理中安全信息缺失问题（安全管理传统认识）	解决安全管理中安全情报缺失问题（安全管理新认识）
受众	满足大众的安全信息需求	支持安全管理
传播	公开、共享	有限共享，甚至保密
特征	普惠性	针对性
	群体化为主	个性化为主
	量大	量小
	价值可有可无	必有价值
重点	合理组织	深度分析
目标	实现安全信息的有效供给	实现精准安全管理与智能（智慧）安全管理

由表3-2可见，在安全信息（学）与安全情报（学）两大范式特征的差异上，两者最主要的不同是安全信息学具有公开性、共享性与公众服务性，而安全情报学则强调提供"一对一"的安全信息服务，是有限共享的，甚至是保密的（须指出的是，我们应改变传统的对安全情报的"绝对秘密"认识，安全情报并非都是秘密的，特别是在和平时代，类似于安全信息，在一些方面，要树立安全情报的共享意识），强调有针对性、个性化地发挥安全信息作用。"一对一"的安全信息服务是指具有个性化、量体裁衣特征的安全信息服务，其目的是保证受众最大限度地利用安全信息，并在信息泛滥、混乱的环境中，提高安全信息的有效性与安全性（杨园利，2013）。显然，"一对一"的安全信息服务不仅能满足受众对安全信息的精准需求，也能显著提高安全信息服务的有效性（安全信息的价值密度）。因此，"一对一"的安全信息服务既是提高安全信息服务质量的有效策略，也是实现安全管理个性化、精准化与智能化的现实需

要。简言之,安全情报具有一定的专一性,不同于安全信息(包括安全知识)是可共享的,安全情报是针对特定人、特定时间、特定安全问题、特定安全需求、特定安全场景,以及特定安全事务等需要而出现的。从这一角度看,安全情报(学)范式是安全信息(学)范式的精准化与智能化,是安全信息(学)范式的升级版。因此,安全情报(学)范式=安全信息(学)范式+"一对一"的安全信息服务策略(杨园利,2013)。

此外,两大范式特征的差异还体现在安全情报绝对是在有价值的前提下才存在的(即安全情报是有用的安全信息),但安全信息无论是否具有价值,它都是客观存在的。因此,相对来说,安全信息量大,而安全情报量小。在大数据时代,安全领域的信息化也步入了自己的"大数据时代",安全数据信息的诟病不在于少,而在于多、乱、杂,安全情报(有用的安全信息)的获取难度正在逐渐加大,这使得安全情报(学)的"一对一"的安全信息服务显得更加珍贵,安全情报之所以没有被称为安全信息(或安全知识),也主要体现在"物以稀为贵"方面。需说明的是,尽管安全信息(学)与安全情报(学)两大范式在许多方面存在显著差异,但两者在基础层面上相关度较高,主要体现在两方面:一是安全数据是两者共同的基础;二是安全信息与安全情报工作过程(即采集、加工、传播、利用)大致相同,整体都是一种服务。因此,既要明确安全情报学与安全信息学之间的不同,也要理性认识安全信息学对安全情报学与安全情报工作的基础性支撑作用。

此外,根据表3-2可明确安全情报学的学科功能,即为安全管理(特别是安全决策)提供安全情报服务。综上可知,传统的安全科学(特别是安全管理学)的"信息化"范式主要是安全信息(学)范式,针对普适性安全变量,宗旨是安全信息利用服务;安全管理的新认识尚未形成,即从安全信息上升到安全情报,提出安全情报(学)范式。安全情报(学)范式针对特定安全变量,宗旨是为安全管理(特别是安全决策)提供安全情报服务,进而实现精准安全管理和智能(智慧)安全管理。显然,两大范式是互补关系,各有利弊和侧重点。因此,不必纠结安全信息学与安全情报学的冲突:谁更重要?我们应捐弃"两大范式谁更重要?"的困扰,实现两大范式的共存和发展。须特别强调的是,曾被疏忽的安全情报学在今后应得到特别加强,被安全信息学冲淡的安全情报学,被忽视、淹没或回避的安全情报学,应得到足够的尊重和重视。唯有这样,安全信息学与安全情报学才能准确找到自身的发展方向,从而获得共同革新、发展与繁荣。

三、学科建设视角的定位

安全情报学的学科建设视角直接决定安全情报学的研究对象、研究范畴、学科总体架构、科学合理性以及是否能够健康持续发展，故安全情报学的学科建设视角的选取对安全情报学学科建设至关重要。目前，学界对安全情报学的学科建设视角尚存在迷茫。因此，极有必要确定科学的安全情报学的学科建设视角。理论而言，只有从哲学意义上探讨安全情报学的学科建设视角，才能确定具有科学性与适宜性的全情报学的学科建设视角，也才能最全面、最深刻地阐述安全情报学的特征、内涵与外延。鉴于此，基于哲学高度，并结合现代情报科学与现代安全科学内涵与发展趋势，以及为突出安全情报学的应用实践属性和价值体现，安全情报学学科建设应坚持大安全观与大安全情报观，并面向安全管理。

（一）大安全观

21 世纪以来，越来越多的安全问题呈现出更具复杂性、更具开放性和更具交织性的复杂巨系统特征。由此，近年来，安全学界和实践界普遍认为，大安全时代已经到来。大安全观是近年来逐渐形成的现代安全科学（Safety & Security Science）研究与实践的新的哲学观。正因如此，本书的研究视角定位是大安全视角。所谓"大安全"（也可称为"人类安全"），是指以人为核心的所有安全问题，是指最普遍、最广义上的安全，其关注的是所有可能对人造成各种威胁或伤害的不安全因素，是高度综合性的安全（王秉和吴超，2019b）。从现代安全科学角度看，大安全的内涵主要体现在以下两方面：

1）从安全所涉及的领域或主体看，大安全强调要从"局部安全"认识上升至"总体（全面）安全"认识（王秉和吴超，2019b）。2014 年 4 月 15 日，习近平总书记在其主持召开的中央国家安全委员会第一次会议上，首次提出"总体国家安全观"的伟大国家安全理论和构想，旨在建立集政治安全、国土安全、军事安全、经济安全、文化安全、社会安全、科技安全、信息安全、生态安全、资源安全、核安全等于一体的国家安全体系。自习近平总书记于 2014 年提出"总体国家安全观"后，中国安全学者逐渐认识到，由于各具体领域（如公共安全与生产安全）或对象主体（如企业安全、社区安全、城市安全、社会安全与国家安全等）的安全风险难免会相互交织和相互转化，若要实现真正的安全发展，我们应树立"总体（全面）安全"意识和理念。作者认为，所谓总体（全面）安全，就是全面建成安全国家和社会，其核心在"全面"二字，要求各个领域或对象主体的安全发展都不能有短板，应把安全工作的着力点和重点放在补齐全面安全的短板上，力争做到一个都不能少，一项都不能缺，一步都不能慢。其实，这也是世界安全科学近年来的重要发展趋势之一（王秉和吴超，2019b）。

2）从安全的外延看，大安全强调要从单一的 Safety 或 Security 认识上升至安全一体化认识。换言之，大安全的外延同时涵盖 Safety 和 Security 两个层面的外延，即安全一体化。第一章第一节已进行详细解释，这里不再赘述。

综上可知，大安全是指超越了所有具体领域或对象主体以及具体层面（包括 Safety 或 Security 层面）外延的安全，其可涵盖所有领域、对象主体和层面的安全问题，即它针对普遍安全。须指出的是，第一章第一节的安全定义就是大安全意义上的定义。总之，大安全概念大幅拓展了传统安全概念的外延、领域和对象主体，体现了安全科学研究实践的大趋势（即安全风险的综合化、融合化和普遍化趋势）。

大安全是在当代安全问题整体化与交织化，以及在 Safety 科学与 Security 科学整合发展的趋势下，开展现代安全科学研究与实践的一种思维和观念。大安全观强调运用系统的观点与方法来认识和解决安全问题，即从整体和全局出发，对有可能对人造成伤害或威胁的各种安全风险因素给予全面、系统的防控。由此可见，现代安全科学是一门解决"大而复杂安全问题"的科学。大安全观是面向重大安全问题挑战、面向人类重大安全战略需求、面向国家与社会安全发展重大任务而产生的，它深刻改变了人们对安全风险的认知和感知，引起了一次基础性安全科学革命与全域性安全科学变革，塑造着安全科学的新时代与新未来。在大安全背景下，现代安全学科具有庞大的"学科群"（如安全科学技术、国家安全学、信息安全学、网络空间安全学、核安全学与应急科学等）、"专业群"（如安全科学与工程专业、网络空间安全专业、信息安全专业、国家安全专业与应急管理专业等）和"领域群"（如军事安全、经济安全、文化安全、社会安全、科技安全、信息安全、生态安全、资源安全与核安全等）。本书所涉及的所有安全相关概念（如安全科学、安全情报、安全管理与安全情报学等）均是与大安全概念一脉相承的概念，即均是普适性（广义）的概念。

由于安全概念是安全情报概念的上位概念，所以安全情报概念中的安全一词的含义应与大安全概念一脉相承。显然，在讨论安全情报学建设时，为保证安全情报学学科理论的普适性，应立足于大安全观探讨安全情报学建设问题。例如，王秉和吴超（2019b）就从大安全视角探讨安全情报学的若干基本学科问题。大安全观与习近平总书记提出的"总体国家安全观"是完全吻合的，它是一种涉及的领域、行业与内容都非常广泛的新安全思维。为与此相适应，当前安全情报学研究对象和服务对象不应局限于某些小安全领域，而必须要拓展到大安全领域。同时，须整合各个小安全分支领域的安全情报学理论，形成科学、系统、统一的总体性安全情报学原理与理论。

（二）大安全情报观

为了与大安全观相适应，安全情报学学科建设应立足于大安全情报观。大安全情报观是大情报观（刘植惠，1999，2000；马德辉，2011）与大安全观的结合。大情报观属于哲学范畴，是系统思想在情报领域的具体化，强调情报学研究要解决各个领域的情报问题，要将单一领域的情报系统演变为综合的社会情报系统，大情报观倡导建设大情报学（刘植惠，1999，2000；马德辉，2011）。由大安全观和大安全情报观的内涵可知，大安全情报观象征着一种大服务观，蕴涵着一种大过程观（从面向应急管理的应急情报延伸至面向安全管理全过程的安全情报），意味着一种大方法观（构建具有普适性的安全情报学方法论）。由此可见，大安全情报观所认识的安全情报是一个内容庞杂、外延丰富、范畴广阔、界限模糊、综合统一的混合体。大安全情报观实质上是指无所不包的安全情报领域。大安全情报观要求安全情报服务工作要适应安全科学及安全管理实践工作发展需要，要突破传统的安全情报局限，要与各个安全相关领域的安全情报密切结合，要面向大安全和安全管理全过程，增强安全情报的安全管理服务功能，以满足安全管理实践工作日益增长的安全情报需求。

从大安全情报观的角度看，各个分支领域的安全情报研究与实践有着共同的原理及相似的方法。在大安全情报观指导下的安全情报学研究要研究传统单一领域（如 Security 领域、应急领域与国家安全领域等）的安全情报，更要从整体角度出发研究所有安全领域的安全情报，特别要关注各个领域的安全情报共性问题研究。换言之，安全情报学并非某个部门或领域的安全情报学，而是在更广泛的范围内，从研究的普适性出发，研究作为一种普遍现象的安全情报及其一般规律的科学。就安全情报学学科体系而言，应构建大安全情报学学科体系，即应将各个安全情报子系统（如应急情报系统、公共安全情报系统、军事安全情报系统、科技安全情报系统与资源安全情报系统等）都纳入一个大安全情报体系，汇合构成一个安全情报的有机复合体。

经考察，传统的安全情报学学科建设思路的核心包括两方面：一是安全情报学学科建设应以安全情报工作的基本流程作为学科建设的基本逻辑主线；二是在围绕这一主线的前提下，又以应用实践为导向开展安全情报学学科建设，从而形成部门化的安全情报工作内容。就上述思路而言，作者赞成前者（它遵循了安全情报学的内在规律性），反对后者（尽管它充分体现了安全情报学理论研究与实践工作实际状况，但不符合学科建设所追求的普适性、科学性与发展性）。鉴于此，应在大安全情报观指导下开展安全情报学学科建设，这一安全情报学构建思路旨在打破单一、封闭、割裂的安全情报学学科建设思维模式，也符合学科建设的普适性、继承性与发展性，有助于增强各类安全情报系统协调发展的观念，有助于拓展安全情报学学科范围，有助于促进安全情报学学术共同体的形成，有助于培养复合型安全情报专业人才。

（三）面向安全管理

安全情报工作的核心任务或目的是解决安全管理决策过程中的安全信息（更准确地讲应是安全情报）缺失（不完备）问题。若要充分体现安全情报学的学科属性（应用实践属性）与学科功能或价值（支持安全管理），安全情报学学科建设就应面向安全管理，即应将为安全管理提供有效的安全情报服务视为安全信息学研究的基本任务和终极目标（王秉和吴超，2019b）。王秉和吴超（2019c）已详细论述安全情报学学科建设应面向安全管理的具体缘由，这里不再赘述。总之，应结合安全管理信息化发展的时代背景和趋势，突出安全管理工作的特点和实际需要，面向安全管理构建安全情报学学科体系。唯有这样，才能使安全情报学更具现实性、实践性与问题性，才能使安全情报学不再只是象牙塔中纯粹的形而上学，而是可以指导安全管理工作实践的科学。

尽管安全情报学是情报科学的子学科，但两者在内涵与外延方面存在一些明显区别，特别是安全管理工作和安全情报工作自身的特殊性。例如，在安全管理信息化背景下，安全战略及安全管理工作的理念与模式等都在不断发生变革，故安全情报学学科建设和情报科学学科建设间存在一些差异。因此，安全情报学学科（特别是学科研究内容与学科体系）建设应面向安全管理，以安全管理信息化发展为背景，剖析安全管理信息化发展背景下安全情报工作的内在发展和变革需要，以更有效地推进情报主

导的安全管理（王秉和吴超，2019g）工作为中心，以安全情报工作有效
服务于发展变化的安全管理工作为目的，以提高安全管理工作为终极
目标。

四、本节结语

学科建设迷茫问题实为学科建设与发展中面临的困惑或冲突。本节通
过梳理安全情报学学科建设探索中的三大突出迷茫（即学科由来、学科
身份与学科建设视角的迷茫），从学科建设层面出发，结合安全情报学自
身内涵与特色，点明了走出当前安全情报学学科建设迷茫的途径或思路。
本节研究可指导建立科学合理的安全情报学建设范式，即安全情报学学科
建设应立足于安全科学，积极吸收情报科学理论与方法，并在大安全观与
大安全情报观指导下，面向安全管理，综合统一各类安全情报，提炼共性
安全情报学问题、理论和方法，构建一个科学、统一、具有实践性的安全
情报学学科理论体系。通过研究，作者深刻认识到面对当代变革的安全科
学与情报科学，安全情报学学科理论体系应建立在更为圆融、宽阔的视野
之上，在迷茫中寻绎自身的科学发展路径，致力于学科建制的全面完善。
总之，加快安全情报学学科建设并将其发展成为一门成熟的学科，始终是
安全情报学同仁的重要使命。

第二节 安全情报学的学科基本问题

目前，安全情报学生长和发展已具备适宜的土壤，众多学者已逐渐认
识到安全情报学学科建设的重要性、必要性和可行性（王秉和吴超，
2018a）。因此，安全情报学建设正当时。一般而言，判断一门学科形成的
基本依据和建设一门学科的基点是确立该学科的基本问题（如学科定义、
学科研究对象与学科研究内容等）。因此，确立安全情报学作为一门科学
学科的首要任务是：明确安全情报学的学科基本问题。但遗憾的是，当前
安全情报作为一门科学还正处于初步探索和发展之中，特别是尚未明确安
全情报学的学科基本问题，导致安全情报学学科建设缺乏最基本的理论依
据和框架指导，严重阻碍安全情报学学科建设、研究和发展。鉴于此，亟
须开展学科建设层面的安全情报学学科基本问题研究。

本节在第一章第二节内容基础上，结合作者在安全学科建设方面积累
的研究经验［作者著有《安全科学新分支》一书］，运用理论思辨方法，
从大安全角度出发，选取安全情报学的四个学科基本问题（即学科定义

与内涵、学科性质、学科研究对象、学科研究内容）分别进行深入探讨，以期为安全情报学学科体系构建奠定一定的基础，从而促进安全情报学的建设及发展。

一、学科定义与内涵

目前，尚无学者提出安全情报学的定义。王秉和吴超（2018c）指出，从哲学高度看，若某一门科学直接以其研究对象××命名，即"××科学"（如信息科学与安全科学等）或"××学"（如文化学与情报学等），则对它进行定义的基本方法论是"××科学（学）是研究××及其运动规律的科学"。显然，安全情报学是直接以其研究对象之安全情报进行命名的，根据上述定义某一学科的哲学方法论，可将安全情报学定义为：安全情报学是研究安全情报及其运动规律的科学。

尽管定义的原则是简单、概括和准确，但上述定义过于简单，不易全面揭示安全情报学的内涵。鉴于此，有必要给出安全情报学的详细定义。安全情报学是情报科学与安全科学两门学科直接进行交叉融合而成的，是情报科学与安全科学的分支学科，并与安全科学的其他分支学科（安全信息学与安全管理学等）存在交叉。细言之，安全情报学是以解决"安全管理过程中的安全情报缺失"问题为出发点和归宿点，以安全情报为研究对象，以安全情报的本质、功能、结构、产生、传递和利用规律为主要研究内容，以期为安全管理工作提供有效的安全情报服务的一门新兴交叉应用性科学。根据安全情报学的定义，可将安全情报学的内涵归纳如下。

1）安全管理失败的根本原因可统一归为安全情报缺失，这是建立安全情报学的基本理论依据。正因如此，解决"安全管理过程中的安全情报缺失"问题是安全情报学的出发点和归宿点，安全情报学研究、建设和发展应紧紧围绕上述问题展开。

2）安全情报学的研究对象是安全情报，其主要涵盖静态的安全情报内容和动态的安全情报活动两方面，同时，还包括延伸出的安全情报机构或组织。由此可见，安全情报学不仅仅单纯探索和研究安全情报，还研究关于安全情报的各种活动、安全情报技术与方法、安全情报机构或组织等。

3）安全情报学研究主要涉及情报科学与安全科学的理论、方法与技术手段，同时还须以哲学（安全哲学）、管理学（安全管理学）、信息科学（安全信息学）、社会学（安全社会学）与计算机科学等相关学科的理论、方法与技术手段作为辅助支撑。

4）安全情报学是面向安全管理的，安全情报学的研究目的（目标）是为了使安全管理工作者更有效地开展安全情报活动（如安全情报搜集、安全情报传播、安全情报分析与安全情报利用等），从而有效解决"安全管理过程中的安全情报缺失"问题。

5）安全情报学是特别注重实践的应用性学科，是普通情报学理论在安全科学领域的具体应用。安全情报学与情报学有一个共同的核心研究对象（即"情报"）。情报学发展至今已成为一门显性科学，有系统的理论和科学的研究方法。情报学的基本理论、原理和研究方法均可在安全情报学研究中创新性地加以借鉴和运用，二者之间有直接的"源""脉"关系。

此外，安全情报学与安全信息学之间的关系容易被误解，有必要进行简单解释。安全情报学关注的重点是安全情报（指有价值的安全信息或主观的安全信息，是影响安全管理的安全信息）的运动，其研究内容与安全信息学的研究内容有交叉。但是，安全情报不同于安全信息，二者的区别与联系类似于"信息"与"情报"之间的区别。若从安全科学学理角度看，安全情报概念源于情报学视域下的安全科学（特别是安全管理）新认识，即"从安全信息到安全情报"的安全管理新认识。由此可见，安全情报学的研究对象和研究内容均有独特性（即不可替代性），故安全情报学具有独立性。同时，现代安全情报研究实践尤其关注利用现代信息（包括安全信息）技术与手段，使安全情报流程、安全情报系统保持最佳效能状态，并帮助研究者和实践者充分利用现代信息（包括安全信息）技术和手段提高安全情报产生、加工、储存、检索、交流与利用的效率。

二、学科性质

根据马德辉和苏英杰（2013）、梁慧稳（2017）的研究，安全情报学的学科性质（或称为"学科属性"）旨在回答"安全情报学是一门什么样的科学？"这一重要的安全情报学学科基本问题。根据安全情报学的定义与内涵，可从以下六个层面出发，全面地界定安全情报学的学科性质。

（一）安全情报学是一门交叉科学

从安全情报学的形成机理看，安全情报学是在两门不同学科（即情报学和安全科学）的边缘交叉领域生成的新学科。换言之，安全情报学是情报科学和安全科学直接进行交叉融合而形成的一门新学科。根据交叉科学的形成机理（吴超和王秉，2018a），安全情报学的生成路径主要包括两条：

1）某些重大安全科学研究课题（如安全管理中的安全情报缺失问题）须同时涉及情报科学和安全科学两个学科领域，在研究过程中，安全情报学这门新兴学科便在这些研究领域"结合地带"生成；

2）运用情报科学的理论和方法去研究和解决安全科学领域的问题，从而形成安全情报学。

（二）安全情报学是一门情报科学和安全科学的分支学科

从学科归属看，安全情报学隶属于情报科学和安全科学这两门一级学科。换言之，安全情报科学是从情报科学中分离出来的与安全科学紧密相连的两门学科的共同的分支学科，情报科学和安全科学是安全情报学的母学科。安全情报学与其母学科（即情报科学和安全科学）之间的关系密切，相互促进、相互依赖、辩证统一（赵蓉英，2017）。

母学科的发展在很大程度上促进了子学科的发展（细言之，情报科学可为安全情报学建设和发展提供相似性借鉴和鉴别出差异化特性，而安全科学可为安全情报学建设和发展提供应用实践"场地"），而子学科的发展反过来又进一步丰富了母学科的理论（赵蓉英，2017）。因此，应重视并加强情报科学和安全科学分支学科的研究，这是安全情报学产生的学科背景。

（三）安全情报学是一门社会科学

学界对情报科学的学科属性一直存在争议，主要存在两种观点：第一种观点认为，情报研究需要社会科学与自然科学各个学科领域的理论、方法与技术作为支撑，故情报科学是一门介于社会科学与自然科学之间的综合性科学（叶鹰和武夷山，2012）。第二种观点认为，情报科学的研究对象（即情报及其情报活动、过程）的本质是一种普遍存在的社会现象，且情报科学注重分析社会中的重大事件、威胁与危机的研判、警示、呼唤与谋划，故情报科学是一门社会科学（在中国，情报科学在学科分类上也被划归为社会科学）（叶鹰和武夷山，2012；马德辉和苏英杰，2013；Shulsky and Gary，2002）。

两种观点相比而言，世界范围内的绝大多数情报科学学者均支持第二种观点，这是因为，情报学的研究对象所具备的社会科学属性决定情报科学是一门社会科学，尽管相关技术方法与手段等的应用确实会推动情报科

学研究的发展，但它们仅是为情报科学研究提供辅助支撑，这些外在条件
并不能改变情报科学内在的社会科学属性。作为情报科学重要分支之一的
安全情报学，其核心仍然是情报问题，安全只是具体应用领域（细言之，
安全情报学研究情报原理、情报搜集、情报分析等在安全管理工作中的应
用、完善、创新与发展；安全情报学研究并预测作为社会现象的安全活动
的特征、规律及趋向，并提出相应安全管理建议和策略供相关安全管理者
参考和使用）。因此，安全情报学也是一门社会科学。由此可见，按中国
现行的安全科学分支体系，安全情报学应隶属于安全社会科学。

（四）安全情报学是一门思维科学

钱学森（1986）认为，由于情报是对人有用的信息，情报最后要与
人的意识、思维进行交互作用，故应将情报这一领域作为思维科学的一部
分来考虑。同样，包昌火（2007）也提出，情报是对信息的解读、判断
与分析，是人脑思维的产物。此外，Devlin（2000）指出，情报过程的本
质是基于人的认知功能的思维过程，这一过程的目标（结果）是人依赖
其创造性思维，从大量数据信息中生产出具有意义的情报产品或可行动的
方案。

作为安全情报学研究对象，安全情报及其活动均具有显著的思维科学
属性，具体为：安全情报是安全情报工作人员通过其创造性思维，对安全
数据信息进行抽象、筛选、研判、评估、分析、假设和创新的思维产物；
安全情报活动涉及"安全思维""归纳与演绎思维""抽象思维""批判
性思维"等诸多思维方法，上述思维方法均是思维科学的重要学科内容。
因此，安全情报及其活动的思维科学属性决定安全情报学具备思维科学
属性。

（五）安全情报学是一门管理科学

安全情报学具有显著的管理科学属性，主要表现在以下四方面。

1）安全情报是直接影响安全管理的信息，是面向安全管理服务的，
同样，安全情报学研究的目的是为安全管理工作提供有效的安全情报服
务，旨在解决"安全管理过程中的安全情报缺失"问题。

2）有效的安全信息管理工作是开展安全情报学研究与实践工作的基
础，且安全情报本身也需要管理（如安全情报政策的研究与制定，以及
安全情报系统的研发与管理等）。

3）安全数据信息是安全情报工作的资源基础，对其进行的"情报化

过程"属于知识管理的范畴，同时，安全情报过程作为一个安全数据信息被激活的过程，实则是生产安全情报产品的管理过程。

4）对安全情报机构、安全情报人员的管理等也是一个重要的管理过程。

综上可知，安全情报学须面向安全管理，运用管理科学的理论、方法和手段，对安全数据信息、安全情报、安全情报机构及安全情报人员等进行有效管理，从而为安全管理工作提供有效的安全情报服务。

（六）安全情报学是一门应用科学

基于现代科学技术体系的角度，钱学森（1986）曾对情报科学的学科属性做出了准确定位，即情报科学作为一门学问或科学，其是一门应用科学。同样，安全情报学也应是一门应用科学，主要体现在两方面：

1）从哲学角度看，安全情报学是安全情报工作实践活动上升至理论化、系统化的科学，该科学将情报科学、安全科学、安全管理学、安全统计学与安全信息学等学科的理论、方法与技术，应用至安全情报实际工作活动，以期满足安全管理过程中的现实安全情报需求。

2）从情报学的应用和发展角度看，安全情报学实则是情报学理论、方法运用到安全科学（特别是安全管理）领域，并在安全情报工作实践中抽象、总结原理规律而形成的一门具有部门领域或行业特征的情报科学的具体应用领域。

三、学科研究对象

一门学科的研究对象对该学科的理论和方法起着决定性作用。因此，确立安全情报学作为一门科学学科，首要和最基本的问题是明确它的研究对象。或者说，确立安全情报学的研究对象，是开展安全情报学学科建设的最基础、最首要的研究任务，是安全情报学学科建设的逻辑起点。安全情报学的研究对象的轮廓是在大量的安全情报理论研究与实践积累的基础上逐渐确立的。根据安全情报学的定义与内涵，概括讲，安全情报学的研究对象是安全情报现象。若从安全科学语境来进行具体考察，安全情报学的基本研究对象既包括安全情报本体，又包括安全情报本体的延伸（主要指安全情报活动与安全情报机构或组织）。由此观之，若具体讲，安全情报学是一门研究安全情报、安全情报活动与安全情报机构或组织的基本现象、本质、功能、结构及规律的科学。

（一）安全情报学的研究对象包括安全情报本体

安全情报作为安全情报学的"元概念"，简单看，它是情报的下位概念，是安全相关的情报（王秉和吴超，2019a）。若面向安全管理，安全情报研究旨在服务于安全管理（主要指安全预测、安全决策与安全执行），安全情报是指所有影响安全管理的安全信息（内容）（王秉和吴超，2019a）。由信息（安全信息）链原理（王秉和吴超，2019a）可知，安全信息多是靠近安全信息链的低层级的"眼睛朝下"，而安全情报则处于安全信息链的高层级，其更应是面向安全管理的"眼睛朝上"（王秉和吴超，2019a）。由此观之，安全情报是对安全管理所需的安全数据、安全信息与安全知识进行分析和加工获得的。安全情报的分类详见第二章第六节。

（二）安全情报学的研究对象包括安全情报活动

安全情报活动是指安全情报流程相关的实践活动。根据情报流程，安全情报流程具体包括安全情报需求与规划、安全情报搜集（收集）、安全情报处理（组织）、安全情报分析、安全情报生产、安全情报传递、安全情报应用与安全情报反馈。同时，安全情报流程实践活动还涉及领导、组织、协调、控制和评估等一系列一般性管理活动。同时，安全情报与安全管理者（安全情报用户）之间的关系也是重点研究领域。由于安全情报是面向安全管理的，所以安全情报活动必须紧贴安全战略、安全政策、安全规划与安全管理活动，以期获得对安全管理工作的最佳指导和服务，但又切不可太近，以免丧失研判的客观性与公正性。此外，安全情报本身的安全保障也是重要的安全情报活动，因为在安全管理，特别是在 Security 管理中，安全情报本身的安全和保密等相关工作是不可或缺的安全情报活动。

（三）安全情报学的研究对象包括安全情报机构或组织

从管理的角度看，开展安全情报工作需要有活动主体和组织保障，这就需要设置专门的安全情报机构或组织。所谓安全情报机构，是指从事安全情报活动（即负责、组织和开展安全情报流程实施）的实体组织。在安全管理领域，安全情报机构是安全管理机构的一个自组织（子机构），由此观之，一个安全管理机构的人员构成至少应有安全情报工作人员和安全情报用户（即安全管理人员）两类专业人员。安全情报机构研究涉及一系列研究内容，如安全情报组织架构、安全情报工作机制、安全情报机构管理（如安全情报机构的人员构成、设置、职能与管理等）、安全情报工作人员管理、安全情报人才培养、安全情报设施设备技术管理、安全情报系统管理（包括安全情报系统的设计、研发、维护和更新等）、安全情报资源配置和优化，以及安全情报机构与安全管理机构整体之间的工作分工和协调合作等。

四、学科研究内容

从宏观看，一门学科的研究内容包括三个不同层次的体系：上游（学科基础理论）研究、中游（应用基础理论）研究与下游（具体应用实践）研究（王秉和吴超，2018c）。基于此，可将安全情报学研究内容划分为三大体系，如图3-3所示。

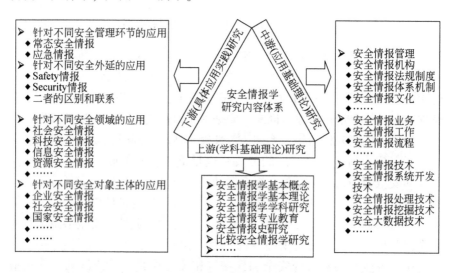

图3-3 安全情报学研究内容的三大体系

根据上文对安全情报学研究对象的分析和图3-3，还可针对安全情报学的不同研究对象（安全情报本体、安全情报活动与安全情报机构或组织），依次从上游研究、中游研究与下游研究三个层次出发，讨论与之相对应的具体研究内容。基于此，建立安全情报学研究内容的"3-3"体系（表3-3），从而对图3-3中安全情报学研究内容的三大体系进行进一步细化（具体化）。

表3-3　安全情报学研究内容的"3-3"体系

研究层次	研究对象		
	安全情报本体	安全情报活动	安全情报机构或组织
上游 (学科基础 理论)研究	安全情报认识论、安全情报学基本术语与概念、安全情报内涵及其发展、安全情报的本质、安全情报的内容与特征、安全情报功能、安全情报效用等	安全情报活动内在规律、安全情报活动原理、安全情报活动的主客体、安全情报活动的核心、安全情报活动的科学性与实践性、安全情报活动发展等	安全情报机构构建原理、安全情报机构运行机理、安全情报机构管理原理与方法、安全情报组织理论、安全情报人力资源管理理论
中游 (应用基础 理论)研究	安全情报传递、安全情报源、安全情报管理、安全情报组织、安全情报分析、安全情报编码等方面的理论与方法	安全情报工作原理,安全情报搜集、加工与分析,安全情报储存,安全情报利用,以及情报主导的安全管理等方面的理论与方法	安全情报管理制度、安全情报工作机制、安全情报设施设备管理、安全情报服务平台、安全情报技术应用等方面的理论与方法
下游 (具体应用 实践)研究	图3-3 中下游研究涉及的各类安全情报,包括针对不同安全管理环节的应用、针对不同安全领域的应用、针对不同安全对象主体的应用等	各类安全情报的搜集(收集)、加工、处理、分析、储存、检索、评估、传递、利用等	图3-3 中下游研究涉及的各类安全情报和与之对应的安全情报机构,如应急情报机构、信息安全情报机构、国家安全情报机构等

　　总体上,随着安全情报学的研究与发展、安全管理信息化及其应用的深入发展、情报主导的安全管理模式的推行、新的安全问题(风险)的不断出现,以及安全管理工作在社会信息化,特别是大数据化背景下的改革与发展,会从外延与内涵上不断丰富和拓展安全情报学的研究内容。与此同时,不断发展和变化的安全情报工作需求也会引导安全情报学的研究内容不断丰富和拓展。

五、学科研究目标

　　一般而言,判断学科形成有三个基本条件:一是具有独特的、不可替代的研究对象；二是理论已成或初成体系；三是有学科研究方法，甚至是独有的研究方法。安全情报学的研究目标就是要为学科的形成创造条件。对于安全情报学而言，开展学科研究的目标主要有以下四方面。

1）建立一套完整的安全情报学学科理论框架和体系。目前，安全情报学研究还处于经验总结阶段，或处于初步探索阶段，大多数学者热衷于对安全情报进行局部或微观的应用层面的研究，而忽视了对安全情报及安全情报工作的整体研究和宏观研究；安全情报学理论非常零散、浅显，没有形成一个完整、系统、有一定深度的理论体系。因此，建立一套完整的、科学的、系统的安全情报学学科理论体系，理应是当前安全情报学研究的主要目标和任务。

2）理论研究和应用研究并举。安全情报学研究既要重视理论研究，也要重视应用研究。安全情报学是一门实践应用性较强的学科，其应用研究的显性特征更为突出。通过应用研究，积累理论研究的新素材，推动理论研究的发展；再运用理论研究指导实践。由此循环往复，良性循环，使得安全情报学的理论和应用研究水平不断提升。

3）安全情报学的创新发展是最终目标。安全情报是将隐蔽性安全信息显性化、将离散性安全信息集中化、将规模性安全数据信息知识化、将安全数据信息的价值最大化利用等，建立起为安全管理工作服务的有效的安全情报服务体系，指导、支持和服务于安全管理活动，并在安全情报传播和共享的基础上，实现安全情报学的学科知识创新和发展。

4）建立安全情报学，进行有关安全情报学的综合研究。

六、本节结语

本节从大安全角度出发，深入解析安全情报学的五个学科基本问题，具体包括学科定义与内涵、学科性质、学科研究对象、学科研究内容和学科研究目标。本节研究可为安全情报学学科建设奠定坚实的理论基础和提供一定指导，有助于促进安全情报学的健康、科学和可持续发展。诚然，本节研究仅是一个安全情报学学科基本问题的研究的开篇，并非尽善尽美的安全情报学的学科基本问题论断，本节对安全情报学学科基本问题的讨论离成熟完美尚有距离，期待各位同仁进行批评、指正和完善。

第三节　安全情报学的学科基础和学科分支

一、学科基础

一门学科的形成与发展必然有其赖以生存的理论基础。王秉和吴超 (2018a) 曾结合安全管理工作实际，从哲学和实践角度指出，安全情报学建设的理论基础是经典安全管理范式中的情报管理哲学（具体包括问题导向的安全管理范式、风险导向的安全管理范式、统计导向的安全管理范式与情报主导的安全管理范式中的情报管理哲学）。本节从学科高度出发，对安全情报学的理论基础进行概括。

根据安全情报学的定义和学科性质，安全情报学是安全科学与情报科学两门学科的交叉学科。因此，安全情报学的核心理论基础理应是安全科学和情报科学的学科理论和方法。但须说明的是，类似于情报科学，安全情报学具有高度的综合性和跨学科性，除安全科学和情报科学的学科理论和方法外，安全情报学研究还须涉及其他学科的学科理论与方法。具体讲，安全情报学还需哲学（安全哲学）、相关社会科学 ［如管理学（安全管理学）、经济学（安全经济学）、社会学（安全社会学）、传播学、档案学、图书馆学等］、相关自然科学 ［统计学（安全统计学）、信息科学（安全信息学）、数据科学、计算机科学等］ 的学科理论与方法作为支撑。由此可见，安全情报学的学科基础应是上述各学科理论和方法的渗透和互融，如图 3-4 所示。

二、学科分支

理论上，一门成熟的学科都会由若干门分支学科构成。例如，目前情报学科和安全学科均已发展形成了它们的一系列分支学科。安全情报学作为一门新学科，尽管目前讨论它的学科分支显得有些为时过早，但为了引导安全情报学科学、健康、可持续发展，极有必要在安全情报学建立之初就对可能形成的安全情报学学科分支进行论证、规划和展望，以期为安全情报学未来发展勾勒一个清晰、科学而严谨的蓝图。从学理和理论层面看，可从以下三个角度出发，构建安全情报学的分支学科体系结构。

1）从"宏观—微观"角度看，安全情报学可划分为宏观安全情报学与微观安全情报学。宏观安全情报学是研究如何有效地收集安全情报资源，并对这些安全情报资源进行分析，然后将其应用至安全管理实践中，

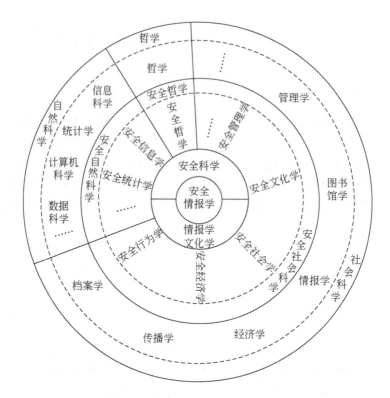

图 3-4　安全情报学的学科基础体系结构

从而保证安全情报在安全管理中效用的发挥。微观安全情报学涉及安全情报流程的各个具体环节研究，主要包括安全情报搜集研究、安全情报分析研究与安全情报利用研究等。

　　2）从"理论—实践"角度看，安全情报学可划分为理论安全情报学与实践安全情报学。理论安全情报学是研究一系列基本理论问题，具体包括安全情报的基本概念、安全情报思想的内涵与特征、安全情报学的学科性质与研究领域、安全情报学的学科分支体系，以及与安全情报学相关的教育研究、政策研究和安全情报用户心理研究等。实践安全情报学的研究体现在安全情报活动研究［包括安全情报的搜集（收集）、加工、处理、分析、储存、检索、评估、传递和利用等研究］、安全情报技术研究（包括安全情报搜集技术、安全情报加工技术、安全情报分析技术、安全情报传输技术、安全情报储存技术、安全情报利用技术和安全情报监控技术等研究）和安全情报机构研究（如安全情报管理制度、安全情报工作机制、安全情报设施设备管理、安全情报服务平台研发和安全情报人力资源管理等研究)。

3) 从安全情报的类型角度看,可将具体的安全情报类型作为研究对象发展成为相应的安全情报学学科分支。例如,根据安全管理环节的不同,可形成常态安全情报学和应急情报学;根据安全外延的不同,可形成 Safety 情报学和 Security 情报学;根据安全领域的不同,可形成政治安全情报学、经济安全情报学、社会安全情报学、科技安全情报学、资源安全情报学和核安全情报学等;根据安全对象主体的不同,可形成企业安全情报学、社会安全情报学和国家安全情报学等。

总之,目前安全情报学尚是一门新兴的学科,国内外关于安全情报学的研究尚较为分散,研究力量尚不集中,以致无法形成一个完整的安全情报学学科体系。事实上,我们可以倡议安全情报学领域的学者集中在某个点上取得突破,以点带面,逐步建立安全情报学的学科分支,进而构建完整的安全情报学学科体系。

三、本节结语

本节研究明确了安全情报学的学科基础,且为安全情报学学科建设和发展提供了一幅蓝图。安全情报学不是"空中楼阁",也不是"皇帝新衣",安全情报学学科建设有着自身坚实的学科基础。同时,安全情报学具有诸多可能的学科分支,这表明,安全情报学是一个具有巨大探索空间和有待进一步研究探讨的大课题,是一门蓄势待发的新学科,亟待深入开发和大力建设。

第四节　安全情报学方法论

由于安全情报学具有特有的研究对象和全新的研究内容,尤其是安全情报学在安全科学和情报科学学科体系中所具有的重要而独特的地位,安全情报学必然要形成自身独特的研究方法论,即安全情报学方法论。也正是因为安全情报学具有全新的研究对象和研究内容,安全情报学不能完全依靠传统的安全科学和情报科学方法论来解决问题,还需要开创一套与安全情报研究对象和研究内容相适应的新的研究方法论。

同时,从学理和科学角度看,一门学科的方法论是建立、发展和完善这门学科理论体系的纲领和工具,任何一门学科都必须具有方法论的指导(梁慧稳,2017)。但目前安全情报学极为年轻和不成熟,安全情报学的方法论尚未明确,导致安全情报学学科建设、研究与实践缺乏有效的行动纲领和方法指导，这严重阻碍安全情报学学科建设和发展。因此，目前，亟须深入讨论与研究安全情报学的方法论。

一、方法论概述

《墨子·天志》中述："中吾矩者，谓之方，不中吾矩者，谓之不方。是以方与不方，皆可得而知之，此其故何？则方法明也。"又述："中吾规者，谓之圜；不中吾规者，谓之不圜。是以圜与不圜，皆可得而知也。"上述就是有名的"方法"与"圜法"，前者为度量方形之法，后者为度量圆形之法。汉语中"方法"一词后来演变成做各类事情的办法或手段。学科研究方法分为方法论和具体方法。

（一）方法论的基本含义

方法论是以方法为研究对象的科学（吴超，2016），是从哲学的高度总结人类创造和运用各种方法的经验，探求关于方法的规律性知识。方法论摆脱了具体工具的束缚，进入了思维领域，它已经超出了经验的范围，上升为抽象的理论系统。方法论是具有普遍意义的一般理论，它有两层含义：一层是指关于研究的方法、研究方式的学说；另一层是指在某一门科学上所采用的研究方法、方式的学说。这两层含义都不是以具体的事物为对象，不可能解决任何以具体事物为对象的具体科学问题，只能为某一具体对象研究程序提供理论性指导。

作为具有普遍指导意义的方法论，它所提供的是具体科学研究所必须遵循的一般性规律或法则。方法论影响和制约方法的选择及运用，自觉或不自觉地运用不同方法论的人考虑问题时都会有自己特有的观点和视角，同时会在选择研究手段的程序和方法上表现出差异。

方法论具有导航作用，在科学探索中，每一种新的科学成果的发现，不仅需要科学家独到的思想见解和精密的实验，更需要有引导他们走向成功的方法论。正因为如此，方法论已经成为哲学家、科学家、社会学家等研究的重要课题（吴超，2016）。

科学家在研究方法上的习惯、风格和特点各有不同，不同的学派的研究方法也各具特色和传统，各个学科更有不同的研究方法。方法论的研究，就是要从个别人、个别学派、个别学科的研究方法和研究经验中，总结出关于方法的共同性的、规律性的东西。用过河需要桥或船的比喻来说，方法论并不为人们提供现成的桥或船，而是教给人们怎样认识造桥或造船的重要性，以及怎样造更好的桥或船的一般原则。这种一般性原则常常能给人们以思想上的提示、启发和指引，使人们根据具体情况寻找或创造具体的方法，不再重走历史的弯路，更好地发挥创新精神，争取高效率地完成任务。这种提示、启发和指引，正是方法论的价值所在。

（二）方法论与方法的关系

方法和方法论既有密切的联系，又有本质的区别，两者的关系是辩证统一的(吴超，2016)。从联系的角度来讲，一方面，方法是方法论的分散、不系统的经验材料，缺乏方法论指导的方法难以发挥其应有的作用；另一方面，具体的方法构成了方法论的基础和素材，没有具体方法支撑的方法论仅仅是抽象的、空洞的，不可能指导人们运用、总结和提升方法。从区别的角度来讲，一方面，方法论不是各种方法的简单堆积，只有在一定的原理、观点指导下所形成的系统化、条理化的方法体系，才能称为方法论；另一方面，方法仅是方法论研究的对象、加工的材料，在方法论中是个别的和具体的，未在一定原理、观点指导下加以系统化和条理化的方法不能称为方法论。

学科研究方法分为方法论和具体方法。学科方法论是对学科具体研究方法的理论概括和总结，是系统化的方法体系。因此，方法论并非各类具体方法的简单堆积，而是众多方法的提炼和抽象。就某门学科的方法论而言，它可体现这门学科研究所采取的视角（路径）、原则、方式、手段和工具等。一般而言，不同学科的方法论会呈现不同的特点。同时，谢尔曼·肯特认为，方法论问题意味着在努力接近真相时遇到的典型方法问题。方法则是为了达到某种目的所采取的路径、方式、手段和工具等。

二、安全情报学方法论概述

（一）安全情报学方法论的基本含义

同任何学科一样，安全情报学的学科方法与方法论是建立和完善学科理论体系的工具。由上可知，方法论并非仅是具体研究方法的罗列，而是众多方法的提炼和抽象（吴超，2016）。安全情报学方法论就是关于安全情报研究的方式、方法的学说或理论，它是一种以解决问题为目标的体系或系统，通常涉及对问题阶段、任务、工具、方法技巧的论述（包昌火等，2018）。方法论是具体方法的指导，而具体方法构成方法论，两者相辅相成（吴超，2016）。因此，安全情报学方法论并非各种具体方法的简单堆积，而是在相关内容指导下形成的系统化的方法体系，对方法的研究具有重要的理论指导意义（胡双启，2003；李美婷和吴超，2015）。

根据安全情报学与方法论的基本内涵，给出安全情报学方法论的定义：安全情报学方法论是基于哲学高度，以情报科学方法论与安全科学方法论为基础，以安全情报学研究为主体，总结并提炼的安全情报学研究方法。简言之，所谓安全情报学方法论，是指在安全情报学研究中为探索安全情报学的研究对象（包括安全情报本身、安全情报活动与安全情报机构）的规律性所采用的一切方法和技巧的总和。从安全情报学高度看，安全情报学方法论是探求和研究安全情报学本质、规律及其学科从形成到成熟这一过程所使用的典型方法的体系，是对安全情报学研究起宏观理论指导作用的方法纲领，有助于指导建立具有自身特色和系统化的学科理论体系，并指导安全情报学与时俱进。

安全情报学是一门处于发展中的应用学科，交叉综合是安全情报学的基本属性，这决定安全情报学的方法论体系在微观层面涉及安全科学和情报科学研究方法，在宏观层面涉及哲学、自然科学及社会科学的研究方法。因此，凡是适用于安全情报学研究的方法和手段均可借鉴和发展至安全情报学方法论体系之中。须注意的是，安全情报学作为一门独立学科具有自身的独特性，当安全情报学借鉴和引用其他学科的研究方法时，存在一个移植和嫁接的合适与否及优劣的评判。换言之，并非每一门安全情报学相关学科的研究方法都适用于安全情报学研究，也不是每一个被借鉴引用的方法都是最好的方法。同时，由方法论的基本特征可知（梁慧稳，2017）：安全情报学方法论的优势不在于重视个别安全情报学研究方法的作用和影响，而在于从总体上考察安全情报学研究方法群的结构、功能及相互联系方式，发挥安全情报学研究方法群的系统功能。

（二）安全情报学方法论的主要属性

在正确运用安全情报学方法论之前，应仔细研究安全情报学方法论的客体性和主体性。安全情报学方法论的客体性是时代的产物，其理论突破建立在信息和智能技术发展的基础上，基于对方法和手段的更新，与思维方式同步变革；安全情报学方法论的主体性是主体能动地把握客体的方法论，主体在方法的选择和运用、方法的移植和渗透、方法的重组和整合等方面会产生很大的主体效应。显然，安全情报学方法论的优势不在于重视个别方法的作用和影响，而在于从总体上考察方法群的结构、功能、相互联系方式，发挥方法群的系统功能。

（三）安全情报学方法论的意义

建立安全情报学方法论对安全情报学发展和研究意义重大。首先，安全情报学的发展需安全情报学方法论的不断突破和革新。其次，安全情报学方法论可为安全情报学发展提供行动纲领，可阐明安全情报学研究的方向和途径，有利于构建多视角、多层次、多维度和综合性的安全情报学学科框架体系，并提升安全情报学发展速度和竞争力。再次，安全情报学方法论可提升安全情报学发展速度和竞争力。最后，安全情报学方法论可提升安全情报研究人员的能力和安全情报工作水平。安全情报学方法论主要意义的具体分析如下：

1）安全情报学的发展需要安全情报学方法论的不断突破和革新。安全情报学方法论就是要探求和研究安全情报学本质、规律及其学科形成、发展、成熟这一过程中所使用的典型方法的体系，安全情报学及其学科的发展需要方法论的突破，而方法论的突破与发展需要不同理论、思想的争论与融合。由此可见，安全情报学方法论可为安全情报学发展奠定基础和提供动力。

2）安全情报学方法论可为安全情报学发展提供行动纲领。安全情报学方法论旨在阐明安全情报学的研究视角、原则、方法与程序等，它不仅可为安全情报学研究提供明确的方法，有利于构建多视角、多层次、多维度、综合性的安全情报学学科框架体系，还可阐明安全情报学研究的方向和途径。换言之，安全情报学方法论的构建对安全情报学的研究视角、原则、方法和程序有指导性的意义，为安全情报学的深入研究提供了建设纲领。

3）安全情报学方法论可提升安全情报学发展速度和竞争力。安全情报学方法论在处理安全情报学的研究对象过程中，使安全情报学研究对象飞速发展，同时也促进安全情报学自身的发展，使安全情报学方法论更为专业化，不但加快了安全情报学的发展速度，更提高了安全情报学的竞争力，从而为安全情报和安全管理行业做出巨大贡献。

4）安全情报学方法论可提升安全情报研究人员的能力和安全情报工作水平。例如，可增进安全情报研究人员的聪明才智；可提高安全情报研究工作人员的生存能力和竞争能力；可为安全工作和国家、社会安全发展提供不竭动力。

总之，无论是在当前还是在今后，安全情报学方法论对安全情报学的进一步研究和发展都具有重大意义。在今后安全情报学发展的过程中，更应加强和重视安全情报学方法论的发展，及时纠正可能存在的问题，加强创新，使安全情报学方法论为未来的安全情报学发展做出贡献，指导安全情报学创新发展和与时俱进。

（四）安全情报学方法论的主要内容

根据安全情报学方法论的基本含义，概括归纳出安全情报学方法论的六方面主要内容（梁慧稳，2017），见表3-4。

表3-4　安全情报学方法论的主要内容

序号	主要内容	研究目的
1	探讨安全情报学的研究视角和研究原则等	提出在安全情报学研究中使用各种方法的选择依据
2	研究应用于安全情报学研究中的各种科学方法的特点和功能	更好地把握源于各种学科的方法在安全情报学研究中的应用的科学性和适用性（可行性）
3	探讨各种方法在安全情报学研究中的具体应用情况，分析各种方法的优点与局限性及适用范围	根据安全情报学自身研究特色和需求，选择合适的研究方法，或改良其他学科的方法以使其适用于安全情报学研究
4	通过实例分析证明所用方法的特征和应用效果等	评价研究方法的实用性，用以判定方法的优劣
5	探讨各种方法在安全情报学研究中的综合应用	横向比较多种方法，以期优选出最佳方法或通过组合方法提出综合性的新方法
6	研究安全情报学方法之间的逻辑结构和相互关系	建立安全情报学方法论体系

三、安全情报学的研究视角

学科的研究视角（或称为研究进路）是研究方法论的一个重要部分，它可为一门学科研究提供基本的切入点。若无科学、正确的学科研究视角，一门学科的研究工作就无从下手，甚至误入歧途。从学科高度看，概括讲，安全情报学的主要研究视角主要包括大安全视角、大安全情报视角、安全管理视角、交叉综合视角、系统（整体）视角和局部视角。其中，大安全视角、大安全情报视角和安全管理视角已在第三章第一节进行了详细解释，这里不再赘述。下面，仅着重解释交叉综合视角、系统（整体）视角和局部视角。需说明的是，在实际安全情报学研究中，要根据实际需要，灵活选择上述一种或多种视角开展安全情报学相关研究工作。

（一）交叉综合视角

从学科形成机理和学科属性角度看，安全情报学是一门由情报科学与安全科学两门学科进行交叉融合而形成的学科。从情报科学角度看，安全情报学是将情报理论与方法等用于审视和解决安全问题。因此，情报科学视角是安全情报学研究必需的研究视角。从安全科学角度看，安全情报学是情报科学被"安全+"化的学科产物，唯有从安全科学角度出发开展安全情报学研究，才能有效提升安全情报学的安全科学特色和内涵。

综上可知，安全情报学研究要采用情报科学与安全科学的交叉综合视角。细言之，在针对安全情报进行研究时，对与安全相关的情报信息因素进行感知与整理，运用安全科学相关的理论与知识对情报信息进行识别和剖析，分析情报信息对安全的作用和价值，这有助于管理者进行安全预测、安全决策和安全执行，进而真正地实现情报科学在安全科学领域的价值。

（二）系统（整体）视角

为确保对开放复杂安全情报系统的安全情报运动及安全情报工作规律进行全面研究和准确把握，研究者在研究开放复杂安全情报系统时，应当强调系统地、整体地把握安全情报现象及其运动规律和安全情报工作问题。所谓系统地、整体地把握安全情报现象及其运动规律和安全情报工作问题，是指在"全时空"条件下研究整个安全情报运动过程和安全情报工作过程。

（三）局部视角

所谓局部视角，是指从安全情报的某一方面探讨安全情报学的研究思路。换言之，研究作为安全情报某一方面的安全情报样式或规律，即研究不同类型的安全情报，如不同对象主体（包括社区、企业、城市与国家等）的安全情报、不同层面（包括战略层、战术层与操作层）的安全情报，或者研究安全情报的某一剖面（如安全情报的本质、属性、获取、分析与传播等）。

四、安全情报学的研究原则

原则是处理问题所依据的标准和规范，科学研究应遵循相关基本原则，安全情报学研究也是如此。基于方法论高度，经归纳总结和比较借鉴，就安全情报学研究而言，至少应遵循七大原则，即客观性与系统性相结合的原则、一般与特殊相结合的原则、理论与应用相结合的原则、定性研究与定量研究相结合的原则、历史与现实相结合的原则、个体论与整体论相结合的原则，以及实证性与评价性相结合的原则（梁慧稳，2017）。具体解释见表3-5。

表3-5　安全情报学的研究原则

序号	研究原则	具体内涵
1	客观性与系统性相结合的原则	客观性要求在研究某一系统的安全情报时，了解该系统的安全情报需求和安全情报工作特点和实际；系统性要求安全情报学研究将安全情报各要素和安全情报工作各环节作为一个整体来开展研究
2	一般与特殊相结合的原则	一般性要求安全情报学研究基于大安全观和大安全情报观视角，建立统一通用的安全情报战略思想和理论方法；特殊性要求安全情报学研究针对具体行业、领域或层面的安全情报构建相应的具体理论架构体系
3	理论与应用相结合的原则	根据安全情报学的学科特征，安全情报学是一门融理论性和应用性为一体的学科。因此，安全情报学研究既要注重理论层面的安全情报学研究，也要将安全情报学理论运用至具体安全情报工作领域，用安全情报学理论来指导安全情报实践工作，将安全情报实践工作与安全情报理论有机联系起来
4	定性研究与定量研究相结合的原则	在安全情报学研究中，定性研究旨在在逻辑思维层面观察及分析处理安全情报学的研究对象的性质及表观特征等，它可把握安全情报学研究的重心和方向，可为安全情报学定量研究提供理论依据；安全情报学定量研究是运用定量研究方法（如概率统计、数学建模和风险评价）收集整理加工的大量安全数据信息，可为安全情报学研究提供数据依据，使得安全情报学的研究结果更具有客观性和精确性
5	历史与现实相结合的原则	安全情报学研究既受到安全情报研究人员的知识结构和实践范围等的制约，又受到现代科学技术和社会进步的推动，上述两方面的影响一般不会停留在同一水平，即安全情报学研究应把安全情报研究工作的历史和现代科学技术发展的现实有效衔接起来，在总结和继承的基础上改进和发展安全情报学理论、方法和手段等
6	个体论与整体论相结合的原则	个体论注重个别性的认识，整体论注重由整体联系去解释个体活动。在安全情报学研究中，既须用个体论的方法研究安全情报用户和安全情报工作者的个体行为，又须用整体论的观点，从整体上把握安全情报活动全过程及其普遍规律

序号	研究原则	具体内涵
7	实证性与评价性相结合的原则	纯粹的实证性研究是从安全情报活动的事实到事实，即用事实1说明事实2，但事实2又没有去说明或证明；纯粹的评价性研究则是从意义到意义，即意义1去解释2，但意义1本身没有得到很好的解释。在安全情报学研究中，强调实证性和评价性相结合，就是要使安全情报事实与价值、意义不再处于对立的两极，而是使事实承载着意义，并依意义的确定而呈现作为研究对象的安全情报学的事实；意义则依据安全情报活动的事实并依事实的印证而更能为外界所理解、接受并使用

五、安全情报学的研究范式

安全情报学研究范式是安全情报学研究的切入点，是安全情报学研究内容和研究方法的统一。根据安全情报学的研究内容，经检索和梳理分析相关安全情报学研究成果发现，从不同维度看，安全情报学研究范式可划分为四种子范式，如图 3-5 所示。四种子范式依次如下。

1）主体维的安全情报工作者和用户子范式。安全情报工作是一项高智能的活动，人（包括个体和组织）是安全情报工作的主体，在安全情报工作中发挥着决定性作用。因此，可从安全情报工作主体维度切入，研究安全情报工作者和用户。

2）客体维的安全情报资料及其管理子范式。安全情报资料是安全情报活动的对象（即客体），安全情报工作者通过加工处理和分析安全情报资料形成新的安全情报产品，以满足安全情报用户的需求。因此，可从安全情报工作客体维度切入，开展专门针对安全情报资料的相关研究。

3）业务维的安全情报活动子范式。安全情报活动是指为获得个人或组织从事某种安全行为必需的安全情报而进行的一系列活动，它包括安全情报生产、分析、利用和管理等业务活动内容，是安全情报资源组织、开发和利用的关键。因此，可从安全情报工作业务维度切入，研究安全情报活动。

4）应用维的情报主导的安全管理子范式。安全情报应用是安全情报工作和安全管理工作的有机结合，旨在运用安全情报统领和引导安全管理全过程，即实现情报主导的安全管理，从而充分发挥安全情报在安全管理中的重要作用。简言之，安全情报应用就是倡导和实施情报主导的安全管理理念和方法。因此，可从安全情报应用维度切入，研究情报主导的安全管理理念和方法在安全管理各方面和各领域的具体应用。

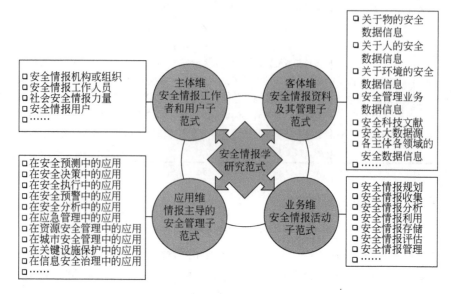

图 3-5　安全情报学的研究范式

由图 3-5 可知，就安全情报学研究而言，上述四种安全情报学研究的子范式缺一不可，它们之间互相影响和补充，共同构成安全情报学的总体研究范式。安全情报学的总体研究范式既强调安全情报学研究应沿着不同维度不断深化，也强调安全情报学研究在不同研究维度的互动与整合，从而推动安全情报学的全方位发展（即纵向深化和横向拓展）。

六、安全情报学方法论体系

安全情报学方法论既包括从微观上研究具体公安情报的方法，也包括从宏观上研究安全情报机构、安全情报工作过程等的规律性的方法。一般说来，按照安全情报学研究方法的概括程度和适用范围，可将安全情报学的研究方法分为四个层次：安全情报学研究的哲学方法、主体研究方法、一般研究方法和专有研究方法。上述四个层次的方法有机结合，就构成了安全情报学方法论体系。

（一）马克思主义哲学方法

哲学方法（即辩证唯物主义和历史唯物主义）是适用于一切科学研究的最普遍的科学方法，也是最高层次的具有指导意义的方法。一般而言，哲学方法并非用来解决某一学科具体问题，而是作为学科研究最高指导的方法学说。虽然安全情报学是居于应用层面，以解决安全情报及其实践活动规律问题而建立起来的学科，但由于安全情报学研究本身也包含对本质问题（如安全情报本质、安全情报活动规律）的研究，因此，马克思主义哲学方法在安全情报学研究中也有适用性，可以直接为安全情报学研究服务。

（二）主体研究方法

安全情报学作为情报科学和安全科学直接进行交叉融合而形成的一门新学科，情报科学研究方法和安全科学研究方法理应是安全情报学的主体研究方法。

1）情报科学研究方法。在其他安全科学分支学科中，情报科学研究方法尚未突出体现。显然，情报科学研究方法是安全情报学研究方法的核心，是安全情报学的主体研究方法。因此，情报科学的研究范式（如机构范式，把情报机构视为一种社会机构；认知观范式，要求情报科学研究要面向用户主体的知识结构；等等）、一般研究方法（如数学方法、逻辑方法等）及专有研究方法（如情报计量学方法、引文分析方法等），均可有效借鉴运用至安全情报学领域指导安全情报学相关研究。

2）安全科学研究方法。安全情报学作为安全科学与情报科学共同的主要学科分支之一，除情报科学研究方法外，安全科学研究方法，如安全科学研究的"正向（从安全出发）路径—中间（从安全风险出发）路径—逆向（从安全事件出发）路径"研究方法（吴超，2016）理应也是开展安全情报学相关研究的主体研究方法。

（三）一般研究方法

一般研究方法是指各门学科或大部分学科都采用的研究方法。它是将各个学科研究方法的共性抽出来而形成的具体的泛化方法，具有通用性、横断性和综合性特征。例如，比较法就是一种一般研究方法，它是安全情报学的主要研究方法之一。例如，将安全情报学的发展规律与其他情报科学分支学科的发展规律进行关联比较，可以使研究人员更加清楚地了解安全情报学的发展规律及特性，同时有助于研究者更好地了解安全情报学发展状况；或将不同的安全情报现象进行对比分析研究，实现互鉴。安全情报学一般研究方法可从以下四个方面来构建（梁慧稳，2017）。

1）横断科学方法，如数学方法、系统论方法、信息论方法、控制论方法、协同论方法、突变论方法、耗散结构论方法等。

2）经验科学方法，如文献调查法、社会调查法、经验总结法、模拟法、观察法、实验法、案例分析法。

3）思维科学方法，如抽象方法、思辨法、归纳和演绎方法、比较和分类方法、分析和综合方法、证明和反驳方法、逻辑和历史统一的方法、假设法等。

4）相关学科研究方法，如信息科学（安全信息学）方法、管理学（安全管理学）方法、系统学（安全系统学）方法、统计学（安全统计学）方法、行为学（安全行为学）方法、心理学（安全心理学）方法、数据科学方法、智能科学方法、传播学方法等。

上述每一类方法中包含数种相对具体的研究方法。一般研究方法在安全情报学研究中的应用，使得安全情报学研究行为过程更规范、更科学，安全情报学研究成果也更加科学，更容易为社会所认可、理解和接受。

（四）专有研究方法

有人认为，安全情报学研究没有自己专用的方法，其所采用的方法都是从别的学科中直接援引或间接借鉴过来的。当然，也有人认为，安全情报学研究有自身特色的研究方法，而且应该和需要建立自身的方法论体系。事实上，作为一门正处于发展建设中的新兴学科，安全情报学的专有研究方法虽还不成熟、不完善，也多半是从其他学科的研究方法中移植嫁接过来加以应用的，但随着安全情报学界研究者和工作者们对其他学科研究方法进行适合性移植、特色性改造后，一些方法已经或正在成为在揭示安全情报和安全情报现象内部规律上有独特作用、独到之处的研究方法。例如，表3-6对部分典型安全情报学的专有研究方法进行了举例。任何学科的方法论的建设是一个过程，安全情报学方法论也是如此。我们相信，在安全情报学同仁的共同努力下，一个适合安全情报学研究的方法论是可以不断建立和完善起来的。

七、本节结语

学科研究需要方法论的指导，安全情报学研究也离不开方法论。为建构安全情报学方法论体系，完善安全情报学学科理论体系，首先，根据方法论相关知识，探讨了安全情报学方法论的含义、属性、意义和内容；其次，提出了安全情报学的研究视角和研究原则；最后，建立了安全情报学方法论体系，具体包括哲学方法、主体研究方法、一般研究方法和专有研究方法四个不同层次。

表 3-6　部分典型安全情报学的专有研究方法举例

研究方法	具体解释
安全事件分析法	安全事件的发生，可从原因出发逐步对情报信息推理到结果进行归纳分析，每一个初始事件都有可能导致灾难性的后果，但并不一定是必然的结果，而事件演变的逻辑关系在情报信息中都可以得到体现，事件向前发展的每一步都会以不同形式的情报信息呈现出来，通过分析安全事件的成因、机理及防控对策等，可获得有用的安全情报。因此，把握住安全事件中安全情报的演变规律可以预先采取措施来改变事件的发展结果
安全大数据分析法	基于现代大数据信息网络技术，充分地搜集海量的安全大数据情报资源，构建安全情报信息数据平台，对海量的安全情报信息或数据进行检索、识别与筛选分析，对比分析安全情报的不同特征与属性，确定有价值与重要度高的安全情报数据，从而来得到可靠的安全结论
安全情报分析与获取的 R-M 方法	安全情报分析与获取的 R-M 方法（王秉和吴超，2019f）认为应从安全管理本身出发来开展安全情报信息的获取与分析，从"风险模块"与"管理模块"两方面来对情报进行识别与研究。R-M 方法包含了国家、城市、社会、企业等组织的外部安全因素与内部安全因素的情报分析方法，在利用 R-M 方法进行安全情报分析时，根据组织内外的安全因素特征，考虑实际安全情况，并侧重于组织内外的安全因素，以保证安全情报分析结果的系统性
安全分析法	分析是将安全信息数据转化为安全情报的必经过程。运用各类安全分析方法（如事件树方法、故障树方法、预先危险分析方法等），均可得到有效的安全情报

※本章小结※

安全情报学学科建设和发展需要安全情报学学科建设理论提供基础和指导。本章主要围绕安全情报学的学科建设理论展开论述。通过本章学习，可得到以下三大方面重要认识：①安全情报学学科建设应立足于安全科学，应科学界定安全情报学学科基本概念，应积极吸收情报科学理论与方法，并在大安全观与大安全情报观指导下，面向安全管理，综合统一各类安全情报，提炼共性安全情报学问题、理论和方法，构建一个科学、统一、具有实践性的安全情报学学科理论体系；②安全情报学具备成为一门独立学科的条件，其学科基本问题、学科基础和学科分支研究可为安全情报学学科建设奠定坚实的理论基础和提供一幅蓝图，有助于促进安全情报学的健康、科学和可持续发展；③就安全情报学建设和发展而言，安全情报学方法论至关重要，它可指明安全情报学的研究视角、研究原则和方法论体系（包括哲学方法、主体研究方法、一般研究方法和专有研究方法）等。

第四章　安全情报学基本理论

※本章导读※

一门学科的基本理论（包括方法）是开展一门学科研究和实践工作的基本理论依据和方法。本章主要介绍安全情报学的一些重要的基本理论。首先，安全情报的感知、获取与分析是安全情报工作的第一步，本章从安全管理与安全情报的综合角度出发，结合安全管理工作中的安全情报工作实际，提出一种安全情报的获取与分析方法（即 R-M 方法）以及安全情报感知与分析模型。其次，安全情报融合是发掘安全情报价值的重要手段，是实现大数据环境下多源安全情报获取和整合的必要途径，本章提出大数据环境下的安全情报融合模型。在此基础上，针对安全情报工作人员的能力要求（即安全情报素养）以及安全情报工作的基础条件（即安全情报系统），提出安全情报素养和安全情报系统方面的基本理论框架。最后，在本章上述各节内容基础上，针对安全管理中的安全情报工作问题，构建安全情报智能分析模型，提出安全情报服务评价理论，建立智慧安全情报服务体系模型，并提出安全情报失误致因模型。

第一节　安全情报获取与分析的 R-M 方法

从情报视角看，安全情报工作是安全管理的重要工作内容之一，可视为安全管理工作的前提与基础（王秉和吴超，2019f）。由情报学知识（叶鹰和武夷山，2012）可知，安全情报的获取与分析又是安全情报工作的核心和基础。因此，有效的安全情报获取与分析至关重要。但令人遗憾的是，目前安全情报研究尚处于初步探索阶段，尚未提出一种安全情报的获取与分析方法，导致安全情报获取与分析方面的研究与实践工作缺乏基本的理论依据。鉴于此，本节从安全管理与情报的综合角度出发，结合安全管理工作中的情报工作实际，主要立足于理论层面，提出一种安全情报的获取与分析方法，即 R-M 方法，以期为安全情报获取与分析方面的研究与实践工作提供一定的理论指导与参考，进而促进安全情报获取与分析方面的研究与实践工作。

一、安全情报的获取与分析进路

安全情报贯穿安全管理过程的始终和安全管理的方方面面，安全情报之于安全管理至关重要。其实，安全管理与安全情报之间的关系并非单向的，而是相互作用与支撑的（图4-1）。细言之，安全情报支持和服务于安全管理，而安全管理又是获取和分析安全情报的基本"载体"。为说明这一论断的正确性与科学性，有必要做以下两方面的具体解释。

图4-1　安全管理与安全情报间的基本关系

1）从管理角度看，根据 Yovits 和 Kleyle（1993）的广义情报系统模型（叶鹰和武夷山，2012），情报是通过管理所显现的和被情报用户（管理者）所察觉、获取和进行分析的。同理，从安全管理角度看，安全情报伴随着安全管理过程、内容和活动等而产生，安全情报的获取与分析应立足于安全管理本身开展。

2）根据管理视角下的情报的含义（陈超，2017），从安全管理的角度看，安全情报是指所有影响了安全管理的安全信息。基于此，可得出安全情报的两层主要内涵：①从结果看，安全情报是一种信息产品；②从安全情报的产生与分析角度看，安全情报是一种过程，是对整体安全管理的一个全面监测与分析过程（如监测与分析安全管理影响因素及安全管理行为等）。由安全情报的第二层内涵可知，安全情报是用一定的手段，通过长期系统地跟踪、收集、分析与处理一系列可能对安全管理产生影响的信息，最终提炼出与安全管理紧密相关的关键情报（如安全威胁、安全管理的"优势与弱势"及"机会与挑战"等），从而帮助安全管理者在安全信息尽可能充分的条件下实施安全管理行为和策略。由此可见，安全情报的获取与分析应立足于安全管理本身开展。

综上分析，可得出安全管理视角下的安全情报获取与分析的基本进路：安全情报的获取与分析应立足于安全管理本身开展。显然，该安全情报的获取与分析进路还具有至少以下两方面突出优势：①有利于及时发现安全管理缺陷并进行弥补；②有利于构建一种以安全管理目标为中心的安全情报获取与分析模式，有利于形成与安全管理内容和过程进行实时互动交流的安全情报网络，可保证安全情报信息获取与分析更具目标性与目的性，使得安全情报获取与分析更加有效、实时、准确而高效。

现代安全管理学（王秉和吴超，2019f）认为，"安全管理"实则是"安全风险管理"的简称，即"安全风险"（为简单起见，下文将"安全风险"统一简称为"风险"）与"管理"的交叉组合。细言之，安全管理是指运用管理理论、方法与手段进行风险管控。基于此，可将安全管理划分为两个基本模块，即"风险模块"（主要指风险辨识、分析与评估的内容与过程，其偏重安全科学范畴）与"管理模块"（主要指实施安全管理行为与策略管控风险，其侧重于管理科学范畴）。基于此，从安全管理角度看，安全情报的来源可划分为两方面，即"风险模块"与"管理模块"。由此，可得出安全管理视角下的安全情报获取与分析的两条具体进路，即"风险模块的安全情报"（可视为安全风险情报信息）与"管理模块的安全情报"（可视为管理情报信息）。

二、安全情报获取与分析的 R-M 方法

根据安全管理视角下的安全情报获取与分析进路，提出安全情报的 R-M 获取与分析方法，见图 4-2。显然，该方法是根据安全管理视角下的安全情报（Safety & Security Intelligence，图 4-2 中用 I 表示）获取与分析的两条具体进路，即"风险模块（Risk，图 4-2 中用 R 表示）的安全情报"与"管理模块（Management，图 4-2 中用 M 表示）的安全情报"建立的，故将该安全情报获取与分析方法命名为 R-M 方法。

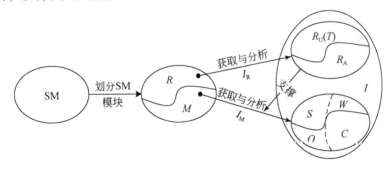

图 4-2　安全情报获取与分析的 R-M 方法的基本框架

(SM—安全管理；R—风险模块；M—管理模块；I_R—风险模块的安全情报；I_M—管理模块的安全情报；R_U—不可接受风险；T—安全威胁；R_A—可接受风险；S—安全管理优势；W—安全管理劣势；O—安全管理机会；C—安全管理挑战；I—安全情报)

从图 4-2 可知，该方法强调安全情报的获取与分析要面向安全管理，要立足于安全管理本身。总体而言，该方法认为，安全情报获取与分析的基本思路是：①将安全管理（图 4-2 中用 SM 表示）模块划分为"风险模块"与"管理模块"两个模块；②依次获取与分析风险模块的安全情报（图 4-2 中用 I_R 表示）与管理模块的安全情报（图 4-2 中用 I_M 表示）。此外，针对安全情报获取与分析的 R-M 方法，还须特别说明两点：①由于安全管理是面向和基于风险的，故 I_R 应是获取与分析 I_M 的重要支撑（依据）之一；②R-M 方法是同时包括组织（如国家、社会、城市与企业等）内部安全因素与外部安全因素的安全情报获取与分析的综合方法。换言之，在运用 R-M 方法获取与分析安全情报时，应同时考虑组织内外的安全因素，进而保证安全情报获取与分析的系统性。当然，在实际安全情报获取与分析工作中，应根据实际情况，有所侧重地考虑组织内外的安全因素。

从安全科学角度看，隶属于 I_R 的关键安全情报包括两方面，即"可接受风险"（图 4-2 中用 R_A 表示）与"不可接受风险"（图 4-2 中用 R_U 表示）（吴超等，2018b）。须补充说明的是，安全科学领域有一种主流的观点，即"安全是指把风险控制在可接受的范围内"（吴超等，2018b）。因此，R_U 又称为安全威胁。安全威胁与安全隐患二者的含义相似，但安全隐患仅是中国本土化学术术语而并非国际通用的学术术语，故本节采用安全威胁这一术语。从管理学的角度看，隶属于 I_M 的关键安全情报是安全管理特征方面的安全情报。具体可将 I_M 划分为两大方面，即"安全管理现状特征方面的安全情报"与"安全管理前景特征方面的安全情报"。其中，I_M 可进一步具体细分为四方面，即"安全管理现状特征方面的安全情报"具体包括"安全管理优势（图 4-2 中用 S 表示），如独特的安全技术、丰富的安全管理经验、优秀的安全文化、充足的安全投入与高素质的安全管理人员等"与"安全管理劣势（图 4-2 中用 W 表示），如缺乏先进的安全技术、安全管理方法和安全设施设备、安全管理经验，以及病态安全文化及安全投入不足等"；"安全管理前景特征方面的安全情报"具体包括的"安全管理机会（图 4-2 中用 O 表示），如安全发展潜力大、国家、政府或组织等不断重视安全、安全发展需求增加、安全发展环境不断优化，以及落后工艺、技术与装备等的淘汰更新"与"安全管理挑战（图 4-2 中用 C 表示），如组织生产经营规模的不断扩大、各类安全风险的交织叠加出现、新的安全风险的不断涌现、组织安全管理能力与组织发展不相适应、安全管理体系机制不完善及安全资源分配不均等"。总之，就面向安全管理的关键安全情报而言，其主要包括六方面，可用集合表达式表示为 $I = \{ (R_A, R_U) \cup [(S, W) \cup (O, C)] \}$。

三、安全情报获取与分析的 R-M 方法的具体实施

根据建立安全情报获取与分析的 R-M 方法的基本思路，其具体实施包括"I_R 获取与分析"与"I_M 获取与分析"两方面。下面，分别介绍 I_R 与 I_M 获取与分析的具体方法。

（一）I_R 获取与分析的 R-I_R 方法

从安全科学角度看，I_R 获取与分析的前提和基础是风险评价。由此，可将 I_R 获取与分析过程划分为具有逻辑先后顺序的两个过程，即"R 评价过程"与"I_R 获取与分析过程"（图4-3）。由此，可将 I_R 获取与分析方法命名为 R-I_R 方法。其中，根据风险评价步骤（徐志胜和姜学鹏，2016），完成 R 评价过程的具体步骤包括三步：①R 辨识，即识别组织各方面（如业务单元、各项重要经营活动及其重要业务流程等）所面临的风险；②R 分析，即分析与描述所识别出的风险（如风险的特征、发生概率、发生条件及其后果等）；③R 评价，即运用风险评价方法衡量风险值的大小，并进行风险分级。在完成 R 评价过程基础上，就可根据 R 评价结果（即风险分级结果），识别出 R_A 和 R_U，从而获得 I_R。显然，I_R 是进行风险管控（即安全管理）的重要安全情报支撑。

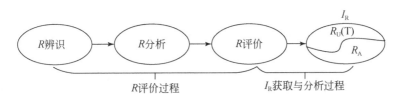

图4-3　I_R 获取与分析的 R-I_R 方法的基本框架

（二）I_M 获取与分析的 SWOC 方法

由 I_M 的构成可知，I_M 的获取与分析须围绕四方面，即 S、W、O 与 C 开展。由此，可将 I_M 获取与分析方法命名为 SWOC 方法。须特别强调的是，安全情报获取与分析的 R-M 方法强调 I_M 的获取与分析须针对和围绕 I_R 开展，须以 I_R 为重要的依据和支撑。此外，SWOC 方法和战略管理与图书情报等领域的 SWOT 方法的提出思路具有相似之处，但各因素所表示含

义的差异较大。这里，扼要介绍 I_M 获取与分析的 SWOC 方法。

I_M 获取与分析的 SWOC 方法针对和围绕 I_R，并以 I_R 为重要依据和支撑，立足现状，面向未来，通过对组织安全管理进行综合分析，得出组织安全管理的主要特征方面的关键安全情报，具体包括安全管理现状特征方面的安全情报（即安全管理优势与劣势）及安全管理前景特征方面的安全情报（即安全管理所面临的机会与挑战），以"使安全管理优势与机会最大化，使安全管理劣势与挑战最小化"为基本原则，以"充分发挥优势，尽力遏制劣势，努力把握机会，积极应对挑战"为理论指导，制定组织安全发展战略。显然，SWOC 方法可用一个 2×2 的矩阵表示，如表4-1所示。

表4-1　SWOC 获取与分析矩阵

安全管理前景	安全管理现状	
	安全管理优势（S）	安全管理劣势（W）
安全管理机会（O）	SO（发挥 S，利用 O）	WO（克服 W，捕捉 O）
安全管理挑战（C）	SC（利用 S，应对 C）	WC（减少 W，应对 C）

显然，SWOC 方法通过对安全管理的优势、劣势、机会与挑战的整合匹配，可相应地形成四种组织安全发展战略：SO 安全战略、WO 安全战略、SC 安全战略与 WC 安全战略（图4-4）。参考 SWOT 方法（王知津和葛琳琳，2013；兰晓霞，2016），对上述 4 种安全战略分别进行扼要解释：

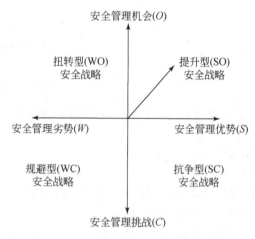

图4-4　I_M 获取与分析的 SWOC 方法的四半维坐标系

1）SO 安全战略。一种提升型安全战略，即充分发挥安全管理优势，充分利用安全管理机会，增强组织安全管理能力，这是组织的一种理想安全管理状态。此时，组织应努力保持并进一步提高安全管理能力。

2）WO 安全战略。一种扭转型安全战略，即通过捕捉安全管理中存在的机会来克服安全管理劣势，甚至可能将安全管理劣势转变为优势。此时，尽管安全管理存在一些机会，但因安全管理中存在的一些缺陷阻碍了组织对这些安全管理机会的利用，因此，组织要扭转安全管理的薄弱环节，以迎合和充分利用安全管理机会。

3）SC 安全战略。一种抗争型安全战略，即利用安全管理优势来应对安全管理挑战。安全管理挑战也许会阻碍安全管理优势的有效发挥，甚至会削弱安全管理优势。因此，组织要充分利用安全管理优势，积极应对安全管理挑战，以减弱直至避免安全管理挑战对安全管理所产生的不良影响。

4）WC 安全战略。一种规避型安全战略，即减少安全管理劣势，应对安全管理挑战。此时，组织面临严峻的安全形势，安全管理劣势与挑战交织叠加，这关系到组织的生存问题。对于一些安全管理形势极其严峻的组织（如企业），可考虑放弃发展，进行停产停业整顿甚至关闭，以将损失降至最低。

安全管理的核心是实施安全管理策略（内容）与安全管理行为（过程）。现代安全管理学将安全管理策略概括为"4E+C"策略，即安全工程（用 E_1 表示）、安全教育（用 E_2 表示）、安全强制（用 E_3 表示）、安全经济（用 E_4 表示）与安全文化（用 C_s 表示）；而将安全管理行为概括为 FDA 行为，即安全预测（Safety & Security Forecast，用 F 表示）行为、安全决策（Safety & Security Decision，用 D 表示）行为与安全执行（Safety & Security Action，用 A 表示）行为（王秉和吴超，2017b）。显然，获取与分析 I_M 主要是基于安全管理策略与安全管理行为。因此，为使 SWOC 方法更易操作，并保证更详细而全面地获取与分析 I_M，有必要在特征维度基础上，另外增加两个维度（即安全管理策略维度与安全管理行为维度），采用两个组合维度（即"SWOC-4E+C"维度与"SWOC-FDA"维度）获取与分析 I_M。由此，在表 4-1 的基础上，可形成两个 I_M 获取与分析的二级矩阵（表 4-2 与表 4-3）。显然，根据表 4-2 与表 4-3，可系统而详细地获取与分析 I_M。

表 4-2　SWOC-4E+C 获取与分析矩阵

安全管理策略	安全管理特征			
	优势（S）	劣势（W）	机会（O）	挑战（C）
安全工程（E_1）	$E_1 S$	$E_1 W$	$E_1 O$	$E_1 C$
安全教育（E_2）	$E_2 S$	$E_2 W$	$E_2 O$	$E_2 C$
安全强制（E_3）	$E_3 S$	$E_3 W$	$E_3 O$	$E_3 C$
安全经济（E_4）	$E_4 S$	$E_4 W$	$E_4 O$	$E_4 C$
安全文化（C_s）	$C_s S$	$C_s W$	$C_s O$	$C_s C$

表 4-3　SWOC-FDA 获取与分析矩阵

安全管理行为	安全管理特征			
	优势（S）	劣势（W）	机会（O）	挑战（C）
安全预测（F）	FS	FW	FO	FC
安全决策（D）	DS	DW	DO	DC
安全执行（A）	AS	AW	AO	AC

四、安全情报获取与分析的 R-M 方法的定量化

上面仅从定性角度介绍了 R-M 方法，实际上，还可使 R-M 方法定量化，从而使获取与分析得到的安全情报更好地为安全战略选择和制定服务。就安全战略制定而言，I_R 中的可接受风险（R_A）对安全战略制定基本不会产生影响，而不可接受风险（R_U），或称为安全威胁（T）实则对安全管理战略制定所造成的重要影响仍是安全挑战（换言之，I_M 中的 C 实则已包括 R_A）。因此，就服务与支持安全战略制定的安全情报而言，其实则主要指 I_M，I_R 只是获取与分析 I_M 的重要依据和支撑而已。由此，参考 SWOT 定量方法（兰晓霞，2016），可给出 R-M 定量方法的逻辑框架，如图 4-5 所示。步骤 1 其实属于 R-M 方法的定性部分，下面参考 SWOT 定量方法（兰晓霞，2016），着重对步骤 2 至步骤 6 进行进一步解释。

1）定量评估安全管理优势、劣势、机会与挑战分别对安全管理的作用强度及其发生概率，并进行归一化处理。

2）计算安全管理优势、劣势、机会与挑战分别对安全战略的影响总力度。由战略管理理论（汪长江，2013）可知，战略的本质特征就是对未来一段时间内行动的一种规划、导向与指引，具有很强的前瞻性和预见性。由此可见，在安全战略选取与制定过程中，安全管理的优势、劣势、

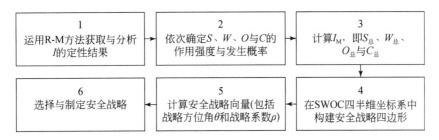

图 4-5　R-M 定量方法的逻辑框架

($S_总$、$W_总$、$O_总$ 与 $C_总$ 依次表示安全管理优势、劣势、

机会与挑战分别对安全战略的影响总力度；其他字母的含义同图 4-2）

机会与挑战均应是未来将发生或正在发展的趋势，它们对安全战略的影响力度是由各自作用强度和发生概率构成的数学期望，其计算公式为

$$\begin{cases} S_总 = \displaystyle\sum_{a=1}^{m} S_a \times s_a \,(a = 1,\ 2,\ \cdots,\ m) \\[2mm] W_总 = \displaystyle\sum_{b=1}^{n} W_b \times w_b \,(b = 1,\ 2,\ \cdots,\ n) \\[2mm] O_总 = \displaystyle\sum_{d=1}^{j} O_d \times o_d \,(d = 1,\ 2,\ \cdots,\ j) \\[2mm] C_总 = \displaystyle\sum_{h=1}^{k} C_h \times c_h \,(h = 1,\ 2,\ \cdots,\ k) \end{cases} \quad (4\text{-}1)$$

式中，$S_总$、$W_总$、$O_总$ 与 $C_总$ 依次为安全管理优势、劣势、机会与挑战分别对安全战略的影响总力度；S_a、W_b、O_d 与 C_h 依次为第 a、b、d 与 h 个安全管理优势、劣势、机会与挑战的作用强度；s_a、w_b、o_d 与 c_h 依次为第 a、b、d 与 h 个安全管理优势、劣势、机会与挑战的发生概率；m、n、j 与 k 依次为安全管理优势、劣势、机会与挑战的总个（条）数。

3）安全战略四边形的构建。在直角坐标系中，依次以 S、W、O、C 作为半轴构成一个四半维直角坐标系，在坐标系中依次标出 $S_总$、$W_总$、$O_总$ 与 $C_总$ 的数值点，并相互间用线段连接，则可构造出安全战略四边形（图 4-6）。

4）根据数理知识，与安全战略选择和制定相关的安全情报信息集中反映在两个变量，即安全战略方位角 θ 与安全战略系数 ρ 上。换言之，可用以 θ 为方位角、ρ 为模的向量 $(\theta,\ \rho)$ 来表示安全战略位置。其中，θ 由安全战略四边形重心所在位置求反正切得到，ρ 的计算公式为

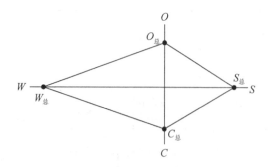

图 4-6　安全战略四边形

$$\rho = \frac{S_{\text{总}} \times Q_{\text{总}}}{S_{\text{总}} \times Q_{\text{总}} + W_{\text{总}} \times C_{\text{总}}} \tag{4-2}$$

5）选择与制定安全战略。把计算得出的安全战略向量（θ，ρ）绘于安全战略谱系图中（图 4-7）。例如，根据图 4-7 中的安全战略向量（θ，ρ），应选择和制定扭转型安全战略方向，且安全管理机会大于安全管理劣势。此外，参考 SWOT 定量方法，可分别确定 ρ 的两个不同值（如图 4-7 中的 ρ_1 与 ρ_2），并规定当 $0 < \rho < \rho_1$ 时对应"保守稳健安全战略模式"，当 $\rho_1 < \rho < \rho_2$ 时对应"积极进取安全战略模式"。显然，图 4-7 中的安全战略向量（θ，ρ）所对应的是"积极进取安全战略模式"。

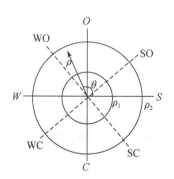

图 4-7　安全战略谱系图

五、本节结语

首先，基于安全管理角度，论述安全情报的获取与分析进路。其次，根据安全管理视角下的安全情报的获取与分析进路，提出安全情报获取与分析的 R-M 方法。在此基础上，分析 R-M 方法的具体实施。最后，讨论

R-M 方法的定量化。通过本节学习发现，R-M 方法强调安全情报的获取与分析应立足于安全管理本身，其从"风险模块"与"管理模块"两方面出发获取与分析安全情报，既可实现安全情报的全面获取与分析，也可为安全战略选择和制定提供有效的服务与支撑。显而易见，本节尽管在理论层面对安全情报获取与分析的 R-M 方法的提出、具体实施与定量化等进行了深入探讨（换言之，仅构建了一个关于 R-M 方法的理论框架），但尚未具体细分探讨 R-M 方法的具体要素与模块及其实证研究等，故今后还须围绕 R-M 方法，开展一系列后续研究。

第二节　安全情报感知与分析模型

一、安全情报感知与分析的基本要素

基于情报感知和分析理论，从安全情报工作的根本需要，以及安全情报工作的资源、人力、方法、环境四个方面，总结安全情报感知与分析的五大要素为安全决策需求（Why）、安全情报来源（What）、安全情报感知与分析人员（Who）、安全情报感知与分析的生态环境（Where）和安全情报感知与分析的过程（How），简称"4W1H"要素，由此建立安全情报感知与分析的要素关系图，见图4-8。

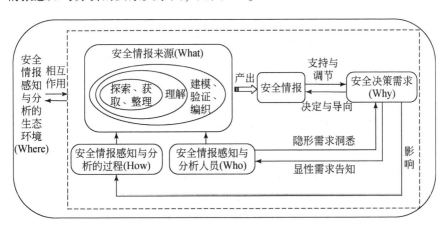

图4-8　安全情报感知与分析"4W1H"要素关系图

（一）安全决策需求原因（Why）

需求是情报的第一驱动力（吴琼等，2018）。从大情报观方面看，安全决策需求是整个安全情报工作的指南针，是必须完成的基础工作。对系统安全决策需求进行感知和分析，可分为两方面：一是显性需求，安全情报人员经过与组织各级沟通，获取安全管理和科研人员的安全情报需要，通过与专家、决策者协商、分析需求，明确安全决策需求的内容和时间线等；二是隐性需求，传统安全情报需求源于决策者对安全管理不足之处的认知，但受限于主体行为会时常忽略隐藏的组织资源配置缺陷。对隐性需求的感知和分析是基于安全情报人员对系统安全和决策者的认知，借助其在复杂系统安全问题和战略考虑上前瞻性的预测能力，以减少未知问题带来的不确定性和意外，这是安全情报作为"耳目、尖兵"的使命体现。

（二）安全情报来源（What）

安全情报感知与分析的对象含有多种资源，包括文献、生产管理中的安全评价文件、日志、各项安全标准，以及全球各地的政治、经济、文化、安全法律法规和科学技术。对安全情报来源进行感知和分析是综合性、多角度地对材料进行解析透视，揭开材料可能的伪装，对异构数据进行重新调整，判断安全情报产生背景并初步理解安全情报内容，同时掌握安全情报源被编辑程度，判断安全情报源的真实性和有效性，掌握安全情报产生的地点、时间、关键人、影响等必要信息。然而，材料中数据异构、内容失衡等复杂问题给传统安全情报工作带来极大挑战，因此借助现代化工具进行信息数据分析是大势所趋（吴琼等，2018），如本体工具能够揭示隐性的知识关联，使用共现关联分析技术对安全情报源进行内容聚类并可视化处理（陈美华和王延飞，2018），可减轻安全情报工作的人力负担。

（三）安全情报感知与分析人员（Who）

若安全情报需求是驱动力，那么安全情报感知与分析人员则是推进的齿轮。安全情报感知与分析人员理应具备两大能力，一是情报感知和处理能力，包含数据挖掘、数据分析、模型建立应用、语义处理、情报描述和刻画等，是所有情报人员必备的专业素质；二是对安全科学领域的基本认知和对所属组织系统安全的认知能力。安全情报感知与分析工作始终和安全管理工作同步协作，了解安全科学领域的知识便于深刻把握安全决策者的需求，减小组织间协作误差。同时，随着计算机和人工智能的广泛应用，人机交互的安全情报感知与分析组织结构必定是未来趋势，大数据时代下由数据驱动的安全情报发现将成为常态。

（四）安全情报感知与分析的过程（How）

具体的安全情报感知与分析工作可分为总体结构、方法两部分。首先，根据安全情报需求确定工作方向，基于安全决策进行安全情报来源搜找，并按安全情报所需的内容、形式、程度采取不同分析过程。概括而言，即安全情报需要—安全情报来源—安全情报传递过程，该总体结构决定了工作过程模式。其次，传统的安全情报感知与分析方法一般包含社会调查法、分类法、综合评价法、归纳法和聚类分析法等（肖连杰等，2019），近几年科学技术快速发展，因此安全情报分析能够结合神经科学、机器学习等来进行多种数据融合、信息预判和深度学习，从而突破以人工判读为主的安全情报工作遭遇的瓶颈，弥补人在处理海量信息时的自然局限。

（五）安全情报感知与分析的生态环境（Where）

安全情报工作所处的组织管理结构、安全文化、资源配置、安全情报任务、安全情报人员素质等组成了开展安全情报感知与分析的生态环境。从复杂系统观的角度建设安全情报感知与分析的生态环境，关键在于和谐共生、良性发展。生态环境建设影响着每一项安全情报流程，对于安全情报感知与分析工作而言，安全情报问题的敏感度、安全情报处理的精准度和深度、安全情报产品的优劣都受到直接影响。由此须从安全情报数据的治理、安全情报感知与分析资源和工具的创新、安全情报人员素质的提升、组织沟通强化等方面着手，形成自适应、不断改进的良好生态。

二、安全情报感知与分析模型的构建

安全理论模型的构建须从模型目的和意义出发，满足一定的系统性和结构性（黄浪等，2016）。安全情报转化的机理决定了安全情报感知与分析模型的内涵，安全决策需求、安全情报来源、安全情报感知与分析人员、安全情报感知与分析的过程与安全情报感知与分析的生态环境构造了该模型的大致框架，前文所述可以概括出构建安全情报感知与分析模型的核心思想。

1）安全情报感知与分析工作流程必须以安全情报转化为主线，以安全数据—安全信息—安全知识—安全情报的直线转化为大体工作流程，展现安全情报感知与分析的工作机理，同时展现出安全情报转化方式的多样性；

2）安全情报感知与分析模型必须结合安全管理实际，加强现代技术与安全情报工作的合作；

3）从系统观、生态观的角度对模型进行构建，确立科学的工作机制以保障安全情报产品的正确性和完整性。

基于以上思想，同时为了细化模型内容、进一步对模型进行评估和优化，从安全情报感知与分析的任务完成度、流程粒度和工作机制三个方面展开了如下思考。

1）任务完成度。在完成安全情报转化任务的基础上，安全情报感知与分析应实现三个目标，即减少不确定性因素、"醒早眺远"和预测未来态势，各项目标的完成状态显示了安全情报感知与分析模型的理论成效。结合安全情报需求与供给的平衡关系，可以就安全情报感知的方向、内容及安全情报分析的深度和成果等方面初步推测，对模型整体的效果进行评估。

2）流程粒度。就粒度而言，模型对安全情报感知与分析的工作流程描述应详细而不冗杂，在阐述清晰、对各步给予明确指示的条件下去繁为简。

3）工作机制。模型的系统性、自适应性是工作机制的体现，如前所述，安全情报感知与分析建立一个良好的生态环境，则必然需要优良的工作机制，如及时交流安全情报需求，广谱系感知安全情报来源、各级流程双向交流反馈等，总之该模型的工作机制应能保障和不断优化安全情报感知与分析工作的效果。

因此，基于上述内容，以系统观和生态观为模型建设理念、以安全情报转化链为内涵、以各要素及其之间的关系为框架、以安全情报感知与分析工作流程为主线，构建了安全情报感知与分析模型，见图4-9。

三、安全情报感知与分析模型的内涵解析

如图4-9所示，安全情报感知与分析模型将安全情报感知与分析的工作机理分为六大阶段：安全情报需求感知、安全情报来源及数据感知、安全情报感知加工及存储、安全情报指标确立、安全情报分析挖掘、安全情报评价改进，下面将重点对模型各阶段及模型机制等内涵进行解析。

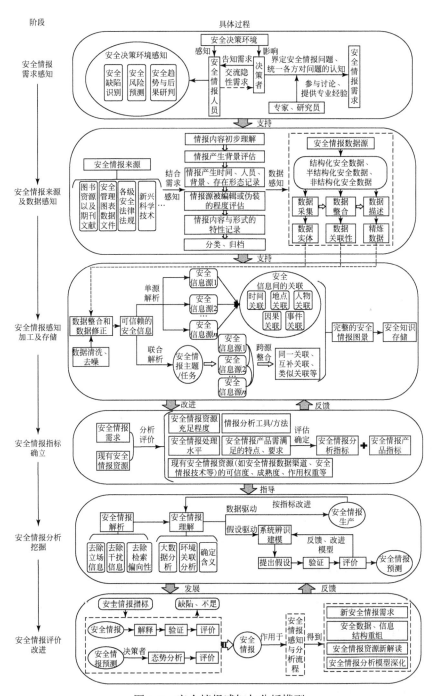

图 4-9　安全情报感知与分析模型

（一）安全情报需求感知

安全情报需求是安全情报工作的驱动力，这一阶段主要参与者包含安全情报人员、决策者以及领域专家、研究员。需要明确的是，在新型情报时代下，传统安全情报工作提供的系统安全信息较少，无法对隐藏的安全隐患进行排查，对未来安全态势掌握较少，由此提出了以安全情报人员为主导的显性和隐性需求感知机制，即除了显性需求任务外，安全情报人员对安全决策环境进行感知，包括安全缺陷识别、安全风险预测、安全趋势与后果研判，并获取相关政策、法规、技术等信息，或从现有的安全情报成果和问题中分析潜在的安全情报缺口，主动觉察前瞻性、决策者可能感兴趣的隐性需求，以弥补传统安全情报需求的不足。

（二）安全情报来源及数据感知

安全情报来源广而复杂，基于安全情报需求进行源头搜寻主要依靠安全情报人员的感知能力，如通过网络搜索引擎、安全管理系统、专业数据库进行主题、关键词或地平线式搜找。为了减少安全情报人员思维限制带来的搜索偏向，可借助前沿的感知技术如由美国情报高级研究计划局（Intelligence Advanced Research Projects Activity，IARPA）开发的SHARP技术，基于认知、人类行为和神经科学提升安全情报收集时的推理和问题解决能力，增强安全情报来源的全局性（IARPA，2020）。安全情报来源的形式包括文本、数字、图像等，数据形式难以统一，数据感知即对结构化、半结构化以及非结构化的安全数据进行整合、描述，删去冗杂内容进行提炼并挖掘数据之间的关联性，从而转化为安全信息。

（三）安全情报感知加工及存储

以上一阶段处理数据为对象，首先进行数据清洗、去噪，保证数据的可信度，采用数据模型计算进一步整合后得到可信赖的安全信息。此阶段的信息加工须挖掘不同信息之间的联系，以操作对象不同分为单源解析和联合解析。单源解析即在同一信息源中寻找安全信息之间的时间、地点、任务、因果以及事件等关联，此时的解析结果从属于各自的源头事件。为了加强各信息源之间的联系，进行联合解析，即基于安全情报任务综合各信息源进行跨源整合，挖掘不同信息源之间的同一关联、互补关联、类似关联等，这不仅有利于寻找事件发生规律和模式，也增加了安全信息联系的全局性，有效地避免了局部安全信息带来的信息偏差，得到完整的安全情报图景，形成安全知识存储。

（四）安全情报指标确立

安全情报指标是量化考核安全情报感知与分析工作、评价安全情报产品的依据。综合安全情报需求和现有安全情报资源（如安全情报数据渠道、安全情报技术等）对下一阶段安全情报分析工作及安全情报产品进行要求分析，从安全情报资源充足程度、安全情报分析工具/方法以及现有的安全情报处理水平可以推测安全情报分析工作应实现的任务目标（包括分析方法的层次性和多样性、信息数据融合程度、全局性分析和预测分析等）。现有安全情报资源的可信度、成熟度、作用权重等一定程度上反映了前期工作的效果，提示了安全情报分析工作的起点及难度。安全情报须满足的特点和要求指示了安全情报分析中应采用何种分析工具和情报刻画形式，同样对最终的安全情报产品指标进行了描述。优良的安全情报产品应能帮助协调安全管理工作，减少系统安全的不确定性，为决策者提供目前系统中潜在的安全隐患并预测系统安全未来态势。总结来说，安全情报指标的设立既是为了有效量化评价安全情报工作和产品，也是保障安全情报感知与分析工作科学开展、不断反馈改进的机制之一。

（五）安全情报分析挖掘

整体而言，安全情报分析工作分为四个部分：安全情报解析、安全情报理解、安全情报分析和反馈改进，安全情报解析是以安全数据、安全信息、安全知识作为分析材料，去除其立场信息，并去除干扰信息以及检索偏向性带来的误差。须强调的是，安全情报分析挖掘阶段进行的误差排除与安全情报感知加工及存储阶段的相关工作并无冲突，相反在各阶段进行安全情报材料清洗能够尽量降低每一阶段工作误差。

就安全情报分析挖掘而言，如字面所示，就是利用数据工具进行大数据分析、环境关联分析，最终确定安全情报材料内容的含义。安全情报分析根据制作途径可分为由数据驱动的安全情报生产和由假设驱动的安全情报预测。由数据驱动的安全情报分析，主要运用的工具为大数据分析技术，如机器学习与智能算法，利用数学和计量的方法对问题进行抽样、测量和检验。由假设驱动的安全情报预测是基于安全情报分析人员对未来态势的感知，对多种未来安全情景构建系统辨识模型，输入当前安全情报材料并不断检验、改进模型，使之输出不同情景下的预测结果，为决策者提供前瞻性判断的依据。当系统中存在大量不安全因素时，不同场景下的预测结果有助于帮助安全管理者及时避免安全事件，减少人员及经济损失。安全情报分析应当完成两种途径的安全情报制作，融合使用各类分析方法，从数据处理（如主成分分析）、数据预测（如时间序列预测）到关系分析（如共词分析法）、评价分析（如模糊综合评价法）等，层层递进地展开安全情报分析工作。表4-4从安全情报分析方法功能属性的角度列举了常见的安全情报分析方法（Fleisher and Bensoussan，2003；邱均平和王曰芬，2008；George and William，1997；江信昱和王柏弟，2014；王静宜等，2020；谭晓和吴晨生，2019）。最后，基于安全情报分析和产品指标进行评价和改进，不断优化分析模型，提升安全情报分析产品的完整性和有效性。

表4-4　常见的安全情报分析方法

方法类型	应用描述	具体方法
预警分析	对潜在影响系统安全的事物进行识别、分析和判断，以便尽早为决策者提供警告，争取主动防范。主要面对突发安全事件，作用于应急管理的初期识别和后期预警范畴	弱信号分析、离群点监测方法、时间序列分析、事件相关性分析，社会网络分析、机器学习
评价分析	构建指标对组织安全、行为安全、安全事件以及竞争力、影响力等进行评价、鉴定	主成分分析法、模糊综合评价法、层次分析法
预测分析	基于历史相关情报资源，利用统计、数学、推理等方法对未来态势发展进行预测	趋势外推法、回归分析法、灰色预测法、人工神经网络、贝叶斯分析、德尔菲法
跟踪分析	针对特定对象，展开广谱系源头搜查，实时记录对象变化信息并进行分析	知识基因法、路径演化分析法、主题演化分析法、技术路线图分析法
关联分析	挖掘对象之间的隐藏关联，包括时间、地点关联、因果关联、共引关联等，识别安全情报间的关联	共词分析法、灰色关联分析法、关联规则分析法、共引分析法

（六）安全情报评价改进

安全情报分析挖掘中对安全情报产品、安全情报预测进行的初次检验可视为由安全情报人员执行的内部审核评价。安全情报的质量和效果最终需要获得专家、决策者以及安全情报人员的多重验证，确保安全情报满足组织安全需求，同时不会陷入安全情报人员的思维限制中。根据前面提出的安全情报指标对安全情报进行解释、验证和评价，并由决策者对未来安全形势进行分析，评价安全情报预测是否对可能发生的安全事件进行提示，最终提出安全情报产品中的缺陷与不足，反馈给安全情报人员进行修改优化，以满足现有安全情报需求。值得一提的是，此时安全情报产品作为新的安全情报资源，从外部作用于安全情报感知与分析流程，给安全情报工作注入新鲜活力，不仅激发新安全情报需求、改变安全数据、安全信息的数据结构，还为安全资源的解读带来全新的视角，使安全情报人员以成熟的产品观去深化分析现有模型。从这个角度来说，安全情报感知与分析是多级循环、反馈，以及不断优化的过程。

（七）安全情报感知与分析工作机制

从安全情报感知与分析的阶段划分可以看出，安全情报需求是工作的基础与核心，从源头搜查到数据处理、转化、分析是以安全情报感知和分析为主线的安全情报直接转化流程；安全情报指标的设立是安全情报感知与分析工作的重要指导，也是各级评价检验安全情报的必然要素；最后阶段的评价反馈流程则是安全情报产出的把控关卡，同时也是安全情报二次投入作用的重要环节。从反馈机制上看，各项子流程之间存在大量的反馈关系。例如，安全情报感知加工及存储阶段，安全情报资源为安全情报指标的设立提供基础条件，同时安全情报指标也能对现有资源不足进行指示，反馈给上一阶段。除子流程之间外，流程内部也存在着反馈机制，如安全情报分析挖掘阶段对分析过程的不断优化。实际上，在确定安全情报需求问题时也蕴含着各方人员之间的不断交流反馈过程，而最终阶段的安全情报产品作为一种资源重新加入安全情报工作流程也是一种反馈表达。从工作方式来看，安全情报感知与分析是以任务型为主，以智能型为辅的工作机制，其表现在对安全情报需要的显性接受和基于安全情报人员、环境感知技术的隐性需求探索，以及在需求感知、数据分析等各方面结合前端科学技术与安全情报工作者的优势而形成的人-机协作模式。

综上，安全情报感知与分析模型吸纳了情报转化理论和现代科技思想，从实际安全情报工作角度展开，阐述了感知与分析工作对安全情报的转化机理和各层次内容的反馈优化。本节通过理论模型构建分析了安全情报感知与分析的机理，限于篇幅无法继续展开模型应用检验，但必须强调的是，安全情报感知与分析的工作成效取决于工作资源、人员专业素养、安全情报转化渠道、反馈机制等因素的共同作用（也可理解为安全情报感知与分析工作的生态环境）。其中，安全情报的工作资源包含了安全情报部门获取信息的渠道，以及安全情报感知与分析的方法工具、数据系统及硬件设备等资源配置。安全情报转化渠道是指数据–情报、信息–数据、情报–数据和信息等多项安全情报转化途径的能力和工具。因此，在理论研究的基础上，须结合实际安全情报事业和能力建设来检验并优化该模型。

四、本节结语

首先，分析安全情报感知与分析的要素。其次，以工作流为主线，构建安全情报感知与分析模型，并解析其内涵。通过本节学习发现，安全情报感知与分析模型以安全情报制作为现实基础，从系统观、生态观的角度构建了安全情报感知与分析的工作体系，结合安全管理实际和现代科技提出以任务型为主、智能型为辅的工作机制，以构建人–机协作的现代安全情报感知与分析模型。安全情报感知与分析模型的建立丰富了安全情报理论体系，为实际安全管理工作提供了一定的理论和方法支撑，在未来的研究中将继续进行相关研究，并开展实证研究以不断完善安全情报感知与分析模型。

第三节　安全情报融合模型

在大数据时代，安全科学比以往都更加强调安全情报的价值。目前，安全大数据已几乎渗透和应用至"总体国家安全观"下属的所有安全领域（巴志超等，2018），已成为安全科学研究的重点内容之一。鉴于此，安全管理信息化的关注焦点也逐渐从"安全事件型安全数据"转向"全源安全数据"（王秉和吴超，2018b），朝着安全管理智能化方向发展。在实践层面，物联网、GIS、云计算、人工智能等新型信息技术已广泛应用于安全领域，用以打造集智慧、联动、准确于一体的安全管理平台。在此背景下，安全情报的意义和价值愈发凸显。但在大数据时代，安全数据的爆发式增长无法直接为安全情报工作带来高质量的安全数据资源，反而使得安全情报工作陷入"数据过载""价值稀疏"的困境。面对来自多源的海量粗糙的原始安全数据，如何将它们进行有效融合以获得真正有实用价值的安全情报，如何实现安全情报向安全管理依据的转变，已成为大数据时代的安全情报研究及实践亟须解决的难题。

其实，在大数据时代，多源数据问题在情报领域普遍存在（化柏林，2013）。例如，竞争情报、公安情报、军事情报等领域已针对该问题开展部分研究（孙琳和王延章，2017；彭知辉，2017a；许辉辉和许荣荣，2014）。但在安全情报学领域，目前，安全情报融合的研究仅局限于应急管理中的危机情报融合探讨（袁莉和姚乐野，2014；王静茹和宋绍成，2016），相应理论及应用成果还远远无法满足"总体国家安全观"视域下的安全情报融合需求。同时，安全情报学作为一门新学科，其学科理论尚不完善，相关研究依旧处于探索阶段。鉴于此，本节基于大数据环境下的安全数据现状和安全情报需求，在分析安全情报融合内涵的基础上，构建大数据环境下的安全情报融合体系，以期充实大数据环境下的安全情报学研究，并为大数据时代的安全情报融合工作提供一定的理论和方法指导。

一、安全情报融合概述

（一）安全情报融合的内涵

情报融合是对目标原始情报进行校准联合以生成更高层次情报的方法（蔡士林，2019），也是情报研究者挖掘数据价值的重要手段之一。安全情报融合是将情报融合的思想、方法及技术应用于安全情报分析的产物。基于以上认识，分析安全情报融合的内涵，具体如下。

1）安全情报融合是一种面向组织安全管理的安全情报分析和处理过程。安全情报融合以"安全数据→安全信息→安全知识→安全情报"的安全信息链为主线，对组织内外多种类、多方位的安全数据进行逐层筛选、集成、关联、序化和整合，以提取安全数据中的价值成分，最终以新的逻辑形式输出安全情报产品，以帮助安全决策者正确了解系统安全状态及变化规律，为安全执行、安全预测和安全决策提供依据。

2）安全情报融合以组织安全管理的安全情报需求为导向。一方面，安全情报源数据收集计划基于安全情报需求制定，规定原始安全数据收集的范围和具体目标，从而确定安全情报融合的对象。另一方面，安全情报需求决定安全情报融合的内容。隐患辨识、危险控制及消除、安全资源调配、安全环境优化等各类安全管理实践在安全情报的类型、结构、时效性等方面有着不同要求。安全情报融合基于组织安全管理特性，综合考虑各类安全情报需求，确定安全情报融合具体方法、内容及目标。

3）安全情报融合的最终目的是为组织安全管理提供安全情报，而安全情报的产生需要安全情报工作者利用已有的安全知识或经验，在大量的安全信息中提取安全情报。为此，安全情报融合须基于人们的安全认知规律，对安全数据进行实时的归一化、有效化、情境化处理以实现安全数据向安全信息的转化，并基于已有的安全知识或经验，在安全信息中获取安全情报。或是通过安全信息关联分析和安全知识融合，获得新的安全知识，并在不断积累的安全知识与动态安全信息的相互融合中获得安全情报。

4）安全情报融合以信息融合技术和方法为手段。安全情报融合须结合原始安全数据资源的状态和特征，为融合工作设置合理的工作目标并选择科学的融合方法。传统的信息融合技术和新兴的综合性信息融合技术都可用于实现安全情报融合，如信号处理和估计理论方法、统计推断方法、决策论方法、几何方法及人工智能方法（韩崇招等，2006）等。

综上所述，安全情报融合是以获得安全情报产品为目标，以组织安全管理的安全情报需求为导向，以安全信息链为主线，以多源信息融合技术及方法为手段，对原始安全数据进行安全数据清洗、安全信息关联、安全知识融合与安全情报整合的多层次安全情报处理和分析过程。

（二）大数据环境下的安全情报融合的意义及特点

快速准确地清洗和整合安全大数据资源，挖掘价值成分并获得安全情报是大数据环境下安全情报融合的核心任务，也是其意义所在。大数据环境下的安全情报融合的意义和特点，可从组织的安全情报资源状态、安全情报需求两方面综合把握。

安全大数据分析理念强调全样本数据分析（欧阳秋梅等，2016），主张使用全源安全数据把握安全问题的大致脉络和发展趋势。但安全组织往往结构复杂，其内含的人力、物力、财力等各种资源相互交叉且关系分散，导致目前的安全大数据资源呈跨领域、多结构、碎片式分布。同时，全样本数据分析意味着数据容错水平的提高，所收集的原始安全数据中存在着大量的噪声和干扰数据，很难直接用于安全管理。安全大数据应用热潮带来的质量粗糙的安全情报资源亟须安全情报融合予以清洗、整合，以消除原始安全数据中的无关数据并将多源异构安全数据纳入统一的分析框架中，为安全情报分析提供安全数据基础。

大数据环境下的安全管理，需要范围全面、逻辑清晰、意义明确、时效显著的安全情报。安全情报融合利用不同渠道、多种采集方式、多个传感器获取安全数据，充分扩展了安全情报来源的时间范围和空间范围。尤其是多传感器获取的联合安全数据，能够有效降低安全数据的模糊性，提高安全数据的可信度和空间分辨率（Wang et al., 2018）。通过安全信息和安全知识间的关联分析，能更全面地挖掘安全系统内各要素之间关系、明确安全状态变化趋势，并有利于生成安全知识关联网络，保证了安全情报的时效性，从而为安全管理提供了有力的安全情报支持。

二、大数据环境下的安全情报融合总体系

大数据环境下的安全情报融合，须立足于组织安全管理的安全情报需求及安全情报资源现状，综合运用安全科学技术、情报融合技术以及大数据分析技术，逐步将低阶安全数据提升为高阶安全情报。基于现有的安全情报系统结构（王秉和吴超，2019h），构建大数据环境下的安全情报融合总体系，其模型见图4-10。

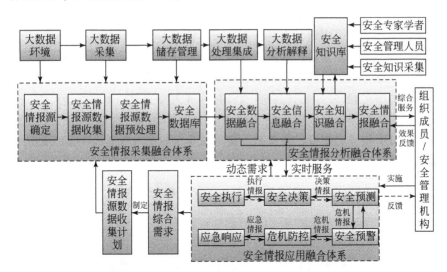

图 4-10　大数据环境下的安全情报融合总体系

从安全情报融合实现角度出发，可用五类"融合"描述该体系，具体分析如下。

（一）安全情报需求与安全情报系统的融合

安全情报需求与安全情报系统的融合体现为以下三方面：①安全情报采集融合体系遵循安全情报源数据收集计划，开展安全情报源确定、安全

情报源数据收集、安全情报源数据预处理工作，而该计划基于安全情报需求及现实条件制定；②安全情报应用成效通过逐级反馈，最终报告给安全情报用户（组织成员或安全管理机构），后者进行成效综合评估并联合新安全情报需求进行反馈，促使安全情报工作者优化安全情报过程融合流程及方法；③安全情报具体应用过程中，因组织安全状态及安全环境实时动态变化，安全情报成果体系难以涵盖所有实时安全情报。各级应用的实时安全情报需求可通过动态反馈，由安全情报分析融合体系提供实时的安全情报服务。例如，危机防控人员可随时报告对于危机数据的安全情报需求，并获得危机状态变化的实时安全数据以及时采取危机防控措施；应急管理人员可随时获得当前事件的最新安全数据，以迅速启动应急响应、实施应急救援行动。

（二）安全情报分析与大数据技术的融合

安全情报分析与大数据技术的融合具体包括：大数据环境支持安全情报源的全覆盖网络建设，有利于扩大安全情报源数据收集规模，消除安全数据盲区；大数据采集技术成为收集安全情报源数据的重要工具，其他领域的大数据应用成果在采集技术选择上，为安全情报源数据收集提供丰富而宝贵的历史经验；大数据存储管理技术成为安全数据库建设及管理的重要工具；大数据处理技术为安全数据清洗、集成、归约等提供解决途径；大数据分析技术为安全信息生成，即为安全数据添加情境解释和关联分析等提供技术平台。

（三）安全信息链下的多层次安全情报分析融合

安全信息链下的多层次安全情报分析融合具体包括：通过安全数据清洗、集成、整合，消除安全情报源数据中的相斥数据、冗余数据、异构数据等，并将安全数据纳入统一分析框架，实现安全数据融合；协同利用多来源、多形式的安全数据，获得对同一目标安全状态的全面、客观的情境化表达，实现安全信息融合；基于已有的安全知识、安全经验等，对安全信息进行综合、对比、关联分析等，在安全信息与安全知识的融合中发现安全情报和新的安全知识，实现安全知识融合；整合安全情报片段并进行关联、序化，生成安全情报成果体系，实现安全情报融合。

（四）安全情报与安全管理的融合

该类融合主要体现为安全情报应用融合体系内容，是安全情报产品应用的具体实现，最主要为安全情报在常态安全管理、应急管理（非常态安全管理）中的应用。安全情报应用融合体系将安全情报产品以专题安全报告、安全风险分析、组织内部安全状态报告等形式（王秉和吴超，2019h）向安全情报用户（组织成员或安全管理机构）汇报，安全情报用户依据安全情报掌握组织安全状态和发展趋势，实施安全决策和安全管理行为。安全情报用户对可接受风险采取常态安全管理措施，即依据安全预测结果（安全决策情报）采取安全决策，并依据安全决策结果（安全执行情报）进行安全执行，以减少、消除或控制组织安全风险，维持并改善组织安全状态。安全情报用户对不可接受风险及事故采取应急管理措施，即依据安全预测结果（危机情报）进行安全预警和危机防控，对不可接受风险进行规避或强制消除。若危机防控失败或事故已发生（应急情报），则启动事故应急响应程序，进入事故应急处理阶段。

（五）人类智慧与机器计算（安全情报融合）的融合

一方面，人们已有的安全知识和智慧，是从安全信息中发现安全情报、生成新安全知识的必要条件。通过建立安全知识库，为安全信息向安全情报转化提供安全知识基础。安全知识库的建立，需要多位安全专家或学者的安全知识、安全管理人员丰富的安全经验以及从公开安全科学研究成果、组织内部安全研究报告等处获得的安全知识。另一方面，安全情报用户利用机器计算（安全情报融合）结果，即安全情报，对组织安全状态进行安全认知、安全预测和安全判断，是安全管理措施的决策者和安全管理行为的实施者。可以说，安全情报用户对安全情报的认知和使用，是体现安全情报功能价值的唯一途径。

三、大数据环境下的安全情报融合的核心分支体系

安全情报生成是安全情报融合的根本目的。安全情报采集融合体系、安全情报分析融合体系以及安全情报应用融合体系共同完成安全情报"生产"工作，构成了安全情报融合总体系的主体躯干，是安全情报融合总体系的核心分支。下面，分别对上述三个核心分支体系进行模型构建，并具体阐述其内容及功能。

（一）安全情报采集融合体系

安全情报采集融合体系是安全情报融合的安全数据输入端。该体系依据组织安全管理的安全情报需求，按照安全情报源数据采集计划，确定安全情报源并收集安全情报源数据。大数据环境下的安全情报源数据的采集范围和采集速度直接决定了安全情报融合结果的质量和效能。因此，安全情报采集融合体系是安全情报融合总体系的基础，对安全情报融合至关重要。构建大数据环境下的安全情报采集融合体系模型，见图4-11。

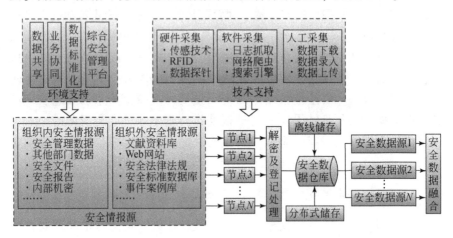

图 4-11　大数据环境下的安全情报采集融合体系模型

大数据环境下的安全情报采集融合体系的内容主要分为四方面：①依据安全情报源数据采集计划，确定安全情报源。安全情报源一般包括组织内安全情报源（如安全管理数据、安全文件、安全报告等）和组织外安全情报源（如文献资料库、Web网站、国家或行业的安全法律法规等）；②开展大数据环境下的组织内数据共享、业务协同等工作，创造良好的安全大数据资源环境，为安全情报源数据采集提供环境支持；③选择并掌握合适的数据采集技术，按照计划要求准确快速地完成原始安全数据采集工作；④对收集到的原始安全数据进行数据解密、校验和登记处理，经数据总线临时储存于安全数据库中，并按照安全数据来源使用 HDFS 进行在线储存或离线储存进行备份，获得初步分类的全样本原始安全数据，为后续安全情报内在融合的具体工作奠定基础。

（二）安全情报分析融合体系

安全情报分析融合体系是安全情报融合总体系的核心，是安全情报的"生产车间"。大数据环境下的安全情报分析融合，基于人们已有的安全知识和经验并结合大数据处理与分析技术，按照安全数据级融合、安全信息级融合、安全知识级融合、安全情报级融合的顺序，逐步实现多源安全数据向安全情报的转化。构建大数据环境下的安全情报分析融合体系模型，见图4-12。

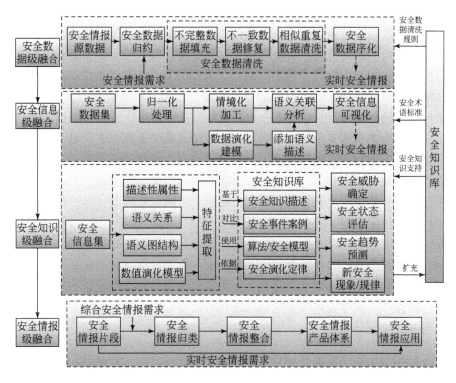

图4-12 大数据环境下的安全情报分析融合体系模型

大数据环境下的安全情报分析融合是一种多层次、多方位的处理过程，其主要内容及功能如下①提高安全数据质量，赋予安全数据价值。为此，须对多源安全数据进行数据归约，适当消除与安全情报需求无关或弱相关的数据类别，并基于安全数据清洗规则，完成安全数据清洗和序化。②赋予安全数据意义，实现实时安全信息服务。为此，先基于安全术语标准，对安全数据集的名称和已有描述进行归一化处理，而后通过情境化加工、语义添加和语义关联，完成安全数据向安全信息的转化并实现安全信息关联，最后通过可视化技术等，实现动态安全信息展示。③生成安全情报，发现新的安全知识。将各类安全信息的语义描述、数值演化模型等作为特征，融合安全知识实现安全威胁确定、安全状态评估及安全趋势预测（即获得安全情报片段），以及通过安全信息与安全知识间的关系推理发现新安全现象或安全规律，用以扩充安全知识库。④联合安全情报片段，生成安全情报成果体系。对安全情报片段进行归类、整合，以专题安全报告、安全态势分析等形式向安全情报应用输出安全情报产品，以满足综合安全情报需求。

在具体实施过程中，安全情报分析融合依据安全管理实践的内容及特点，有针对性地支持安全情报应用。主要体现在以下三方面。①安全情报分析融合依据安全管理实践的时效性，合理选择分析融合的程度。例如，在紧急的应急救援过程中，当前事件的发生地点、事件类别、受灾人数、救援物资储存地点及数量等安全数据可能只需要简单的安全数据清洗整合就能够成为重要的安全情报，满足安全救援人员的紧急需求。对于安全教育管理、安全制度管理等强调综合性和长期安全效益的安全管理实践，则需要充分利用安全知识，实现安全知识及安全情报层面的融合。②安全情报分析融合基于安全管理实践要求，确定分析融合目标及内容。例如，为支持安全风险管理，安全情报分析融合结果应当包括安全风险识别情报、安全风险度量情报以及安全风险评价情报等。③安全情报分析融合基于安全管理实践内容，确定安全知识融合对象。例如，可选择危化品危险源辨识标准、危化品的已知危险特性等作为安全知识，与生产企业的危化品类别、种类数、储存数量等安全信息进行对比和计算，实现生产企业危化品危险源辨识与分级。

（三）安全情报应用融合体系

安全情报应用融合是实现安全情报价值和效能的重要阶段。安全情报应用融合体系的主要职能是依据组织安全管理机构或组织其他成员的安全情报需求，将安全情报产品动态地提供给相应的安全情报用户。同时，该体系并不局限于安全情报产品体系（包括风险评价报告、专题安全报告、安全态势分析等的一系列综合性安全情报成果）的应用融合，还依据危机防控、应急处理、风险管理等高度重视信息时效性的安全实践的安全情报需求，高效、快速地提供实时的安全情报片段，将安全情报成果融合于安全实践全过程。构建大数据环境下的安全情报应用融合体系模型，见图4-13。

安全情报应用融合体系的内容具体包括：①安全情报产品体系与组织安全管理实践的融合，主要体现在安全情报产品在综合性、长期性的安全管理实践中的应用；②安全情报产品体系与组织其他机构工作的融合，即为组织其他机构提供安全情报，帮助其准确了解组织安全状态，以促进组织安全环境优化、提高安全管理效率；③安全情报片段与组织安全管理实

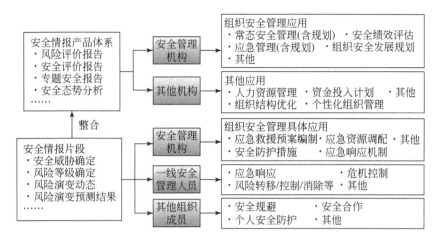

图 4-13　大数据环境下的安全情报应用融合体系模型

践的融合，通常是利用与危险源、隐患、风险具有强相关的实时性安全情报片段，帮助组织安全管理机构对危机进行快速响应并采取防控措施；④实时性安全情报片段用于提高一线安全管理人员工作效率，帮助其快速识别安全威胁、了解风险发展趋势，及时地采取安全措施；⑤实时性安全情报片段用于提高其他组织成员的安全意识，帮助其了解组织风险和安全威胁，帮助其积极地进行安全规避和个人安全防护并配合安全管理工作。

四、本节结语

　　安全情报分析是安全数据价值得以实现的最重要环节，而安全情报融合是萃取安全数据价值的重要手段。本节面向组织安全管理，首先，在明确安全情报融合基本内涵的基础上，分析大数据时代的安全情报融合的意义及特点。其次，结合大数据环境下的安全数据资源现状和组织安全管理情报需求，构建大数据环境下的安全情报融合总体系。最后，构建与解析大数据环境下安全情报融合的核心分支体系。通过本节学习发现，安全情报融合是从多方面、多层次提升安全数据价值密度和挖掘安全数据价值的安全情报分析手段，大数据环境下的安全情报融合体系可归纳为五类"融合"，即安全情报需求与安全情报系统的融合、安全情报分析与大数据技术的融合、安全情报分析融合、安全情报应用融合以及人机融合。需要说明的是，本节旨在从理论层面实现组织安全管理中的安全情报融合，并构建其总体功能模型，以期为进行组织安全管理中的安全情报融合提供理论指导。因此，该研究还须进一步细化，须结合各类组织安全管理实践的模式及特点，从应用层面探讨各类组织安全管理实践中安全情报融合的具体应用。此外，如何应用某类信息融合方法实现组织安全管理中安全情报融合、如何将大数据分析技术与安全情报融合进行具体结合也是值得考虑和研究的问题。

第四节　安全情报素养基本理论

王秉和吴超（2018e）首次提出安全信息素养概念，阐述了大数据时代安全信息素养在安全管理中的重要作用。秦殿启和张玉玮（2015）认为，情报素养是建立在信息素养基础上的更为关键的高层次素养。基于此，本节提出安全情报素养概念，认为安全情报素养是安全科学与情报科学领域交叉结合下的一个颇具价值的研究方向。安全情报素养是安全情报理论的核心要素，同时也是安全工作人员从事安全情报工作的职业要求，是传统安全信息素养的延伸及拓展，是对安全情报的驾驭素质与伦理道德修养，以及有效开展安全情报视域下的安全管理工作的能力和素养。

故本节主要从理论层面出发，首次提出安全情报素养这一新概念，厘清安全情报素养理论的相关基本问题，以期完善安全情报理论的同时，可以开辟安全情报素养这一新的研究方向，进一步丰富情报素养的研究内容，促进情报素养研究的跨学科发展，并为安全情报素养研究与安全情报素养教育奠定扎实的理论基础。

一、安全情报素养概述

（一）安全情报素养的含义

情报素养这一概念在安全科学这一特定领域的衍生与实践应用即为安全情报素养。显然，就安全情报素养的理论渊源而言，它既是安全素养（王秉和吴超，2018e）与情报素养的组合体，也是建立在安全信息素养（王秉和吴超，2018e）概念上的高层次素养（图4-14）。秦殿启和张玉玮（2015）在信息素养的基础上，提出情报素养是情报人员积极适应情报活动职业需要和情境变化（如大数据环境）需要具备的有关情报及其获取和利用方面的知识、能力和文化修养，认为其是建立在信息素养基础上，更为关键的高层次素养。王秉和吴超（2018e）在依次给出安全素养及信息素养（秦殿启，2012；秦殿启和张玉玮，2017；Burnhein，1992）的定义后对安全信息素养进行定义：安全信息素养是指安全信息用户认识到安全信息需求，并获取、评价和利用所需安全信息以做出合理安全行为的一系列能力。

基于以上学者对安全信息素养及情报素养的定义，可以给出安全情报素养定义为：安全工作人员即安全情报用户积极适应安全活动（如安全管理中的安全预测、安全决策及安全执行等）和情境变化（如数据驳杂庞大的大数据环境）具备的有关安全情报及其获取和利用方面的知识、能力和文化修养。以上名词间逻辑关系见图4-14。由于安全的定义与外延在安全学界广泛关注安全一体化研究的背景下已经得到了拓展，安全情报素养指的正是所有具体行业或领域（如生产、工程、国家、社会、资源与文化等）中的安全情报用户对针对安全问题的情报进行搜集、分析及利用的素养。

图 4-14　安全情报素养定义逻辑图

（二）安全情报素养与安全信息素养的区别

理解安全情报素养定义与内涵须注意其与安全信息素养间的区别。首先，要理解安全情报与安全信息的区别。日本学者白岩谦一认为情报应是"从符合一定目的，经过了彻底的评价、甄别、选择的资料或数据中，慎重地加工而成的具有意义的表述"（廖其浩，1992），所以安全情报是进一步过滤、筛选、加工甚至利用的安全信息，其本质仍是一种信息（化柏林和郑彦宁，2012；张家年和马费成，2018），安全信息包含了安全情报，但不意味着所有的安全信息都是安全情报，"信息链"较为清晰地刻画了情报的来源和演化路径：事实→数据→信息→知识→情报（智能）（张家年和马费成，2018），两者最大的不同在于安全情报目的性、服务性更强且更加明确，其是高度凝练后的安全信息，具有"智能"特征。由前文可知，安全情报是指影响了安全管理的信息。该定义体现了安全情报的属概念是安全信息且其本质、价值效用是影响安全管理，同时顺应了安全这一概念日趋广义化的趋势。

在理解安全情报与安全信息区别的基础上，可以得知安全情报素养指的正是这种从安全信息中提炼出安全情报、服务于安全管理的能力，鉴于此，安全情报素养显然既依赖安全信息素养又高于安全信息素养，是更高层次安全信息素养的体现，如图 4-14 所示，安全信息素养包含了安全情报素养部分，但是安全情报素养代表了更高要求。

在不同领域，相同名词也具有特定情境下的不同含义。安全情报素养与商业领域、图书文献领域以及其他行业领域的"情报素养"或"信息素养"的区别在于，因为安全科学时空领域十分宽广，所以"安全情报素养"中的"安全"是普遍的，是贯通于各种安全领域的，换言之其涵盖了商业领域等其他行业中涉及安全问题的范围；而其中的"情报"则是特殊的，即仅仅是针对安全的情报，而不包括针对发展等问题方面的情报。非传统安全问题几乎涉及社会的方方面面，可以说其就是指安全人员加工处理各类安全信息资源、高度凝练提取安全情报，以服务各类安全活动、切实解决安全问题的能力与职业素养。

二、安全情报素养基本构成要素及体系构建

（一）安全情报素养的基本构成要素

基于情报素养构成要素（秦殿启和张玉玮，2015；谭博，2017）及安全信息素养的基本构成要素，可以认为安全工作人员的安全情报素养具有以下六方面的基本要素。

1. 具备一定的安全情报理论

理论指导实践，即理论是实践活动的基础。安全情报理论知识主要包括：①了解安全情报、安全信息等概念的内涵和基本理论，以及一定安全科学基础理论等方面的素养；②掌握相关安全情报的内容与结构，包括其内核的真实有效，以及价值作用大小及影响程度、载体或形式的适合及恰当等。

2. 具备一定的安全情报意识

安全情报意识是安全情报素养至关重要的要素之一，指对各类安全情报所保持的注意力、敏锐的觉察力、深邃的洞察力及内在的情报安全意识、需求意识等，如对安全形势与态势的良好感知有助于更有目的地搜集安全情报。安全情报意识对安全活动如安全管理的进行具有制胜意义，如对敏感突发事件和安全热点问题的关注和追踪等，会直接影响组

织安全战略决策和安全目标的实现，其伴随着安全情报活动的各个阶段，安全情报意识作为安全情报素养的要素，旨在发挥安全从业人员的主观能动性，尤其在安全信息化管理的当下，安全情报意识具有先知先觉的预警作用。

3. 具备一定的安全情报获取能力

安全情报获取能力主要指：①安全情报资源（来源），涉及各种类型、各个领域、各行各业的安全信息资源，如安全大数据、即时安全信息等；②可较熟练地运用情报技术，如安全情报获取工具特点、适用性及其使用；③具备一定安全情报检索技能，可择最佳研究方法、检索系统以利于获取所需安全情报；④具备安全情报搜集能力，明晰获取安全情报的途径，了解安全情报源（如安全情报网络）的特点等。

4. 具备一定的安全情报分析能力

安全情报分析能力主要包括：①对安全情报的归纳能力，即对不同来源、不同内容的各类安全情报进行分类、整理和归纳；②对安全情报的整合能力，掌握基本的信息技术如数据格式转换、数据挖掘等，能够对获得的安全情报进行筛选、分析和总结；③对安全情报的转化能力，能够高效吸收所获得的安全情报并进行适当转化。

5. 具备一定的安全情报利用能力

安全情报利用能力是指安全工作人员（安全情报用户）以实现为安全活动服务的目的，运用所获取和经分析后的安全情报来解决所面临的安全问题的行为活动，包括安全情报自用户利用安全情报解决问题的能力，以及对安全情报的共享能力，即进行安全情报传递帮助安全情报其他用户解决安全行为问题。显然，安全情报利用能力是安全情报实现终极价值的最后一个关键能力，也是安全情报素养的作用的最终体现。故安全情报理论、安全情报意识、安全情报获取能力、安全情报分析能力都是安全情报利用能力的基础与保证。

6. 具备一定的安全情报伦理

安全情报伦理是文化层面上安全情报素养应具备的要素。安全文化的传播及其熏陶而成的氛围构建了安全伦理道德环境，而一直以来发展的情报文化更是促进了情报伦理的发展，该要素融合了安全伦理道德（刘星，2007）与情报伦理道德（秦殿启和张玉玮，2015），指上述各个安全情报构成要素的前提是遵循安全、情报伦理道德，如安全政策、法律法规及情报政策、法律法规。其主要包括：①保证安全情报活动全过程的合理合法性；②明确安全情报的传播及其对象是否会带来不良影响；③具有安全情报的安全隐私意识，确保各自的安全情报空间、载体和资源不会遭到各类威胁、侵害和误导以及其传递过程中的私密性和安全性。

（二）安全情报素养体系理论模型

在明晰安全情报素养的六大基本构成要素后，可建立安全情报素养体系理论模型，如图4-15所示，主要分为四个层面：意识层面、文化层面、知识层面与技能层面。其中，意识层面包括安全情报意识等，其应贯穿安全情报活动的各个阶段；文化层面包括安全情报伦理等，其是安全伦理道德与情报伦理道德的融合，是受文化熏陶传播形成的独有价值取舍、判断体系；知识层面包括安全情报理论知识、情报科学理论知识和安全科学理论知识；技能层面包括安全情报获取能力、安全情报分析能力及安全情报利用能力。每类要素下均含各自若干子要素，如前文所述及图4-16所示，本节只列举部分子要素，更详细具体的子要素需要今后安全科学研究者及情报科学者共同努力进行更为具体深入的探讨。

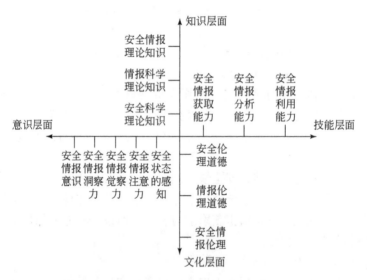

图4-15　安全情报素养体系理论模型

1）安全情报理论是安全情报素养体系中最为基础的要素，在有了理论储备、熏陶的基础上，安全情报意识逐渐形成，进而才有所谓的安全情报获取一说，故安全情报意识、安全情报获取能力是建立在安全情报理论基础上的。因情报是从符合一定目的，经过了彻底的评价、甄别、选择的资料或数据中，慎重地加工而成的具有意义的表述，为了对

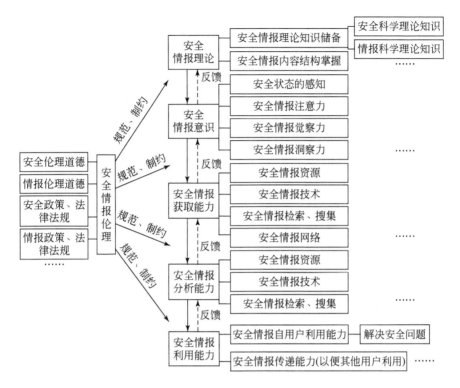

图 4-16　安全情报素养体系要素模型图

所获取的安全情报进行甄别、筛选，安全情报分析能力必不可少，况且巧妇难为无米之炊，故而安全情报获取能力是安全情报分析能力的前提，后者也是安全情报素养体系中的关键要素。经高度分析后的安全情报如若不加以利用，便失去了其作为情报的意义，无法服务于安全管理。安全情报与安全信息最大的不同在于其目的性、服务性更强且更加明确，安全情报利用能力便是安全情报意义得以实现的至关重要的安全情报素养要素。

2）安全情报利用能力可将安全情报的利用效果反馈至上一步骤即安全情报分析，故其能对安全情报分析能力进行提高改善。以此类推，层层反馈至上一级，于是在安全情报理论、安全情报意识、安全情报获取能力、安全情报分析能力、安全情报利用能力五要素间的双向箭头表示其层层递进、彼此促进的关系，五要素共同构成安全情报素养体系的关键部分。

3）在五要素彼此促进、持续改善过程中，安全情报伦理对该过程起到制约、规范作用。彼此促进以提升整体安全情报素养的同时要切记遵守安全情报伦理，只有六类基本要素之间共同作用，才能构成高质量安全情报素养体系。

三、安全情报素养教育

显然，提升与培养安全情报素养的最直接手段应是开展安全情报素养教育。在此，简要阐述开展安全情报素养教育的必要性与基本策略。

（一）安全情报素养教育的必要性

1）安全情报是安全情报用户对外部环境变化的感知和响应，是其制定发展战略和安全对策的基础和先导（张晓军，2017）。安全战略研究的关键在于收集、分析和利用安全情报，从而形成安全战略思想和目标，对该过程造成消极影响的直接原因是人们安全情报素养的缺失。传统与非传统安全问题突出的当下，国土安全、公共安全、生产安全、应急管理、反恐斗争等对安全情报工作的保障、支持和服务（张家年和马费成，2018）具有迫切需求，因此安全情报素养应是人们在各类安全活动中的必备素质。

2）安全情报素养教育的开展势在必行。随着科技的发展，特别是云计算、大数据、物联网、移动互联、人工智能等技术在为社会生态结构的各个方面带来深刻的变革与影响，使安全情报工作便捷化的同时，也给原有的安全情报工作方式、流程、系统、机制等带来了巨大冲击，这就意味着安全情报用户应具备的安全情报素养相应有了更高的标准，为了顺应这样的时代潮流，安全情报素养教育必不可少、势在必行。

3）传统安全教育所存在的缺失可由安全情报素养教育进行补构。王秉和吴超（2018e）提出安全信息素养教育可凸显安全教育的本质，作为建立在安全信息素养基础上更高层次的安全情报素养，其相应的安全情报素养教育，可进一步弥补传统安全教育所存在的不足与缺失。安全情报本身并不解决安全问题，其是提供解决安全问题的"知识"（王秉和吴超，2018e），安全情报素养体现的正是运用这种"知识"解决安全问题的能力，相比传统安全教育更加注重"授人以鱼"来说，安全情报素养教育从某种程度上来说便是"授人以渔"，是传统安全教育的一种升华。

（二）安全情报素养教育的基本策略

综上所述，安全情报素养教育主要应从以下五条宏观层面的策略着手开展。

1. 正式将安全情报素养教育纳入安全教育范畴

安全情报素养是安全专业人才教育的重要内容。因此，应将安全信息素养教育纳入安全专业人才培养教育内容。针对不同层次的教育对象，须制定具有层次化与差异化的安全情报素养教育机制，因地制宜且有针对性地开展安全情报素养教育。例如，可参照谭博（2017）先行对教育目标群体进行安全情报素养评价，根据结果进行分级分班教育，从基础至专业层层递进。

2. 加强安全情报素养方面的相关研究

显然，安全情报素养的研究成果可为安全情报素养教育所用，提供理论依据与指导。尽管近年来安全科学已得到快速发展，但安全科学研究者和实践者对安全信息链的高端环节之"安全情报"的关注与重视仍非常不足，而情报科学界近年来高度重视安全情报研究，视其为情报科学研究的热点问题，却因专业局限没能从安全科学理论角度出发，融合两大学科领域特色。《情报杂志》已专门开设"信息与安全"栏目，也时常录用刊登安全科学研究者所作与图情领域结合的交叉科学论文，可见两大学科领域的壁垒已被打破，其在近期主办的会议中也有邀请安全科学学者参与、投稿，可见两大学科领域的交流日渐加强。故安全科学学者与情报科学学者可加强交流与联系，系统全面地发展安全情报与安全情报素养理论，使安全情报素养教育凸显安全教育本质的同时，融合情报科学特色与优势。

3. 呼吁政策支持

总体国家安全观的提出与应急管理部的成立，对新时代的安全情报工作有了更高的要求，因为从前"情报"一词多用于间谍、反恐等涉及国家安全的传统安全领域，但情报服务于管理，应急管理部对非传统安全领域的情报需求远甚从前，两类不能割裂看待才符合总体国家安全观。情报法的出台已然为安全情报的发展提供了"沃土"，为了安全情报素养教育的顺利进行，政府安全部门应着手制定其详细的促进政策，上行才会下效，各相关组织机构才会积极响应落实安全情报素养教育。同时，政府非安全监管部门也应配合制定相关的促进政策，从而共同促进安全信息素养教育活动的有效实施与开展。

4. 依托相关平台推进安全情报素养教育

一些机构、平台在安全情报资源采集、组织与服务方面具有传统的优势，如目前很多机构正在进行安全大数据研究的探索与实践，相比一般高校安全研究人员，其在安全情报的资源采集、组织与服务方面更有优势，首先可与这样类似的机构进行交流，宣传安全情报素养教育理念，由其认同后共同制定推行措施，发挥安全情报管理的职能，为安全情报素养教育服务。在国家数据等网站平台上，建立安全数据、信息、情报专门板块，使情报更为透明公开、可视化，为安全情报用户提供数据存储、管理与共享系统，建立用户之间交流互动的平台，依托该平台开展安全情报素养教育，同时在培训中介绍这类平台、机构的情报、数据管理系统，以及宣传情报服务项目等。

5. 开展安全情报素养宣教

中国在安全情报方面的宣教还未正式起步，但国外的《国土安全》《反恐24小时》《疑犯追踪》等影视作品对其民众在安全情报素养方面的宣教起到了一定的正面作用。中国谍战类的影视剧也有较多作品，但时代背景还停留在信息技术不发达时期，随着时代的发展变化，中国也可拍摄相关符合当下时代背景的影视作品，进行安全情报素养的宣教。

四、本节结语

首先，基于安全信息素养与情报素养的定义对安全情报素养这一概念进行定义，并明晰其与安全信息素养的区别。其次，在此基础上，阐述安全信息素养的基本构成要素，并基于此构建安全情报素养体系理论模型并阐述其内涵。最后，提出促进安全情报素养的直接手段为开展安全情报素养教育，并阐述了其必要性与四大基本策略。通过本节学习发现，安全情报素养作为安全行为干预及安全素养促进的关键点，应是图情科学与安全科学交叉领域的一个重要概念。安全情报素养的六大基本构成要素是安全情报理论、安全情报意识、安全情报获取能力、安全情报分析能力、安全情报利用能力及安全情报伦理，只有上述六大基本要素之间共同作用，才能构成高质量安全情报素养体系。安全情报素养概念的提出及其相关问题研究可为未来安全情报素养研究与实践奠定坚实的理论基础。本节仅为安全情报素养在理论层面上的浅析，今后尚需以本节所明确的安全情报素养的基本问题及相关研究切入点为基础，开展后续关于安全情报素养的大量研究，如安全情报素养科学评价指标、体系等的确定。

第五节　安全情报系统框架

就实践层面而言，与其他领域（如竞争情报等）的情报实践一样，安全情报系统（SIS）是开展安全情报工作的组织保障和实体基础，建立相对完善的 SIS 对组织安全管理至关重要。但令人遗憾的是，由于安全情报是近年来情报科学与安全科学进行交叉融合形成的一个新领域，安全情报研究尚处于探索阶段，SIS 概念也处于酝酿与初步探索阶段，学界尚未明确 SIS 的基本定义与框架，樊博和李锦红（2011）专门针对安全管理的一个具体环节，即"非常态安全管理（应急管理）"开展过应急情报系统规划方法方面的研究，导致 SIS 方面的研究与实践工作缺乏最基本的理论基础。

鉴于此，本节主要从理论层面出发，面向安全管理，结合安全管理工作中的情报工作实际，在分析 SIS 的内涵的基础上，提出 SIS 的定义及 SIS 的一个理论框架，以期为 SIS 方面的研究与实践工作提供一定的理论指导与参考。

一、安全情报系统的内涵及定义

SIS 是在安全管理，特别是安全管理信息化实践中出现的新概念。由于 SIS 概念仍处于酝酿与初步探索阶段，目前学界尚未给出 SIS 的专门定义。鉴于此，本节通过分析安全情报系统的重要内涵，尝试给出一个 SIS 的定义。从概念的所属关系看，SIS 是情报系统的下位概念，是情报系统概念引入并应用于安全科学（特别是安全管理）这一具体学科领域的概念产物。也就是说，SIS 是同时具备情报系统的一般特点与功能，以及安全管理（特别是安全管理中的情报工作）自身特色的一种新型的情报系统，也是一个安全管理系统。基于此认识，根据情报系统的一般特点与功能（赵蓉英，2017）及安全管理的自身特点（王秉和吴超，2018b），可提炼出 SIS 以下六方面的关键内涵。

（一）SIS 是一个情报系统

根据情报系统的具体应用领域的不同，可将情报系统划分为多种类型（如竞争情报系统与科技情报系统等）。显然，SIS 就是情报系统应用于安全管理领域产生的一种情报系统的具体类型。因此，从情报系统角度看，SIS 的本质仍是一个情报系统，只不过是一个专门针对安全情报收集、分析与使用的情报系统而已。由此可见，SIS 的设计、开发与使用必然离不开情报系统方面的理论与方法的支持。

（二）SIS 是一个安全管理系统

安全情报研究旨在支撑和服务于安全管理，而安全情报系统作为安全情报研究的核心内容之一，其目的也是如此。由此观之，从安全管理角度看，SIS 是一个安全管理子系统。从安全管理的内容、过程与行为角度看，SIS 可充当四个重要的安全管理子系统：①SIS 是一个安全预测（预警）支持系统（SIS 有助于做出超前、正确、科学而精准的安全预测，做到防患未然）；②SIS 是一个安全决策支持系统（SIS 有助于快速做出科学、可靠、有效且经济的安全决策）；③SIS 是一个安全执行支持系统（SIS 有助于及时、有效而到位地实施安全决策方案）；④SIS 是一个安全学习系统（SIS 既能帮助安全管理者不断接触新的安全思想及先进的安全管理方法，也能使安全管理者学习安全管理经验、教训等）。显然，安全管理理论与方法应是设计、开发与使用 SIS 的重要理论支撑之一。

（三）SIS 是一个安全信息系统

安全情报是安全信息链的高层级节点，其本质仍是安全信息。由此可见，SIS 是一个对组织内外的安全信息资源进行开发与利用的信息系统。细言之，SIS 是一个通过将反映组织的安全状态及其变化的安全数据、安全信息与安全情报进行收集、存储、处理与分析，从而使之形成对安全管理有价值的安全情报，并以一定的手段和形式将安全情报发布（供给）给安全管理机构（人员）的安全信息系统。

（四）SIS 是一个人机交互系统

首先，SIS 是一个由人（主要指各级安全情报工作人员与安全管理人员）与机（主要指计算机、通信网络、基础设施、硬件、软件、数据与安全防护设备等）共同组成的进行安全情报信息收集、传递、储存、加工、维护与利用的系统。其次，SIS 的目的在于辅助和服务于安全管理工作，而安全管理工作只能由人开展，即人是 SIS 的使用者。要使用好 SIS，必须要做到有效的人机交互。因此，在 SIS 开发过程中，必须要正确界定人与机在 SIS 中的地位与作用，充分发挥人与机各自的优势，从而使 SIS 得到整体优化。综上可知，SIS 必然是一个人机交互系统，其应以机为实体与手段，以人的智力劳动为主导。

（五）SIS 是一个开放复杂系统

首先，SIS 是一个开放系统，这是因为，SIS 输入的是安全信息原料，输出的是安全情报产品，时刻与外界进行着物质、能量、信息等的交换活动，并从外部环境吸收新的技术与资源。其次，SIS 的构成要素（如各种"人"与"机"等）复杂、SIS 要素间存在多种非线性关系并相互作用、安全情报源多而杂、安全情报流程复杂及安全管理工作本身具有的复杂性，造成各种复杂性集聚、交织和叠加在一起，从而导致 SIS 的运行机制极其复杂。因此，SIS 是一个开放复杂系统。

（六）SIS 是一个趋于实现智慧（智能）安全管理的辅助支持系统

从情报角度看，安全管理应是一个"安全信息链"的升级与层递过程。一般认为，信息链由"事实→数据→信息→知识→情报→智慧"六个关键要素构成（其实，就安全信息链的要素而言，也有安全学者对其做过类似于信息链的要素的描述），其上游面向物理属性，而下游面向认知属性。由信息（安全信息）链原理可知，SIS 是一个趋于实现智慧（智能）安全管理的辅助支持系统。

综上可知，SIS 并非情报系统与安全管理系统的简单组合，而是从组织安全管理角度出发，通过充分开发与有效利用安全信息资源来提升组织安全管理能力的情报系统，是组织安全管理系统与情报系统进行整体配合与有机协调的一种新型的安全管理系统与情报系统。在上述分析的基础上，基于情报系统的定义，立足于安全管理工作（特别是安全情报工作）本身，这里给出 SIS 的具体定义：SIS 是组织以增强自身安全管理能力为直接目的，以实现智能安全管理为延伸目标，以人的智力劳动为主导，以信息网络（包括信息网络设施设备）为手段，通过将反映组织的安全状态及其变化的安全信息加以收集、整理、存储、处理、分析与研究，并以恰当的形式与手段将分析研究结果（即安全情报）发布给安全管理者用以支持安全管理工作的情报系统。

二、安全情报系统的总体模型

理论而言，明晰 SIS 的基本框架是建立 SIS 的基础。由 SIS 的定义及内涵可知，SIS 主要是围绕下述要求和目标建立的：在某一组织中，在组织安全情报机构与组织安全管理机构的共同组织下，面向安全管理行为实施系统（具体包括安全预测子系统、安全决策子系统与安全执行子系统），在实现手段上以信息网络为主并辅用组织网络与人际网络，在系统要素上以安全情报流程实施系统为主体，在功能层次上以安全情报收集子系统、安全情报分析子系统及安全情报服务子系统为核心。因此，SIS 的总体基本框架可归纳为"一个组织、一个情报源、两个机构、两大系统及三大网络"，其具体模型见图 4-17。下面，针对 SIS 的总体框架的基本组成部分加以阐述。具体分析如下：

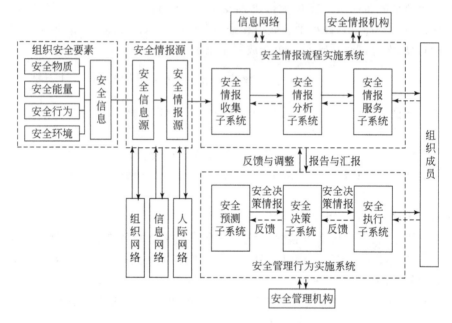

图 4-17　SIS 的总体模型

（一）一个组织

实践而言，为保证 SIS 的有效性与适用性，SIS 往往是针对某一组织的安全管理需求（包括安全情报需求），并结合其安全管理工作（包括安全情报工作）实际及其所处环境而设计和开发的。换言之，理论上讲，不同组织的 SIS 均存在一定的差异性。因此，SIS 应基于某一组织的本身特点进行设计与开发。

（二）一个情报源

一个情报源是指安全情报源，其旨在为 SIS 供给"原料"（即安全情报信息）。安全情报是被"激活"了的安全信息，其本质仍是安全信息。由此观之，安全情报源实质上是安全信息源。此外，王秉和吴超（2018b）指出，安全信息具有整合功能，可将某一组织内的安全要素（主要包括安全物质、安全能量、安全信息、安全行为与安全环境）统一整合为用安全信息进行表征（图4-17），故可用安全信息表征组织整体的安全状态及其变化。

（三）两个机构

SIS 的建立与运行必须涉及组织中的两个机构，即安全情报机构与安全管理机构。其中。安全情报机构是 SIS 的设计者、开发者与维护者，其主要负责安全情报流程实施系统的运行，而安全管理机构是 SIS 的使用者和建议反馈者，其主要负责安全管理行为实施系统的运行。总之，SIS 的建立与运行必然离不开安全情报机构与安全管理机构，它们共同负责 SIS 的建立与运行（如工作制度、工作计划等的制定、监督和管理），共同参与整个 SIS 业务的核心层。换言之，唯有在两个机构的有机协调与配合下，才能建立一个好的 SIS，才能保证 SIS 有效运行。

（四）两大系统

SIS 的建立与运行是面向安全管理的，故其关键在于安全情报流程实施系统与安全管理行为实施系统的有效交互作用，这是 SIS 的核心。对于安全管理行为实施系统，其类似于一般的安全管理系统，限于篇幅，不再解释。这里仅进一步解释安全情报流程实施系统。安全情报流程实施系统包括安全情报收集子系统、安全情报分析子系统及安全情报服务子系统，现参考王秉和吴超（2019a）、赵蓉英（2017）的研究对它们的功能依次进行扼要说明。①安全情报收集子系统，它根据确立的安全情报需求，搜集、整理各种相关安全信息，并对所搜集的安全信息进行预筛选，同时做好文件、记录等资料的保管及定期归档等前期的安全情报工作；②安全情报分析子系统，它运用恰当的分析方法与手段，深入分析安全情报收集子系统所收集的安全信息，生产所需的安全情报产品；③安全情报服务子系统，它以各种适当的方式和手段对安全情报产品进行修整包装，及时地将安全情报产品传送至安全情报用户（即安全管理机构），并为安全管理机构与其他组织成员提供快捷友好的安全情报浏览与查询等服务。

（五）三大网络

安全情报工作需要三大网络（即信息网络、组织网络与人际网络）

为其提供一定的手段与平台支撑（赵蓉英，2017）。①信息网络，它建立在组织信息系统（包括安全信息系统）的基础上之上，以内联网为平台，具体包括安全情报收集、安全情报分析及安全情报服务三个模块；②组织网络，它是 SIS 的组织保障和基础，安全信息网络需要组织网络结构与组织成员来实现，在组织网络中应有一个专门从事安全情报工作的核心机构，即安全情报机构；③人际网络，完善的人际网络（其主要来源于组织内部与外部，如组织成员、政府安监部门及安全领域的专家、行业协会、咨询机构、专业会议、展览会、文献数据库等）既是收集与分析安全情报所需的，也是最佳的提升安全情报服务的手段和途径。

此外，根据图 4-17，还可总结出 SIS 的五大特征：①安全情报工作与安全管理工作相结合；②信息网络、组织网络与人际网络相结合；③人工与机器相结合；④安全情报平台与组织信息化平台（特别是安全信息化平台）相结合；⑤安全情报保障与安全智力支持相结合。

三、安全情报流程实施系统的子系统模型

安全情报流程实施系统是 SIS 的主体和"心脏"，也是 SIS 有别于其他情报系统的关键之一。下面，分别对安全情报流程实施系统的三个子系统，即安全情报收集子系统、安全情报分析子系统及安全情报服务子系统的基本结构与职能进行进一步阐释。

（一）安全情报收集子系统

安全情报收集子系统是 SIS 的重要组成部分，是 SIS 的输入系统，是安全情报工作的基础。因此，其工作质量与速度，决定着 SIS 的效能与效益。一般情况下，安全情报收集子系统根据 SIS 规定的主要任务与确定的安全情报需求开展安全情报收集工作。安全情报收集子系统的基本框架见图 4-18。

概括而言，安全情报收集子系统主要有六项职能，依次为：①掌握通过各种媒介获取安全信息的方式与手段；②根据组织内部安全情报需求，确定安全情报收集计划，并按规定及时准确地完成安全信息采集任务；③负责安全物质、安全能量、安全行为、组织安全状态及其动态、安全环境、组织安全管理等的跟踪并及时反馈安全信息；④关注国家和地方政府的有关安全政策、法律、法规与标准，并及时了解国际安全研究实践进展；⑤做好与相关咨询部门、信息部门与情报部门等的联络工作；⑥组织监管安全调研检查工作。

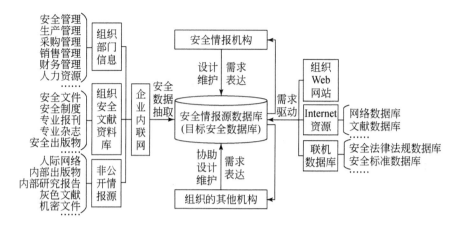

图 4-18　安全情报收集子系统模型

（二）安全情报分析子系统

安全情报分析子系统是 SIS 的核心，是安全情报的"制造车间"。安全情报分析子系统以人的智力劳动为主导，通过"黑箱"操作，实现安全信息的集成、重组与智化。安全情报分析人员运用恰当的分析方法与技术、采用人工分析与机器分析相结合的手段，将安全情报收集子系统收集的安全信息有序化、系统化与层次化，将安全信息转化为安全情报，"生产"出真正对安全管理有用的安全情报。安全情报分析子系统的基本框架见图 4-19。

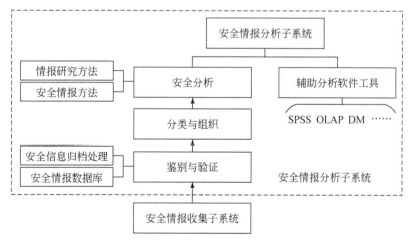

图 4-19　安全情报分析子系统模型

安全情报分析子系统主要具有六项职能，依次为：①根据组织安全管理规划制定安全情报研究规划；②负责安全信息的鉴别与筛选，并按规定对安全信息进行归档与保存；③根据组织内部安全情报需求的特点，综合考虑时间、成本、复杂程度与紧急程度等因素，确定最佳的安全情报分析方案，并按规定及时准确地完成安全情报分析任务；④为组织安全管理提供安全态势分析、安全调查检查报告与安全环境分析等专题报告；⑤为组织提供安全预测（预警）、安全决策与安全执行服务；⑥为组织安全管理提升寻找新的机会和证据等。

（三）安全情报服务子系统

安全情报服务子系统是 SIS 的输出系统，其主要功能是根据组织安全管理机构与有关组织成员的安全情报需求，动态地提供安全情报产品与安全情报服务。换言之，安全情报服务子系统旨在提供一个安全情报成果体系（其主要包括专题安全报告、安全风险分析、安全环境分析、每日/每周/每月安全情报简报、组织内部安全状况与安全数据库等）。为提升安全情报的时效性，安全情报服务子系统应当突出其高效、快捷的服务特点，企业内联网平台有利于提升安全情报服务的效率。安全情报服务子系统的基本框架见图 4-20。

图 4-20 安全情报分析子系统模型

安全情报服务子系统主要具有四项职能，依次为：①主要向组织安全管理机构及其相关部门提供它们所需的安全情报，同时面向组织内部各类安全情报用户提供安全情报信息；②通过书面报告、电子文本、交谈、安全会议、安全培训等多种形式和手段及时传递安全情报；③及时将安全情报服务的反馈信息传递至安全情报收集、分析子系统，并及时进行补充性安全情报收集与分析工作，最大限度地满足组织内部的安全情报用户的安全情报需求；④组织组织成员进行使用安全情报服务方面的学习与培训等。

四、本节结语

安全情报系统是开展安全情报工作的组织保障和实体基础。本节主要从理论层面出发，面向安全管理，结合安全管理工作中的情报工作实际，在分析安全情报系统的内涵的基础上，提出安全情报系统的定义及安全情报系统的一个理论框架。首先，根据情报系统的一般特点与功能及安全管理的自身特点，分析安全情报系统的内涵，并提出安全情报系统的定义。其次，根据安全情报的定义与内涵，构建与解析理论层面的安全情报系统的总体模型。最后，构建与解析理论层面的安全情报流程实施系统的子系统模型。通过本节学习发现，安全情报系统是安全管理系统与情报系统进行整体配合与有机协调的一种新型的安全管理系统与情报系统，其基本框架可归纳为"一个组织、一个情报源、两个机构、两大系统及三大网络"。本节研究既可为安全情报系统方面的研究与实践工作提供一定的理论指导与参考，也可为安全情报系统方面的研究与实践工作绘制一幅"整体蓝图"。

第六节　安全情报智能分析模型

随着移动互联网和信息技术的飞速发展，各类数据实时更新、总量庞大，面对海量多源异构数据，人工智能凭借着其强大的信息数据分析优势，可极大提升数据收集、分析及生产新数据的能力，从而改变情报分析范式（唐晓波等，2019；席彩云等，2018）。因此，在人工智能时代，将人工智能渗透至安全情报学领域，利用人工智能分析思维与技术方法进行安全数据管理与深度挖掘，从而开发新的安全情报分析模式至关重要。换言之，基于人工智能实现智能安全情报分析是新时代安全情报分析的重要目标。

目前，安全情报分析研究主要集中在分析方法（方法论）方面，缺少人工智能技术在安全情报分析中的应用讨论。简言之，学界还尚未专门开展智能安全情报分析方面的研究。但是，学界已开展一些智能情报分析研究，这对开展智能安全情报分析具有一定借鉴意义。当前，智能情报分析研究主要有两大类。一类是理论探讨。例如，席彩云等（2018）、吴晨生等（2015），以及甘翼等（2018）分析人工智能在情报工作领域的应用优势；化柏林和李广建（2017）、冯秋燕和朱学芳（2019），以及丁晓蔚和苏新宁（2019）提出智能情报分析系统的框架，并建立新型情报分析工作体系。另一类是人工智能在情报分析中的应用研究。例如，丁晓蔚和苏新宁（2019）阐述基于可信人工智能的新型金融情报分析架构；曾庆华和陈成鑫（2018）构建"人机结合、以人为主"的反恐情报分析系统；唐晓波等（2019）利用人工智能技术智能化地获取情报，构建企业竞争情报智能分析模型；曾文等（2018a）基于数据工程视角，开展超越文献的智能情报分析研究。

鉴于此，本节分析人工智能在安全情报分析中的作用，明确智能安全情报分析的基本模式，并结合人工智能技术与安全情报分析方法及流程，构建智能安全情报分析总体模型和各子系统模型，以期为智能安全情报分析相关研究和实践工作提供理论依据和方法指导。

一、人工智能在安全情报分析中的作用

根据"人工智能"的英文翻译"Artificial Intelligence"，它是指用人工方法实现人的智能。因此，"人工智能"也被称为"机器智能"（何志明，2018）。从学科角度看，所谓人工智能，是指研究和开发用于模拟、延伸、扩展人类智能的智能系统（机器）的一门交叉性综合学科（何志明，2018；聂华，2019）。

安全事件的突发性、偶然性和破坏性，决定安全情报需求具有实时性、动态性和可视性。在以往安全情报分析中，安全情报来源以结构化安全数据为主，安全数据来源面相对较为狭窄，由此得到的安全情报难以及时、准确、高效预测安全事件，从而导致安全管理工作常处于被动状态。在当今大数据时代，海量安全数据高速更新，人工智能技术能够实时跟踪、有针对性地搜集安全数据，并可对安全数据进行深度挖掘和分析，从而可将许多安全事件遏制在萌芽阶段。例如，管磊等（2016）提出一种集安全数据采集、处理、分析和风险发现、监测、预警于一体的安全态势感知平台，利用人工智能技术实现安全风险态势感知和预判预警。

在分析方法上，人工智能采用的情报分析方法更加科学，分析结构更加准确（席彩云等，2018）。人工智能在大体量、多维数据的分析中更占优势，在面对不确定性研究对象时其分析能力远超人力分析，能解放人脑，避免由人为因素导致的偏差（席彩云等，2018）。在安全事件发生发展的不同阶段，为有效防控安全事件，安全管理者的安全情报需求也各不相同。利用人工智能技术能够实时跟踪、有针对性地搜集安全数据，并对安全数据进行深度挖掘，提供给安全管理者动态、可视化的安全情报，帮助安全管理者进行智能化安全管理，从而使安全管理者在安全事件防控工作中把握主导权。

在数据基础上，智能安全情报分析须以大量安全数据作为数据基础。首先，从学科角度看，安全数据是安全情报学的根本研究资源，大数据环境下的安全情报学必然需要采用数据密集型研究范式（王秉和吴超，2020a），海量安全数据涵盖的安全情报总价值量大，可发掘出更多有价值的安全情报。其次，大数据使用计算机系统智能地设计算法，从技术操作处解决人类难以完成的工作，而人工智能技术就是借助这些算法开展数据搜集、挖掘和分析工作（管磊等，2016）。例如，王曰芬等（2019）曾提出大数据驱动下情报研究知识库这一概念，对某一领域海量多源数据进行计算、分析、管理和存储，从而支撑智能化的情报分析工作。

此外，须特别注意的是，人工智能是"人工实现的人类智能"，运用人工智能进行安全情报分析时不能忽略人（即安全专业人员和情报专业人员）的智能。因此，"人工智能+人在回路"是数据化、智能化安全情报分析体系必须采用的基本思路（甘翼等，2018）。安全专家和情报专家的主观直觉、经验推理、科学理论等人类智慧能够为安全数据分析提供智力保障，将机器基于常规思维模式的情报分析结果进行增值，实现人机协同的安全情报分析，从而产生有价值的安全情报产品。

二、智能安全情报分析基本模式

作为智能安全情报分析体系的核心内容，安全情报分析的安全情报产品质量将直接关系到安全管理的科学性和正确性。为使安全情报产品充分发挥其安全管理先导和安全事件预警功能，实现安全管理"十一化"（王秉和吴超，2020c），作者提出智能安全情报分析基本模式。该分析模式以"以目标为中心"的安全信息共享网络为基础，由"安全情报+"分析及"+安全情报"分析两种分析方式协同组成。

（一）"以目标为中心"的安全信息共享网络

传统的安全情报分析为单一线性分析，分析流程周期长、及时性差，分析主体各司其职、相互独立，缺少横向沟通。这种"烟囱式"情报分析方式得到的安全情报难以准确预测安全趋势，或迟于安全事件的发生，往往会导致严重后果。例如，在美国情报改革之前，情报机构"烟囱式"情报体制使得大量的症候信息没有及时得到分析，以至酿成了珍珠港事件，后来，"9·11"事件和"情报门"事件再次将庞大情报机构的"不良竞争"、失误情报和资源封闭问题推上台面。基于美国"9·11"事件和"情报门"事件，美国情报学家 Clark（2010）提出了"以目标为中心"的网络状情报分析流程模型。该模型以情报分析目标为中心，将情报分析主体都纳入情报分析流程，从而实现了情报参与主体的互动协作。在安全领域，瞿志凯等（2017）基于此理念，在突发事件情报搜集人员、分析人员和决策用户之间建立一种以目标为中心、相互之间能够实时共享交流的突发事件情报分析网络。

安全情报是指影响安全管理的安全信息。由安全情报定义可知，安全情报是面向安全管理而产生的，是安全管理的直接资源（王秉和吴超，2020c），其最终目的是服务、引导安全管理。王秉和吴超（2019f）从安全管理视角出发，得出安全情报的获取与分析的基本进路：情报的获取与分析应立足于安全管理本身开展。因此，安全情报的获取与分析应围绕安全管理总目标开展，在安全管理总目标四周，利用技术手段与管理机制使安全情报需求者、搜集者、分析者和管理者紧密结合，形成"以目标为中心"的安全信息共享网络，见图 4-21。

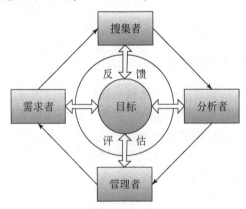

图 4-21 "以目标为中心"的安全信息共享网络

在安全情报生产的任一阶段，四大主体可以围绕安全管理目标实现实时的、深层次的交流互动和情报共享，做到实时反馈、步步评估，各主体可以根据评估、反馈的结果及时调整搜集和分析策略，从而提高安全情报分析效率，保障安全情报产品的实时性、科学性和准确性。据分析，信息不能有效共享是美国"9·11"事件发生的重要原因，自此美国开始了大刀阔斧的情报改革——构建协调统一的情报体制，整合情报资源，实现各主体（即各情报机构、各级部门）的信息沟通、情报共享与团结协作。

（二）"安全情报+"与"+安全情报"分析方式

现代安全情报分析多采用需求（任务）驱动的安全情报分析方式。管理者（用户）根据安全管理目标或亟待解决的安全问题，向情报机构提出安全管理请求，情报机构依据用户安全需求和安全管理目标从情报库中抽取相关情报，围绕需求（任务）开展情报分析工作，最终对管理者（用户）的安全管理请求进行响应，可发挥安全情报的安全管理先导功能。以需求（任务）驱动的安全情报分析方式是"被动地主动引导"安全管理，属于逆向安全情报分析方式，因此称为"+安全情报"分析方式。

此外，还须考虑的是，在安全领域存在着"黑天鹅"事件与"灰犀牛"事件。这两种事件分别表示无症状的突发安全事件和有苗头却被忽略的风险事件。对这两类事件，管理者（用户）往往不能提出精准的安全管理请求，因此，"+安全情报"分析方式难以很好地取得预期安全预测效果。此时，通过专注于发掘相应安全数据，从中见微知著、发现蛛丝马迹的情报分析方法（如信号分析法），是可以感知异常和预测风险的。正如甘翼等（2018）所言，现代情报分析的关键工作之一就是在不变中寻找变化，异常值极可能是一种信号症候，有可能经过处理的少数异常数据形成的情报的价值远超其他更多更高质量的数据的价值。因此，安全情报分析应当注重全过程中、全数据库内的异常信号监测与检测，即开展异常信号驱动的安全情报分析工作。这类利用人工智能技术实时跟踪监测安全数据，以异常信号为分析起点的方式属于正向安全情报分析方式，称为"安全情报+"分析方式。"安全情报+"分析方式可将"黑天鹅"事件与"灰犀牛"事件遏制在萌芽阶段，可发挥安全情报的安全事件预警功能。

智能安全情报分析应协调"+安全情报"分析方式与"安全情报+"分析方式两种情报分析方式同步进行，从而充分发挥安全情报在安全管理中的智慧性，有效防控各类安全事件，实现智慧安全管理。两种安全情报分析方式流程见图4-22。

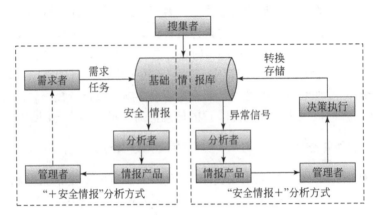

图4-22 "+安全情报"与"安全情报+"分析方式

三、智能安全情报分析总体模型构建

王秉和吴超(2019h)首次提出了SIS这一概念，并依据SIS六大内涵构建了SIS总体模型。作者以总体模型中安全情报流程实施系统为参考，结合人工智能在情报领域的应用方式，构建了智能安全情报分析总体模型。如图4-23所示，智能安全情报分析总体模型主要由基础支撑库、核心支撑库、智能调度引擎、安全数据收集子系统、安全情报分析子系统和安全情报服务子系统六个部分组成。

核心支撑库具有丰富的资源，可支撑安全情报分析子系统的分析工作。但在面对不同用户的不同管理需求时，调用何种模型、方法或者工具辅助分析，以及分析效果如何都是未知的。因此，作者在需求和方法、技术之间搭建了一个桥梁——智能调度引擎。

智能调度引擎由特征信息库、智能调度引擎和反馈评估装置组成。特征信息库用于存储人机交互界面智能感知的用户信息和情境特征。智能调度引擎通过逻辑分析建立模型、方法及工具与用户需求、问题情境等之间的逻辑关联，精准地调度情报分析支撑库中的资源，从而满足安全情报个性化需求。反馈评估装置用于评估安全情报分析子系统反馈的分析结果，通过反馈可一步步提升智能调度引擎的针对性和精准性。

基础支撑库是智能安全情报分析这一"大厦"的"地基"，可支撑各个部分的信息交流、协同运作，并为各个部分提供基础技术、基础设施与基础理论保障。

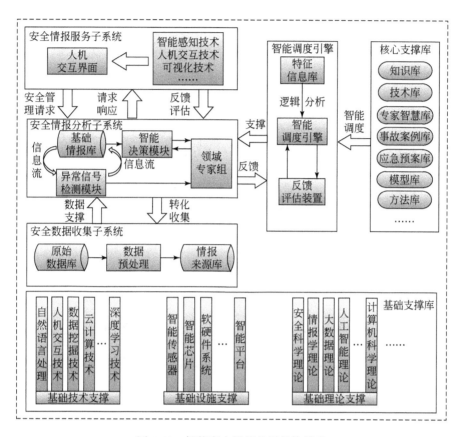

图 4-23　智能安全情报分析总体模型

四、智能安全情报分析子模型构建

安全数据收集子系统、安全情报分析子系统和安全情报服务子系统是智能安全情报分析系统的三大功能子系统，为明确三个子系统的运作流程，作者分别构建了三个子模型。

（一）安全数据收集子模型

安全数据收集子系统作为安全情报分析子系统的"粮草大后方"，是安全情报分析子系统高效运行的前提与基础，安全数据收集子模型见图 4-24。

数据搜集者围绕安全管理目标实时搜集安全数据，并将搜集的安全数据存储于原始数据库内。原始数据库内的安全数据往往存在着冗余、缺

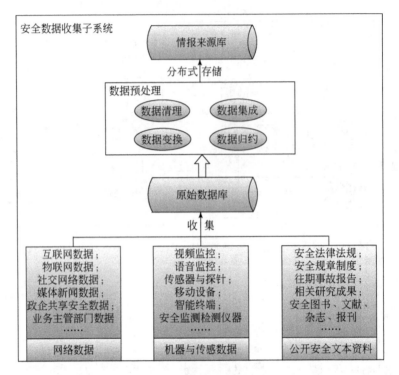

图 4-24　安全数据收集子模型

失、不确定和不一致等复杂的情况，为了有效减少安全情报分析子系统的安全数据分析负担（唐晓波等，2019），避免同类安全数据加重权值的"证据假象"现象（甘翼等，2018），提高安全情报分析子系统运作效率和情报产品的准确性及科学性，有必要对流向安全情报分析子系统的数据进行预处理。

预处理阶段包括数据清理、数据集成、数据变换、数据归约四种方式。预处理阶段去除了安全数据的模糊性和冗余性，安全数据转化为机器可读状态和适用于数据挖掘的形式，安全数据体量得以精简、质量得到提升。预处理后的安全数据将转入情报来源库存储。

情报来源库的安全数据采用分布式存储技术，构建国家级、省级、市县级和各个行业领域的分级、分布式存储模块，更好地管理海量安全数据，提高安全数据的存取效率。

（二）安全情报分析子模型

安全情报分析子系统是智能安全情报分析的核心所在。安全情报分析子模型见图4-25。

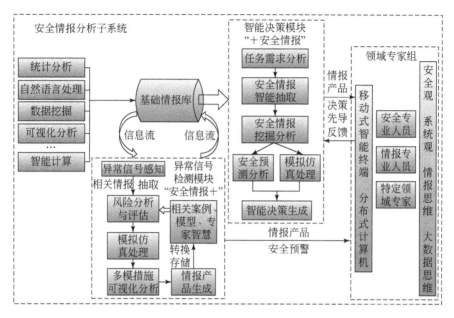

图4-25 安全情报分析子模型

安全情报分析子模型由基础情报库、异常信号检测模块、智能决策模块和领域专家组组成。

情报来源库的安全数据经过统计分析、自然语言处理、数据挖掘等智能分析方法分析处理后存储于基础情报库内，基础情报库为异常信号检测模块和智能决策模块提供情报支持。表4-5列举了智能情报分析的主要方法及其代表性工具、算法。

表4-5 智能情报分析主要方法

情报分析主要方法	方法主要任务	代表性工具与算法
统计分析	描述性统计、因子分析、回归分析、生命周期分析、时间序列分析等	Perl 模型、SAS、SPSS、Stata、Python 等
自然语言处理	文本分析、语义分析、情景分析、信息检索、自动文摘等	TF-IDF、LDA、Word2voc、CRF 模型、EM 算法等
数据挖掘	分类分析、聚类分析、关联分析等	K-means 算法、FP-grows 算法、Orange、Rapid Miner 等

情报分析主要方法	方法主要任务	代表性工具与算法
机器学习	神经网络、深度学习、系统建模等	—
可视化分析	—	Pajek、Ucinet、VOS viewer、Net Draw 等

异常信号检测模块采用的是"安全情报+"分析方式。该模块与基础情报库之间通过安全信息流实现实时、动态的信息流通，异常信号感知装置对流经该模块的动态安全信息流实时开展跟踪、监测工作。一旦监测到基础情报库内异常信号，计算机系统立即依据异常信号，抽取相关情报，并结合相关案例、模型和领域专家智慧开展风险分析与评估工作。同时，借助智能技术模拟仿真安全事件发生的全过程，有针对性地提出相关措施，并将各项措施的结果生成报告、仿真动画、可视化模型等安全情报产品。安全情报产品一方面转换为可存储状态，作为数据资料存储；另一方面传递给领域专家组，发挥安全情报的安全事件预警功能，为领域专家组的决策提供保障。

智能决策模块采用的是"+安全情报"分析方式。模块接收到人机交互界面管理者（用户）的安全管理请求后，首先需要做的就是需求分析，以明确安全目标和安全情报分析任务。接着，在确定任务后，智能化地从基础情报库内抽取所需要的情报。所谓的"智能化抽取"，是指根据问题情境，主动使用多维语义关联方法和动态语义集成方法，自动计算分析基础情报库内情报的价值（冯秋燕和朱学芳，2019），"智能化抽取"能够减少情报分析工作量，提高情报产品生成效率。抽取的安全情报经过挖掘分析，预测安全事件的发生发展过程，并结合模拟仿真分析的结果，由决策系统智能化地提出决策方案。决策方案及仿真动画、可视化模型等作为安全情报产品传递给领域专家组，可发挥安全情报的安全管理先导作用。领域专家组通过对安全情报产品的分析，结合自身智慧，将决策意见反馈到智能决策模块，从而实现安全决策方案的优化、优选。

领域专家组由安全专业人员、情报专业人员和特定领域专业人员组成，其掌握的领域隐性知识、科学理论、经验见解等能够为安全管理提供指导，是安全情报分析子系统的智力保障，也是实现"人工智能+人在回路"的人机协同情报分析思路的关键。领域专家组通过移动式智能终端、分布式计算机实现与智能决策模块和异常信号检测模块的信息互动。

（三）安全情报服务子模型

安全情报服务子系统是安全情报分析子系统的应用部分，同时也是实现人机交互的枢纽。安全情报服务子模型见图4-26。

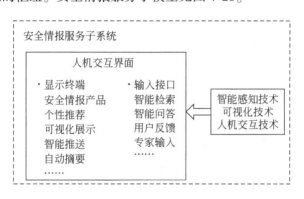

图4-26　安全情报服务子模型

安全情报服务子模型由人机交互界面与三大人工智能支撑技术组成。智能感知技术能够实时智能化地采集用户信息，感知用户需求情境和问题背景，再将这些特征信息存储在智能调度引擎的特征信息库中，以便智能调度引擎为安全情报分析调度匹配度最高的分析算法或工具；可视化技术能够在用户权限范围内实时动态化地提供安全情报产品；人机交互技术基于一定的交互方式，用户可通过一定的交互接口检索权限范围内的安全情报产品，提出安全管理请求或意见反馈。

人机交互界面包括显示终端和输入接口两部分。显示终端基于用户特征信息库，提供用户权限范围内的智能化安全情报产品服务，包括事故趋势预测、组织安全状态、事故舆情分析、案例回放、事故仿真模型等。为保证安全情报产品的效用，安全情报产品的展示和传播方式包括但不限于报告、简报、视频、图谱、图表等形式。输入接口由用户直接输入，用户可通过智能检索、智能问答等方式提出个性化服务请求。

五、本节结语

人工智能技术是实现智能安全情报分析的关键。本节以智能情报分析基础理论为指导，结合安全情报的特殊性，强调人机协同的智能安全情报分析，提出了智能安全情报分析的基本模式。并构建了智能安全情报分析总体模型和安全数据搜集子模型、安全情报分析子模型和安全情报服务子模型。智能安全情报分析总体模型以安全情报分析子系统为核心，利用智能调度引擎实现需求和方法技术间的连接，可保障安全情报的个性化和精准性，"安全情报+"和"+安全情报"两种分析方式可充分发挥安全情报的安全管理先导和安全事件预警功能。

第七节　安全情报服务能力评价理论

目前，尚未有研究深入探究"安全情报服务安全管理的能力（下文统一简称为'安全情报服务能力'）应如何评估?"和"安全情报服务能力评价指标体系是什么?"这两大关键问题，这严重阻碍安全情报服务能力的提升。鉴于此，本节以情报服务能力评估的一般框架和方法为依据，结合安全情报与安全管理的理论和内容，构建安全情报服务能力评价理论。

一、安全情报服务能力的含义分析

（一）安全情报服务能力的构成要素

目前，专门关于安全情报服务能力的研究罕见，而反恐情报能力、科技情报能力、应急管理情报能力相关研究较为丰富。例如，安璐等（2018）根据情报能力理论，将反恐情报信息工作能力的支撑要素、业务流程要素、目标要素列为反恐情报信息工作能力体系的要素；李辉等（2017）基于科技情报服务能力的结构要素，从情报资源保障能力、情报交互能力、情报分析判断能力和情报协同服务能力四个方面构建科技情报服务能力的评价指标体系；潘文文和沈固朝（2019）提出应急情报系统服务能力可从应急情报系统的服务建构能力、服务提供能力、服务迭代能力三方面进行评估。基于上述文献研究，本节以安全情报服务活动的准备、实践、应用三个阶段为切入点，从安全情报服务保障、安全情报服务流程、安全情报服务目标三个层面出发，分析安全情报服务能力的构成要素。安全情报服务能力体系是由多种资源、能力要素相互影响、不断交互的有机整体和复杂系统，见图4-27。其中，安全情报服务保障要素是安全情报服务流程能顺利运行、安全情报服务目标能实现的基本保障；安全情报服务目标要素需要安全情报服务保障要素及安全情报服务流程要素两大类要素相互作用和支持才能实现。

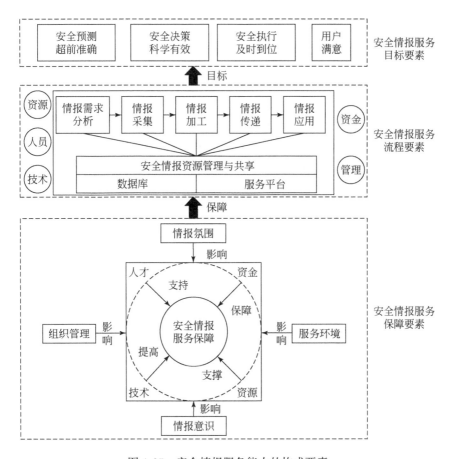

图 4-27　安全情报服务能力的构成要素

（二）安全情报服务能力概念的界定

服务能力是指一个服务系统提供服务的能力程度，安全情报服务能力的基本构成要素通常由人力资源、信息资源、服务运作、技术应用四个要素构成（陈香珠和何殷婷，2018），即服务能力是服务系统充分运用所有的人力、物力、财力，尽可能保障和满足用户各种需求的综合能力。

以安全情报和服务能力的概念为基础，综合安全情报服务能力的基本构成要素，将安全情报服务能力定义为：以正确、有效的安全情报源为前提，安全情报人员利用各种先进的设备设施、技术，合理分析、整合、组织、加工各类安全情报，为安全情报机构（用户）提供超前准确的安全预测服务、科学有效的安全决策服务、及时到位的安全执行服务等安全管理综合服务，进而最大限度满足用户需求、创造安全情报价值的能力。

二、安全情报服务能力评价指标体系构建

（一）构建依据

1. 安全情报服务能力的基本框架

为使评价体系脉络清晰，本节从安全情报服务能力的概念出发，依据安全情报服务管理的安全情报服务保障要素、安全情报服务流程要素、安全情报服务目标要素组成，明确了安全情报服务能力的基本框架，见图4-28。用安全情报服务保障能力来评估安全情报服务保障，用安全情报采集能力、安全情报加工能力、安全情报传递能力来评估安全情报服务流程，用安全情报应用能力来评估安全情报服务目标。

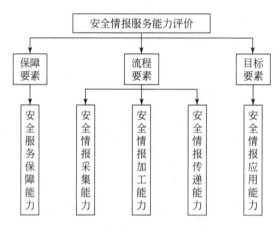

图 4-28　安全情报服务能力的基本框架

2. 安全情报服务能力建设内容

安全情报服务能力评价是对安全情报服务能力的建设成果进行全面考察和核实。若明确了安全情报服务能力的建设内容，便可依此来获悉评估的要点。陈成鑫和曾庆华（2018）从情报研究视角提出智库情报能力建设的新路径。该路径认为，要以情报保障能力为基础，加强情报需求感知能力，重视动态情报收集、分析能力，以求全面提升情报服务平台的知识服务能力，才能切实提高智库的情报服务能力。李阳（2019a）认识到情报能力建设是城市应急管理的关键支撑，他分析情报支持与应急管理间的逻辑关系，提出可从情报资源、情报人员、情报管理、情报技术、情报应

用五个方面提升应急工作中的情报服务能力。基于以上文献分析发现，全面的情报服务能力建设应以优质的情报资源为基础，通过切实提高情报系统的资金保障能力、人才支持能力、技术创新能力、组织管理能力来获得。因此，可从资源、资金、人员、技术、管理五个维度考虑五种能力的评估要点。

3. 安全情报服务系统的构成要素

服务能力评价是评估服务系统提供服务和开展活动的质量和效果，以及开展服务和活动配置所需资源的效率（杜礼玲和唐毅，2019；孙成江和李琪，2015）。因此，评价要点不应局限于资源、技术、资金、人员、管理五个方面，还应考虑将它们融合、配置与利用后产生的服务工作能力与服务效果。安全情报系统总体模型（见本章第五节）在安全情报机构实施的安全情报流程实施系统中提出安全情报服务子系统的主要职能是收集、分析安全情报并及时传递给安全管理机构及其相关部门，或根据安全情报机构及其相关部门情报需求，以多种形式和手段搜集相关安全情报供给机构研究。基于此，结合安全情报流的走向，构建安全情报服务系统，见图4-29。

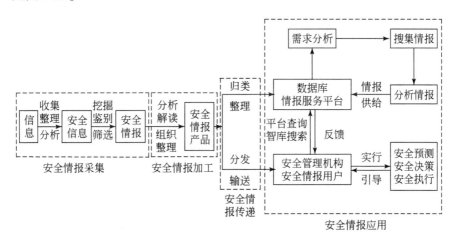

图 4-29 安全情报服务系统

整个系统的服务过程大致分为安全情报采集、加工、传递、应用四个阶段，有两种服务路径。第一种路径是安全情报机构的工作人员将来自不同信息源的信息进行收集、整理、分析，提取出安全信息，情报人员从安全信息中挖掘出重要的安全情报，鉴别其真实性、可靠性、有用性，筛选出可为安全管理提供支持的安全情报，安全情报被加工成可供安全管理机构、安全情报人员辨认习得的安全情报产品，部分安全情报产品被分发、输送给安全管理机构及安全情报用户，供其开展安全管理活动；部分安全情报产品被安全情报机构工作人员整理、归类，存入安全情报数据库中，存档供日后调取、查询使用。第二种路径是安全管理机构及安全情报用户在解决安全预测、安全决策、安全执行等安全管理工作时，需要安全情报作为依据和支撑，故向安全情报机构提出安全情报需求或在安全情报机构的情报服务平台查询搜索相关安全情报，根据用户对安全情报的需求，安全情报人员会带着任务在建立的数据库或服务平台中进行查询搜索，安全情报机构工作人员将搜集到的情报进行分析、加工后反馈给安全管理机构及安全情报用户。

在安全情报服务系统中可以发现，服务能力的评估不仅要考虑机构的资源、技术、资金、人员、管理能力，还应关注服务各个阶段由它们协力合作展现的工作能力和服务效果，见表4-6。安全情报的采集需要安全情报机构经过收集、整理、分析、鉴别、筛选等工作才能完成，采集安全情报也需要经分析解读、组织整理的工作才可以作为安全情报产品被利用，创造的安全情报产品要发挥价值需要归类整理、分发输送的工作，各个安全情报服务阶段的效果用工作效率和产物的质量来评估。

表4-6　安全情报服务各阶段需要评估的工作能力和服务效果

安全情报服务阶段	工作能力的评估	服务效果的评估
安全情报服务保障	资源、资金、人才、技术、管理保障能力	安全情报机构的服务水平
安全情报采集	收集、整理、分析、鉴别、筛选能力	采集的质量和效率
安全情报加工	情报分析解读、组织整理能力	安全情报产品的质量
安全情报传递	情报归类整理、分发输送能力	情报服务平台的质量和效率
安全情报应用	应用能力	安全管理的成效、用户的体验

（二）构建思路

本着全面、客观、可行、具有导向意义的评价指标选取原则，以安全情报服务能力的概念为指导，从安全情报服务能力的安全情报服务保障要素、安全情报服务流程要素、安全情报服务目标要素三个层面出发，选取安全情报服务保障能力、安全情报采集能力、安全情报加工能力、安全情报传递能力、安全情报应用能力为安全情报服务能力的一级评价指标。根据安全情报服务能力建设内容，二级、三级指标应该在资源、资金、人员、技术、管理五个维度上进一步细分，并考虑安全情报服务过程中各个服务阶段展现的工作能力和服务效果。安全情报服务能力评价指标体系构建思路见图4-30。

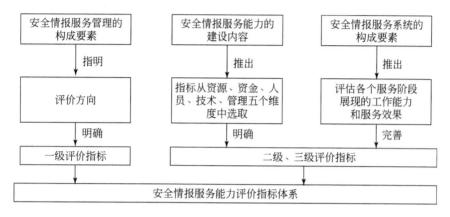

图4-30　安全情报服务能力评价指标体系构建思路

（三）体系构建

以安全情报服务能力的基本框架、安全情报服务能力的建设内容、安全情报服务系统的构成要素为理论依据，构建安全情报服务能力评价指标框架，提出一个包括五个一级指标、17个二级指标、65个三级指标的安全情报服务能力评价指标体系（表4-7）。

表4-7　安全情报服务能力评价指标体系

一级指标	二级指标	三级指标
安全情报服务保障能力	安全情报资源保障能力	安全情报源的多样性
		安全情报网络建设程度
		安全情报资源基础储备能力
		安全情报资源深度开发能力
		安全情报资源协同共享能力
		安全情报资源持续发展能力

一级指标	二级指标	三级指标
安全情报服务保障能力	安全情报人才支持能力	安全情报机构工作人员数量
		安全情报专业人员人数及比例
		安全情报人员知识水平
		安全情报工作人员学历结构
	安全情报技术保障能力	基础设施完备程度
		先进设备使用情况
		大数据处理分析技术
		专有数据库建立状况
		智库的工作能力
		安全情报服务平台的建设程度
	安全情报资金保障能力	安全情报机构日常经费预算
		安全情报人员平均工资
		购买先进设备、技术费用
		专项资金投入金额及比例
安全情报采集能力	安全情报需求感知能力	安全情报意识
		安全情报搜集敏感度
	安全情报采集机构的安全情报采集能力	安全情报采集渠道的多样性
		安全情报采集范围的全面性
		安全情报采集方法的智能性
	安全情报采集人员的专业素养	安全情报需求分析能力
		安全情报挖掘能力
		安全情报鉴别能力
		安全情报筛选能力
	安全情报采集工具的采集能力	安全情报更新频次
		更新的安全情报数量
		采集的安全情报质量
安全情报加工能力	安全情报需求响应能力	安全情报服务系统的资源配置与整合能力
		安全情报服务系统的组织协作能力
		输出所需安全情报的时间

一级指标	二级指标	三级指标
安全情报加工能力	安全情报加工工具的分析能力	安全情报加工工具分析的效率
		安全情报加工工具分析的透彻度
		安全情报加工工具分析的完整度
		安全情报分类情况
		安全情报整理入库情况
	安全情报人员的加工能力	安全情报人员的敏感度
		安全情报人员的观察分析能力
		安全情报人员的创造分析能力
	安全情报产品质量	安全情报服务产品的丰富性
		安全情报服务产品的先进性
		安全情报服务产品的简洁性
		安全情报服务产品的可靠性
		安全情报服务产品的价值性
		安全情报服务产品的针对性
		安全情报服务产品的创新性
安全情报传递能力	安全情报服务平台的服务能力	安全情报服务平台的开放性
		安全情报用户查询的便捷性
		安全情报用户查询的高效性
		安全情报用户的查询次数
		安全情报服务平台反馈的安全情报的质量
	安全情报机构的发送能力	公布的安全情报数量
		发送链的完整、顺畅性
		安全情报产品发送效率
	安全情报机构的沟通能力	与同类情报机构的交流情况
		与安全情报用户的交流情况
		与协作机构之间的交流情况
安全情报应用能力	安全情报主导的安全管理效果	安全预测是否超前准确
		安全决策是否科学有效
		安全执行是否及时到位
	安全情用户	安全情报用户的满意度

三、安全情报服务能力评价指标体系的解析

(一) 安全情报服务保障能力

安全情报服务保障能力是确保和维护安全情报服务能顺利、有序、高效开展的能力，是提供优质的安全情报服务的基础（李辉等，2017）。分析图 4-27 的安全情报服务保障要素，发现开展安全情报服务活动时，安全情报机构必须投入充足的资金、拥有足够多的安全情报资源、引入专业素质过硬的安全情报人才，才能在先进技术的加持下，提供最优质的安全情报服务，即安全情报服务能力需要资源、人才、技术、资金的支持。因此，应从安全情报资源保障能力、安全情报人才支持能力、安全情报技术保障能力、安全情报资金保障能力四个方面对安全情报服务保障能力进行解构。

1. 安全情报资源保障能力

安全情报资源保障能力是对来自不同安全情报源的安全情报进行生成、存储、开发、共享，以实现异构资源、异源资源的整合，完成安全情报网络的搭建，以期为安全情报采集提供多元化采集渠道，为安全情报分析提供海量数据支撑。据此将安全情报源的多样性、安全情报网络建设程度、安全情报资源基础储备能力、安全情报资源深度开发能力、安全情报资源协同共享能力、安全情报资源持续发展能力作为安全情报资源保障能力的评价依据。理由如下。

从信息论的角度看，安全情报源相当于信源，信源来源广泛，才能形成强大的信息场，提供给信宿（安全情报用户）足够多的、可供选择的安全情报，即安全情报来源越全面，可供采集、加工、传递、应用的安全情报越多，安全情报网络建设程度也越高，安全情报为安全管理提供的支持也越有效，故用安全情报源的多样性、安全情报网络建设程度来考察安全情报资源保障能力。李阳（2019b）对应急情况下情报资源的保障能力进行建构，表明情报资源基础储备能力是情报保障能力体系的"源能力"；从安全情报源中获得的安全信息、筛选出的安全情报、加工好的安全情报产品等都需要整理储存，供安全管理人员随时调取使用，储备能力越大，安全情报越全面，故用安全情报资源基础储备能力来考察安全情报存储及调用保障能力。安全情报的最终目的不在于拥有安全情报，而在于运用安全情报进行安全管理，储存在资源池中的安全情报的整体价值可用安全情报资源深度开发能力来评估。安全情报资源协同共享是信息时代安

全情报服务发展的必然趋势，只有资源共享，才能实现安全情报网中各个安全情报源的协同合作，以保障安全情报资源高效整合及快速流动。安全情报资源不能一成不变，一方面，随着时代的变迁，安全情报已不再是单一的文字形式，而转变为图像、声音、实物、动作或它们的复合形式（如影像视频）；另一方面，安全法律法规，以及各类安全事故、安全问题的处理方案会不断更新，只有将它们纳入安全情报资源池，才能让提供的安全情报容易获取、适用于当代的安全管理，故有必要将安全情报资源持续发展能力作为安全情报资源保障能力的评价指标之一。

2. 安全情报人才支持能力

安全情报工作人员是进行安全情报服务活动、实现安全情报价值的主体，是保障和提供高质量安全情报服务的关键（Fraser-Arnott，2017）。姜丹（2013）指出，情报服务团队人才队伍结构不稳定、情报工作人员缺乏专业培训是导致情报人才无法展现其能力，情报无法发挥其效用的真正原因。拥有安全管理知识、安全情报知识背景的情报人员或有多年安全情报工作经验的人，拥有更高的安全情报素养，在情报收集、筛选、加工等过程中，能更敏锐地捕捉到有益于安全管理的安全情报，故在安全情报机构中，安全情报服务团队的队伍结构，以及安全情报工作人员拥有的知识、特长与技能直接影响了安全情报服务能力的高低，对机构内的安全情报人员进行专业知识和技能的培训、在必要岗位配备有知识背景的专职安全情报人员能直接提高服务的质量及效率。故本书用安全情报机构工作人员数量、安全情报专业人员人数及比例、安全情报人员知识水平、安全情报工作人员学历结构简单判定安全情报服务团队的安全情报人才支持能力。安全情报机构工作人员数量用来总体衡量安全情报机构的规模，安全情报专业人员人数及比例、安全情报人员知识水平用来衡量安全情报机构的专业人才储备能力，而安全情报工作人员学历结构可判定安全情报人员的整体素质情况。

3. 安全情报技术保障能力

用好的技术往往可以达到事半功倍的效果，安全情报服务活动也不例外。技术是发展安全情报能力的重要工具与手段。杜礼玲和唐毅（2019）发现，基础设备的数量及完备程度将在很大程度上影响安全情报服务团队的工作效率，随着大数据、人工智能等高新技术的兴起，先进设备及技术已成为提升安全情报服务能力的关键因素，大数据处理分析技术、专有数据库、智库、服务平台保障了高质量、高水平的安全情报服务工作。因此，用基础设施完备程度、先进设备使用情况、大数据处理分析技术、专有数据库建立状况、智库的工作能力、安全情报服务平台的建设程度来反映安全情报技术保障能力。基础设施完备程度可有效衡量安全情报机构开展日常工作的实力，计算机等基础设备设施越完整，安全情报服务工作越能有条不紊地推进；其余指标用来判定安全情报机构使用当代先进技术的情况。

4. 安全情报资金保障能力

经济基础决定上层建筑，资金的有序投入才能保证安全情报机构维持运转、安全情报服务活动有序开展，安全情报资源、人才、技术的保障能力需要充足的资金支持才能实现，在服务的关键、重点区域投入专项资金才能让安全服务活动高效完成。故用安全情报机构日常经费预算，安全情报人员平均工资，购买先进设备、技术费用，以及专项资金投入金额及比例来表征安全情报资金保障能力。

(二) 安全情报采集能力

1. 安全情报需求感知能力

在信息时代，从复杂的安全情报源中剔除多余的干扰信息，筛选出符合用户需求的信息，需要安全情报人员具备一定的情报意识去有效感知安全情报用户的需求、捕捉有价值的安全信息发展为安全情报，而超强的敏感度能大大提升采集效率，故用安全情报意识和安全情报搜集敏感度评估安全情报需求感知能力。

2. 安全情报采集机构的安全情报采集能力

多元情报源、情报类型，以及全面的情报资料决定了情报收集的硬件条件（丁璐璐等，2019）。随着科技的发展，安全情报源不再单一、固定，而是更加多样化、复杂化；采集的范围也不只是文字，还有图片、影像、录音、实物等多种资料可供采集；也不再单纯依靠安全情报人员以脑力劳动为工具，依据自身经验获取安全情报的采集方法，而是关注安全情报采集的智能性。故将安全情报采集渠道的多样性、安全情报采集范围的全面性、安全情报采集方法的智能性作为考察安全情报采集机构的安全情报采集能力的依据。

3. 安全情报采集人员的专业素养

情报收集是技术手段与人才智慧双管齐下才可完成的过程。也就是说，安全情报采集能力的评估绝离不开对安全情报采集人员的专业素养的考查。从安全情报服务系统的两条路径看，安全情报采集阶段有常态和非常态两种情况，常态的安全情报采集是从安全情报源中挖掘、鉴别、筛选出有价值的安全情报整理入库，并发布在安全情报服务平台上供安全情报用户获取使用；非常态的安全情报采集是安全情报工作人员根据安全情报用户的需求，确定具体的搜集任务，在自身积累的知识与经验、具备的情报素养的基础之上，有意识地从不同的数据库、资料库、大数据平台、智库中搜集与需求相关的安全情报。基于以上过程，将安全情报需求分析能力、安全情报挖掘能力、安全情报鉴别能力、安全情报筛选能力四大能力作为考察安全情报采集人员的专业素养的指标。

4. 安全情报采集工具的采集能力

唐明伟等（2018）分析发现，利用"大数据+人工智能"技术完成情报采集过程中的数据挖掘、多元采集、数据集成、数据预处理、智能分类、立体呈现、汇编报告等环节是提高情报收集能力的关键因素。近年来，利用高新技术建立起的情报采集平台因能在短时间内采集到大量情报而被广泛使用，成为情报采集的有效工具。在安全情报服务活动中，面对信息时代安全情报采集范围广、采集难度大的特点，安全情报采集工具能对安全情报源中的信息进行批量采集、简单识别、分类输出，减少安全情报采集人员的工作量，提高采集效率。因此，可用采集的效率来表征安全情报采集工具的采集能力，其采集效率可用安全情报更新频次、更新的安全情报数量来表征。值得注意的是，在"大数据+互联网"时代，数据来源广泛、类型多、获取总量大、难辨真假，采集的数据并不全都真实、有效、适用，故又将采集的安全情报质量纳入评价指标体系。

（三）安全情报加工能力

安全情报加工是安全情报人员以安全情报用户的安全情报需求为依托和出发点，在安全情报加工系统各部门协同合作下，借助安全情报分析工具对搜集来的原始情报进行有效分析解读、组织整理，最终生产出可供安全管理使用的安全情报分析产品的过程。在这个过程中，安全情报加工能力是一个能力系统，至少包含四个要素，即安全情报需求响应能力、安全情报加工工具的分析能力、安全情报人员的加工能力、安全情报产品质量。

1. 安全情报需求响应能力

安全情报需求响应需要安全情报加工人员带着任务和问题，从安全情报源中搜寻或在已储备的安全情报中提取、分析、整理出最能解决安全情报用户安全问题的安全情报，这是一个需要充分调配多种资源、多方协调合作的过程，故用安全情报服务系统的资源配置与整合能力、安全情报服务系统的组织协作能力来表征安全服务系统的响应水平；用输出所需安全情报的时间衡量响应的效率。

2. 安全情报加工工具的分析能力

随着计算机的普及与发展，借助计算机的智能软件可在线帮助安全情报人员完成安全情报分析，这不仅可减少安全情报人员的工作量，也可提高分析效率，但因其局限性，分析结果的完整度、全面性、深度尚需考察，故可用安全情报加工工具分析的效率、安全情报加工工具分析的透彻度、安全情报加工工具分析的完整度、安全情报分类情况、安全情报整理入库情况用来评估安全情报加工工具的分析能力。安全情报加工工具分析的效率衡量分析的高效性，安全情报加工工具分析的透彻度、安全情报加工工具分析的完整度、安全情报分类情况、安全情报整理入库情况判定分析的质量。

3. 安全情报人员的加工能力

用安全情报人员的敏感度、安全情报人员的观察分析能力、安全情报人员的创造分析能力三个指标来评估安全情报人员的加工能力，因为优秀的安全情报人员总能凭借直觉快速捕捉重要的安全情报、甄别有用的安全情报，从细节处发现有价值的安全情报，这得益于安全情报人员的超高敏感度、观察分析能力；将零星、分散的情报连接整理为清晰完整的安全情报或根据安全情报之间的相似性、关联性发现新情报的能力用安全情报人员的创造分析能力来评估。例如，在边坡监测中，依据 GPS、液位、墙角传感器等精密仪器获得的大量数据虽可提供监测人员进行安全分析，但依然难以判断边坡的状态，还需分析人员结合现场土壤结构、斜坡前端滑动空间等信息综合分析，进行边坡状态的预判，这就需要情报分析人员高度的敏感性以及观察能力等专业综合能力。

4. 安全情报产品质量

安全情报是用来支持和服务安全管理的，情报主导的安全管理模式将安全管理内容分为"安全情报工作"与"基于安全情报的安全管理行为实施"两大部分。这表示安全情报工作是安全管理的有机组成部分，始终贯穿于安全管理行为全过程，安全情报工作完成的标志是输出安全情报产品，它可直接被安全管理机构的安全管理人员用作执行安全管理的依据，安全情报产品的丰富性、先进性、简洁性、可靠性、价值性、针对性、创新性直接或间接地影响了安全管理的水平，故用安全情报产品的丰富性、先进性、简洁性、可靠性、价值性、针对性、创新性来粗略评估安全情报服务产品的质量。丰富性指安全情报产品形式的多样性；先进性衡量安全情报产品是否与时俱进；简洁性指安全情报产品是否简单、易获取；可靠性指安全情报产品的可信度；价值性是针对安全情报产品对安全管理的效用提出的；针对性指输出的安全情报产品是否对一种或者一类安全问题有效；创新性指安全情报产品的创新能力。

（四）安全情报传递能力

安全情报传递是将加工好的安全情报产品呈现给安全管理机构（人员）的服务过程，这是安全情报人员与安全情报用户直接交流提供安全情报服务的过程，能直接改善安全情报服务能力。本节从安全情报服务平台的服务能力、安全情报机构的发送能力、安全情报机构的沟通能力三个维度来评估安全情报传递能力。首先，从安全情报服务系统出发，安全情报产品一方面公布在安全情报服务平台上，经用户查询传递给安全情报用户；另一方面由安全情报机构分类输送给安全情报用户，故将安全情报服务平台的服务能力、安全情报机构的发送能力纳入考核范围。从服务平台的有用程度、服务质量入手，用安全情报服务平台的开放性、安全情报用户查询的便捷性、安全情报用户查询的高效性、安全情报用户的查询次数、安全情报服务平台反馈的安全情报的质量五个指标衡量安全情报服务平台的服务能力；安全情报机构的发送能力一般用输送的数量及输送的效率来衡量，故将公布的安全情报数量及安全情报产品发送效率纳入评价范围，除此之外，输送的安全情报产品受到外界环境（信噪）的干扰，难免会出现安全情报丢失、遗漏的现象，完整、顺畅的输送链可减少此类现象的发生，故有必要将发送链的完整、顺畅性作为安全情报机构的发送能力的评价指标之一。其次，安全情报机构与同类情报机构、安全情报用户、协作机构必须保持密切的沟通交流，以保障传递过程的连续性，故将安全情报机构的沟通能力作为安全情报传递能力的评价指标。

（五）安全情报应用能力

安全情报应用能力用来衡量安全情报服务的效果及质量。安全情报支持和服务于安全管理行为，只有在安全管理取得效用时，安全情报才有价值。从安全情报服务管理的构成要素看，安全情报的最终目的在于实现超前准确的安全预测、科学有效的安全决策、及时到位的安全执行，以及让安全情报用户满意，故用安全情报主导的安全管理效果和安全情报用户来评估安全情报的服务效果。例如，在锅炉远程无线监控系统应用中，通过远程无线监控系统对锅炉的运行状态进行在线监测，实时反馈蒸汽温度、压力、流量等信息，并借助人工智能软件实时分析，实现锅炉危险状态预警（安全预测），发现危险因素，及时采取必要措施解除危险状态（安全决策、安全执行）。本书从安全预测、安全决策、安全执行三个维度来考察安全管理的效果，依据安全情报用户的满意度考察用户。

四、本节结语

安全情报服务能力研究是面向安全管理的安全情报学研究的重要内容。本节分析了安全情报服务能力的内涵，解释了安全情报服务能力的基本框架、安全情报服务能力建设内容及安全情报服务系统的构成要素。在此基础上，构建了安全情报服务能力评价指标体系。所构建的安全情报服务能力评价指标体系包括安全情报保障能力、安全情报采集能力、安全情报加工能力、安全情报传递能力和安全情报应用能力五个一级指标。各一级指标又可进一步细分为 17 个二级指标和 65 个三级指标。需指出的是，本节仅构建了初始的安全情报服务能力评价指标体系，后续研究须对初始指标进行定量研究，从而确定其相对权重。

第八节　智慧安全情报服务体系模型

目前，有关安全情报智慧服务的研究主要集中在非常态安全管理（即应急管理）领域（即智慧应急情报服务研究），在常态安全管理领域极为罕见，特别是尚未开展面向安全管理全过程（包含常态安全管理及非常态安全管理）的安全情报智慧服务研究。因此，亟待开展面向安全管理全过程的智慧安全情报服务体系，这有助于形成系统全面的智慧安全情报服务体系。鉴于此，本节立足于理论层面，面向安全管理全过程，分析智慧安全情报服务体系的层次框架，并构建和解析智慧安全情报服务体系模型。

一、智慧安全情报服务体系框架分析

通过文献分析，可明确智慧安全情报服务体系应包含哪些层次结构及各层次结构之间的关系。在中国知网数据库中，使用高级检索方式以"智慧+情报+服务体系"为主题检索中文文献，剔除不相关文献，共检索出 262 篇论文，精选出代表性文献 39 篇。本节主要以这 39 篇代表性文献为目标文献进行研究，对文献进行内容分析，整理和提炼文献中出现的智慧安全情报服务体系的相关观点和研究成果，得出智慧安全情报服务体系层次（张旭，2019；郭继光和黄胜，2017；洪亮等，2018；张兴旺等，2014；董磊，2019），见表 4-8。

表 4-8　智慧安全情报服务体系层次

层次	具体解释
支撑层	关键词：大数据、云计算等。以信息技术支撑智慧安全情报服务体系，以新技术应用实现智慧安全情报服务体系的智慧服务
安全情报资源层	关键词：情报、数据资源、时空地理信息等。开展智慧安全情报服务的基础，包含各种支撑安全管理所需的安全情报资源，须进行智慧安全情报服务体系的安全情报资源建设
安全情报服务层	关键词：智慧信息服务、智能知识服务等。智慧安全情报服务体系智慧服务的体现，以支撑安全管理为切入点实现智慧服务的功能，形成智慧安全情报服务体系
用户层	关键词：政府、公众等。主要指安全情报接收者、利用者。以满足用户层的安全需求或者安全情报需求，促进智慧安全情报服务体系的建设

基于上述分析，得出智慧安全情报服务体系框架，见图 4-31。智慧安全情报服务体系包括支撑层、安全情报资源层、安全情报服务层和用户层四个层次。其中，支撑层包含智慧安全情报服务体系的技术方法及硬件设施，对智慧安全情报服务体系的建设、服务功能的实现起着支撑作用，是智慧服务实现的"法宝"；安全情报资源层是基于支撑层而建立，支持和影响智慧安全情报服务体系的服务功能；安全情报服务层服务功能的实现需安全情报资源层提供安全情报，体现安全情报的价值，安全情报服务层在服务进程中也会通过反馈机制，推动安全情报资源层的完善与质量的提高；通过安全情报服务层的功能实现，满足用户层的需求，用户层也会通过反馈机制推动安全情报服务层的服务能力的提高，并间接推动安全情报资源层的建设。同时，四个层次是一个有机整体，它们之间相互联系和影响，共同支撑智慧安全情报服务体系的良好运转。

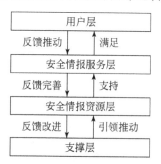

图 4-31　智慧安全情报服务体系框架

二、智慧安全情报服务体系构建研究

（一）智慧安全情报服务体系构建

根据智慧安全情报服务体系框架，构建智慧安全情报服务体系（图 4-32）。

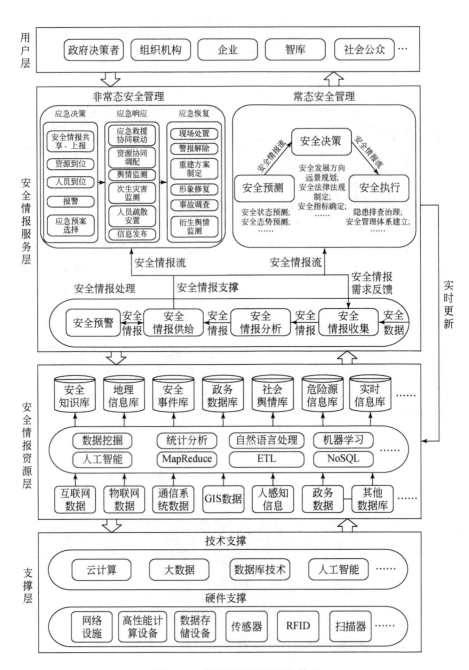

图 4-32　智慧安全情报服务体系

1. 支撑层

支撑层是智慧安全情报服务体系智慧服务的基础，也是智慧服务实现的关键。支撑层分为技术支撑模块和硬件支撑模块两部分。技术支撑模块主要是指大数据技术和云计算等，硬件支撑模块主要指网络设施（有线宽带网络、无线网络、4G 和 5G 等）、高性能计算设备及海量数据存储设备等，是高新技术运用的基础。支撑层软硬件结合支持智慧安全情报服务体系完成以下五方面重要功能。

1）全面实时的安全情报采集。依托传感器、扫描器等设备实时获取现场信息，使用大数据采集技术实时采集互联网、通信系统等在线产生的数据。多种方式采集的信息包含安全管理所需的全面的安全情报，可避免出现安全管理中的安全情报缺失问题。

2）海量安全情报数据存储。支撑层提供大容量、高性能存储设备以供实时采集的安全情报及诸如危险源信息等历史安全情报的分布式储存，同时协调不同类型的异构系统的数据在安全情报资源层的融合（白玫等，2017）。

3）智慧安全情报分析。运用机器学习、自然语言处理、图像分析、报文分析、时序分析等（郭继光和黄胜，2017）情报分析方法，初步解析所采集的安全信息，并依托高性能计算设备，智慧安全情报服务体系能选择多种情报分析方法获取最优安全情报。

4）高效的安全情报数据传输。智慧安全情报服务体系需要实时的安全情报，而这就需要高带宽的网络进行传输，且智慧安全情报服务体系各个环节传递数据也需要通过网络。

5）安全情报的充分利用。诸如关联关系方法及平行检索技术、MapReduce 技术等大数据检索技术的应用能够全方位搜集所需安全情报，可有效避免安全情报资源的"重藏轻用"。

2. 安全情报资源层

安全情报资源层是智慧安全情报服务体系进行安全管理的信息资源基础，是跨部门数据共享整合加工平台的成果。安全情报资源层包含静态安全情报资源与动态安全情报资源。静态安全情报资源包括安全事件报告、安全法律法规标准文件、各类应急预案、过往舆情资料、累积的安全情报和安全知识及安全资源配置情况等。动态安全情报资源包含物联网、互联网、通信系统在线产生及传感设备设施感知并上传的实时安全情报，包含潜在危险信息、安全事件信息（人员伤亡信息、时空信息、环境信息等）、政务信息（部门业务信息、城市运行信息等）等。这些资源包括图形、文字、音视频等多种类型数据，使用知识管理、内容管理等方式（黄兰秋，2012），将不同方式获取的安全情报聚合在大数据综合数据服务库，建立安全风险信息库、安全知识库等规范化、序列化的安全情报资源池，按照大数据管理标准和要求，进行集中管理和维护。

3. 安全情报服务层

安全情报服务层即安全情报应用于安全管理的层次，是智慧安全情报服务体系"智慧化"的体现。安全情报服务层包括安全情报处理模块、常态安全管理模块和非常态安全管理模块三部分。安全情报处理模块有预警指示及安全情报收集、分析和供给，这些环节由大数据技术结合人的智慧完成。非常态安全管理模块分为应急决策、应急响应与应急恢复。常态安全管理具体主要包括安全预测、安全决策与安全执行三方面。智慧安全情报服务体系能提供全方位、精准化的安全情报服务（如决策方案、行动指南等）（李阳，2019b），或者依据安全情报需求主动再收集相关安全情报解决安全问题，完成安全情报服务活动。在技术支撑下，采集、分析、利用安全情报以进行安全管理，相当于完成信息到情报再到智慧的过程。同时，在安全管理过程中产生可观察的量（如安全管理成效、特征等），通过一系列转换过程变为安全情报资源，这进一步丰富了安全情报资源层，从而促进智慧安全情报服务体系的完善和发展。

4. 用户层

用户层位于智慧安全情报服务体系的上层，包括政府决策者、组织机构、智库、社会公众和企业等。用户层在智慧安全情报服务体系中发挥两方面效用：一是将采集分析处理之后的安全情报产品及安全管理过程中产生的安全情报传送给用户层，使其获取最新安全情报，且保证安全情报结果的公开化、透明化和数字化（王心妍和王晓慧，2019）。用户层不仅是安全情报的接收者、利用者，也是安全情报的生产者，能够反馈所接收的安全情报，智慧安全情报服务体系可从反馈中寻求有价值的安全信息。二是安全关联社会各方面，在必要情况下需全员参与，将安全情报传送给社会整体，社会整体能协同、配合安全管理，从而提高智慧安全情报服务体系的安全绩效。

（二）智慧安全情报服务体系运作过程分析

1. 安全情报采集

智慧安全情报服务体系的安全情报获取遵循这一流程：采集与预处理→存储与管理→计算、分析与挖掘。不同类型组织数据库存储大量结构化数据，互联网、物联网等在线产生大量非结构化数据，大数据采集第一步就是从海量结构化、非结构化数据中采集安全数据，采用 ETL 进行离线采集、采用 Flume 进行实时采集、采用 Crawler 进行互联网采集等，同时在数据采集过程中对数据进行抽取、转换、加载等预处理，整合数据，提升可用性、可靠性等数据质量。采集后的数据采用分布式文件系统和数据库（如 HDFS、NoSQL 数据库系统）存储。存储的数据进一步进行计算、分析与挖掘，采用神经网络算法、遗传算法等进行数据挖掘，精炼数据，挖掘隐含数据中有价值的安全信息并将其存储。同时，依托可视化技术，可将这些安全信息直观展现。安全情报采集这一环节旨在完成安全大数据向安全信息的转化。

2. 安全情报分析

安全情报分析是对安全信息的进一步加工，实现安全信息到安全情报的转变。安全情报分析是在冰山理论、安全事件致因理论、相似安全系统理论等安全科学理论的指导下，运用信息甄别知识、相关性判断知识、计量分析知识及自然科学和社会科学等专业领域知识，采用人工分析与机器分析相结合的手段，将收集到的安全信息有序化、系统化与层次化。同时，通过恰当的分析方法与技术，系统分析收集的安全信息，对安全问题的特征、原因、本质及后果等进行分析评估，并形成安全问题分析评估结果，也可得到安全管理能力分析、安全管理优缺点分析、安全事件发生发展程度等安全情报。

3. 安全预警分析

在安全预警分析环节，进一步解读安全情报，进行智能安全预警分析。采用两种方法实现智慧安全情报服务体系安全预警功能，一是依据专家智慧判断是否达到安全预警阈值（安全情报以多种形式展现给专家判断，专家根据知识经验做出专业判断：是否应该采取安全预警报警？是否进入应急准备状态？）；二是以大数据等信息处理技术为依托进行安全预警。

以大数据等信息处理技术为依托进行安全预警方法较为复杂，这里须做进一步解释。该方法将大数据技术与安全情报相结合，提出基于先验知识、模型、算法与实时安全情报进行在线处理的方式，设计两种方案：第一种是基于关联关系的安全预警，将原有安全事件的情报进行建模或者编写算法，得到不同安全事件的模型或算法，实时安全数据经一系列处理转化为安全情报后与历史安全情报进行关联分析，选择相关的模型/算法代入，从而判断安全事件的现状、未来走向和是否达到阈值及通过实时安全情报判别不正常情况；第二种是基于人工智能的安全预警，输出实时安全情报的特征参数，根据机器学习、人工智能、模式识别，建立数据函数或模型，进行计算分析，也可得出是否达到阈值及识别出不正常情况，见图 4-33。在实践中，针对不同安全事件可用的模型包含事件链推理机制等，算法包含以加利福尼亚算法和 TSC7 号算法为代表的比较法、事件序列算法、免疫算法等。安全预警分析是安全情报处理的一部分，结果可供安全决策参考。安全预警分析的模型/算法在智慧安全情报服务体系运作过程中是不断调整和更新的。

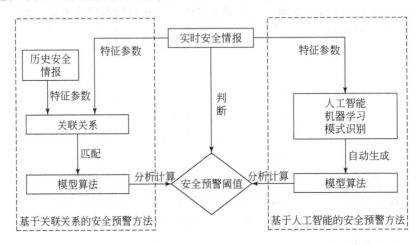

图 4-33　基于先验知识、模型、算法与实时安全情报的安全预警方法

4. 非常态安全管理（应急管理）

安全情报处理模块能够提供给应急管理有关安全事件的走向、发展程度、发生次生事件的可能性等安全事件的风险辨识、分析与评价结果，提供安全事件的防控建议及规范化、系统化的安全情报，基于上述安全情报达成智慧安全情报服务体系的应急管理服务：依据实时安全情报的特征参数进行关联检索，匹配相应的应急预案及历史安全事件的应急预案选择、资源调配等包含一系列决策、执行过程的应急处置方案，并且将安全事件的地理位置、安全资源调配、人员调配（包括救援人员到位与现场人员救护、疏散、安置）等位置信息接入地图应用中规划路线，融合安全知识及专家智慧，进行情景匹配，策划出即时应急实施方案（图 4-34）。智慧安全情报服务体系进行应急管理服务时，依托大数据等网络技术，初步快速生成即时的安全情报主导的智慧应急实施方案，这个方案是覆盖应急管理全过程，并且能够实时报告、最优调配资源、快速响应。

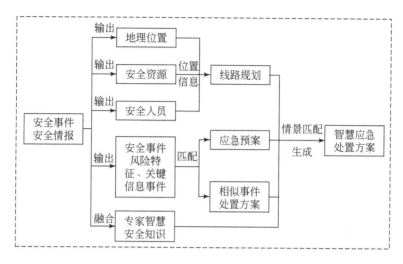

图 4-34　应急管理智慧处置方案生成

5. 常态安全管理

常态安全管理是智慧安全情报服务体系的服务主体。

1）安全预测：将经安全情报分析之后的序列化、系统化、规范化的安全情报及其对安全问题的表征应用于安全预测中，采用安全科学的理论对安全情报进行进一步剖析、应用，基于安全情报进行危险源状况的分析预测或中长期安全态势预测等；也可通过安全情报进行智能建模或者仿真，预测系统未来的安全状态，解析系统安全状况变化的原因，同时可得知影响系统安全的因素改变下的系统安全状态的变化情况等。总之，安全预测是在获取全面安全情报并对安全情报充分分析的基础上，基于安全情报做出超前、正确、科学而精准的安全预测。安全预测是安全决策的基础，安全预测不仅能显示出系统当前的安全状态，还能给出系统将来会发生什么。

2）安全决策：安全决策是在综合研究判断安全预测情报之后做出战略性安全决策及策略性安全决策。战略性安全决策是影响系统总体安全发展的全局性决策，主要是基于中长期安全态势预测做出安全远景规划或安全系统顶层设计等；策略性安全决策是指解决局部性或者个别安全问题的决策，是实现安全战略目标所采取的具体措施（例如，在安全预测中安全建模或仿真的结果指导安全指标的确定或安全预警阈值设定等）。

3）安全执行：安全执行是依据安全决策生成的安全情报，按照简单清晰的目标和正确的要求严格地执行，隐患排查治理、安全检查和安全体系建立等都是安全执行的内容。安全执行要求做到负责任，充分解析安全情报，领会安全决策的意图，全方位进行安全问题的排查，落实安全措施，保障安全。

常态安全管理把预防安全事件的发生放在首位，依据安全情报，系统、充分地考虑影响系统安全状态变化的因素，并针对不同的影响因素提早介入，将安全事件阻止在事件发生发展的初始阶段，更是要创造一个安全事件没有发生条件的环境。换言之，常态安全管理通过以上三个系统安全行为不仅要消除控制已存在的安全风险，更要防止新的安全风险出现。

(三) 智慧安全情报服务体系的服务模式

智慧安全情报服务体系的服务模式包括情报主动式与用户主动式两种。情报主动式是指实时感知的信息经一系列分析处理得到的安全情报及从安全情报资源层挖掘分析与实时安全情报关联的历史安全情报，智慧安全情报服务体系通过上述安全情报实现全面的安全事件监控与感知，捕捉到安全事件的征兆和信号，识别出安全事件的特征与趋势，提前进入准备状态，迅速针对安全事件配备人员、资源，执行即时应急方案，防止事态进一步扩大，使安全事件造成的后果降到最低，实现预警功能。情报主动式的服务模式还可进行日常安全管理，排查隐患、危险因素，消除安全事件发生的条件，避免安全事件发生，减少经济、人力投入，最大化地利用有限资源，实现预防功能。用户主动式是指安全管理人员根据安全管理的需要，采用大数据检索技术，从安全情报资源层收集、分析所欠缺的安全情报，完成预警和预防功能。

三、智慧安全情报服务体系的关键问题分析

(一) 安全协作问题

智慧安全情报服务体系的统筹、建设与运行应由政府主导、各部门信息共享及安全执行协作安全。虽然是政府的统一领导，但在现行体制下部门条块分割，各部门根据自身的组织职能开展工作，且纵向、横向联系较弱，大量安全情报资源难以整合，易导致信息孤岛，使跨部门的安全管理协作陷入困境。此外，跨组织协作面临着多方利益的协调，各部门权力和资源不等、需求不一，探索构建利益平衡机制至关重要。现阶段，中国的安全管理信息化建设尚不充分，跨部门协作水平还有很大提升空间，大数据技术的应用虽能促进组织间的协作，但如何有效构建部门间的安全信息

共享与协作机制、监督激励体系和法律保障及厘清安全协作层次、部门参与度与安全绩效的互为影响关系，须展开更多深入研究与实践。

（二）安全情报管理问题

1. 安全情报采集问题

智慧安全情报服务体系的安全情报采集主要依托大数据技术，但大数据技术具有相对模糊性。并且在大数据时代，信息传播主体多元，但不同传播主体的认知水平存在差异，对信息的理解可能产生偏颇，加之传播渠道多样化，信息的扩散能力更强，在传播过程中易产生虚假信息。全面的安全信息获取是智慧安全情报服务体系完成其服务功能的重要前提，但这些安全信息包含很多个人隐私、企业内部运行信息等，在采集与应用安全信息过程中，如何避免损害他人权益是智慧安全情报服务体系不可忽视的问题，制定并运行数据脱敏处理等隐私保护机制和严格规范的数据访问机制及精确的安全情报校正机制必不可少。

2. 安全情报处理问题

在安全大数据中，非结构化和半结构化数据占大多数，非结构化数据难以标准化和理解。安全大数据中数据与数据之间的关联是复杂的，安全问题本身也具有高复杂性，因而通过安全情报表征安全问题是繁难的，且对安全情报的处理须妥当，一点微小的偏差可能会造成对结果的巨大影响。现有的人工智能模型或算法并不是完美的，还要不断探索如何高效利用信息技术手段确切处理安全数据，使之转化为安全信息进而转化为安全情报。

3. 安全情报存储问题

大数据的一个显著特征就是数量大，起始计算量单位至少是 PB，且种类和来源多样化，产生速度极快。数据存储规模大且数据结构复杂，数据维度较高，使安全情报数据储存管理难度加大。因此，海量安全数据的高效存储问题不容小觑。

（三）人才队伍建设问题

智慧安全情报服务体系的安全情报收集、分析处理与应用，每一个环节都需人员对安全数据、安全信息、安全情报的解释。安全问题是复杂的，就如冰山理论要求人员具有发现、探索、创新的意识。同时，安全情报须准确，人员应是精熟深通的。智慧安全情报服务体系是信息科学、情报科学、安全科学交叉的产物，故要求人员具备大数据、情报科学和安全科学交叉知识，但目前具备上述交叉知识、安全情报获取和利用意识和能力的人员较少。另外，人才具备新思想和理念，能够为智慧安全情报服务体系带来活力，提升整个体系的运作水平。因此，须加强人才队伍的建设。

四、本节结语

在当今智能时代，诸如智慧医疗、智慧旅游、智慧校园等"智慧+"概念和愿景被不断提出，且随着新技术的涌现、发展，智慧化是安全管理和安全情报工作未来发展的方向，故开展智慧安全情报服务体系的研究意义重大。本节从理论层面出发，面向安全管理全过程，构建了一个包含支撑层、安全情报资源层、安全情报服务层、用户层的智慧安全情报服务体系。智慧安全情报服务体系以大数据、云计算、人工智能等技术为驱动，提供全面的安全情报采集、分析、应用。智慧安全情报体系的服务模式是通过情报主动式和用户主动式完成预警和预防的功能。智慧安全情报服务体系的建设运行有安全协作问题、安全情报数据管理问题及人才队伍建设问题三个关键问题。

第九节 安全情报失误致因模型

面向安全管理的安全情报研究和实践发现，安全情报缺失是导致安全管理失败的重要原因之一。在安全管理中，安全管理者即便拥有安全情报的支持，安全事件也时有发生，这主要是因安全情报失误（Security & Safety Intelligence Failure，SIF）所致。由此可见，安全情报失误是安全情报缺失的最重要诱因。因此，安全情报失误研究对解决安全管理中的安全情报缺失问题至关重要。

情报失误研究由来已久。传统的情报失误研究主要面向国家安全与军事战争（据考证，情报失误起源于第二次世界大战时期的"珍珠港事件"）领域。美国学者 Roberta（1962）首次提出情报失误的"信号-噪声"理论，该理论把通信学领域内"信号"与"噪声"的概念引入情报领域，将"信号"看成预示某种事情发生的征兆和线索，将"噪声"视为影响情报分析和判断的错误征兆和线索（张扬和金品轩，2014）。在此基础上，美国学者 Handel（1989）提出情报失误的"三重噪声"理论，系统阐述造成情报失误的三方面的噪声来源。此后，情报失误研究更是层出不穷（Turner，2005；高金虎，1998；张晓军，2007），情报失误成为情报学领域的一个重要研究内容。根据情报失误理论,安全情报失误的原因复杂,且在安全情报运转的各个阶段皆有可能发生。因此,安全情报失误致因研究极为必要和重要。但令人遗憾的是,目前,学界尚未专门开展安全情报失误研究,导致安全管理中的安全情报失误规避缺乏理论依据和方法指导。

鉴于此,本节结合情报失误相关理论,面向安全管理,深入研究安全情报失误的内涵与原因,构建安全情报失误致因模型,并简要提出安全情报失误的相关规避策略,以期为规避安全管理中的安全情报失误提供一定理论依据与参考。

一、安全情报失误的内涵

从安全情报失误概念的构成看,安全情报失误是由安全情报与情报失误〔情报失误是指未能及时、准确地收集、分析、决策、使用情报导致事件发生的现象(Betts,1978)〕两个概念融合而成的一个学术概念,是安全科学与情报科学交叉领域的重要学术概念。根据安全情报和情报失误的基本定义,给出安全情报失误的定义,具体如下。

安全情报失误是指在安全管理的全过程中,未能做到全面准确地收集、严谨科学地分析、稳定精准地传达、及时果断地使用安全情报,导致安全管理失败(如发生安全事件)的现象。安全情报失误作为安全情报与情报失误的结合概念,是安全情报在其运行的某一个过程中发生失误而导致安全管理失败的一种现象。根据安全情报失误的定义,分析它的具体内涵。

1)安全情报失误的本质。安全情报失误是一种因一种或多种原因而导致安全情报在安全管理过程中发生失效的不良现象,并且该现象出现的原因与节点复杂多样。

2)安全情报失误的范畴。安全情报失误的对象包括 Security 与 Safety 两方面的失误现象,大安全视角下的安全情报失误的准确描述应是 Security & Safety Intelligence Failure。

3)易发生安全情报失误的过程节点。安全情报失误可能出现在安全情报产品运行的全周期,即安全情报的收集、分析、传达及使用的过程中,说明针对安全情报失误须进行全周期防控。

4)安全情报失误的后果。安全情报失误会导致安全管理失败,这说明安全情报对于安全事件防控至关重要,是安全管理不可或缺的支撑,应竭力避免出现安全情报失误问题。

此外，从安全情报学视角出发，对一般（传统）情报失误与安全情报失误进行对比分析（表4-9）。

表4-9 一般（传统）情报失误理论与安全情报失误的对比

对比内容	一般（传统）情报失误	安全情报失误
研究领域	仅限于国家安全与军事战争，研究领域相对狭隘，具有较大的局限性	适用于一切领域的安全管理，研究领域宽泛，是面向大安全的
内容特点	具有鲜明的政治色彩与强烈的对抗性，以敌我双方的军事情报活动为主要研究对象，情报失误的因素多偏向于敌方因素、国际环境与己方因素	从总体范围与大安全出发的安全情报失误研究，具有通用性与普适性，失误因素主要从情报自身、情报环境和情报人员三方面考虑
信号意义	表示大量显示敌方真实袭击意图的情报信息，具有极其重要的军事安全意义，但同时也具有局限性	表示具有情报价值的"信号"（即安全情报），该"信号"可服务于任何领域的安全管理，为安全事件预警提供"征兆和线索"
噪声意义	表示会抵消和削弱真实"信号"并且将敌方意图指向错误方向的虚假情报，敌方完全可以刻意释放相关"噪声"，以此来进行军事欺骗	表示影响安全情报质量的各种内部与外界的相关因素，可以理解为导致安全情报发生失误的主要原因

二、安全情报失误的原因及产生机理分析

（一）失误原因

安全情报失误的本质是一种现象，而在现象背后，关于其产生的本质原因值得深入研究，这是因为唯有明确了现象发生的原因，才能提出科学、合理而有效的应对策略，从而解决安全情报失误问题。

"物理–事理–人理"（Wuli-Shili-Renli，WSR）系统方法论的研究对象与应用范围是管理，但不是单纯的人事管理，也不是单纯的技术系统管理问题，其着重研究和引导如何在不同的具体管理环境中面对不同的管理问题时，灵活地用好众多的系统管理的理论、方法、模型、技术和工具，而其本身并非具体的方法和技术（朱志昌，2000）。基于该方法论，结合安全情报失误的内涵，从物理、事理和人理三个方面概括出安全情报失误的主要原因（表4-10），即安全情报自身因素（物理层面）、安全情报环境因素（事理层面）与安全情报人员因素（人理层面）。

表 4-10 基于 "WSR 系统方法论" 的安全情报失误主要原因

序号	WSR 系统方法论	安全情报失误原因	内涵分析
1	物理	安全情报自身因素	主要是指安全情报自身层面的因素，或者说因安全情报自身特点导致的 "硬伤"，如情报的滞后性、模糊性、文化差异性等自身属性的相关问题
2	事理	安全情报环境因素	主要是指安全情报机构所处的社会大环境层面的影响因素，包括与安全情报相关的机制缺失、制度不完善、环境不友好等问题
3	人理	安全情报人员因素	主要是指安全情报活动中的情报人员层面的因素，如人在进行安全情报工作时技术能力层面的问题，人在分析安全信息时和在通过安全情报进行相关决策时具有的主观意识、思维误区等

(二) 产生机理

在情报主导的安全管理中，安全管理的具体内容被划分为两大部分，即安全情报工作与基于安全情报的安全管理行为实施，安全情报工作由安全情报工作机构负责开展，安全情报工作机构将安全情报供给至安全管理机构，支持安全管理行为的实施。根据安全情报流程，上述两个工作阶段实则是安全情报生产阶段与安全情报应用阶段。由情报失误理论可知，安全情报失误极易出现在这两个工作阶段。此外，在安全情报产品从生产完成到投入使用的传递过程 (即安全情报传递阶段) 中，同样也可能发生安全情报失误。因此，综合看，安全管理过程中可能出现安全情报失误的环节包括以上三个阶段。结合安全情报失误的三个主要原因，以安全情报失误对安全管理三个阶段的影响效果为结构单元，构建安全情报失误产生机理模型，见图 4-35。根据图 4-35，安全情报失误产生机理模型的构建思路是：在纵向方面，以安全情报的三个阶段 (也可称安全管理过程) 自上而下展开；在横向方面，以安全情报失误的三个原因 (即安全情报自身因素、安全情报环境因素与安全情报人员因素) 展开。

在该模型中，SI-P 表示安全情报生产阶段 (The Production Phase of SI)，SI-T 表示安全情报传递阶段 (The Transmission Phase of SI)，SI-A 表示安全情报应用阶段 (The Application Phase of SI)，其对应的下标 1 ~ 3

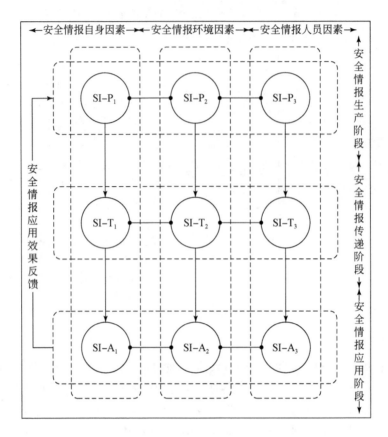

图 4-35　安全情报失误产生机理模型

则表示三方面不同原因的影响，各个结构单元的含义解释见表4-11。此外，从"信号–噪声"角度看，安全情报自身因素、安全情报环境因素与安全情报人员因素是"噪声"因素，每个因素会对安全管理的三个阶段产生不同程度的干扰，影响"信号"（即安全情报）的产生、传递与应用，安全情报失误也因此而产生。须特别说明的是，安全情报失误的三方面原因并非独立作用、毫无关联，相反，三方面原因之间彼此联系，互相影响，是一个整体意义上的安全情报失误原因（见表4-11中的"特殊说明"）。

表 4-11　安全情报失误产生机理模型中的结构单元的含义解释

序号	结构单元	含义解释	特殊说明
1	SI-P_1	表示因安全情报自身因素导致的在安全情报生产阶段发生的安全情报失误	当 SI-P_1、SI-P_2、SI-P_3 两两出现或三个同时出现时,表示在安全情报生产阶段,多个因素同时导致了安全情报失误的发生
2	SI-P_2	表示因安全情报环境因素导致的在安全情报生产阶段发生的安全情报失误	
3	SI-P_3	表示因安全情报人员因素导致的在安全情报生产阶段发生的安全情报失误	
4	SI-T_1	表示因安全情报自身因素导致的在安全情报传递阶段发生的安全情报失误	当 SI-T_1、SI-T_2、SI-T_3 两两出现或三个同时出现时,表示在安全情报传递阶段,多个因素同时导致了安全情报失误的发生
5	SI-T_2	表示因安全情报环境因素导致的在安全情报传递阶段发生的安全情报失误	
6	SI-T_3	表示因安全情报人员因素导致的在安全情报传递阶段发生的安全情报失误	
7	SI-A_1	表示因安全情报自身因素导致的在安全情报应用阶段发生的安全情报失误	当 SI-A_1、SI-A_2、SI-A_3 两两出现或三个同时出现时,表示在安全情报应用阶段,多个因素同时导致了安全情报失误的发生
8	SI-A_2	表示因安全情报环境因素导致的在安全情报应用阶段发生的安全情报失误	
9	SI-A_3	表示因安全情报人员因素导致的在安全情报应用阶段发生的安全情报失误	

三、安全情报失误致因模型的提出

根据事件树原理(谭钦文等,2015),任何事物从初始原因到最终结果所经历的每个环节均有成功与失败两种可能。这里,根据情报主导的安全管理工作全过程(包括安全情报生产阶段、安全情报传递阶段与安全情报应用阶段),结合安全情报失误的产生原因,分析每个环节成功与失败的结果,明确安全情报失误发生的关键节点,可得到安全情报失误的致因机理。基于此,构建安全情报失误致因模型,见图4-36。

在图4-36中,Y表示成功,N表示失败,数字下标表示安全情报在运行全周期中的各个过程。因此,在安全情报生产阶段中,Y_{11}表示安全情报规划成功,N_{11}则表示安全情报规划失败;Y_{12}表示安全情报搜集成功,N_{12}则表示安全情报搜集失败;Y_{13}表示安全情报分析成功,N_{13}则表示安全情报分析失败(安全情报规划、安全情报搜集与安全情报分析均属

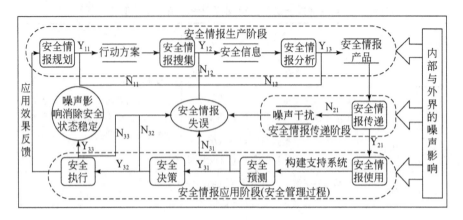

图 4-36　安全情报失误致因模型

于安全情报生产过程，是其包含的基本环节）。在安全情报传递阶段中，Y_{21} 表示安全情报传递成功，N_{21} 则表示安全情报传递失败。在安全情报应用阶段中，Y_{31} 表示安全预测成功，N_{31} 则表示安全预测失败；Y_{32} 表示安全决策成功，N_{32} 则表示安全决策失败；Y_{33} 表示安全执行成功，N_{33} 则表示安全执行失败（安全预测、安全决策与安全执行均是在安全情报支持下的实施内容）。可见，该模型是以安全情报规划为初始任务，开始进行一系列安全管理工作，当各步骤均成功时，安全情报失误不会出现，情报主导的安全管理工作运行成功，噪声对安全情报的影响消除，系统安全状态保持稳定；当任一步骤出现失败时，均可导致安全情报失误，进而影响安全管理效果。因此，情报主导的安全管理中的三个阶段是安全情报失误防控的重点对象。由此可见，安全情报失误致因模型是基于时间层面（即安全情报的三个阶段）和成因层面（即安全情报失误三个层面的原因）构建而成的，可对安全情报失误进行全周期、全层级的解释与分析。

　　为深入理解安全情报失误致因模型的内涵，极有必要将安全情报失误致因模型（图 4-36）按三个层面的原因展开进行详细分析。因此，通过结合安全情报失误产生机理模型（图 4-35），构建全过程展开式安全情报失误致因模型（图 4-37），该模型中每一个层面下有其相对应的安全情报失误致因链（模型中的构成要素已在前文做过详细解释，在此不做赘述），具体见图 4-37。

　　1）安全情报自身层面的安全情报失误致因链。安全情报具有滞后性、模糊性等，使安全情报失误难以避免。例如，在安全情报的生产阶段，安全情报人员唯有在安全事态有了一定进展，并且产生了相关安全信

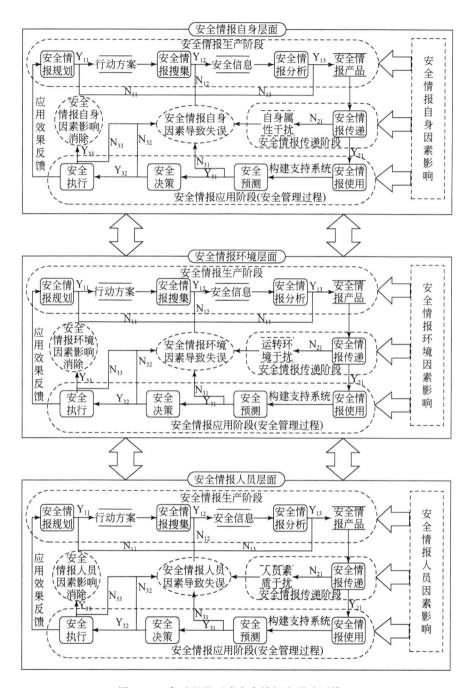

图 4-37　全过程展开式安全情报失误致因模型

息之后，才能进行安全情报收集和分析等工作，进而才能生产出合格的安全情报产品，这就会导致安全情报的诞生滞后于安全事态的发展，影响决策者对安全局势的判断，可能造成安全事件的恶化。可见，安全情报自身因素导致的安全情报失误是安全管理中的一个"硬伤"，安全管理人员须通过改善安全情报属性来降低该因素的不良影响。

2）安全情报环境层面的安全情报失误致因链。安全情报工作是由安全情报工作机构负责开展的，安全情报工作机构将安全情报供给至安全管理机构，支持安全管理行为的实施。安全情报在某种意义上可理解为是一种组织获取的特定知识以及成果，安全情报机构作为组织，那便离不开规定、制度和体制（李培玲，2019）。安全情报环境层面的原因主要是安全情报机构间体制不健全、官僚主义盛行、彼此不良竞争和缺乏共享平台等问题。例如，在安全情报的应用阶段，针对某一安全事件，各部门（如安全、应急、公安、消防、医疗部门等）之间缺少安全情报共享机制，使相关情报同步性与关联性降低，导致应对安全事件的工作受阻，造成失去最佳防控时机的不良后果。因此，安全情报机构所处的大环境对安全情报有着重要的影响作用，而安全情报也需一个理性而客观的运行环境与社会环境。

3）安全情报人员层面的安全情报失误致因链。"情报＝信息＋分析"，即经过人类思维对信息进行系统分析后形成的、满足特定需求的知识成果。就安全管理而言，安全情报人员的业务能力及思维模式（如人在进行情报工作时的技术能力层面的问题、人在分析安全信息时和在通过安全情报进行相关决策时具有的主观意识、思维误区等）对安全情报产品有着本质影响，进而会影响安全管理的具体行为。例如，在安全情报的传递阶段，安全情报人员受"团体思维"影响，在传递安全情报时，迫于团队意见必须一致的压力，掩盖自己的真实想法，选择沉默从众的消极做法，未向决策者表达自己的观点与立场，仅向其传递团队的统一意见（实则是不够完善的），这会导致决策者获得的安全情报产品在一定程度上失真，引起安全情报失误。可见，安全情报人员因素是安全情报失误的一大主观因素，安全情报部门须不断提高安全情报人员的业务水平，并强化其思维能力。

四、安全情报失误规避策略分析

安全情报失误致因模型主要从安全情报失误三个层面的原因与安全情报运转的三个阶段对安全情报失误进行全周期、全层级的解释与分析。基于此模型，扼要分析安全情报失误规避策略，并构建安全情报失误规避策略体系（图4-38）。从图4-38可知，安全情报失误的三方面原因对安全情报运转的三个阶段会产生"噪声"影响，并且其影响可叠加（即多个因素同时产生影响），这对安全情报的有序运转十分不利，极易造成安全情报失误。由此可见，安全情报失误的三方面原因干预是安全情报失误规避须解决的重点问题。

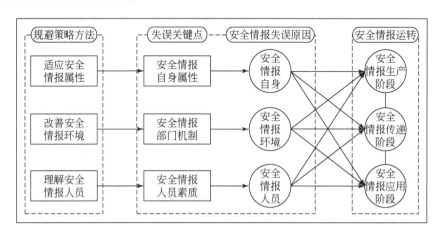

图4-38　基于安全情报失误致因模型的安全情报失误规避策略体系

根据图4-38，从安全情报失误的三方面原因中可提炼出三个对应的安全情报失误关键点，即安全情报自身属性、安全情报部门机制与安全情报人员素质。针对上述三个关键点，提出安全情报失误规避的相关策略，具体解释如下。

1）适应安全情报属性。安全情报自身因素的失误关键点是安全情报自身属性，安全情报自身的属性特点具有客观性，反映的是安全情报客观存在规律的问题，是难以通过其他方式改变的。因此，适应安全情报属性是最佳的解决办法，安全情报部门可在适应安全情报属性的前提下，从以下三方面入手，寻求改变，弥补安全情报自身属性带来的缺陷。具体措施包括：一是提升安全情报的收集速度，解决安全情报收集过程中滞后性的问题；二是提高安全情报的准确性，弥补安全情报的模糊性缺陷；三是增加安全情报的文化内容，给出相应的文化关联知识，以应对安全情报的文化差异性。

2）改善安全情报环境。安全情报环境因素的失误关键点是安全情报部门机制。建立在安全情报部门之间的相关机制须解决如何安排安全情报人员及时、科学而高效地完成安全情报工作的问题。改善安全情报环境是指改善安全情报运行工作的大环境，包括完善安全情报部门内外的各种机制、抑制不良风气等，为安全情报提供一个健康的运行环境。具体措施包括：一是建立安全情报机构的"传递–共享–监督"联合机制，为组织提供一个良好的安全情报运行环境，减少安全情报失误；二是促进安全情报机构体制改革，遏制不良风气，简化安全情报机构的办事流程，杜绝官僚主义，避免发生安全情报失误。

3）理解安全情报人员。安全情报人员因素的失误关键点是安全情报人员素质，包括专业技术、思维方式及文化素养等各方面的综合素质。在开展安全情报工作时，安全情报人员具有自身的主观性，在进行安全情报工作时难免会掺杂主观思维。理解安全情报人员是指理解安全情报人员自身的弱点，包括人们普遍容易进入的思维误区和每个情报人员个人能力的差异。管理者应在此认知的基础上，帮助情报人员提高自身各方面能力，规避因情报人员而出现的安全情报失误。具体措施包括：一是增强安全情报人员自身的业务能力与内在的个人素养，提升专业技能与文化底蕴；二是培养安全情报人员的批判性思维和创新性理念，帮助其跳出思维误区，以应对复杂多变的情报局势。

五、本节结语

近年来，情报主导的安全管理逐步受到学界关注，而安全情报失误则是该管理模式失败的重要原因，安全情报失误致因研究刻不容缓。本节根据现有的安全情报基本理论，给出了安全情报失误的定义，分析了安全情报失误的原因及产生机理，构建了安全情报失误致因模型，并扼要分析安全情报失误的规避策略。本节既可为安全情报失误的研究奠定一定理论基础，也可进一步丰富情报主导的安全管理的研究内容。同时，情报主导的安全管理是一个拥有巨大发展空间和广阔前景的领域，安全工作者应为此种安全管理模式"扫清障碍"，解决好安全情报失误的有关问题，从而提升安全管理能力与水平。

※本章小结※

为夯实安全情报学研究与实践工作的理论基础，本章介绍面向安全管理的安全情报学基本理论。通过本章学习，主要有以下九方面重要发现。

1）安全情报获取与分析生物R-M方法强调安全情报的获取与分析应立足于安全管理本身开展，其从"风险模块"与"管理模块"两方面出发获取与分析安全情报，是一种定性与定量兼具的方法。

2）安全情报感知与分析模型以安全情报感知与分析的流程为主体，阐释了各阶段安全情报工作的主要内容，构建了以任务型为主、智能型为辅的安全情报感知与分析工作机制，提出建设安全情报生态环境以促进安全情报感知与分析工作的良性循环发展。

3）安全情报融合是从多方面、多层次提升安全数据价值密度、挖掘安全数据价值的安全情报分析手段，大数据环境下安全情报融合体系可归纳为五类"融合"，即安全情报需求与安全情报系统的融合、安全情报分析与大数据技术的融合、安全情报分析融合、安全情报应用融合以及人机融合。

4）安全情报素养的基本构成要素是安全情报理论、安全情报意识、安全情报获取能力、安全情报分析能力、安全情报利用能力及安全情报伦理，只有上述六类基本要素之间共同作用，才能构成高质量安全情报素养体系。

5）安全情报系统是安全管理系统与情报系统进行整体配合与有机协调的一种新型的安全管理系统与情报系统，其基本框架可归纳为"一个组织、一个情报源、两个机构、两大系统及三大网络"。

6）智能安全情报分析总体模型以安全情报分析子系统为核心，利用智能调度引擎实现需求和方法技术间的连接，保障安全情报的个性化和精准性，两种分析方式将充分发挥安全情报的决策先导和安全预警功能，保障组织安全。

7）安全情报服务能力评价可从安全情报保障能力、安全情报采集能力、安全情报加工能力、安全情报传递能力和安全情报应用能力五方面考量。

8）智慧安全情报服务体系包括支撑层、安全情报资源层、安全情报服务层与用户层四个层次，它的服务模式包括情报主动式与用户主动式两种，它的关键问题包括安全协作问题、安全情报管理问题及人才队伍建设问题。

9）安全情报失误主要由情报自身、情报环境和情报人员三方面原因造成，其产生节点包括安全情报生产、安全情报传递及安全情报应用三个阶段，安全情报失误规避应从适应安全情报属性、改善安全情报环境和理解安全情报人员三方面着手。

第五章　情报主导的安全管理及典型应用

※本章导读※

安全管理是备受当今社会关注的重大现实问题之一，而安全情报旨在支持和服务安全管理，对安全管理具有统领与引导作用。因此，情报主导的安全管理方法的研究及实践应用具有十分重要的理论与现实意义。本章主要介绍情报主导的安全管理及典型应用举例。首先，对安全情报在安全管理中的作用机理及价值进行定性定量分析。其次，提出情报主导的安全管理方法，介绍关于情报主导的安全管理方法的若干基本问题。最后，依次介绍情报主导的安全管理方法在城市安全管理（包括智慧城市安全管理）、突发事件防控和矿产资源安全管理这些典型领域的具体应用实证。

第一节　安全情报在安全管理中的作用机理及价值

安全情报研究旨在服务和支持安全管理，安全情报是安全管理的支撑、关键点和必备要件，缺失安全情报的安全管理就如同无源之水。正因如此，情报视角下的安全管理研究理应是安全情报研究的关键所在，具有重大的理论与现实意义，理应得到广泛重视和深入开展。毋庸讳言，目前安全情报研究尚处于初步探索阶段，在安全管理中，安全情报工作仍处于游离状态，缺乏有效的渗透和融入。若从学理角度究其原因，这主要是尚未明晰安全管理中的安全情报内涵和机理（主要包括情报视角下的安全管理本质，以及安全情报在安全管理中的作用机理和价值等）。

鉴于此，本节从安全管理学学理与情报学学理角度出发，面向整个安全管理领域和过程，结合情报工作与安全管理工作实际和特色，分析安全情报在安全管理中的作用机理，并在此基础上，探讨如何分析和实现安全情报在安全管理中的价值，以期为情报视域下的安全管理研究实践提供一定的具有普适性的理论依据和参考。

一、安全情报在安全管理中的作用机理分析

这里，为明晰安全情报在安全管理中的作用机理，构建与解析"安

全情报–安全管理行为"模型。

(一) 模型的构建

由以上分析可知,安全情报的最终目的不在于拥有安全情报而在于运用安全情报,强调服务和支持安全管理。同时,从情报视角看,安全管理的本质是安全管理者运用安全情报实施安全管理行为。显然,从情报视角看,安全管理主要包括两方面内容,即实施安全情报流程与情报主导的安全管理行为流程。基于此,参考一般的情报流程(姚乐野和范炜,2014;瞿志凯等,2017)及约维茨(Yovits)的广义情报系统模型(叶鹰和武夷山,2012;Yovits and Kleyle,1993),构建"安全情报–安全管理行为"(SI-SMB)模型,如图5-1所示。

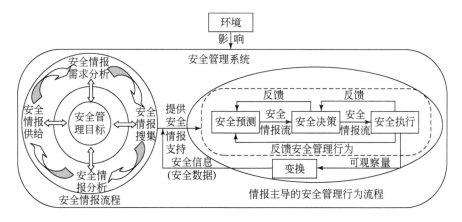

图 5-1 "安全情报–安全管理行为"模型

(二) 模型的内涵解析

由 SI-SMB 模型可知,从情报角度看,安全情报工作是安全管理的有机组成部分,安全情报贯穿于整个安全管理行为过程,安全情报与安全管理行为之间是互馈的(即相互协同、相互影响的)。整个安全管理系统是由安全情报流程与情报主导的安全管理行为流程两个核心部分共同构成的。其中,安全情报流程的核心是情报工作,其是实施情报主导的安全管理行为流程的基础与前提;情报主导的安全管理行为流程的核心是基于安全情报实施安全管理行为(主要包括安全预测行为、安全决策行为与安全执行行为)。此外,整个安全管理系统受环境的影响。下面,对安全情报流程与情报主导的安全管理行为流程依次进行扼要释义。

1. 安全情报流程

由图 5-2 可知，从安全管理角度看，安全情报流程的主要特点应包括两方面。

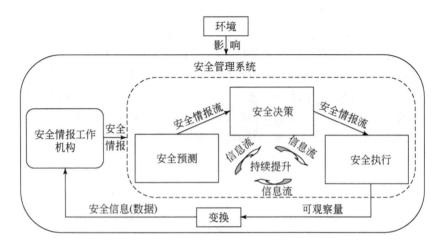

图 5-2　安全情报视域下的安全管理模型

1）安全情报流程的基本步骤类似于一般的安全情报流程的四个基本步骤（瞿志凯等，2017）：①"安全情报需求分析"，指根据和围绕安全情报用户（可称之为"狭义的安全管理者"）所面临或提出的安全管理问题确定安全情报需求，并下达安全情报搜集与分析任务；②"安全情报搜集"，指安全情报搜集人员根据受领的安全情报收集任务展开安全情报搜集；③"安全情报分析"，指安全情报分析人员对相关安全情报信息进行识别、整理与汇总，并结合有关历史安全信息和自身安全经验等，分析与评估相关安全因素；④"安全情报供给"，指安全情报分析人员将所获得安全情报成品供给安全情报用户。

2）参与情报主导的安全管理活动的相关人员（可称之为"广义的安全管理者"，主要包括安全情报搜集人员、安全情报分析人员与安全情报用户）间构建一种以某一具体安全管理目标为中心，相互间能够实时共享交流的安全情报网络。参与情报主导的安全管理活动的相关人员针对和围绕安全管理中心目标，可实现实时的、深层次的安全情报交流互动，可保证安全情报信息搜集、分析和利用更具目标性与目的性，可有效促进安全情报信息的流动性，可打破相互间的安全情报信息屏障与壁垒，使得安全情报搜集、分析与利用更加实时而高效。

2. 情报主导的安全管理行为流程

安全情报价值的实现须依赖积极倡导和践行"情报主导的安全管理"理念，即建立和实施情报主导的安全管理行为流程。安全情报通过服务于安全管理行为流程发挥效用并引起可观察的结果（马费成，1984）。情报主导的安全管理行为流程以接收安全情报后的"安全管理行为"为中心，利用安全情报产生的效果，观察其对安全管理行为的影响。在此基础上，通过确定安全情报过程的各种变量和参数，形成研究安全情报及其效用和价值的一种视角与方法。须特别指出的是，安全情报对于安全管理行为，即安全预测行为、安全决策行为与安全执行行为的支持和服务，并非一定按线性序列影响，更多的可能是三者间的并列随机选择关系。

安全情报工作（即安全情报流程实施）应由安全情报工作机构负责开展。安全情报是由安全情报工作机构向安全情报用户（狭义的安全管理者）提供的，安全管理者运用所获得的安全情报选择最佳安全管理行为路径，并在安全执行行为中变为可观察的安全数据。安全情报又从外部环境与内部反馈进入安全情报工作机构。安全管理者可利用反馈的安全数据信息修正其安全预测行为、安全决策行为和安全执行行为，如此多次反复。

二、安全情报在安全管理中的价值分析

由以上分析可知，SI-SMB 模型主要从定性的角度分析了安全情报在安全管理中的作用机理（即安全情报与安全管理行为之间的相互作用和联系），但未从定量的角度分析安全情报在安全管理中的价值（即安全情报对安全管理行为的支持和服务效用）。鉴于此，在 SI-SMB 模型基础上，运用效用函数、预先的事后分析法（张灵莹，2002）与相关数理知识（如贝叶斯公式与全概率公式等），参考其他领域的情报价值分析模型（张灵莹，2002；焦健等，2008），建立一种分析安全情报在安全管理中的价值的定量模型。

（一）使用安全情报的期望效用分析

假设针对系统安全管理的某一安全管理行为问题的基本要素依次为①系统可能出现的所有安全状态，即系统安全状态空间为 $S = \{s_j\}$（$j = 1$，2，3，…，n）；②系统安全状态空间 S 的概率分布为 $P = \{p_j\}$（$j = 1$，2，3，…，n），其中，P 既可表示安全管理者的主观概率，也可表示客观概率；③由各种安全管理行为方案（路径）组成的安全管理行为方案集合，

即安全管理行为空间为 $B = \{b_i\}$ $(i = 1, 2, 3, \cdots, m)$；④不同安全管理行为方案的安全管理行为的实施结果集合，即安全管理行为结果空间为 $R = (r_{ij})^{m \times n}$（换言之，$R$ 是安全管理行为结果的收益值，或称为安全管理绩效）。上述假设如表 5-1 所示。显然，表 5-1 就可以表示一种安全管理行为分析模型。

表 5-1　安全管理行为分析模型

B	S				
	s_1	s_2	s_3	$\cdots$	s_n
	p_1	p_2	p_3	$\cdots$	p_n
b_1	r_{11}	r_{12}	r_{13}	$\cdots$	r_{1n}
b_2	r_{21}	r_{22}	r_{23}	$\cdots$	r_{2n}
b_3	r_{31}	r_{32}	r_{33}	$\cdots$	r_{3n}
$\vdots$	$\vdots$	$\vdots$	$\vdots$		$\vdots$
b_m	r_{m1}	r_{m2}	r_{m3}	$\cdots$	r_{mn}

此外，设安全管理者的效用函数为 $E = (*)$，安全管理行为目标是使安全管理者的期望效用最大化。就安全管理行为方案 b_i 而言，其期望效用值 $E = (b_i)$ 的表达式为

$$E = (b_i) = \sum_{j=1}^{n} p_j \cdot E(r_{ij})\,(i = 1, 2, \cdots, m; j = 1, 2, \cdots, n)$$

$$(5\text{-}1)$$

显然，上述安全管理问题涉及诸多安全信息（如系统处于各安全状态的概率等）。为方便描述，可将来自安全管理者原先已有的安全经验、安全知识与安全记录等安全信息称为先验安全信息（张灵莹，2002；焦健等，2008）。当安全管理者对系统未来安全状态的发展变化无安全情报可供利用时，安全管理者的安全管理行为目标是选取具有最大期望效用值的安全管理行为方案为安全管理行为方案，即选取安全管理行为方案 $\bar{b}$，其表达式为

$$E(\bar{b}) = \max_{1 \leqslant i \leqslant m} E(b_i)\,(i = 1, 2, \cdots, m) \qquad (5\text{-}2)$$

实际上，系统未来安全状态是不确定的，特别是当各系统安全状态出现的概率 p_j 非常相近时，对系统未来安全状态的变化就更难作出准确的事先判断。因此，在安全管理者的安全管理行为实施中，直接影响安全行为结果的关键在于对系统安全状态的概率分布所作估计的准确性和精准性。

此外，当系统未来出现的安全状态与最高期望效用值下的系统安全状态不同时，则根据式（5-2）所实施的安全管理行为带来的结果就不一定是安全管理绩效的提升，而可能是安全管理失败。因此，在实际实施安全管理行为之前，应尽可能多地搜集与系统安全状态变化相关的安全情报，以把握系统未来安全状态的变化动态，进而保证实施适应系统安全状态变化的最佳安全管理行为，但搜集和获取安全情报会有安全成本消耗，若搜集和获取安全情报的安全成本消耗过高，就极大地削弱甚至失去了安全管理的实际意义和价值。

综上分析可见，若安全管理者在实施安全管理行为之前，可通过一定的措施与途径获得反映系统安全状态出现概率的安全情报，并用所得到的安全情报修正安全管理者原先已有的先验安全信息，则安全管理者可得到新的系统安全状态出现概率［可将其称为"后验安全信息"（张灵莹，2002；焦健等，2008）］，理论而言，在一般情况下，后验安全信息比先验安全信息更准确而可靠（张灵莹，2002；焦健等，2008）。此外，从情报视角看，在整个安全管理过程中，最关键的问题是：安全管理者需要获取多少安全情报才能实现获取安全情报的安全成本消耗与安全管理行为风险间的最佳平衡，进而使所得安全管理行为的效用值最大。为有效解决和回答上述这一问题，这里采用预先的事后分析法（即利用后验安全信息对安全管理行为的未来期望效用进行预先的事后分析）（张灵莹，2002）得到安全情报在安全管理中的期望效用值，并基于此，判断为使最终安全管理行为实现最优，安全管理者是否须获取更多的安全情报。

若用 C_h 表示安全管理者所使用的安全情报显示系统未来安全状态将出现第 h（$h=1$, 2, $\cdots$, k）种安全状态；用 $P(C_h|s_j)$ 表示未来系统出现第 j（$j=1$, 2, $\cdots$, n）种安全状态而安全管理者所使用的安全情报 C_h 显示为第 h 种安全状态的概率。则

$$P(C_h|s_j) = \begin{cases} T_1 & (h=j) \\ 1-T_1 & (h \neq j) \end{cases} \tag{5-3}$$

式中，T_1 为安全情报的可靠率；$1-T_1$ 为安全情报的不可靠率。根据贝叶斯公式与全概率公式，可得出当安全管理者所使用的安全情报 C_h 认为系统未来安全状态出现第 h 种安全状态而系统实际的安全状态为第 j 种安全状态的条件概率 $P(s_j|C_h)$ 为

$$P(s_j|C_h) = \frac{p_j \cdot P(C_h|s_j)}{\sum\limits_{j=1}^{n} p_j \cdot P(C_h|s_j)} \tag{5-4}$$

根据式 (5-1)，在安全管理者使用安全情报 C_h 的条件下，各安全管理行为方案的期望效用值为

$$E(b_i^h) = \sum_{j=1}^{n} P(s_j | C_h) \cdot E(r_{ij}) \qquad (5\text{-}5)$$

根据式 (5-2)，在安全管理者使用安全情报 C_h 的条件下，期望效用值最大的安全管理行为方案 b^h 须满足：

$$E(b^h) = \max_{1 \leqslant i \leqslant m} E(b_i^h) \qquad (5\text{-}6)$$

此外，在安全管理者所使用的安全情报中，安全情报 C_h 发生的概率为

$$P(C_h) = \sum_{j=1}^{n} p_j \cdot P(C_h | s_j) \qquad (5\text{-}7)$$

由此可见，若使用安全情报实施安全管理行为（即根据安全后验信息实施安全管理行为），则这个安全管理行为将会带来的最大期望效用值为

$$E(\hat{b}) = \sum_{h=1}^{k} P(C_h) \cdot E(b^h)(h = 1, 2, \cdots, k) \qquad (5\text{-}8)$$

(二) 安全情报的价值分析

若用 G 表示安全管理者使用的安全情报，则安全情报 G 在安全管理中的价值 $V(G)$ 为安全管理者根据后验安全信息实施安全管理行为所得的最大期望效用值与安全管理者根据先验安全信息实施安全管理行为所得的最大期望效用值之差，即

$$V(G) = E(\hat{b}) - E(\bar{b}) \qquad (5\text{-}9)$$

为保证安全管理的科学合理，实施安全管理行为须就安全情报对安全管理的价值进行科学分析。根据式 (5-9)，显然 $V(G)$ 的值会出现两种结果，即 $V(G) \leqslant 0$ 或 $V(G) > 0$。①若 $V(G) \leqslant 0$，则表明安全情报对安全管理无利用价值，其不会增加安全管理行为的期望效用值；②若 $V(G) > 0$，则表明获取安全情报后，可使安全管理行为的期望效用值提升（即安全情报对安全管理有利用价值），故可进一步对是否获取安全情报开展预先的价值分析。

假设获取安全情报 G 的安全成本消耗为 $D(G)$，则安全情报 G 对安全管理的价值分析式为

$$\Delta(G) = V(G) - D(G) \qquad (5\text{-}10)$$

同理，根据式 (5-10)，显然 $V(G)$ 的值也会出现两种结果，即

$\Delta(G) \leq 0$ 或 $\Delta(G) > 0$，具体分析如下：

1）若 $\Delta(G) \leq 0$，则安全管理者所获取安全情报的安全成本消耗高于安全情报为安全管理所产生的新增期望效用值，在这种情况下，总体收益不增反降，再加之搜集和获取安全情报还有时间损耗，故获取安全情报的成本过高。显然，对组织而言，当 $\Delta(G) \leq 0$ 时，获取安全情报对安全管理无实际意义，在这种情况下，就没必要获取安全情报，安全管理者应根据先验安全信息，即根据式（5-2）做出安全管理行为方案。

2）若 $\Delta(G) > 0$，则安全管理者所获取安全情报的安全成本消耗低于安全情报为安全管理所产生的新增期望效用值，这表明安全管理者所获取的安全情报可为安全管理产生新增的期望效用。显然，对组织而言，当 $\Delta(G) > 0$ 时，获取安全情报对安全管理具有实际意义，在这种情况下，就有必要及时搜集和获取相关安全情报用以辅助安全管理，以期提升安全管理绩效。新增的期望效用值为 $\Delta(G)$，且 $\Delta(G)$ 值的大小与安全情报对安全管理的价值（效用）成正比关系。但须注意的是，若当安全管理者使用安全情报（后验安全信息）后的最佳安全管理行为方案仍为安全管理者基于先验安全信息作出的最佳安全管理行为方案时，此时即便 $\Delta(G) > 0$，获取安全情报对安全管理也无实际意义，故在这种情况下也就没必要获取安全情报。

总之，根据上述分析，可从定量的角度清晰地了解和认识安全情报在安全管理中的价值。此外，还可根据上述分析，通过计算与分析安全情报在安全管理中的价值，使安全管理者在实际安全管理中科学、合理而经济地获取和利用安全情报，以便实施最佳的安全管理行为，进而实现最佳的安全管理绩效。

三、本节结语

为明晰安全情报在安全管理中的作用机理，本节构建与解析"安全情报-安全管理行为"模型。在此基础上，运用效用函数与相关数理知识等，建立安全情报在安全管理中的价值分析模型，以期明晰安全情报在安全管理中的作用机埋，以及提出分析和实现安全情报在安全管理中的价值的基本方法与思路，从而为情报视域下的安全管理研究实践提供一定的理论依据和参考。本节从安全管理学学理与情报学学理角度出发，面向整个安全管理领域和过程，所开展的安全情报在安全管理中的作用机理及价值研究，可为情报视域下的安全管理（即情报先导的安全管理）研究实践提供具有普适性的理论依据与参考。本节是宏观层面的探讨分析，后续相关研究须对本节提出的各模块具体内容及其相互关系进行深入探讨。

第二节　情报主导的安全管理方法

安全情报之于安全管理至关重要，是安全管理的支撑、关键点和必备要件，缺失安全情报的安全管理就如同无源之水。同时，情报主导的实践方法［如"情报主导的警务"（Peterson，2005）与"情报主导的竞争"（赵冰峰，2014）等］是近年来流行的有效实践方法。上述缘由为情报活动介入安全管理活动带来了启发和契机。因此，安全情报研究者认为，安全情报价值的实现须依赖积极倡导与践行"情报主导的安全管理"理念（王秉和吴超，2018d；姚乐野和范炜，2014；董尹和刘千里，2016；Liska，2015）。情报主导的安全管理具有成为21世纪最具影响的安全管理变革的潜力，可代表信息时代，特别是智能化时代安全管理工作模式的未来。

但令人遗憾的是，目前学界尚未明晰情报主导的安全管理的通用性、基础性理论问题，导致情报主导的安全管理的研究与实践缺乏基本的理论依据和方法指导。鉴于此，本节运用文献分析法和思辨法，针对情报主导的安全管理的建立依据、定义与模型开展深入研究，以期为情报主导的安全管理的研究与实践奠定一定的理论基础。

一、情报主导的安全管理的哲学基础

从基本概念角度看，"情报主导的安全管理"概念是"安全情报"与"安全管理"两个本来隶属于不同独立学科领域（即情报科学与安全科学）的学术概念的有效融合或组合。那么，它们具备融合的基本条件吗？它们可实现有效融合吗？这成为建立情报主导的安全管理的首要哲学命题。从哲学角度看，两个及两个以上的事物间进行融合的哲学基础是它们之间应存在一些契合点，即具有一些共同之处。因此，从哲学视角看，寻找和确定"安全情报"与"安全管理"两个概念的契合点是提出情报主导的安全管理的哲学前提和基础。根据王秉和吴超（2019e）、姚乐野和范炜（2014）、董尹和刘千里（2016）和Liska（2015）的研究，概括而言，"安全情报"与"安全管理"两个概念的契合点，即二者间的共同之处主要体现在以下八方面。

（一）以安全为中心

两个概念均坚持"以安全为中心"。安全管理是围绕系统安全促进开展的一系列管理活动，其始终坚持"以安全为中心（目标）"。安全情报也是坚持"以安全为中心"（换言之，与其他情报相比，"以安全为中心"是安全情报的最本质区别和特色），安全情报概念的提出是为安全促进提供新要素、新视角与新范式。

（二）关注和强调解决安全问题

两个概念都关注和强调解决安全问题。情报概念聚焦于解决问题，同样，安全情报概念强调解决安全问题，即安全情报工作应始终围绕解决安全问题开展。就安全管理而言，解决安全问题是安全管理的出发点和终极目标，且安全问题识别、分析、评估与应对是安全管理的核心内容和环节。

（三）以安全信息为基础资源

两个概念均强调安全信息的基础性作用。安全情报是被分析处理的安全信息，故完整而准确的用以表征系统安全状态的信息集合是获取和生产高质量有效安全情报的基础。安全信息是安全管理的基础要素和资源，正因如此，王秉和吴超（2017a）曾做出如下重要论断："安全信息是通往安全的必经之路。"

（四）强调"恰当的安全情景"与"合理的安全成本"

首先，两个概念均强调"恰当的安全情景"，二者均是针对一定时空内的系统安全管理所处的情景（如系统的安全管理体系、系统的安全风险因素及系统内外的安全文化环境等）而言的，这是两个概念的边界限定；其次，两个概念均强调"合理的安全成本"：获取安全情报和实现安全管理目标的安全成本消耗均要合理，若成本不可接受，则围绕二者开展的活动也就失去了实际意义和价值。

（五）对安全环境的关注

两个概念均支持"安全环境是开放系统"的观点，二者都关注系统内外环境对系统安全的影响（如系统对外部安全环境变化的反应，以及安全环境变化所带来的系统安全威胁、挑战和安全管理机遇等），以期更好地理解和干预引起安全事件及促使安全事件发展变化的相关因素。

(六) 对整个系统安全的考虑

两个概念均立足于整个系统高度，关注系统及其相关子系统的安全运行和发展。安全情报是在系统安全管理目标指导下，旨在全面收集与提供能够促进整个系统的安全管理的安全情报。同样，安全管理也强调系统性（全面性），即要管理有可能对整个系统造成负面影响的安全因素。

(七) 实施主体均是"广义的安全管理者"

两个概念的内容均是指一系列活动，而这些活动的实施主体均可概括为"广义的安全管理者"。所谓"广义的安全管理者"主要包括情报专业人员（在实际安全管理中，也可称之为"信息专业人员"）和安全专业人员。也就是说，无论是安全情报工作，还是安全管理工作，均需情报专业人员和安全专业人员的合作。若仅依赖一方专业人员，则无法有效完成安全情报工作和安全管理工作任务。当然，若安全专业人员具备必需的情报技能，那么也可由安全专业人员单独完成二者的活动任务。

(八) 关注"未来安全"

安全情报旨在基于过去和现在的安全信息，分析生产安全情报，运用所生产的安全情报预测系统未来的安全状态，并指导和提升系统未来的安全管理。"未来性"是安全管理的重要特征之一，即安全管理强调"预防为主"和"防患于未然"，旨在保障系统的"未来安全"。

上述"安全情报"与"安全管理"两个概念所具有的一系列共同点是可将二者进行融合的关键之处，它们是提出"情报主导的安全管理"概念的哲学基础。此外，安全情报作为影响安全管理的安全信息，"安全情报"概念与"安全管理"概念之间具有明显的因果关系（即"安全情报"是因，"安全管理"是果）。再者，安全管理与安全情报之间的关系并非单向的，而是相互作用与支撑的（细言之，安全情报支持和服务于安全管理，而安全管理又是安全情报的基本载体，即安全情报又源于安全管理）。这些特征也是进行二者融合的重要哲学基础。

二、情报主导的安全管理的理论基础

在安全管理过程中始终伴随着安全信息的流动，而安全情报是在安全信息流中直接面向安全管理问题与不确定性的，对安全管理具有价值与意义的安全信息（王秉和吴超，2018d；姚乐野和范炜，2014）。由此可见，安全情报贯穿于安全管理过程的始终和安全管理的方方面面，安全情报旨在服务和支持安全管理，安全情报是安全管理的支撑、关键点和必备要件，安全情报对安全管理至关重要，缺失安全情报的安全管理就如同无源之水。

安全情报的最终目的不在于拥有安全情报而在于运用安全情报，强调服务和支持安全管理行为，以期在安全管理中实现"超前预防""耳聪目明""精准施策"。从情报视角看，安全管理的本质是安全管理者运用安全情报实施安全管理行为。基于这一观点，根据约维茨的广义情报系统模型（叶鹰和武夷山，2012；Yovits and Kleyle，1993），以及王秉和吴超（2017b）的安全管理行为模型，构建安全情报视域下的安全管理模型，如图 5-2 所示。

由图 5-2 可知，从情报角度看，安全情报工作是安全管理的有机组成部分，安全情报贯穿于整个安全管理行为过程，安全情报与安全管理行为之间是互馈的，即相互协同、相互影响的（须特别指出的是，安全情报对于安全管理行为，即安全预测行为、安全决策行为与安全执行行为的支持和服务，并非一定按线性序列影响，更多的可能是三者间的并列随机选择关系）。由此，可将安全管理内容划分为两大部分，即"安全情报工作"与"基于安全情报的安全管理行为实施"（或称为"情报主导的安全管理行为实施"）。其中，安全情报工作是由安全情报工作机构负责开展的，安全情报工作机构将安全情报供给安全管理机构，支持安全管理行为的实施。须指出的是，安全情报工作机构与安全管理机构可设置为两个机构，也可设置为一个机构（即广义的安全管理机构）。安全情报通过服务于安全管理行为过程发挥效用并引起可观察量（Yovits and Kleyle，1993），可观察量经变换作用，转化为安全信息（数据），安全信息（数据）传至安全情报工作机构，作为安全情报生产的信息资源。如此往复循环，形成持续流动性的安全管理模式。此外，整个安全管理系统受环境的影响。

三、情报主导的安全管理的实践基础

就实践层面而言，情报主导的安全管理的直接目标是实现情报工作与安全管理工作的有机融合。理论而言，情报工作与安全管理工作存在高契合度是将情报工作融入安全管理工作的基础和前提。首先，情报工作与安全管理工作具有共同的目标，即通过分析相关信息（包括数据）支持安全管理工作，特别是管理决策。换言之，情报工作与安全管理工作都依赖一个信息分析的工作过程。此外，情报工作专业人员基于情报视域审视安全管理实践工作，既可丰富、深化和拓展情报工作的内涵、范畴与边界，也可深化和创新对安全管理实践工作的认识和理解。与此同时，情报工作专业人员的情报视域下的安全管理实践工作思考，可帮助安全专业人员创新和提升安全管理实践工作。其次，情报工作与安全管理工作的实施具有高度的相似性。根据情报工作基本模型（彭知辉，2016）与安全管理工作基本模型（罗云等，2016；Wang et al.，2017）（图5-3），并综合吴超和王秉（2018b）、罗云等（2016）、董尹和刘千里（2016）、Liska（2015）、彭知辉（2016）和Wang等（2017）的研究，对情报工作与安全管理工作的共性进行比较，具体分析如下。

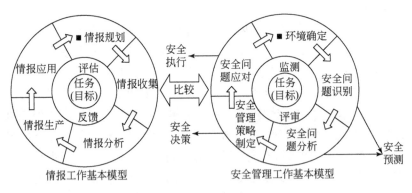

图 5-3　情报工作与安全管理工作的比较

1）情报工作与安全管理工作均强调运用"以任务（目标）为中心"的工作机制和流程（Wang et al.，2017；吴素彬等，2013）。在情报工作和安全管理工作中，各自工作的所有参与者均围绕同一任务（目标）开展工作活动，可实现实时的、深层次的信息交流互动，可保证工作更具目标性与目的性，可打破相互间的信息屏障与壁垒，可加强协同合作，进而使得工作更加有效、实时而高效。

2）情报工作与安全管理工作的第一步的核心工作任务均是"工作范围、内容和需求的确定"。在情报工作的"情报规划"步骤，重要任务是确定情报工作服务对象（情报用户）的情报需求，即情报工作的具体领域、内容和需求。在安全管理工作的"环境确定"阶段，重要任务是在明确系统环境（背景）（如安全管理的目标、边界、准则、要求、约束因素与关键任务等）基础上，确定安全管理工作需求、范围、任务和要点。

3）情报工作与安全管理工作的第二步的工作重点均是"信息收集"。在情报工作的"情报收集"步骤，重要任务是辨识和收集多种来源的信息。在安全管理工作的"安全问题识别"步骤（属于"安全预测"的一部分），重要任务之一是安全信息的辨识和收集。此外，在信息收集过程中，二者均强调所收集信息的可靠性和可信度。

4）情报工作与安全管理工作的第三步的工作重点均是"分析"。在情报工作的"情报分析"步骤，信息被分析转化为情报。在安全管理工作的"安全问题分析"（包括评估）步骤（属于"安全预测"的一部分），重要任务是基于对所收集的安全信息的系统分析，对安全问题的特征、原因、本质及后果等进行分析评估，并形成安全问题分析评估结果。

5）情报工作与安全管理工作的第四步的工作目标是生产符合需求者需求的"产品"。在情报工作的"情报生产"步骤，确定情报的优先次序，情报经"包装"形成真正的"情报产品"，并将它供给情报用户使用。在安全管理工作的"安全管理策略制定"步骤（等同于"安全决策"），目标是根据安全问题分析评估结果，制定具有可行性的安全管理策略（从情报角度看，其实质就是一种"情报产品"），并确定安全管理策略的优先次序。

6）情报工作与安全管理工作的第五步的工作任务均是"应用"。在情报工作的"情报应用"步骤，情报用户运用情报产品开展决策等活动。在安全管理工作的"安全问题应对"步骤（等同于"安全执行"），安全管理者运用安全管理策略应对和处理安全问题。

7）"反馈调节"机制贯穿于情报工作与安全管理工作的始终。就情报工作的"评估与反馈"环节和安全管理工作的"监测与评审"环节而言，二者具有极其相似的功能和目标，即适时地通过"反馈调节"机制，实现工作内容与方法等的及时调整和完善。

8）情报工作与安全管理工作均是一个"循环往复"的工作过程。情报工作与安全管理工作并非"一次性"的，而应是反复而持续的，二者都强调"持续的提升与完善"，这就需要不断重复各工作环节和流程，以实现工作绩效和成效的不断提升。简言之，安全管理工作和情报工作都是持续的和循环发展的。

四、情报主导的安全管理的含义

综上分析，安全情报研究与实践的核心问题是：安全情报在安全管理中的价值的实现须依赖积极倡导和践行"情报主导的安全管理"理念，即实施"情报主导的安全管理"。须特别指出的是，尽管"安全情报"与"安全信息"两个概念之间互为种属关系，但不可将二者混淆（"安全信息"与"安全情报"的区别与联系类似于"信息"与"情报"之间的区别与联系），限于篇幅，可参阅相关文献（化柏林和郑彦宁，2012）。"安全信息"是杂乱无序的，故不可能主导安全管理，主导安全管理的只能是"安全情报"，故"情报主导的安全管理"的称谓更为科学、准确而贴切，不宜使用"信息主导的安全管理"的这一称谓。

这里，给出情报主导的安全管理的具体定义。所谓情报主导的安全管理，是指关于"广泛搜集安全信息，并对其进行综合深入分析加工生产出安全情报产品，在此基础上，安全管理者根据安全情报产品从总体安全战略与具体安全管理策略、措施等不同角度指导安全管理活动"的一种安全管理方法、模型与哲学。换言之，情报主导的安全管理是指通过综合搜集和分析安全信息，进而加工生成"安全情报产品"，并运用"安全情报产品"统领和引导安全管理行为活动，从而提高安全管理工作的整体效能。简言之，情报主导的安全管理是指"运用安全情报统领和引导安全管理全局全过程"。

就该概念中的"主导"一词而言，其基本含义为：统领、引导、贯穿、推动全局发展，发挥重要的引导作用（吕雪梅，2008）。由此可见，情报主导的安全管理的基本特征是安全情报居于安全管理的核心地位（细言之，情报主导的安全管理以安全情报工作为客观安全管理工具，以安全情报的分析与解读为安全管理的核心依据）。此外，情报主导的安全管理强调安全信息的共享和合作，通过整合与协调各项安全情报功能，并将安全情报有效融入安全管理，促进安全情报在安全管理中的主导作用的最大化发挥，使安全情报更好地为安全管理服务，实现运用安全情报影响各个层次的安全管理行为活动的目标。

就实践层面而言，情报主导的安全管理，旨在强调和凸显安全情报在安全管理活动中的统领、引领或主导作用，即"预知于前、准确预测，审视于准，科学决策，防患于先、快速执行（响应）"，真正做到"预防为主、防患于未然"，这是情报主导的安全管理的本质和优势所在。在情报主导的安全管理中，要实现"主导"，必须强化安全情报工作，以确保对获取的安全信息资源进行全面、广泛的解读和分析，进而提升安全情报对安全管理的支持和服务能力。细言之，实施情报主导的安全管理，必须具有良好的情报工作能力，并可基于安全情报进行准确的安全预测、科学的安全决策，以及快速的安全执行。

与传统安全管理方法与模式（如基于事故的安全管理、基于问题的安全管理及基于统计的安全管理等）相比，情报主导的安全管理至少具有以下七个显著优点（王秉和吴超，2018d；Wang et al.，2017）：第一，安全管理的依据是事实（由安全信息链可知，安全情报的最初原型是安全事实），有助于提升安全管理的科学性与有效性；第二，可尽可能解决安全管理过程的安全情报缺失程度；第三，纠错机制被引入安全管理（情报工作流程涉及反馈环节），这有助于安全管理的完善；第四，有助于安全信息共享；第五，传统安全管理方法与模式（如基于事故的安全管理、基于问题的安全管理及基于统计的安全管理等）可实现与情报主导的安全管理的有效结合；第六，安全信息是信息时代，特别是大数据时代的最重要的安全管理资源，情报主导的安全管理可实现安全信息资源的充分有效利用；第七，安全情报工作是直接面向解决安全问题的，情报主导的安全管理有助于增强安全管理的针对性和实践性。总之，与传统安全管理方法与模式相比，情报主导的安全管理更科学、更有效、更具针对性和更实用，它具备成为信息时代，特别是大数据时代安全管理的最大创新的巨大潜力。

此外，根据情报主导的安全管理的定义，可提炼出情报主导的安全管理的三个基本要素，即安全情报、安全问题与安全管理者，三者之间的关系如图5-4所示。首先，安全情报对安全问题的作用是解读（包括识别）安全问题，即根据安全情报识别和分析认识安全问题。其次，安全情报对安全管理者的作用是影响安全管理者的安全管理行为活动，即安全管理者运用安全情报支持其安全管理行为活动。最后，安全管理者对安全问题的作用是进行安全问题干预，即解决安全问题。三者之间通过信息流进行沟通、交流和协作，共同实现安全管理绩效的持续提升。

五、情报主导的安全管理模型

为给情报主导的安全管理的研究与实践工作提供总体理论和方法指导，根据情报主导的安全管理的基础依据和含义，依次构建情报主导

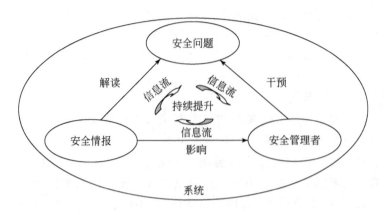

图5-4 情报主导的安全管理的基本要素

的安全管理的概念模型（侧重于理论层面）与实施模型（侧重于实践层面）。

（一）概念模型

　　情报主导的安全管理的概念模型，如图5-5所示。根据模型可知，情报主导的安全管理的焦点在于如何通过成功的安全管理（即做出成功的安全预测、安全决策与安全执行，且安全管理也离不开一般管理中的领导、组织、协调、控制与评估活动的辅助支撑）实现系统安全，而安全管理又依赖准确、及时、全面的安全情报，准确、及时、全面的安全情报的生成又离不开安全情报工作（其工作流程见图5-5，当然也需要一般管理中的领导、组织、协调、控制与评估活动作为其辅助活动）的支撑。此外，实施情报主导的安全管理还需系统安全学理论和方法论作为理论指导，主要有两个。

　　1. 系统安全"四流合一"理论

　　该理论认为，安全信息具有整合功能，某一系统内的安全物质流、安全能量流与安全行为流可统一整合为安全信息流，故可用安全信息表征系统整体安全状态（王秉和吴超，2018c）。安全情报源于对安全信息的加工分析，完整有效的安全信息供给是获得全面准确安全情报的基础。因此，该理论是实施情报主导的安全管理的核心理论基础之一。

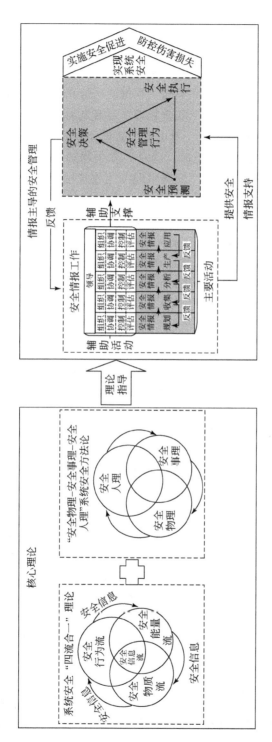

图5-5 情报主导的安全管理的概念模型

2. "安全物理–安全事理–安全人理" 系统安全方法论

该方法论是基于系统科学领域的 "物理–事理–人理" 系统方法论 (顾基发等, 2007) 提出的, 其对实施情报主导的安全管理的重要理论意义在于指导系统安全情报体系的构建。根据姚乐野和范炜 (2014) 的研究, 从系统安全情报体系角度看, "安全物理" 主要包括安全情报资源、安全情报方法、安全信息技术系统, 其中安全情报资源是主体, 安全情报方法与安全信息技术系统是辅助支撑, 研究 "安全物理" 的目的是提升安全情报收集与分析的硬件能力; "安全事理" 主要包括相关系统安全管理机构、建立在各机构间的协同配合机制等, 研究 "安全事理" 的目的是提高安全情报运行效率; "安全人理" 主要指安全管理中涉及的人员, 包括安全预测人员、安全决策人员、安全执行人员、安全专业人员、情报人员与操作人员等, 研究 "安全人理" 的目的是达到不同安全管理相关人员角色的安全情报配给, 如安全预测精准、安全决策有效、安全执行到位与人员联动等。

(二) 实施模型

根据情报主导的安全管理的实践基础 (即 "情报工作与安全管理工作的契合"), 尽管情报工作与安全管理工作的具体目标 (任务)、内容及各个环节的具体任务、目标是不同的, 但二者的总体理念与思路是完全一致的。也就是说, 就实践层面而言, 情报工作与安全管理工作在目标 (任务)、核心环节和整体过程三方面具有高度的相似性。同时, 安全管理作为一个大综合大交叉的学科领域, 对其他学科领域的理论与实践保持高度的开放性, 善于吸纳其他学科领域的理论与实践经验, 故让安全情报工作活动介入安全管理工作活动是完全可行的。总之, 就实践层面而言, 情报工作与安全管理工作之间可进行有效融合, 形成情报主导的安全管理工作模式。在图 5-5 的基础上, 以情报工作与安全管理工作的相似之处为立足点和切入点, 整合情报工作和安全管理工作的核心要素和环节, 构建情报主导的安全管理的实施模型 (图 5-6), 从而为情报主导的安全管理实践提供方法指导。

由图 5-6 可知, 情报主导的安全管理工作是情报工作与传统安全管理工作的有机结合, 它以一定的安全管理目标 (任务) 为中心, 以 "安全规划"、"安全信息收集"、"安全情报分析生产" 与 "安全问题识别分析" (二者相互影响、相互作用, 是情报主导的安全管理的核心环节)、"安全管理策略制定", 以及 "安全问题干预" 构成往复循环的基本工作

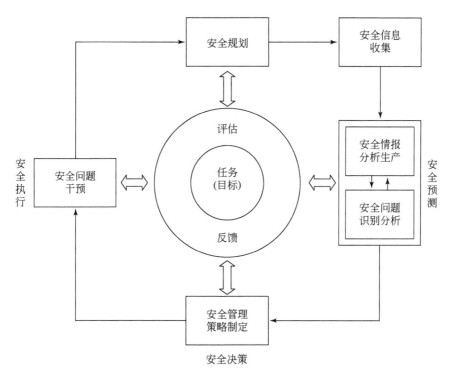

图 5-6　情报主导的安全管理的实施模型

流程（各环节的具体目标和任务见上文），并适时通过评估与反馈不断完善修正安全管理实践工作。

六、本节结语

运用理论演绎方法和思辨研究方法，分别从哲学基础、理论基础与实践基础三个层面出发，探讨情报主导的安全管理的建立依据。在此基础上，分析情报主导的安全管理的含义，并构建和解析情报主导的安全管理的两个基本模型（即概念模型和实施模型）。通过本节学习发现，情报主导的安全管理方法的建立具备坚实的基础依据，情报主导的安全管理是指运用安全情报统领和引导安全管理全局全过程，情报主导的安全管理的概念模型和实施模型可为其研究与实践工作提供总体理论和方法指导。情报主导的安全管理是一个具有广阔研究与实践领域的课题。此外，情报主导的安全管理的重点不仅在于安全情报，更在于安全管理，安全管理模式的变革是情报主导的安全管理的实质，这种变革不仅是情报工作的丰富和变革，而且是安全管理机制和方式的变革。因此，情报主导的安全管理是一个具有巨大研究实践空间和广阔研究实践前景的领域，本节尚属这方面的起步探索性研究，期待更多学者关注并开展这方面研究，早日使情报主导的安全管理"落地生根、开花结果"。

第三节　情报主导的城市安全管理

城市是安全治理的基本单元，城市安全至关重要，一直是社会焦点问题之一。特别是步入现代社会，随着城市化进程明显加快，城市人口、功能和规模不断扩大，新的城市危险源和安全风险大量涌现，城市运行系统日益复杂，城市安全管理与重要性日趋突出（Frevel，2013）。正因如此，近年来，世界各国对城市安全的关注更加凸显（Frevel，2013）。例如，在中国，2018 年 1 月，中共中央办公厅、国务院办公厅专门印发《关于推进城市安全发展的意见》，旨在指导和促进城市安全发展。总之，安全是现代化城市的第一要素，是城市发展必须坚守的红线和底线。因此，开展城市安全研究正当时，不仅有可为，且大有可为。

城市安全是一个典型的跨学科研究领域，城市安全研究需要多学科参与和助力。近年来，情报学界开始关注面向城市安全管理的情报研究。经查阅文献分析发现，目前，这方面研究主要集中在城市应急管理方面，具有代表性的研究成果有：李阳（2019a）探讨城市应急情报能力建设；郭骅等（2016）开展城市应急管理情报体系研究；李纲和李阳（2016）与李阳和李纲（2016）探讨面向应急决策的智慧城市情报工程实践与应用，以及智慧城市应急决策情报体系构建等。其实，根据安全管理的环节和过程划分，城市安全管理实则包括"常态城市安全管理"（它强调事前防控）与"非常态城市安全管理"（即城市应急管理，它强调事后救援和减损）两个重要环节和阶段，且城市安全管理工作的重头应是"常态城市安全管理"，这是安全工作方针之"预防为主"的直观体现和根本要求。显然，无论是"常态城市安全管理"还是"城市应急管理"，均需情报的支持。但令人遗憾的是，已有的面向城市安全管理的情报研究忽视了"常态城市安全管理"环节，导致目前尚未有面向城市安全管理全过程（环节）的安全情报研究，这严重阻碍这方面研究的深度和应用广度。因此，今后的这方面研究亟须从仅面向城市应急管理单一环节转向面向城市安全管理全过程。

鉴于此，本节面向城市安全管理全过程，并将"情报主导的安全管理"理念与方法（王秉和吴超，2019g）〔它被认为是信息时代，特别是大数据时代的一种有效的安全管理新方法，也是一种最接近智慧安全管理的方法（王秉和吴超，2019g），已应用于矿产资源安全管理领域（王秉等，2019）〕引入城市安全管理，以期构建情报主导的城市安全管理理论框架（具体包括城市安全管理的情报内涵分析、城市安全管理中的情报工作分析，以及情报主导的城市安全管理模型构建），从而为后续情报主导的城市安全管理相关研究与实践，以及面向城市安全管理全过程的情报研究与实践奠定理论基础和提供方法指导。

一、城市安全概述

（一）城市安全的含义分析

从系统角度看，安全（Safety & Security）的定义是：系统免受不可接受的内外因素不利影响的状态（Piètre-Cambacédès and Chaudet，2010；王秉和吴超，2017a）。由于城市是一个系统，故可根据系统角度安全的定义，给出系统角度的城市安全的定义：城市这一系统免受不可接受的内外因素不利影响的状态。其中，"不利影响"的具体表现包括城市运行失常、城市功能降低或瘫痪、城市内发生安全事件或产生损失等；"内外因素不利影响的可接受程度"可根据"可接受城市安全风险"来权衡。根据城市安全的定义，分析城市安全的内涵，具体如下。

1）城市安全的本质：一类典型的系统安全问题（郭汝和唐红，2013）。城市是一个系统，从系统安全学角度看，可将城市当作一个系统开展城市安全研究与管理。因此，城市安全的本质是一类典型的系统安全问题。或者说，从系统安全学视角看，"城市安全"概念实则是"城市系统安全"概念的简称，城市安全研究与管理应将研究对象"城市"放在"系统"的形式中开展。

2）城市安全的内容：一类典型的"安全一体化"问题。城市安全风险包括来自Safety和Security两方面的安全风险。因此，城市安全的内容涵盖Safety和Security两层面，且一般二者紧密联系，相互影响，相互交织，相互转化，不可分割。

3）城市安全促进（管理）的中心理论和方法：系统安全理论与方法。既然城市安全的本质是一类典型的系统安全问题，那么，城市安全促进（管理）的中心理论和方法理应是系统安全理论与方法。

（二）现代城市安全的复杂性分析

综上所述可知，城市安全的本质是一类典型的系统安全问题。就现代城市而言，其复杂巨系统特征尤为突出，它的本质是一类典型的复杂巨系统（王秉和吴超，2018f；郭汝和唐红，2013）。这两方面共同决定"现代城市安全是一类典型的复杂巨系统安全问题"（王秉和吴超，2018f；周干峙，2002）。为深刻认识和理解"现代城市安全的复杂巨系统安全论"，有必要分析现代城市安全的复杂巨系统安全特征，其主要体现在三个维度（即特征维、内容维与要素维）（王秉和吴超，2018f），具体分析如下。

1）从特征维看，现代城市的复杂巨系统特征（即多要素、多主体、多层次、高维性、多尺度、非线性、开放性、动态性等特征）（王秉和吴超，2018f），直接决定现代城市安全的研究对象是一个复杂巨系统，对其安全性的研究应归属为复杂巨系统安全问题，这是建立"现代城市安全的复杂巨系统安全论"的基础。

2）从内容维看，现代城市安全的内容同时涵盖 Safety 和 Security 两方面相互影响、相互交织、相互转化的内容，而每一方面又可继续细分为一系列具体领域或行业的城市安全内容，且它们之间又可进行相互影响、相互交织、相互转化。

3）从要素维看，在现代城市中，人流（行为）、经济流、物资流、能量流与信息流高度交汇，它们时刻影响着城市系统的安全运行。当然，它们也是保障城市安全的基础资源要素。人流（行为）、经济流、物资流、能量流与信息流都是一个复杂巨系统，且它们之间互动频繁、关联紧密。

二、城市安全管理的情报内涵分析

从管理科学角度看，情报的核心功能和任务是为管理（特别是决策）提供有效支撑。因此，可将情报理解为：影响了管理的信息（陈超，2017）。通俗言之，情报是指对管理有用的信息。鉴于此，所谓安全情报，是指所有影响了安全管理的安全信息。在现代城市安全管理中，特别是大数据时代的城市安全管理，会产生海量、动静态的安全信息（既包括与城市安全设施设备、危险源等有关的基本的静态安全信息，也包括城市危险源动态变化、城市系统运行过程和城市安全管理活动等产生的动态安全信息），它们构成了城市安全方面的比特空间。在城市安全管理工作中，自始至终伴随着相关安全信息的流动。就城市安全管理而言，安全情报是在大量城市相关安全信息中分析和提炼出的直接面向与服务于城市安全管理的安全信息，是对城市安全管理具有价值和意义的安全信息。可以说，就城市安全管理而言，安全情报贯通城市安全管理工作的始末与各环节，安全情报的核心任务和目标为城市安全管理提供有效服务与科学支撑。由此可见，安全情报是城市安全管理的"尖兵、耳目和参谋"，安全情报对于城市安全管理不可或缺，缺少安全情报支持的城市安全管理犹如"无本之木、无米之炊"。

基于上述分析，给出情报角度的城市安全管理含义。所谓城市安全管理，是指以城市这一系统为管理对象，以保障城市安全为着眼点和目标，以城市的基本安全信息（包括安全数据）为基础，通过收集、分析、生产与应用安全情报来服务和支持一系列围绕保障城市安全而开展的管理行为及活动（王秉和吴超，2018f）。需要说明的是，根据系统安全"四流合一"理论（王秉和吴超，2018c），安全信息具有整合功能，某一系统内的安全物质（物资）流、安全能量流、安全行为流可统一整合为安全信息流进行表征，故可用安全信息表征系统整体安全状态。此外，安全情报是经加工和被激活的安全信息，城市的基本安全信息是生产服务于城市安全管理的安全情报的基本原料。

由情报角度的城市管理的含义可知，简单讲，城市安全管理的本质是运用安全情报实施城市安全管理行为和活动，安全情报工作是城市安全管理工作的核心内容。根据情报角度的城市安全管理的含义以及城市安全管理的主要内容，参考霍尔三维结构（Hall，1969），可提炼出城市安全管理的三个核心维度，即时间维（体现城市安全管理阶段）（王秉和吴超，2018f）、逻辑维（体现城市安全管理工作步骤）（王秉和吴超，2018f）与情报维（体现城市安全管理所需的安全情报工作支撑）。由此，建立城市安全管理的"时间维–逻辑维–情报维"三维分析模型（图5-7），各维度的具体含义解释见表5-2。由图5-7可知，时间维、逻辑维和情报维是城市安全管理的三个基本维度，其中，情报维的城市安全管理工作是时间维与逻辑维的城市安全管理工作的基础，它用来支持时间维与逻辑维的城市安全管理工作；时间维与逻辑维的城市安全管理工作中产生的各类安全信息（包括安全数据）可通过反馈机制形成情报维的安全情报生产原料，并影响情报维的城市安全管理工作。

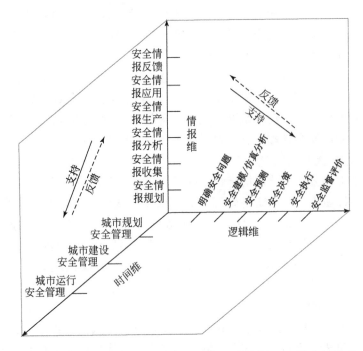

图 5-7　城市安全管理的"时间维–逻辑维–情报维"三维分析模型

表 5-2　城市安全管理的"时间维–逻辑维–情报维"的内涵

序号	维度	内涵
1	时间维	城市安全管理包括前期的城市规划安全管理、中期的城市建设安全管理及后期的城市运行安全管理三个阶段。其中，城市规划安全管理和城市建设安全管理的工作重点是加强城市安全问题的源头治理；城市运行安全管理的工作重点是城市运行过程的安全风险管控。三者之间并非简单的线性关系，它们之间存在相互影响和互动反馈的机制，且它们处于持续的动态变化之中
2	逻辑维	根据系统安全管理流程，整个城市安全管理流程包括明确安全问题、安全建模/仿真分析、安全预测、安全决策、安全执行与安全监督评价等环节
3	情报维	情报维是指开展城市安全管理活动（即开展时间维和逻辑维的城市安全管理活动）所必需的安全情报工作支持。根据安全情报工作基本流程，安全情报工作主要包括安全情报规划、安全情报收集、安全情报分析、安全情报生产、安全情报应用与安全情报反馈（王秉和吴超，2019g；彭知辉，2016）

　　在现代城市安全管理中，特别是在当今大数据时代和智慧城市建设背景下，明晰城市安全管理的情报本质至关重要。在大数据时代，智慧城市强调大数据的支撑和应用，依托大数据开展城市安全管理已逐渐成为现

实。然而，大数据技术背后的科学认知与情报科学思维、理论与方法是一脉相承的，在基于大数据的城市安全管理中，仅有大数据思维和技术是不行的。若大数据思维和技术没有情报科学思维、理论与方法的支撑，城市安全管理工作者就不知道需要收集哪些安全数据信息，收集安全数据信息用来干什么，或者不知道应关注什么样的关键城市安全问题和风险，大数据在城市安全研究与管理中将会失去它的效力和有用性，并可能产生新的意想不到的不良后果（如无用的城市安全数据信息泛滥，而有用的服务于城市安全管理的安全情报依然缺失）。总之，理解和掌握城市安全管理的情报本质不仅是一种有益的城市安全研究和管理思路，也应成为城市安全研究和管理中遵循的基本价值观，以避免今日视为骄傲的城市安全管理变成明天城市安全管理的灾难和迷茫。

三、城市安全管理中的情报工作分析

（一）城市安全管理中的情报工作的发展趋势和基本要求

传统的城市相对小而简单，即便是随着发展城市的规模增大了，它也不过是一个简单巨系统。由此可见，传统的城市安全问题不过是一个简单巨系统安全问题。因此，就传统城市安全管理中的情报工作而言，传统的系统科学理论之还原论（其强调分解与简化）对指导城市安全情报工作相对有效，在还原论指导下，城市安全管理者将城市系统及其安全管理系统分割成若干子系统，分别获取和分析各个子系统的安全情报用以支持城市安全管理工作。然而，现代城市安全问题及现代城市安全管理系统的复杂巨系统特性日趋凸显，城市安全问题的各子安全问题，以及城市安全管理系统的各子系统之间的复杂交织性和叠加性使得对它们的分割和简化难以进行，而且分解出的子安全问题和子安全管理系统已不是原来的安全问题与安全管理系统，对子安全问题和子安全管理系统的点滴分析与研究也很难进行有效综合及叠加，从而众多子系统的安全优化未必会带来城市系统整体的安全优化。也正是由于上述原因，现代城市安全管理的情报工作存在条块分割、多头指挥、联动失灵、缺乏协调和统一等一系列问题。由此可见，传统的分解、叠加思想和方法已逐渐无法适用于指导现代城市安全管理中的情报工作，这种思想和方法最终会导致情报获取、分析和应用失败。

现代城市安全及其管理作为一类典型的复杂巨系统安全及其管理问题，其不仅在于保障各子系统的安全，更关键的是在于各个子系统安全与

城市系统总体安全和管理目标的协同及合作方面。非常令人欣慰的是，当今信息技术，特别是大数据技术促进了城市各安全管理部门之间的信息交流和共享，这有助于形成"大部门"内城市安全管理中情报工作的互动协作模式，有助于实施全方位协同合作的城市安全管理模式。在现代城市安全管理中的情报工作中，应准确理解城市安全管理中的情报工作的发展与着力方向，即要依托复杂巨系统理论与方法，以及信息技术、大数据技术等加强城市安全管理中的情报工作的综合和协调，这是应对现代城市安全问题及现代城市安全管理系统的复杂巨系统特征的必然要求。此外，"现代城市安全的复杂巨系统安全论"要求现代城市安全管理中的情报工作思维方式也要发生一系列变革，即开始由"线性思维"转向"非线性思维"、从"还原论思维"转向"整体思维"、从"实体安全思维"转向"关系（关联）安全思维"（安全大数据思维的核心之一）、从"静态思维"转向"动态思维"等。概括而言，相对于传统的城市安全管理中的情报工作，现代城市安全管理中的情报工作绝非仅是"规模与范畴扩大了"，确切地讲，应是一种"由简单到复杂、由小到大、由局部到整体、从线性到非线性、从实体型到关联型、从静态到动态、由狭隘到广博、由暂时到永续、由数字（数据）到智能"的质的飞跃。

（二）城市安全管理中的情报综合集成方法

根据城市安全管理中的情报工作的发展趋势和基本要求，要实现城市安全管理中的情报工作的综合与协调，必须要有相应的理论及技术作为支撑。1990 年，钱学森在系统工程实践基础上，运用系统科学、复杂性科学和控制论等的交叉学科知识，提出复杂巨系统理论。该理论强调，应运用整体论与还原论相结合的方式分析复杂巨系统，并指出，唯一能有效处理复杂巨系统的方法是定性与定量相结合的综合集成方法，即"大成智慧工程"（Metasynthetic Engineering）（于景元和刘毅，2002）。综合集成方法的实施步骤主要包括三步：①通过定性综合集成提出经验性假设；②采用人机结合方式进行定性与定量相结合的综合集成，重点是实现从定性到定量的综合集成；③通过定性与定量相结合的综合集成获得科学结论（钱学森等，1990）。近年来，综合集成方法已在众多复杂巨系统研究与处理方面得到了广泛应用，并已取得显著的应用成效。同样，综合集成方法理应也是城市安全管理中的情报工作的重要方法论，它可为城市安全管理中的情报工作提供有力的理论和方法支撑与指导。

概括而言，将综合集成方法应用至城市安全管理中的情报工作的基本思路是：将城市安全管理者、城市安全专家和公众的安全思维、安全智慧、安全经验，以及其他安全资料与多元安全数据信息全部综合集成起来，在情报专家的指导下，运用数据挖掘（特别是当今"时髦"的大数据挖掘）、文本挖掘、模型挖掘、专家意见挖掘等一系列科学与信息化手段，首先从多方面的定性认识上升至定量认识，再综合定性定量的分析结果（从情报学角度看，通过定性与定量分析获得的结论和建议的本质是安全情报），指导城市安全管理工作。信息技术引领的安全管理信息化已经成为新时代的安全管理创新主题，城市安全管理领域也是如此。城市安全管理者应以城市安全管理信息化建设为契机，充分发挥专家体系、安全管理信息系统、安全数据信息体系的综合集成，以期收集、分析和生产服务于城市安全管理的高质量安全情报。城市安全管理中的情报综合集成体系结构如图5-8所示，它是现代城市安全管理支持系统，安全信息是实现专家体系、安全管理信息系统、安全数据信息体系三者之间的互联互通的基本媒介。根据钱学森等（1990）及于景元和刘毅（2002）等对综合集成方法论的解释，可得出基于综合集成方法的城市安全情报工作的具体实施步骤，见图5-9。

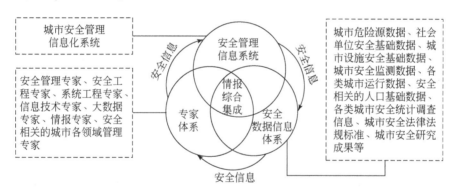

图 5-8 城市安全管理中的情报综合集成体系结构

四、情报主导的城市安全管理模型构建

安全情报价值的实现须依赖积极倡导和践行"情报主导的安全管理"理念和方法（王秉和吴超，2019g）。同理，城市安全管理中的情报及情报工作对城市安全管理的价值与意义的实现须依赖倡导和实施情报主导的城市安全管理方法。结合情报主导的安全管理方法的基本含义（王秉和吴超，2019g），所谓情报主导的城市安全管理，是指以城市安全管理中的

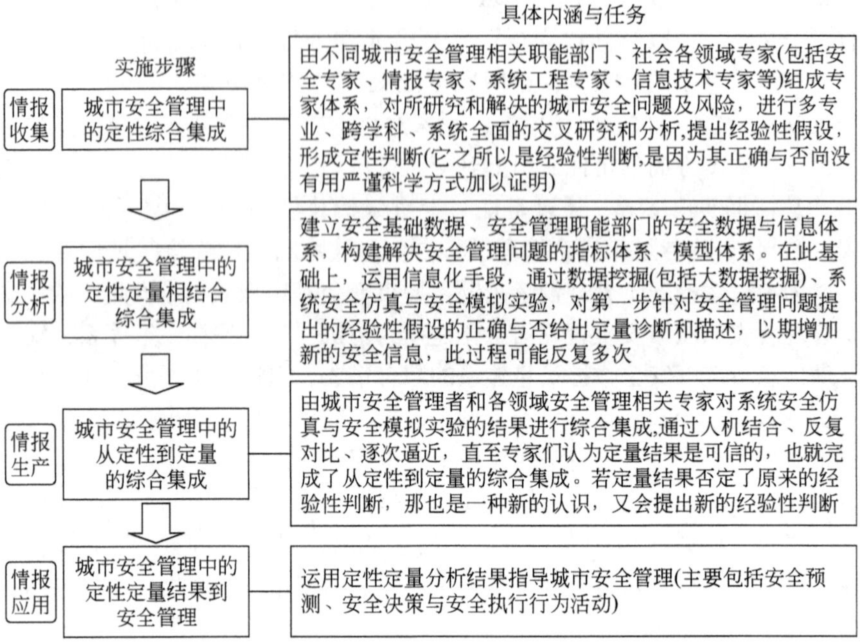

具体内涵与任务

实施步骤

情报收集	城市安全管理中的定性综合集成	由不同城市安全管理相关职能部门、社会各领域专家(包括安全专家、情报专家、系统工程专家、信息技术专家等)组成专家体系,对所研究和解决的城市安全问题及风险,进行多专业、跨学科、系统全面的交叉研究和分析,提出经验性假设,形成定性判断(它之所以是经验性判断,是因为其正确与否尚没有用严谨科学方式加以证明)
情报分析	城市安全管理中的定性定量相结合综合集成	建立安全基础数据、安全管理职能部门的安全数据与信息体系,构建解决安全管理问题的指标体系、模型体系。在此基础上,运用信息化手段,通过数据挖掘(包括大数据挖掘)、系统安全仿真与安全模拟实验,对第一步针对安全管理问题提出的经验性假设的正确与否给出定量诊断和描述,以期增加新的安全信息,此过程可能反复多次
情报生产	城市安全管理中的从定性到定量的综合集成	由城市安全管理者和各领域安全管理相关专家对系统安全仿真与安全模拟实验的结果进行综合集成,通过人机结合、反复对比、逐次逼近,直至专家们认为定量结果是可信的,也就完成了从定性到定量的综合集成。若定量结果否定了原来的经验性判断,那也是一种新的认识,又会提出新的经验性判断
情报应用	城市安全管理中的定性定量结果到安全管理	运用定性定量分析结果指导城市安全管理(主要包括安全预测、安全决策与安全执行行为活动)

图 5-9　城市安全管理中的情报综合集成方法的实施步骤

情报工作为基础,运用安全情报统领和引导城市安全管理全局全过程。参考钱学森等(1990)提出的综合集成方法的实施流程框架,在城市安全管理中的情报综合集成方法的实施步骤(图 5-9)的基础上,建立情报主导的城市安全管理模型(图 5-10)。

由图 5-10 可知,情报主导的城市安全管理是城市安全管理中的情报工作与传统城市安全管理工作内容的有机结合,是"情报综合集成(图5-10 上面部分)"与"情报应用(图 5-10 下面部分)"的有机结合,目的是建立"用综合集成方法获取和分析情报、用情报指导城市安全管理"的城市安全管理机制和方法。对情报主导的城市安全管理模型的内涵具体分析如下。

1. "情报综合集成"部分的内涵

这部分工作的目的是获取和分析服务于城市安全管理的情报,它的基本步骤主要包括城市系统安全机制目的判断(相当于情报规划)—安全建模、仿真、分析与优化和结果分析与综合集成(相当于情报收集与分析)—结论和建议(相当于情报生产),各步骤的具体内涵见图 5-9。由此观之,"情报综合集成"部分的重要工作实质是城市安全情报工作。

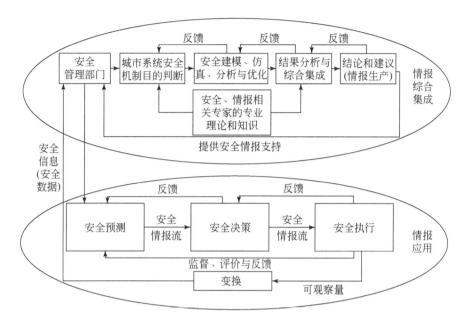

图 5-10　情报主导的城市安全管理模型

2. "情报应用"部分的内涵

这部分工作的目的是运用情报支持和指导城市安全管理全流程（即所有城市安全管理环节和活动），以期实现预期的城市安全管理目标。一般而言，主要的城市安全管理环节和活动包括城市安全预测（辨识城市安全风险或问题）、城市安全决策（制定城市安全管理方案和具体策略）及城市安全执行（执行和实施城市安全决策，即运用制定的城市安全管理方案和具体策略开展城市安全风险管控或安全问题干预）。由此观之，"情报应用"部分的重要工作实质是基于情报的城市安全管理行为和活动开展工作。

3. 其他内涵

第一，城市安全管理部门（包括城市安全管理中的情报机构）是实施"情报综合集成"和"情报应用"工作的共同主体，也是使两种工作有效融合的中介组织机构；第二，"情报综合集成"部分是实施情报主导的城市安全管理的基础，因为它可生产安全情报；第三，"情报应用"部分是利用城市安全管理中的综合集成方法生产的安全情报统领和引导整个城市安全管理流程活动，从而使综合集成的情报真正发挥其在城市安全管理实践中的价值；第四，"情报应用"部分可为城市安全管理中的情报综合集成提供安全数据信息资源以生产新的情报。

五、本节结语

　　城市安全是当前热点问题，城市安全管理离不开情报的支持。因此，城市安全研究亟须情报科学的助力，探讨情报主导的城市安全管理，是一个具有重大理论与现实意义的课题，更是一个非常及时的课题。本节立足于理论层面，面向城市安全管理全过程，在城市安全内涵及现代城市安全的复杂性分析基础上，首先，分析城市安全管理的情报内涵；其次，分析城市安全管理中的情报工作；最后，构建情报主导的城市安全管理模型。通过本节学习发现，城市安全管理的实质是基于安全情报开展相关城市安全管理行为与活动，城市安全管理中的情报工作方法是综合集成方法，情报主导的城市安全管理是"情报综合集成"与"情报应用"的有机结合。

　　本节研究旨在为情报主导的城市安全管理研究与实践做好铺垫和奠定基础，从而推进面向城市安全管理全过程的情报研究与实践工作。未来须开展一系列后续具体研究（如面向城市安全管理全过程的城市安全情报体系、城市安全情报能力、城市安全情报平台建设等研究）。此外，通过本节研究，得出一些重要感悟：面向城市安全管理的情报研究与实践工作必须以复杂巨系统理论为科学基础；情报主导的城市安全管理亟待上升至战略高度；城市安全管理中的情报工作必须全面统筹协调合作；城市安全管理须基于情报建立科学预测、决策与执行机制；城市安全管理及城市安全管理中的情报工作必须做好信息工程（包括大数据工程）工作。

第四节　情报主导的智慧城市安全管理

　　2009 年国际商业机器（International Business Machines，IBM）公司首次提出"智慧地球"（Smarter Planet）（李德仁等，2010）概念，这意味着地球信息化正经历从"数字地球"向"智慧地球"的重要转变。智慧地球的实现须依托"智慧城市"（Smart City）（巫细波和杨再高，2010）的建设。然而，智慧城市首先必须是一座安全城市。换言之，城市安全是建设智慧城市的首要问题，这主要是因为：①安全问题与居民人身、财产和生活密切相关；②安全是城市的智慧活力之源和有序运行的基础，城市安全（巴忠倓，2008）是国家安全在城市中的缩影。

　　在信息化时代、大数据时代崛起的背景下，城市管理逐渐趋向智能化、统筹化、协同化，城市安全理念也随之向智慧化转变，城市安全管理方式面临革新，智慧城市迎来前所未有的机遇与挑战并担当起历史责任。然而，智慧城市安全管理体系的构建与研究在具体实践中仍存在诸多问题。当前，城市安全管理（特别是智慧城市安全管理）亟须情报学（安全情报学）助力。

因此，构建情报主导的智慧城市安全管理体系具有迫切需求和现实意义。本节在智慧城市理念下，构建情报主导的智慧城市安全管理模型，并搭建情报主导的智慧城市安全管理体系，以期形成科学防控、准确预警、高效应对的城市安全管理体系，进而助推城市安全从传统经验型向智慧型、从被动应对型向主动预防型的转变。

一、情报主导的智慧城市安全管理工作循环模型

智慧城市背景下的城市安全管理需要的不是"一锅端"的安全信息，而是有价值的安全信息，也就是安全信息经"加工""激活"而形成的安全情报。基于此认识，依据解决安全问题的一般范式，即"安全预测—安全决策—安全执行"安全管理行为链和情报工作一般流程，构建城市安全管理工作循环模型，如图 5-11 所示。

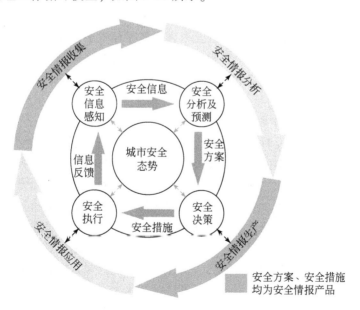

图 5-11 情报主导的智慧城市安全管理工作循环模型

该模型分为内环和外环两个部分，内环为安全管理循环，包括安全信息感知、安全分析及预测、安全决策和安全执行四个环节，并分别用 P、A、D、E 表示，因此，可将情报主导的智慧城市安全管理工作循环过程简称为 PADE 循环；外环为安全情报循环，包括安全情报收集、安全情报分析、安全情报生产和安全情报应用四个环节。该模型内涵主要有两方面。

其一，安全情报循环支撑着安全管理循环，即在安全情报视角下，城市安全管理工作是以安全情报获取与安全情报应用为核心开展的，若失去安全情报的统筹引导，城市安全管理工作不仅欠缺方法和手段，而且工作效率将大大降低，因此，情报主导的城市安全管理是智慧城市安全管理工作的基本方法，也是智慧城市安全管理活动的一般规律。

其二，每经历一次 PADE 循环，城市安全状态均会发生变化，未解决的安全问题将留待下一 PADE 循环解决。PADE 循环过程中的任何一个环节出现故障，均可导致城市安全态势无法及时改善，也自然无法保障城市安全。综上所述，在大数据、云计算、人工智能等新一代信息技术崛起的背景下，城市安全管理对安全情报具有高度依赖性。

二、情报主导的智慧城市安全管理模型

根据情报主导的智慧城市安全管理工作循环模型，进一步研究城市安全管理本质，厘清城市安全管理的内在逻辑，探讨智慧城市理念下城市安全管理方法与手段，构建情报主导的智慧城市安全管理模型（图 5-12），模型内涵分析如下。

1. 城市安全管理本质内涵

从安全管理角度看，城市安全管理任务在于通过监测、分析和预警，解决城市持续发展中面临的各类安全问题，以提高城市应对灾害的处置能力，降低城市脆弱性，使城市处于安全状态。为此，城市安全管理行为主要有安全分析及预测、安全决策和安全执行。其中，安全分析及预测可分析出具有突发性、隐蔽性、复杂性等特征的不安全事件，进而判断当前的城市安全态势以及时预警，并给出科学合理的安全方案以供决策，提高预见、检测和避免安全问题的能力；安全决策则需决策者凭借价值取向，综合风险与机遇决策，给出满意解，其决策结果决定了城市安全态势转变的方向，决策的成功与失败最终取决于具有决定权的决策者，这便对决策者的安全素养和安全认同提出了更高的要求；安全执行须对决策出的安全方案贯彻落实，破坏安全事件发生的条件，以改变城市安全状态，进而避免

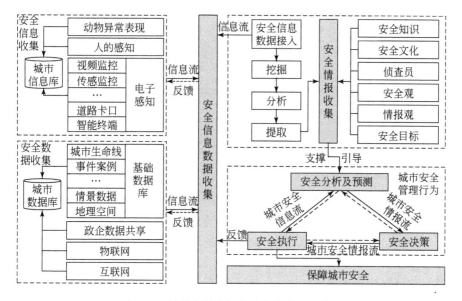

图 5-12　情报主导的智慧城市安全管理模型

或延迟安全事件发生，为人员的救治争取宝贵时间。此外，安全分析及预测、安全决策和安全执行三者相互依赖相互协调，各环节须保持联络，以提高城市安全管理的整体联动能力和工作效率。

从安全情报角度看，城市安全管理活动是通过安全情报的收集、加工和应用来开展的，因此，城市安全管理活动须以安全情报管理为基础。换言之，城市安全管理活动本质上是基于安全情报管理的活动。

2. 安全管理内在逻辑内涵

情报主导的智慧城市安全管理模型主要包括城市安全信息数据、城市安全情报和城市安全管理行为三个部分，三者紧密联系，环环相扣，城市安全信息数据是城市安全情报的来源与基础，城市安全管理行为则是利用安全情报及其产品开展城市安全管理活动，可见安全情报在城市安全管理中的主导作用——既引导安全信息的感知和数据的挖掘分析，又支撑指引城市安全管理活动，以完成既定的安全目标，保障城市安全。

3. 智慧城市理念下城市安全管理方法与手段内涵

信息和数据不仅是一种资源，更应当是我们认识世界的思维方法和改造世界的工具。庞大的信息数据资源，使得多项领域有了量化进程，在城市安全管理中也发挥着越来越重要的作用。具体而言，信息化时代、大数据时代的到来，开启了以数字化、智能化为核心的智慧城市安全建设新阶段。利用大数据、云计算等高新技术手段对海量城市安全信息数据进行收集、分析并激活成安全情报，安全情报产品为精准分析、科学预警、及时有效防控安全事件提供坚实基础，为降低城市安全风险，以及构建及时、科学、有效、智能的城市安全管理运行体系提供新的思路和手段，城市安全管理也因此而更加科学化、精细化和智能化。可以说，情报主导的城市安全管理方法充分利用了信息化时代特征，为保障城市安全提供了巨大的可操作空间，为实现智慧城市安全管理提供了可能。

三、情报主导的智慧城市安全管理体系

城市安全平台是整个城市安全体系的重要支撑，也是实现监测预警、互联互通、智能辅助决策等功能的重要场景。具体分析如下。

第一，借助各类技术手段对城市风险目标和危险源头实施全面的实时监控，以获取安全信息并将其提炼加工成有价值的安全情报，据此预防各类突发事件和伤害事件的发生，形成城市安全的天然保护伞。

第二，运用智慧安全管理模型和科学理论，对城市安全情报进行智慧分析、判断和辅助决策，据此提供科学有效的安全措施和控制方案，有助于快速有效控制安全事件。

第三，在智慧辅助决策的基础上执行安全措施，从而中断事件的发生，减少人员伤亡和财产损失。因此，城市安全管理体系的优劣直接关系着城市安全管理活动的有效运转，更直接影响了安全事件的预防和控制。

基于上述认识，搭建情报主导的智慧城市安全管理体系，如图5-13所示。

情报主导的智慧城市安全管理体系从智慧城市空间部署模型的技术分系统切入构建而成，设计如何通过安全情报的广泛应用，使城市安全管理更加智能化、精准化，使安全决策和城市应急指挥更为有效。城市安全管理体系分为三个子系统（城市安全信息子系统、城市安全情报子系统、城市安全管理子系统）或七个层次（安全信息感知层、安全大数据资源层、传递层、安全情报层、安全分析层、安全决策层和安全执行层）。其中，安全信息感知层、安全大数据资源层、传递层和安全情报层是城市安全的支撑体系，是城市安全的基础；安全分析层、安全决策层和安全执行层是城市安全的管理体系。现以分系统为切入点详述如下。

1. 城市安全信息子系统，城市安全管理体系的基础

通过安全感知层采集城市各方面的实时数据，为城市安全管理的预警和决策提供大量的信息资源。安全信息的来源主要分为三个方面。

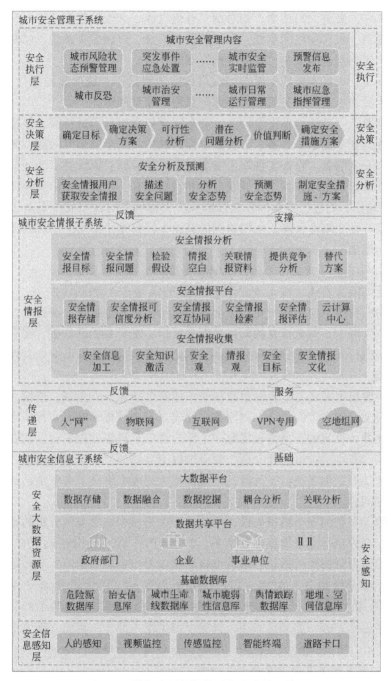

图 5-13 情报主导的智慧城市安全管理体系

其一，来自人的感知，如对烟、有色气体、光等的感知。

其二，来自物联网系统，如视频监控系统、声频采集系统、GPS 定位系统、传感器监测系统、智能手机终端等。

其三，来自安全数据库，如城市危险源数据库、城市脆弱性信息库、城市生命线数据库、案例库、事件信息库、模型库等。

来源一、二是动态安全信息，动态安全信息更具信息特征，但也存在偶然性、安全信息非必要、必要安全信息缺失、安全欺骗等问题；来源三是静态安全信息，它在实现城市安全信息内部存储、资源共享的同时，还能与城市其他基础数据进行关联分析和有效融合，使智慧城市安全体系更加"智能"，通过已掌握的安全数据和历史案例可对城市安全态势进行预测，是一种战略性资源，但因预测的结论不纯粹基于事实，出现错误的概率也会增加。

2. 城市安全情报子系统，统领和支撑城市安全管理

正如前文所述，城市安全管理需要的不是"一锅端"的安全信息，而是由安全信息经过序列化加工形成的有价值的安全情报。换言之，在城市安全管理中，安全信息的归宿是安全情报，安全及预测分析、安全决策和安全执行均须以安全情报为基础。因此，安全情报是城市安全管理的坚实基础。

需要指出的是，安全情报收集受主体安全知识、安全观、情报观、安全情报文化等因素的制约，因而有必要建立安全情报影响因素评估指标体系。此外，收集的安全情报需要一个综合性安全情报处理平台，如安全情报存储、安全情报可信度分析、安全情报交互协同、安全情报检索、安全情报评估等处理系统，云计算的出现在很大程度上解决了安全情报的存储和处理问题。

绝大多数的安全情报失误，不是由于情报机构缺乏可供分析的安全信息、安全数据等安全情报原始资料，恰恰相反，是可供分析的资料太多，以至于情报分析无所适从，最后也自然难以得出正确的结论。从客观事实上说，安全情报分为两类，即正确和不正确的，用情报术语来说就是"信号"和"噪声"。换言之，所有的安全情报都可以分为两个部分，一部分是信号，另一部分是噪声，且噪声占了绝大部分。因此，安全情报分析的核心任务是提取信号，去除噪声，并对安全情报进行综合评估。

3. 城市安全管理子系统

安全分析环节，在获得准确的安全情报基础上，进一步进行安全分析，其基本任务可以概括为提供危险对象的基本情况，报告城市中人、

物、环的发展动向，解释安全事物变化的原因，分析事物发展的后果，预测城市发展的安全态势，评估危险对象可能出现的结果，及时预警，并据此提出供决策用的安全对策方案。简言之，安全分析不仅要解释清楚当前的城市安全状态，还要回答好"接下来会发生什么"的问题，以及时预警并为决策者采取必要的安全措施来保障城市安全提供关键的缓冲时间。

安全决策环节，是城市安全管理体系中上游管理能力的集中体现，主要包括两个方面的内容：其一是风险决策，即根据城市安全态势发展趋势，评估是否采取安全措施以及采取何种安全措施消除城市安全带来的威胁；其二是机遇决策，即安全态势发展和采取措施后对城市利益有益或利益均衡的一面，这通常需要决策者根据当前安全态势，凭借价值倾向进行决策。

安全执行环节，是城市安全管理成功与失败的直接环节。城市安全事件前的应急预案编制、事件中的事件应急、事件后的建设恢复等均为安全执行行为。安全执行需要良好安全的操作环境，因此，须建立城市地下安全空间（陈倬和余廉，2009）、时间维度的城市安全空间、具有灵活灾害适应与恢复的"有机结构"（中国智能城市建设与推进战略研究项目组，2015）、具有快速峰值能力的应急体系等执行平台。

综上所述，情报主导的智慧城市安全管理体系可具体应用到城市反恐、城市治安管理、交通安全管理、食品安全管理、应急管理、日常管理服务等各项城市安全管理项目中，是集事故预防、灾害发生、应急管理和灾害处置于一体的管理体系与机制，为实现安全的智慧城市提供保障。

四、本节结语

城市安全是智慧城市建设的重要议题之一。在智慧城市背景下，亟待实现智慧城市安全管理。安全情报作为实现智慧城市安全管理的基础和助推器，开展情报主导的智慧城市安全管理研究具有十分重要的理论与现实意义。首先，分析情报主导的智慧城市安全管理工作循环过程，其主要由安全信息感知、安全分析及预测、安全决策和安全执行四个环节闭环构成，并由安全情报循环支撑其运行。其次，构建情报主导的智慧城市安全管理模型，并诠释其内涵。最后，提出情报主导的智慧城市安全管理体系。通过本节学习发现，情报主导的城市安全管理是实现智慧城市安全管理的基本方法与工具，情报主导的智慧城市安全管理体系是实现智慧城市安全管理的基础和保障。情报主导的智慧城市安全管理体系从智慧城市空间部署模型的技术分系统切入构建而成，分为三个子系统（城市安全信息子系统、城市安全情报子系统、城市安全管理子系统）或七个层次（安全信息感知层、安全大数据资源层、传递层、安全情报层、安全分析层、安全决策层和安全执行层）。本节内容可为实现智慧城市安全管理提供一定的理论依据和方法指导。

第五节　情报主导的突发事件防控

突发事件严重威胁人的生命与财产安全、经济社会发展，乃至国家安全（王玲玲和周利敏，2016）。因此，突发事件防控至关重要，一直备受国家、政府和社会各界重视。例如，中国于 2007 年专门颁布和实施了《中华人民共和国突发事件应对法》。近年来，随着全球突发事件频发，目前，中国也进入了突发事件高发期（刘仟等，2018）。同时，未来 20 年是中国经济社会发展的重要战略机遇期，中国社会与经济全面进入转型和高速发展期，根据发达国家经验，该时期也是突发事件高发期。因此，可以预见，中国将面临突发事件所带来的更为严峻的考验。因此，突发事件防控研究已刻不容缓，目前研究突发事件防控正当时，具有重大理论与现实意义。

突发事件防控研究是一个典型的跨学科交叉领域，需多学科研究者共同参与和助力。由于突发事件是安全科学的主要研究对象，而安全情报（简称情报）是突发事件防控的"尖兵、耳目和参谋"，情报对于突发事件防控不可或缺（吴晓涛和申琛，2016；刘建准等，2019；王聃和冯卫国，2019；杨峰等，2019；郭春侠等，2019；唐明伟等，2019；王静茹和宋绍成，2016）。正因如此，近年来，突发事件情报研究开始骤然升温（刘建准等，2019；王聃和冯卫国 2019；杨峰等，2019；郭春侠等，2019；唐明伟等，2019；王静茹和宋绍成，2016）。目前，这方面研究主要集中在突发事件应急方面（吴晓涛和申琛，2016；刘建准等，2019；王聃和冯卫国 2019；杨峰等，2019；郭春侠等，2019；唐明伟等，2019；王静茹和宋绍成，2016），而面向突发事件防控全周期、全流程的研究较少，这严重阻碍该方面研究的深度和广度。同时，尽管学界开展了诸多突发事件情报研究，但尚未提出如何有效发挥情报在突发事件防控中的作用的可行方法，导致突发事件情报研究成果落地难（王秉等，2020）。因此，这方面研究亟须面向突发事件防控全周期、全流程，提出运用情报开展突发事件防控工作的可行方法。

鉴于此，本节将情报主导的安全管理理念和方法应用于突发事件防控之中，开展面向突发事件防控全周期、全流程的情报主导的突发事件防控研究，以期促进突发事件防控工作模式革新，为未来的情报主导的突发事件防控研究与实践工作奠定理论基础和提供理论指导，进而提升突发事件防控能力和水平。

一、情报与突发事件防控的关系分析

（一）突发事件防控的内涵

所谓突发事件防控，是指突发事件防控者以突发事件为管理对象，以预防、控制与应对突发事件为目的开展的一系列管理活动。从不同角度出发，可将突发事件防控活动的具体类型进行划分。学界和实践界一般基于两个维度（即时间维与逻辑维）细分突发事件防控活动，具体分析如下。

1）从时间维看，根据突发事件的全生命周期（事前—事中—事后）（瞿咬根，2009），可将突发事件防控划分为事前、事中与事后三个阶段。其中，突发事件的事前防控工作的侧重点是突发事件预防与预警，突发事件的事中防控工作的侧重点是突发事件应急与控制，突发事件的事后防控工作的侧重点是受突发事件影响的组织或个体的恢复与重建，具体解释见表5-3。

表5-3　突发事件防控的三维空间结构的各维度的内涵

序号	维度	具体环节	内涵
1	时间维	事前预防与预警	指在突发事件发生前，突发事件防控者所开展的突发事件源头预防与早期防控准备行动。导致突发事件发生的因素有许多，不排除偶然、突发因素，绝大多数突发事件的发生均是一个逐渐变化的过程，若突发事件防控者能够在早期识别突发事件风险因素和征兆，建立有效的突发事件预防与预警机制，并及时采取有效的预防措施，就可避免突发事件的发生。因此，突发事件的事前预防与预警是突发事件防控的首要环节和重点任务，这也是中国《中华人民共和国突发事件应对法》第五条中的"突发事件应对工作实行预防为主、预防与应急相结合的原则"的要求体现。其工作重点是突发事件风险管控
		事中应急与控制	指在突发事件发生阶段，突发事件防控者所采取的应对突发事件的应急与控制行动（主要是启动突发事件的应急响应程序和实施突发事件的应急预案）。简言之，突发事件的事中应急与控制就是突发事件防控者采取行动以应对正在发生的突发事件威胁的活动，其目标是及时、迅速、有效地应对突发事件威胁

序号	维度	具体环节	内涵
1	时间维	事后恢复与重建	指在突发事件发生后,突发事件防控者所采取的努力减轻突发事件的损害和影响(如避免突发事件蔓延、损失扩大等),以及利用各种措施与资源进行恢复与重建的行动,其目标是消除突发事件的负面影响,使受突发事件影响的组织尽可能和尽快恢复正常运行,使受突发事件影响的个体尽可能和尽快恢复正常生产生活
2	逻辑维	环境确定	指了解和明确突发事件防控的环境背景因素,如突发事件防控的目标、需求、边界、原则、资源、要求、约束影响因素及工作要点等
		突发事件监测	指借助各类信息监测设施、设备与技术等对突发事件相关数据、信息与情报(如突发事件的风险因素、征兆、发生演化过程及状态变化等数据、信息与情报)的监测和收集。简言之,突发事件监测旨在系统全面地扫描和收集突发事件的各类相关数据、信息与情报,以期为突发事件防控提供数据、信息与情报服务和支持
		突发事件分析	指根据突发事件监测所收集的各类突发事件相关数据、信息与情报,深度分析突发事件的风险因素,确认突发事件,诊断突发事件的当前状态和发展态势,研判目前突发事件防控的影响因素,以及优势、劣势、机会与威胁等,旨在辅助突发事件防控的决策判断
		突发事件决策	指突发事件防控者在有限的时间、资源等约束条件下,制定突发事件防控的具体方案的过程。一般而言,事前的突发事件决策主要是以常规决策与程序化决策为主,事中与事后的突发事件防控决策往往是典型的非常规决策,是在信息高度不确定和情况紧急的状态下进行的,是一种挑战大、难度高的决策
		突发事件应对	指突发事件防控者根据突发事件防控的具体方案所开展的应对突发事件的一系列活动和行动,如事前的突发事件信息监测及突发事件预防预警工作、事中的突发事件应急与控制工作,以及事后的恢复与重建工作等。简言之,突发事件应对就是突发事件防控者对突发事件防控方案的执行和实施
		评价、反馈与学习	指突发事件防控者回顾、评价与审视所采取突发事件防控方案、策略与措施及其实施效果,总结优点和经验,发现问题与不足,并整理成突发事件防控方面的学习资料,反馈至相关部门和人员进行学习与反思,以期进一步提升突发事件防控水平

续表

序号	维度	具体环节	内涵
3	情报维	突发事件情报规划	指确定突发事件防控者（即情报用户）和突发事件防控工作的情报需求，即确定服务于突发事件防控的情报工作和活动的范围、需求、内容与任务等
		突发事件情报收集	指根据突发事件防控者和突发事件防控工作的情报需求，依赖各种突发事件监测设施设备、技术与手段（包括情报搜集设施设备、技术与手段），识别和收集各种来源和渠道突发事件相关数据信息
		突发事件情报分析	指依赖各种数据和信息挖掘与分析设施设备、技术与手段，通过对所收集的各种来源和渠道的突发事件数据进行集成、挖掘、评价、综合分析、处理与解读，将所收集的突发事件数据信息转化为突发事件情报服务于相关突发事件防控活动（主要指突发事件决策）的情报，以期满足已知或预期的突发事件防控的情报需求
		突发事件情报生产	指突发事件情报经整理与"包装"生产出真正的"突发事件情报产品（主要指突发事件风险或征兆的辨识、分析与评价结果，以及所制定的突发事件防控建议等）"，并将它供给突发事件防控者使用
		突发事件情报传递	指根据突发事件防控者的情报需求，将突发事件情报产品传递（供给）给相关突发事件防控者，突发事件防控者运用突发事件情报产品开展相关突发事件防控活动，如落实和实施突发事件防控方案
		突发事件情报反馈	指突发事件防控者根据突发事件情报产品的应用实施效果，以信息反馈方式对突发事件情报工作提出反馈和提出修订的要求与建议。突发事件情报反馈目的是修改完善原突发事件情报或生产新的突发事件情报

2）从逻辑维看，借鉴危机管理与安全管理等工作的一般逻辑流程（王秉和吴超，2019g；卢文刚和王雅萱，2019），可将突发事件防控划分为六大方面内容，即环境确定、突发事件监测、突发事件分析、突发事件决策、突发事件应对，以及评价、反馈与学习，具体解释见表5-3。

（二）突发事件防控的情报反思

根据突发事件防控的内涵与管理视域下的情报内涵，可给出情报视域下的突发事件防控的内涵。从情报角度看，突发事件防控工作是一类管理工作与情报工作的有机融合，它以突发事件为管理对象，以预防、控制与应对突发事件为着眼点与目标，以相关突发事件信息（包括突发事件数据）为基础，将突发事件信息经加工、分析与处理等转化为对突发事件防控有用的情报（即突发事件情报），并用它来服务与支撑一系列突发事件防控活动的管理与情报工作活动。简言之，突发事件防控的实质是通过获取和运用突发事件情报来开展相关突发事件防控活动，情报工作是突发事件防控工作不可或缺的内容。

突发事件防控工作作为一项典型的复杂巨系统工程，需要系统工程方法和理论提供理论基础与方法指导。霍尔三维（包括时间维、知识维与逻辑维）结构模式（Hall，1969）是一种重要的系统工程方法论，它被认为是解决大型复杂系统的规划、组织与管理问题的一种统一的思想方法论[如它被应用于情报主导的城市安全管理研究（王秉和吴超，2019f）]。同理，它可为突发事件防控提供有益启示和方法论指导。这里，在突发事件防控的两个维度（即时间维与逻辑维）基础上，根据情报角度的突发事件防控的含义，借鉴霍尔三维结构模式，提出突发事件防控的第3个重要维度，即情报维。突发事件防控的情报维主要体现突发事件防控需要突发事件情报及其工作提供支撑与保障，这类似于霍尔三维结构中的知识维的内涵（体现解决系统问题需要各学科、各领域、各行业的知识提供支撑和保障）。根据情报工作的一般流程（循环）（王秉和吴超，2019g；李国秋和吕斌，2012），突发事件情报工作包括突发事件情报规划、突发事件情报收集、突发事件情报分析、突发事件情报生产、突发事件情报传递和突发事件情报反馈六个重要环节。此外，突发事件防控的时间维与逻辑维的内涵（分别体现突发事件防控的阶段与突发事件防控的工作流程或步骤）也与霍尔三维结构中的时间维与逻辑维的内涵相吻合。基于此，构建突发事件防控的三维空间结构（图5-14），各维度的内涵见表5-3。

由表5-3与图5-14可知，三个维度的突发事件防控工作相互联系、相互影响、密不可分，共同构成了一个完整的突发事件防控工作体系。综上分析，对图5-14中的突发事件防控的三维相互间的关系进行解释。

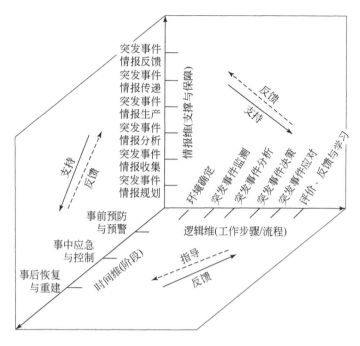

图 5-14　突发事件防控的三维空间结构

1）突发事件防控的情报维与时间维、逻辑维的关系：①突发事件防控工作离不开情报的支持，故情报维的突发事件防控工作是时间维和逻辑维的突发事件防控工作的基础与保障，它旨在为时间维与逻辑维的突发事件防控工作提供支撑，由此可见，突发事件情报及其工作是时间维和逻辑维的突发事件防控工作的生命线，它贯穿于时间维和逻辑维的突发事件防控工作的始终，情报缺失是突发事件防控失败的根本原因；②由于情报源于数据信息（换言之，数据信息是生产情报的基础性资源），故时间维与逻辑维的突发事件防控工作产生的各类信息（包括数据）又可成为情报维的突发事件情报工作的基础原料，并对情报维的突发事件情报工作活动产生影响；③此外，由表5-3可知，其实，情报维的突发事件防控工作与逻辑维的突发事件防控工作间存在紧密的对应关联关系和相互影响关系（图5-15），具体见表5-3，这里不再赘述。

2）突发事件防控的时间维与逻辑维间的关系：时间维的突发事件防控工作的三个阶段均依次涉及逻辑维的突发事件防控工作的六大环节，故逻辑维的突发事件防控工作步骤（流程）可为时间维的各阶段突发事件防控工作提供逻辑方法论指导，而时间维的突发事件防控工作又可为逻辑

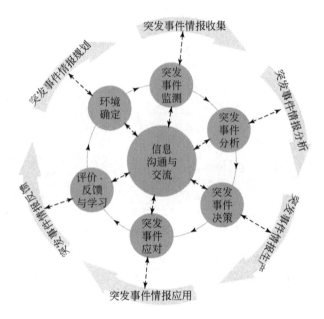

图 5-15　突发事件防控的情报维与时间维的关系

维的突发事件防控工作提供反馈，并影响逻辑维的突发事件防控的各项
工作。

二、情报主导的突发事件防控的提出

　　情报是管理（特别是决策）的基础和支撑。因此，要充分发挥情报
在管理实践中的巨大作用和价值，就要倡导和实施情报主导的管理理念和
方法。所谓情报主导的管理，是指管理者结合自身的管理技能与经验，并
考虑管理的预期目标、资源与相关约束条件，严谨、准确、科学与有效地
运用当前所能获取的情报统领和引导管理活动，旨在制定和实施解决管理
问题的最佳（具体为最科学、最可靠与最有效）方案和措施。

　　基于此，可将情报主导的突发事件防控理解为：突发事件管控者以突
发事件为对象，以有效防控突发事件为目标和着眼点，以解决突发事件防
控的情报缺失问题为重点，结合突发事件防控的特性，以突发事件情报及
其质量为突发事件防控的基础、依据与支撑，结合自身的专业技能与经
验，并考虑突发事件防控的实际需求与情况等，制定和实施最佳的突发事
件防控方案与措施。简言之，情报主导的突发事件防控就是围绕一个目标
（即有效防控突发事件），以三个基本要素（即突发事件、突发事件情报

与突发事件防控者）为基础，以上述三个基本要素相互之间的有效沟通、互动与协作为纽带，运用突发事件情报统领和引导突发事件防控工作的全局与全过程。基于此，参考情报主导的管理的概念模型（Liska，2015；王秉和吴超，2019g），可提出情报主导的突发事件防控的概念模型，如图 5-16 所示。总之，情报主导的突发事件防控重点强调突发事件情报在突发事件防控工作中的统领、引领或主导作用。此外，还可从突发事件情报工作与突发事件防控工作两个角度出发，进一步深入解析情报主导的突发事件防控的内涵。

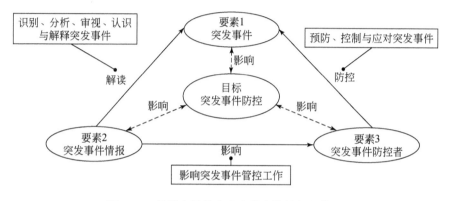

图 5-16　情报主导的突发事件防控的概念模型

1）突发事件情报工作角度的内涵：通过全面收集、分析与挖掘各类突发事件数据信息，进行加工与处理，生产出服务于突发事件防控的突发事件情报，进而将其包装为突发事件情报产品，并有效运用的活动过程。

2）突发事件防控工作角度的内涵：将突发事件情报置于突发事件防控工作的中心地位，即以突发事件情报工作为突发事件防控工作的基础性和不可或缺的内容，以突发事件情报的分析与解读为突发事件防控的根本依据。因此，在情报主导的突发事件防控中，要发挥情报的主导作用，就必须重视突发事件情报工作，要不断提高突发事件情报及其工作对突发事件防控工作的支撑、服务与保障能力。

传统的突发事件防控存在诸多不足，导致突发事件防控失败。与传统突发事件防控相比，情报主导的突发事件防控在防控认识、防控依据、情报来源、情报获取、情报分析与利用、防控模式与防控特点七方面进行了改善（表 5-4）。

表 5-4　情报主导的突发事件防控与传统突发事件防控的对比

序号	比较维度	情报主导的突发事件防控	传统突发事件防控
1	防控认识	对突发事件防控失败的原因认识从信息缺失层面过渡至情报缺失层面，故它旨在解决突发事件防控中的情报缺失问题	突发事件防控失败的原因是信息缺失，故它旨在解决突发事件防控中的信息缺失问题
2	防控依据	当前可获取的高质量突发事件情报	突发事件相关法律、法规与标准，以及经验等
3	情报来源	考虑全源（全部来源）的突发事件防控相关情报	重点考虑部分来源的突发事件防控相关情报
4	情报获取	全面、系统地获取突发事件情报	突发事件情报获取不全面、欠系统
5	情报分析与利用	重视	不重视
6	防控模式	综合考虑突发事件、突发事件情报与突发事件防控者	以突发事件防控者为中心
7	防控特点	科学性、主动性、智能性与精准性	具有滞后，且缺乏智能性与针对性

三、情报主导的突发事件防控体系的建立

根据情报与突发事件防控的关系，以及情报主导的突发事件防控的内涵，构建情报主导的突发事件防控体系，如图 5-17 所示。

由图 5-17 可知，情报主导的突发事件防控体系由基础层、方法层与服务层三大层级构成，三者层层相扣，相互影响。其中，基础层为方法层提供支持，方法层为服务层提供方法指导，由上至下的各层级之间又通过反馈作用影响它的相邻层级。根据图 5-17，将情报主导的突发事件防控体系的各层级的内涵扼要分析如下。

1. 基础层的内涵

该层描述实施情报主导的突发事件防控须以一些软硬件资源、人力资源与相关学科知识为基础。一般而言，软硬件资源主要包括网络支撑系统（如互联网、移动互联网与物联网等）、信息支撑系统（如突发事件数据信息的收集、挖掘与分析平台）、监测监控系统、决策支持系统、专家支撑系统、协调指挥系统（旨在统一指挥、协调有关部门和人员共同开展突发事件防控工作）与保障支撑系统（主要提供后勤保障，如经费保障、资源保障等）；人力资源主要包括突发事件防控者和情报专业人员，在情报主导的突发事件防控中，两类人员要紧密配合，相互协作，实现优势互补；相关学科知识主要包括突发事件防控知识（主要涉及危机管理、风

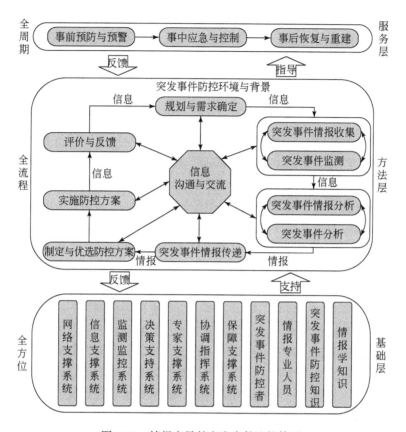

图 5-17 情报主导的突发事件防控体系

险管理、安全科学、应急管理与可持续发展等学科领域知识）与情报学知识（主要是安全情报学知识）。实施情报主导的突发事件防控需要诸多基础条件，故需要全方位建设。

2. 方法层的内涵

该层描述如何将突发情报工作过程与突发事件防控过程有机融合（二者融合后主要包括七个环节，各环节内涵见表5-4），使情报及情报工作有效融入突发事件防控全流程，以促进由情报主导的突发事件防控。需要说明的是，情报主导的突发事件防控过程的中心是信息沟通与交流，通过突发事件防控者、情报专业人员、实施过程各环节相互间的信息沟通与交流，以期就突发事件风险及其相关因素，以及突发事件防控方案等达成共识。

3. 服务层的内涵

该层描述情报主导的突发事件防控可服务于全生命周期的突发事件防控工作，即时间维的突发事件防控工作，包括事前预防与预警、事中应急与控制，以及事后恢复与重建三大方面。

四、本节结语

突发事件防控必须依赖情报与情报工作，探讨情报主导的突发事件防控具有重大的理论和现实意义。同时，情报主导的突发事件防控是信息化、智能化时代突发事件防控工作的未来发展方向，是先进的突发事件防控理念与方法，是实现突发事件有效防控的基础保障。本节从理论层面出发，根据情报与突发事件防控的基本含义，探讨建立情报主导的突发事件防控的基础与依据（即情报与突发事件防控的关系），在此基础上，提出情报主导的突发事件防控，并建立全方位、全流程、全周期的情报主导的突发事件防控体系。通过本节学习发现，情报主导的突发事件防控强调运用突发事件情报来统领和引导突发事件防控工作的全局与全过程，情报主导的突发事件防控体系由基础层、方法层与服务层三大层级构成。

本节研究可促进突发事件防控工作模式的革新，可为未来情报主导的突发事件防控研究与实践工作奠定理论基础并提供理论指导。在本节研究基础上，还可延伸出一系列研究新课题，如情报主导的突发事件防控的实施原理研究、情报主导的突发事件防控的影响因素研究、情报主导的突发事件防控的实施效果评价研究、大数据环境下的情报主导的突发事件防控研究，以及情报主导的突发事件防控在各类突发事件（如各类自然灾害、事故灾难、公共卫生事件和社会安全事件）防控中的应用研究等。

第六节　情报主导的国家矿产资源安全管理

自从党的十九大将"总体国家安全观"纳入新时代中国特色社会主义基本方略之中，国家安全研究备受中国学界关注（高金虎，2019a）。矿产资源是国家经济社会生存和发展的重要物质基础，是国家生存和发展的重要支撑（龙如银和杨家慧，2018）。矿产资源安全事关国家总体安全，它不仅是资源安全的核心，同时也深刻影响着经济安全、生态安全、军事安全、政治安全与社会安全等（于宏源和余博闻，2017）。例如，矿产资源可为国防军工提供关键原材料，可为中国快速工业化和城镇化提供基础原材料，可为《中国制造2025》与《能源生产和消费革命战略

（2016-2030）》等国家战略实施提供关键原材料。同时，2015 年 7 月 1 日国家颁布的《中华人民共和国国家安全法》正式确立资源安全管理的法律地位。因此，国家矿产资源安全管理是国家安全（特别是资源安全）研究的重要课题之一。此外，近年来，支撑新兴产业发展的矿产资源在世界各国抢占经济制高点过程中的战略地位越发突出，中国国家矿产资源安全面临国际竞争和复杂博弈的重大挑战（龙如银和杨家慧，2018；于宏源，2018）。与此同时，中国主要矿产资源对外依存度高的基本国情在未来相当长的时间内难以改变，国家资源安全形势严峻，且中国矿产资源安全管理体系现代化面临巨大挑战（于宏源，2018）。由此可见，目前，在中国，国家矿产资源安全管理研究具有强烈的紧迫性与重大理论现实意义。

近年来，情报科学研究与实践工作开始聚焦于国家、社会的重大安全与发展问题，开始重点关注一些重点行业和领域（如国之重器、国家重大工程、国家关键基础设施设备，以及核工业、航空航天、资源、科技、信息与重大突发事件应急等）的安全管理问题（王秉和吴超，2019g；Liska，2015；张家年和马费成，2018），一些安全学者也开始从情报科学与安全科学相结合的视角着手，探讨和解决一些重大安全问题（姚乐野和范炜，2014；董尹和刘千里，2016；王秉和吴超，2019c）。目前，已形成一个基本研究共识：安全情报在安全管理中发挥着重要作用，它是安全管理的核心支撑和基础资源，是实现智慧安全管理的前提与基础（王秉和吴超，2019g；Liska，2015；张家年和马费成，2018；姚乐野和范炜，2014；董尹和刘千里，2016）。基于此，针对安全管理（特别是重点行业和领域的安全管理）提出"情报主导的安全管理"理念、战略与方法（Liska，2015；张家年和马费成，2018；王秉和吴超，2019g；姚乐野和范炜，2014；董尹和刘千里，2016）。显然，矿产资源安全作为资源安全与国家安全的核心内容，是国家重大安全与发展问题，"情报主导的安全管理"理念、战略与方法理应可为国家资源安全管理带来启示，可为国家资源安全管理改革与创新指明方向，即要实施情报主导的国家矿产资源安全管理战略。此外，更值得一提的是，近年来，在全球范围内，运用大数据推动经济发展、完善管理治理能力正成为趋势。在矿产资源管理方面，大数据思维和方法等在矿产资源管理［如矿产资源评价（肖克炎等，2015）与矿产资源规划（徐葛培，2017）］中的应用已被探讨。同样，大数据也是矿产资源安全管理的得力助手。因此，大数据的理论、思维、方法与技术可为情报主导的国家矿产资源安全管理战略的实施提供新的契机，将会助推情报主导的国家矿产资源安全管理变成现实。

综上可知，探索大数据环境下情报主导的矿产资源安全管理范式是当前中国国家矿产资源安全管理的迫切之举，这是因为：①情报和大数据对国家矿产资源安全管理的影响已然是一种客观存在；②情报主导的国家矿产资源安全管理战略和模式须依赖大数据予以实现和突破；③引入"情报主导"有助于清晰认识大数据对国家矿产资源安全管理的本质作用，即矿产资源安全大数据的主要价值主要是以它为基础生产矿产资源安全情报，并非运用它主导矿产资源安全管理，避免一味扎进大数据而使国家矿产资源安全管理工作出现迷失。然而，非常令人遗憾的是，目前，学界鲜有关于情报主导的国家矿产资源安全管理和大数据背景下的国家矿产资源安全管理的深入关注和思考。鉴于此，本节将大数据与情报结合，从理论层面出发，就大数据环境下情报主导的矿产资源安全管理开展一些基础性与前瞻性问题探讨，以期推动新时代（尤其是大数据时代与智能化时代）国家矿产资源安全管理变革和创新。

一、基本概念

（一）矿产资源安全

目前，资源系统观是资源观中最核心和主流的观点之一（吴青和沙景华，2015）。此外，系统安全学是现代安全科学发展的高级阶段，它主张基于系统视角审视和开展安全问题研究，其优势明显，是目前主流的安全科学研究范式（王秉和吴超，2018b）。鉴于此，这里根据已有的相关资源安全（包括矿产资源安全）的定义（龙如银和杨家慧，2018；于宏源和余博闻，2017；于宏源，2018；Winzer，2012；谷树忠等，2002）和系统视角的安全（Security & Safety）定义（安全是指系统免受不可接受的内外因素不利影响的状态），从矿产资源系统视角出发，给出矿产资源安全的定义：一个国家或地区的矿产资源系统向所在国家或地区供应所需矿产资源及矿产资源性产品的能力处于可接受的状态。逻辑及数学表达式为

$$\begin{cases} S = [X_0, \ +\infty) \\ X = f(x_1, \ x_2) = f(x_{11} + x_{12}, \ x_{21} + x_{22}) \end{cases} \tag{5-11}$$

式中，S 为矿产资源系统的安全度；X 为矿产资源系统向所在国家或地区供应所需矿产资源及矿产资源性产品的能力；X_0 为可接受的矿产资源系统向所在国家或地区供应所需矿产资源及矿产资源性产品的能力的最小值

（临界值）；x_1 为矿产资源系统内部的安全风险；x_2 为矿产资源系统外部的安全风险；x_{11} 为矿产资源系统内部的蓄意安全风险；x_{12} 为矿产资源系统内部的意外安全风险；x_{21} 为矿产资源系统外部的蓄意安全风险；x_{22} 为矿产资源系统外部的意外安全风险。

其中，"……能力处于可接受的状态"是指一个国家或地区的矿产资源系统可向所在国家或地区保质保量、及时持续、稳定可靠、经济合理地供应所需矿产资源及矿产资源性产品，"……能力的可接受程度"可根据"可接受矿产资源安全风险"来衡量和判断。由上述矿产资源安全的定义可知，矿产资源安全具有四方面的基本含义。

第一，矿产资源安全是矿产资源系统的一种重要能力体现。矿产资源安全是矿产资源系统对所在国家或地区提供矿产资源保障的能力，即矿产资源系统对所在国家或地区社会经济发展的保障或支撑能力。一个国家或地区的矿产资源系统中的矿产资源的数量、质量与结构等，直接决定矿产资源系统的安全能力（即矿产资源系统的安全状态）。

第二，矿产资源安全是一个相对概念。与安全及其他领域或行业的安全一样，矿产资源安全也是一个相对概念，即没有绝对的矿产资源安全。同时，不同国家、不同地区所能接受的矿产资源系统的安全风险大小也存在差异。

第三，矿产资源安全风险同时涵盖 Safety 和 Security 两个层面的矿产资源安全风险。根据 Piètre-Cambacédès 和 Chaudet（2010）的观点，Safety 层面的矿产资源安全风险一般指来自矿产资源系统内部的或意外的矿产资源安全风险，而 Security 层面的安全风险一般指来自矿产资源系统外部的或蓄意的矿产资源安全风险。

第四，矿产资源安全的主体一般包括国家与地区（区域）两个。谈及安全，一般均涉及安全的主体问题，矿产资源安全也是。一般而言，按照主体的不同，矿产资源安全可划分为国家矿产资源安全与地区矿产资源安全。二者有着本质的差异，主要是利益主体不同，利益取向不同，国家利益不是区域利益的简单加总。在矿产资源安全方面，区域利益应该服务于国家利益。在此，更关注的是国家矿产资源安全。

（二）矿产资源安全大数据

根据安全数据的定义 [安全数据是对某一系统安全状态及其变化方式的记录与描述（王秉和吴超，2017c）] 与上述矿产资源安全的定义，可给出矿产资源安全数据的定义，矿产资源安全数据是对某一矿产资源系统安全状态及其变化方式（如矿产资源存储数量、质量、种类、价格与供需等及其变化方式）的记录与描述。简言之，矿产资源数据可视为某一矿产资源系统安全状态及其变化方式的一种抽象表达。

　　基于安全数据的定义以及大数据的最显著特性（即海量的数据规模），可给出矿产资源安全大数据的定义，矿产资源安全大数据是用来记录与描述某一矿产资源系统安全状态及其变化方式的海量数据集合。逻辑及数学表达式为

$$D \Leftrightarrow H(S) \qquad\qquad (5-12)$$

式中，D 为矿产资源安全大数据；$H(S)$ 为矿产资源系统安全状态及其变化方式，其是矿产资源系统的安全度（S）的综合反映。

　　就上述矿产资源安全大数据的定义，须进一步作四方面解释：①此定义表明，矿产资源大数据属于大数据的一个具体类别或子集，它具有大数据的一般特性，特别是大数据的"4V"特性，即矿产资源安全数据规模巨大（Volumn）、矿产资源安全数据类型繁多（Variety）、矿产资源安全数据流转速度极快（Velocity）与矿产资源安全数据价值（Value）密度较低（王秉和吴超，2017c）；②此定义中的"矿产资源系统"包括矿产资源系统内的所有与矿产资源安全相关的因素或要素；③此定义中所言的"安全状态"是指矿产资源系统在特定时空内表现的相对稳定的安全状况与态势；④该定义中的"安全状态变化方式"是指矿产资源系统的安全状态随时空变化而发生变化的动态模式。尽管矿产资源安全大数据非常复杂，但总体可分为"实况矿产资源安全数据"与"模式矿产资源安全数据"两大类（具体解释与特点见图5-18）。其中，实况矿产资源安全数据

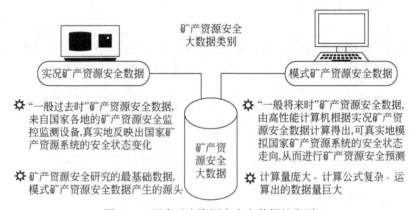

图 5-18　国家矿产资源安全大数据的类别

是矿产资源安全管理（特别是矿产资源安全预测）之源，模式矿产资源安全数据是矿产资源安全大数据之魂，它的大数据特性更为显著。

（三）矿产资源安全情报

从系统安全管理角度看，安全情报是指影响了系统安全管理的安全信息，而安全信息是指系统安全状态及其变化方式的自身显示。从所属关系看，矿产资源安全情报是安全情报的子集。因此，基于安全情报的定义，可定义矿产资源安全情报，矿产资源安全情报是指影响了一个国家或地区矿产资源安全管理的矿产资源安全信息。简言之，矿产资源安全情报是指对矿产资源安全管理有用的矿产资源安全信息。此矿产资源安全情报定义可同时回答关于矿产资源安全情报的两个基本问题。一是矿产资源安全情报是什么（矿产资源安全情报本质是一种矿产资源安全信息。换言之，所有的矿产资源安全情报皆是矿产资源安全信息，但矿产资源安全信息并非一定是矿产资源安全情报）。二是矿产资源安全情报有什么用（矿产资源安全情报是面向和服务于矿产资源安全管理的，其宗旨和目标是为矿产资源安全管理提供有效的情报服务）。

然而，上述矿产资源安全情报定义存在明显缺陷。例如，尚未明确说明矿产资源安全情报与矿产资源安全信息之间的区别，如何得到矿产资源安全情报，以及矿产资源安全情报在矿产资源安全管理中扮演的具体角色。鉴于此，这里在上述矿产资源安全情报定义的基础上，给出更加具体详细的矿产资源安全情报定义，矿产资源安全情报是指通过完整的安全信息处理过程获得的具有可操作性的矿产资源安全管理建议，这些建议会影响矿产资源安全管理。根据该定义，进一步解释矿产资源安全情报的内涵，具体如下。

第一，矿产资源安全情报是矿产资源安全信息经过处理而获得的产品。一般来说，矿产资源安全信息的处理过程主要涉及矿产资源安全信息的规划、收集、分析、解释、传播与存储。矿产资源安全情报主要包括通过矿产资源安全分析与评估、矿产资源安全威胁（风险）分析、矿产资源安全管理能力分析、矿产资源安全管理优缺点分析、当前的矿产资源安全形势与趋势分析等获得的情报产品。换言之，作为一种产品，矿产资源安全情报是具有可操作性的矿产资源安全管理建议。

第二，矿产资源安全情报是一个过程。矿产资源安全情报是一个系统化的过程，它旨在收集、分析和管理影响矿产资源安全管理计划及矿产资源安全预测、决策与执行等的矿产资源安全信息。换言之，矿产资源安全情报的过程是通过收集、分析与利用矿产资源安全信息，以期满足一个国家或地区的短期和长期的矿产资源安全管理需求。

第三，矿产资源安全情报的目标是提供"矿产资源安全管理建议"，以支持和优化一个国家或地区的矿产资源安全管理。矿产资源安全管理建议是指矿产资源安全管理的证据。矿产资源安全管理背后的目的是收集和处理矿产资源安全信息（数据），以提供具有可操作性的矿产资源安全情报（即矿产资源安全管理证据）。换言之，矿产资源安全情报是聚焦于过去与目前的矿产资源安全信息，以期生产出矿产资源安全情报，从而驱动与指导一个国家或地区的矿产资源安全管理。

第四，矿产资源安全情报聚焦于识别和解决矿产资源安全问题。首先，矿产资源安全情报经过矿产资源安全信息分析过程来确定与矿产资源安全问题的相关性与背景。其次，根据王秉和吴超（2019c）对安全情报的理解，矿产资源安全情报旨在解决矿产资源安全问题，即改进和完善矿产资源安全管理。因此，在矿产资源安全管理实践中，应向各级矿产资源安全管理人员提供高质量的矿产资源安全情报，以帮助识别和解决矿产资源安全问题。

总之，矿产资源安全情报既是一个过程又是一个产品。矿产资源安全情报可在矿产资源安全管理人员开展矿产资源安全管理活动或处理矿产资源安全问题之前，提供给他们所需的一切信息。

二、情报主导的矿产资源安全管理范式

（一）情报主导的矿产资源安全管理的含义

由以上分析可知，就矿产资源安全管理而言，矿产资源安全情报作为矿产资源安全管理的基础资源和工具，要有效发挥矿产资源安全情报在矿产资源安全管理中的巨大效用，就要实施"情报主导的矿产资源安全管理"战略。根据情报主导的安全管理的含义（王秉和吴超，2019g），可得出情报主导的矿产资源安全管理的含义，具体解释见图 5-19。

根据图 5-19，参考情报主导的安全管理的基础要素（王秉和吴超，2019g），可总结归纳出情报主导的矿产资源安全管理的三大基础要素，即矿产资源安全情报、矿产资源安全问题和矿产资源安全管理者。三者之间通过信息流开展相互影响、沟通与协作等活动（具体关系见图 5-20），共同促进矿产资源安全管理效率和质量（即绩效）的持续改善。

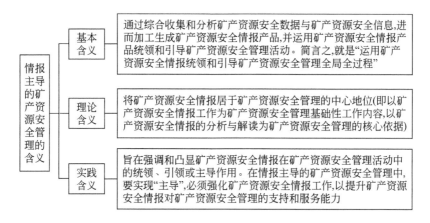

图 5-19 情报主导的矿产资源安全管理的含义

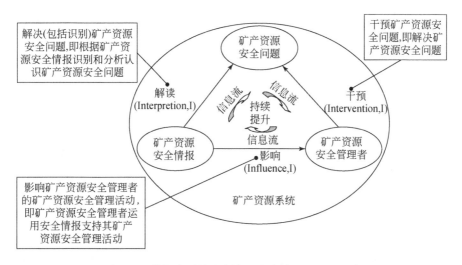

图 5-20 情报主导的矿产资源安全管理的基础要素

(二) 大数据环境下的情报主导的矿产资源安全管理模型

矿产资源安全大数据可为矿产资源安全情报生产提供大量原料。根据"矿产资源安全数据、矿产资源安全信息与矿产资源安全情报三者间的关系""情报主导的矿产资源安全管理的含义""矿产资源安全大数据的含义",可构建大数据环境下的情报主导的矿产资源安全管理模型,如图 5-21 所示。由图 5-21 可知,大数据环境下的情报主导的矿产资源安全管理模型主要包括"数据驱动"与"情报主导"两部分，二者环环相扣，前者是基础，后者是手段或工具，即前者是为了生产出矿产资源安全情报产品，后者主要是利用矿产资源安全情报来服务与支持矿产资源安全管理。根据图 5-21，将该模型的具体内涵分析如下。

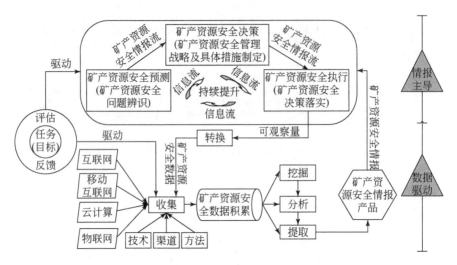

图 5-21　大数据环境下的情报主导的矿产资源安全管理模型

　　第一，"数据驱动"部分的内涵。这部分的基本步骤主要包括矿产资源安全数据收集（借助互联网、移动互联网、云计算与物联网平台，运用各种数据收集技术、渠道与方法，收集各种矿产资源安全数据，特别是实况矿产资源安全数据）—矿产资源安全数据积累（即形成一个矿产资源安全大数据库）—矿产资源安全大数据挖掘—矿产资源安全大数据分析—有价值的矿产资源安全信息提取—矿产资源安全情报产品。由此观之，"数据驱动"部分的重要工作实质是矿产资源安全大数据工作和矿产资源安全情报工作。

　　第二，"情报主导"部分的内涵。这部分的核心任务和目标是使用矿产资源安全情报主导矿产资源安全管理全流程（即所有矿产资源安全管理环节和活动），从而完成预期的矿产资源安全管理目标和任务。一般而言，矿产资源安全管理环节和活动主要包括矿产资源安全预测（矿产资源安全问题辨识）、矿产资源安全决策（矿产资源安全管理战略及具体措施制定）和矿产资源安全执行（矿产资源安全决策落实，即运用所制定的矿产资源安全管理战略及具体措施干预矿产资源安全问题）。由此观之，"情报驱动"部分的重要工作实质是矿产资源安全情报在矿产资源安全管理中的有效使用。

第三，其他内涵。首先，矿产资源安全情报在服务矿产资源安全管理的同时，会在矿产资源安全管理末端（即矿产资源安全执行）环节产生可观察量（即矿产资源系统所发生的安全状态变化，可表征矿产资源安全管理绩效），它能通过一系列转换过程变为矿产资源安全数据。显然，以这里获得的这部分矿产资源安全数据为原料，又可生产出新的矿产资源安全情报。按此重复循环，就能形成持续改善和优化的矿产资源安全管理机制，从而实现矿产资源安全管理绩效的持续提升。其次，矿产资源安全数据收集与矿产资源安全管理工作还应以一定的矿产资源安全管理任务（目标）为驱动，以提升矿产资源安全数据收集和矿产资源安全管理工作的针对性、精准性、有效性、高效性与经济性。

综上分析可知，大数据环境下的情报主导的矿产资源安全管理实质上是大数据环境下的矿产资源安全情报工作与传统矿产资源安全管理工作的有机结合，是"数据驱动"与"情报主导"的有机结合，目的是建立"用数据生成情报、用情报主导管理"的矿产资源安全管理机制和方法。

三、大数据环境下情报主导的国家矿产资源安全管理的平台支撑

矿产资源大数据是生产矿产资源情报的基础原料，而矿产资源安全大数据云平台是收集与处理矿产资源安全大数据的根本基础。因此，若要实现情报主导的国家矿产资源安全管理，必须加强国家矿产资源安全大数据云平台建设，建成一个完备而权威的在线矿产资源安全数据仓库与矿产资源安全数据挖掘应用的云计算平台来支撑和推动情报主导的国家矿产资源安全管理。立足于国家宏观层面的矿产资源安全管理，根据矿产资源安全"专有云+公共云"的构建思路，可构建一个综合集成、各级各部门互相贯通的国家矿产资源安全大数据云平台，其基本框架图如图5-22所示。

由图5-22可知，该平台由一个国家主/备矿产资源安全大数据中心、若干个省级矿产资源安全大数据节点与公共云矿产资源安全数据资源池构成（其中，矿产资源安全大数据云平台软硬件系统在"国家-省级"两级专有云部署，并在国家一级建设基于公共云的矿产资源安全大数据平台），各级各部分互联一体，共同构成国家矿产资源安全大数据业务布局。总之，"国家-省级"矿产资源安全大数据云平台通过统一的矿产资源安全元数据管理体系，实现了互联互通、互为备份、互为服务，可为矿产资源安全感知、矿产资源安全预测、矿产资源安全决策、矿产资源安全执行、矿产资源安全服务与矿产资源安全科研等提供数据情报支撑，从而

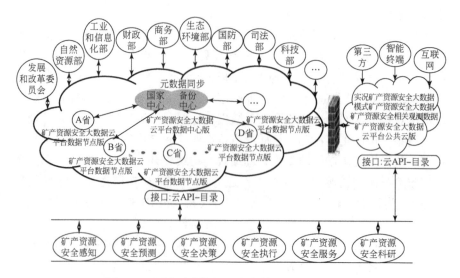

图 5-22 国家矿产资源安全大数据云平台框架图

助力情报主导的国家矿产资源安全管理和智慧国家矿产资源安全管理。此外，由图 5-22 可知，国家矿产资源安全大数据云平台建设应由国家牵头，联合国家和省级矿产资源安全管理相关部门（如发展和改革委员会、自然资源部、工业和信息化部、财政部、商务部、生态环境部、国防部、司法部与科技部等部门），统一设计和开发，以保证矿产资源安全数据的权威性、标准的统一性与应用的连通性。

　　首先，国家矿产资源安全大数据云平台应聚焦矿产资源安全管理需求，这应是国家矿产资源安全大数据云平台建设的出发点与归宿点。其次，在大数据时代，应通过专有网、政务外网、互联网及物联网等收集和传输各类矿产资源安全数据，应基于云计算平台，融合大数据、机器学习、人工智能等新兴信息技术提升矿产资源安全数据挖掘与分析能力，生产高质量的矿产资源安全情报产品，逐步提升国家矿产资源安全管理的高效化、精准化、便捷化与智慧化能力与水平，服务国家矿产资源安全管理需要。此外，各个国家矿产资源安全管理业务以矿产资源安全大数据云平台为中心，还可构建"云+端"扁平国家矿产资源安全管理流程并形成业务互动（图 5-23）。

四、本节结语

　　在信息时代，尤其是智能化时代与大数据时代，运用情报和大数据变

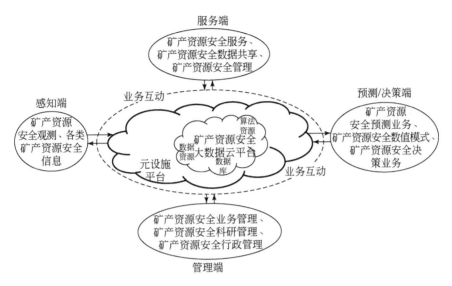

图 5-23 以矿产资源安全大数据云平台为核心的"云+端"业务互动模式

革和创新国家矿产资源安全管理工作是大势所趋。因此，探讨大数据环境下情报主导的国家矿产资源安全管理，不仅是一个难以回避的课题，更是一个极具紧迫性的课题。本节从理论层面出发，首先，界定矿产资源安全、矿产资源安全大数据与矿产资源安全情报三个基本概念。其次，建立大数据环境下情报主导的矿产资源安全管理范式。最后，构建国家矿产资源安全大数据云平台的理论框架。通过本节学习发现，大数据环境下情报主导的国家矿产资源安全管理主要包括"数据驱动"与"情报主导"两部分（前者是基础，后者是手段和工具），它的关键基础是矿产资源安全大数据云平台。本节对大数据环境下情报主导的矿产资源安全管理的一些基础性与前瞻性问题（主要包括一些基本概念和理论框架）开展了探讨，以期为大数据环境下情报主导的矿产资源安全管理研究与实践奠定基础。

※本章小结※

安全是国家和社会经济发展的基础，安全管理至关重要。安全情报是安全管理的必用之宝，故应积极倡导和实施情报主导的安全管理。情报主导的安全管理具有成为 21 世纪最具影响的安全管理变革的潜力，可代表信息时代，特别是智能化时代安全管理工作模式的未来。本章主要介绍情报主导的安全管理及其在一些典型领域的初步探索性应用实证。通过本章学习，主要得到以下结论或启示：①从安全管理学学理与情报学学理角度出发，面向整个安全管理领域和过程所开展的安全情报在安全管理中的作用机理及价值研究，可为情报视域下的安全管理研究实践提供具有普适性的理论依据与参考；②情报主导的安全管理方法的建立具备坚实的基础依据，情报主导的安全管理是指运用安全情报统领和引导安全管理全局全过程，情报主导的安全管理的概念模型和实施模型可为其研究与实践工作提供总体理论和方法指导，情报主导的安全管理可有力推动安全情报和安全管理在理论和实践方面的融合发展；③情报主导的安全管理方法在城市安全管理（包括智慧城市安全管理）、突发事件防控和矿产资源安全管理这些典型领域均具有良好的适用性和应用效果，可为上述典型领域的安全管理带来新思路和新变革，值得推广应用。诚然，一种新的安全管理理念和方法的研究推广非常不易，有一段很长的路要走，本章对情报主导的安全管理方法及其典型应用实证的研究尚处于初步探索阶段，未来需要在本章所搭建的基本理论框架和应用实证探索基础上，围绕情报主导的安全管理及应用开展进一步深入研究。

第六章　大数据时代的安全情报学发展与展望

※本章导读※

目前，安全情报学发展面临许多机遇与挑战。其中，最大的机遇和挑战之一便来自当今大数据时代。大数据将对安全情报学产生深刻影响，特别是从整体上影响安全情报学理论体系，安全情报学理论如何适应大数据发展的需要以及它在大数据环境下如何调整与变革，是当前安全情报学研究、实践和发展无法回避的重大新课题。为更好地推进大数据环境下安全情报学学科理论研究与发展，本章探讨和展望大数据时代的安全情报学发展。本章依次探讨大数据环境下的安全情报学学科体系变革、大数据时代安全情报人才培养问题、大数据环境下情报主导的安全管理，以及大数据环境下情报主导的智慧安全管理。本章内容为安全情报学工作者展现大数据时代安全情报学理论研究和发展的新动态、新方向和新思路，推动大数据环境下安全情报学创新研究与发展，让大数据时代的安全情报学之树更加枝繁叶茂。

第一节　大数据环境下安全情报学的变革与发展

当前，人类已步入大数据时代。大数据作为一种新的思维、理念、技术与工具，是对当今数据暴增与快速扩张特征的高度概括，它不仅深刻影响人类生产生活，也有力推动科学的新发展和新突破（舍恩伯格，2012；Lynch，2008）。目前，大数据与各个学科的交汇已势不可挡和无法避免，各个学科的大变革已在这一交汇的舞台上初见端倪。在大数据时代，各种安全数据信息正在海量递增，而安全数据信息作为安全情报学的宝贵资源（王秉和吴超，2020c），对安全情报学的影响将更加直接而深刻。例如，在大数据环境下，安全情报学发展正面临一系列机遇，如研究资源日益丰富；但也充满挑战，如面临严重的"数据迷失"问题（即无用的安全数据信息泛滥，但有价值的安全情报缺失）（王秉和吴超，2020c）。因此，大数据引发安全情报学变革和发展，明确大数据环境下安全情报学的变革与发展至关重要。

同时，安全情报学作为一门新兴学科（王秉和吴超，2020a），尚极为稚嫩，尽早开展大数据环境下的安全情报学研究具有独特优势。在安全情报学诞生之时考虑大数据对它的影响，便于从一开始就构建适应大数据时代的安全情报学理论体系，从而避免安全情报学发展走弯路。因此，大数据时代的安全情报学发展与创新问题是目前安全情报学工作者必须面对和亟待解决的棘手问题。然而，目前学界尚未专门针对这一问题开展研究，亟须开展大数据时代的安全情报学变革和发展研究。幸运的是，近年来，基于大数据的情报科学与安全科学变革和发展已被关注和讨论（王秉和吴超，2020a），相关研究成果对大数据时代的安全情报学变革和发展研究具有重要参考与借鉴意义。例如，董克和邱均平（2017）认为，大数据引发情报科学的原理、方法和实践的重要变革；庞娜（2018）提出，认知情报学是大数据背景下情报科学发展（特别是情报分析）的新机遇；王秉和吴超（2017c）基于安全大数据对安全科学学科体系调整提出了构想；Ouyang 等（2018）分析了大数据对安全科学研究的影响。

在大数据时代，基于大数据的安全情报学创新发展无疑是安全情报学未来发展之路，而大数据环境下安全情报学的总体变革和发展框架便是这条路上的引路灯。由此可见，安全情报学的顶层设计是当前安全情报学研究首要的任务。从科学角度看，一门学科的基本问题（如研究对象与学科属性等）直接决定它的整体学科体系建设和发展。因此，对一门学科的基本问题的准确定位是开展它的顶层设计的关键。鉴于此，作者立足学科高度，聚焦大数据环境下安全情报学的顶层设计，运用理论思辨和比较分析方法，深入分析大数据环境下安全情报学的五个基本问题（包括研究资源、研究任务、学科属性、方法论与研究内容）的变革与发展，以期为大数据环境下安全情报学的研究与发展提供依据和指导。

一、研究资源和研究任务的拓展与深化

顾名思义，安全情报学的研究对象是安全情报（王秉和吴超，2019b）。从学科的合法性角度看，安全情报学作为一门有别于其他学科的独立学科，其关键在于具有唯一确定的研究对象——安全情报。也就是说，所有安全情报学研究与实践工作都必须以安全情报为基础资源，无安全情报的安全情报学研究与实践犹如"无源之水，无本之木"。因此，安全情报是安全情报学的直接研究资源。若要进一步深究"安全情报从何而来"，这就涉及安全情报学的间接研究资源问题。根据线性安全信息链（即"安全事实—安全数据—安全信息—安全情报"），安全情报是安全信

息经加工分析得到的产物。由此可知，虽然安全情报学的直接研究资源是安全情报，但由于安全情报源于安全信息，故安全情报学的间接研究资源是安全信息。正因如此，"安全信息向安全情报的转化"是安全情报学的重要研究任务之一（王秉和吴超，2019b）。概括而言，在传统的安全情报学认识中，安全情报学的直接研究资源是安全情报，间接研究资源是安全信息，核心任务之一是研究如何将安全信息转化为安全情报。

在大数据时代，各类安全数据剧增，安全数据的大数据特征日益突出，从而形成了庞大而丰富的安全数据资源。可以说，安全数据是大数据时代的安全科学研究与实践的最庞大和最重要的资源，亟待深入挖掘和利用（Ouyang et al., 2018；Wang and Wu, 2019）。那么，安全数据资源可以成为安全情报学的研究资源吗？其实，答案是肯定的，根据线性安全信息链（王秉和吴超，2019d；Wang and Wu, 2019），就量和范围而言，安全数据比安全信息大，安全信息又比安全情报大，安全数据中的非安全信息部分可经安全数据加工转化为安全信息，而安全信息中的非安全情报部分也可经安全信息加工转化为安全情报。简言之，安全信息仅是安全数据转化为安全情报的"中间体"（中介），从根本上讲，生产安全情报的最基础、最本质、最原始资源（即根本资源）是安全数据。由此观之，安全数据是安全情报学的根本研究资源。在大数据时代，随着安全数据资源不断丰富和膨胀，应加深对安全情报学研究资源的认识和理解，从安全情报学的直接研究资源（即安全情报）和间接研究资源（即安全信息）认识过渡并深入安全情报学的根本研究资源（即安全数据）层面。唯有这样，才能在安全情报学研究和实践中充分利用安全大数据资源，安全大数据资源才能为安全情报学研究和发展提供源源不断的动力支撑。

其实，在大数据时代，线性安全信息链已无法完整表示安全数据、安全信息与安全情报之间的相互转化关系。在大数据时代，就数据转化为情报的方式而言，除间接转化方式［即"数据—信息—情报"（Garai and Cochrane, 1997）］外，随着数据抽取、挖掘与融合等数据分析加工新技术的发展和应用，还可实现数据向情报的直接转化（刘莉等，2015）。基于此，在传统的"数据—信息—情报"的线性转化模式基础上，刘莉等（2015）提出"数据—信息—情报"三角转化模式。同样，在大数据时代，安全数据也可直接转化为安全情报。此外，从数量（范围）的角度看，安全数据、安全信息与安全情报之间的关系是：安全数据>安全信息>安全情报。由此，在线性安全信息链的基础上，提出大数据环境下安全数据、安全信息与安全情报三者之间的转化模型（图6-1）。由图6-1可知，在大数据环境下，安全情报学的研究任务同样也需要拓展和深化，须在关注"如何将安全信息转化为安全情报"的基础上，同时重点关注"如何将安全数据直接转化为安全情报"及"如何将安全数据转化为安全信息，进而最终转化为安全情报"。

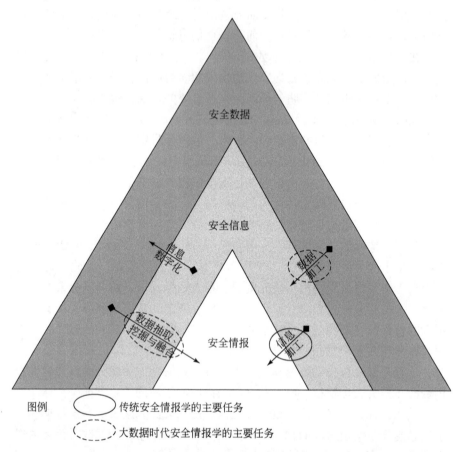

图 6-1 大数据环境下安全数据、安全信息与安全情报三者之间的转化模型

总之，在大数据环境下，安全情报学的研究资源和研究任务都变广了。然而，需要特别强调的是，研究对象不同于研究资源与研究任务，在大数据时代，尽管安全情报学的研究资源和研究任务发生了拓展与深化，但安全情报学的研究对象仍是安全情报，大数据时代的安全情报学的研究资源和研究任务的拓展与深化的终极目标仍是获得高质量的安全情报。

二、学科属性的变化

（一）交叉综合特征增强

大数据时代催生了一门新的学科——数据科学。在大数据时代，数据科学作为专门研究数据的一门学科，其发展步入了快车道，并已逐渐发展成为引领各个学科领域发展和创新的支柱学科（Donoho，2017）。在大数据环境下，由于安全数据已成为安全情报学的重要研究资源，且"如何将安全数据直接转化为安全情报"及"如何将安全数据转化为安全信息，进而最终转化为安全情报"已成为安全情报学的重要研究任务，故数据科学必将会成为支撑和推动安全情报学研究、发展和创新的核心学科。

若要真正实现数据科学对安全情报学研究、发展和创新的核心支撑和推动作用，安全情报学与数据科学的结合决不能游离在表面或仅停留在概念或理念层面，必须使数据科学从步入安全情报学领域到彻底融入安全情报学研究与实践之中。在此背景下，传统的安全情报学的核心学科基础将发生变化，数据科学将会成为安全情报学的重要支柱学科基础之一。从学科形成原理和路径角度看，传统的安全情报学是情报科学与安全科学直接进行交叉融合而形成的，这表明交叉融合属性本来就是安全情报学具备的典型学科属性。在大数据环境下，数据科学将融入传统安全情报学而形成新型安全情报学，如图 6-2 所示。

由图 6-2 可知，从宏观层面看，新型安全情报学是由情报科学、安全科学与数据科学三门学科进行有机交叉融合而形成的。加之，数据科学本来就是一门交叉综合学科（主要涉及数学、统计学与计算机等学科）（Donoho，2017），因此，与传统安全情报学相比，新型情报学的交叉综合学科属性将进一步增强。当然，若从微观角度看，新型安全情报学还可被视为传统安全情报学（安全科学与情报科学交叉的学科产物）、安全统计学（安全科学与数据科学交叉的学科产物）及新型情报科学（情报科学与数据科学交叉的学科产物）进行交叉融合而形成的学科产物。

（二）理工科特征凸显

类似于情报的本质，安全情报本身及情报活动的本质是一种社会现象（王秉和吴超，2019b）。由于分析和解释社会现象主要依赖社会科学的理论与方法（彭知辉，2017b），而安全情报是安全情报学的研究对象，故安全情报学的内在社会属性决定安全情报学应是一门社会科学（王秉和

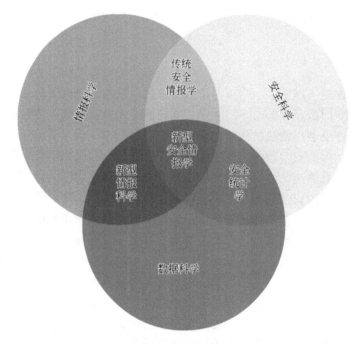

图 6-2   大数据环境下的安全情报学学科属性

吴超，2019b）。此外，服务和支持安全管理（安全管理隶属安全社会科学范畴）是安全情报学的中心目标（董克和邱均平，2017），这也进一步体现了安全情报学的社会科学特征。因此，传统的安全情报学具有浓厚的社会科学特征。当然，传统的安全情报学研究也或多或少用到了一些理工科（主要包括自然科学与工程技术学科）的理论、方法与手段，但它们仅在安全情报学研究中发挥辅助支撑作用（王秉和吴超，2019b），未能真正动摇安全情报学内在的社会科学特征。随着安全情报学步入大数据时代，安全情报学的研究资源必将转向安全数据，从各类海量安全数据资源中获取安全情报将成为安全情报学的核心研究任务。由此，数据科学理论、方法与手段将成为安全情报学研究的主导理论、方法与手段之一。由于数据科学是典型的理工科学科（数据科学的理工科特征，即自然科学与工程技术科学特征，具体解释见表 6-1）（Donoho，2017；Song and Zhu，2016；叶鹰和马费成，2015），上述变化必将使安全情报学的理工科特征凸显。换言之，在大数据环境下，从安全情报学的发展趋势看，安全情报学将会显现出显著的理工科特征，且这一特征会逐步增强，具体如表 6-1所示。

表 6-1 数据科学的学科特征

维度	解释
自然科学特征	数据科学以海量多源异构数据为研究对象，以数学、统计学与计算机学科（它们均是典型的自然科学）为重要支撑学科基础，以数据科学基础理论、数据预处理、数据计算及数据管理等为主要研究内容
工程技术科学特征	数据科学必须依赖一些工程技术科学手段，主要包括计算机工程、数据可视化技术、机器学习、深度学习、数据挖掘、大数据技术、云计算、人工智能等
应用学科特征	数据科学的研究目标是从数据中获得价值，而数据价值是通过将数据科学理论、方法和手段有针对性地应用于解决各个学科领域的问题来实现的，故数据科学的理论基础之一是某一具体领域的实务知识和经验，这是数据科学的应用学科特征的体现

此外，由表 6-1 可知，应用性是数据科学的重要学科特征，就大数据环境下的安全情报学而言，应针对安全情报学研究领域，开发出专门服务于安全情报学研究的具有特色的数据科学理论、技术和方法，从而解决在传统安全情报学研究中理工科思维、方法与技术等缺失或落后而导致的无法有效利用安全数据资源的困境。总之，在大数据环境下，数据科学理论、方法与手段（特别是大数据技术与方法）将改进现有的安全情报学研究方法与手段，从而形成新型的安全情报学研究方法与手段，唯有这样，才能充分发挥理工科理论与方法在安全情报学研究中的独特优势。由此可见，在大数据时代，应培养兼具良好人文社科和理工科知识的综合性安全情报人才，他们不但掌握情报科学与安全科学的理论、方法与技术，还具有数据科学方面的知识基础，同时还具有其他理工科与社会科学方面的知识。只有这样的安全情报人才才有可能胜任大数据环境下的安全情报学研究，才能助推大数据时代的安全情报学快速发展。

三、方法论的革新

在大数据时代，大数据正在推动着各个学科领域的方法论的革新。同样，大数据必将深刻地影响安全情报学的学科方法论，推动安全情报学的学科方法论的创新与发展，甚至引起安全情报学的学科方法论的大变革。要使大数据融入安全情报学并在安全情报学研究实践中发挥巨大价值，需方法先行，即需革新安全情报学的学科方法论，以适应大数据环境下的安全情报学研究、发展与实践的需要。概括而言，大数据环境下安全情报学学科方法论的革新须从"一大范式（即数据密集型研究范式）−三大思维（即跨学科交叉思维、大数据思维与大安全情报观）−五大方法（即数据科学方法、大数据技术与方法、多学科交叉方法、综合集成法与复杂性科学方法)"着手，具体分析和论证如表6-2所示。

表6-2 大数据环境下安全情报学学科方法论的革新

序号	层次	名称	分析与论证
1	研究范式	数据密集型研究范式	在大数据时代，大数据革新了科学研究范式，出现了科学研究的第四范式，即数据密集型研究范式（陈明，2013；Hey et al.，2020）。数据科学已成为安全情报学的核心学科基础之一，且安全情报学的数据科学特征也逐渐显现。因此，在大数据时代，安全情报学研究也必然需要采用数据密集型研究范式，即基于大数据的安全情报学研究范式。就安全情报学的数据密集型研究范式而言，它重点强调安全情报学研究应重视两方面：一是要深刻认识安全情报学的根本研究资源——安全数据的重要性；二是从庞大的安全数据资源中分析和获取安全情报
2	研究思维	跨学科交叉思维	在大数据环境下，安全情报学的交叉综合特征将进一步强化，特别是安全情报学还将显现出明显的理工科特征，这就要求安全情报学发挥交叉综合性学科的优势。为顺应这一要求，应培养安全情报学研究者和实践者的跨学科交叉思维，特别是理工学科和人文社科之间的大跨度、大交叉思维。这里所说的跨学科交叉，不仅是传统学科划分基础上的协作，更是不同学科的思想在方法论层面的融合。跨学科交叉思维的培养须从培养系统科学思维、开放性思维、联想思维、综合思维与协同思维等方面着手（熊勇清和胡娟，2017）
		大数据思维	在大数据环境下，安全情报学的研究思维的大数据思维是客观存在的，用大数据思维方式思考和解决安全情报学相关问题是必然要求。大数据思维是新的安全情报学研究思维，它主要包括全样本思维、相关（关联）思维与容错思维等（王秉和吴超，2017c）
		大安全情报观	大安全情报观是安全情报学的基本研究视角（王秉和吴超，2019c）。所谓大安全情报观，实质是大情报观与大安全观（王秉和吴超，2019c；周京艳等，2019），它意味着一种大服务观（强调安全情报工作的跨领域、跨环节融合），意味着一种大方法观（构建具有普适性的安全情报学方法论）（王秉和吴超，2019c）。在大数据环境下，大安全情报观的内涵将有所突破和延伸，即将安全数据也视为安全情报源，从而挖掘和利用安全数据的安全情报价值和效用
3	研究方法	数据科学方法	在大数据时代，数据科学成为安全情报学研究的核心支柱学科基础。因此，在大数据环境下，安全情报学研究离不开数据科学方法的支撑，数据科学方法是安全情报学研究方法论体系的核心组成部分。从方法的角度看，大数据为安全情报学研究提供了一种新方法，称为安全情报学研究的数据科学方法。总之，在大数据环境下，数据科学方法是安全情报学的重要研究方法之一
		大数据技术与方法	在大数据时代，大数据技术与方法是数据科学方法的核心所在。因此，大数据环境下的安全情报学研究和实践须有效融入和充分利用大数据技术与方法，重点研究安全情报活动中大数据技术、方法的科学、有效应用，以及如何从庞大丰富的安全数据资源中获取高质量的安全情报等问题

续表

序号	层次	名称	分析与论证
3	研究方法	多学科交叉方法	将跨学科思维运用于研究的直接体现之一是多学科交叉方法的使用。安全情报学本来就是一门交叉综合学科，安全情报学广泛借鉴和移植了诸多学科（如哲学、情报科学、安全科学、管理科学与信息科学等）的研究方法（董克和邱均平，2017）。在大数据环境下，安全情报学的交叉综合学科特征将进一步强化，故大数据环境下的安全情报学研究更需多学科交叉研究方法，特别是须将与数据科学密切相关的学科（包括数学、统计学、计算机科学与人工智能科学等）的方法移植至安全情报学研究中，并促进各学科研究方法在安全情报学研究应用中的相互渗透和融合
		综合集成法	安全科学领域的数据种类多、数量大、更新快，具备大数据的典型特征，主要来源于安全科学研究（安全科学研究文献）、电子安全记录、安全感知与监测监控设备设施、安全事件案例、安全实践活动、安全管理、人的安全行为等方面（王秉和吴超，2017c；Ouyang et al.，2018）。同时，安全领域涉及多行业、多领域与多环节，这就进一步增加了安全数据的来源（王秉和吴超，2017c；Ouyang et al.，2018）。为全面综合收集和分析多种不同来源的安全数据以获取安全情报，应采用综合集成法对多源安全数据进行融合分析
		复杂性科学方法	在大数据时代，安全情报学研究、发展与实践面临诸多复杂性挑战，主要体现在以下三方面：一是安全问题或风险的复杂性，由于安全数据信息可以关联一切安全要素，在大数据时代，随着安全数据信息的爆炸式增长，各类安全问题或风险的叠加性、耦合性与相互转化性更加突出，这将进一步增强安全问题或风险的复杂性；二是安全大数据本身的复杂性，安全大数据是由数量巨大、类型众多、结构复杂的安全数据构成的数据集；三是在大数据时代，由于大数据已深度介入安全情报活动，安全情报工作进一步复杂化。为有效应对安全情报学所面临的上述复杂性挑战，亟须将复杂性科学研究方法（如融贯论，以及隐喻、模型、数值、计算、虚拟和集成等方法）（黄欣荣，2005）引入安全情报学研究方法之中

四、研究内容的扩充

大数据给安全情报学的研究资源、研究任务、学科属性和学科方法论带来了新变化，因此，在大数据时代，凡是与安全情报学的研究资源、研究任务、学科属性和学科方法论有关或受它们影响的安全情报学研究内容都将进一步扩充和丰富。宏观而言，安全情报学的研究内容涵盖三大不同层次：上游（学科基础理论）研究、中游（应用基础理论）研究与下游（具体应用实践）研究。由于大数据对安全情报学和安全情报工作的影响主要是嵌入式的影响，因此，在大数据环境下，安全情报学研究内容的"上游–中游–下游"总体体系框架（王秉和吴超，2019b）不会发生大的变化，但是大数据会通过渗透、融合的方式融入传统的各个具体的安全情报学研究内容，从而引出一系列新的安全情报学研究内容。从安全情报学的上游、中游与下游三个不同层次的研究内容看，大数据环境下安全情报学研究内容的扩充具体如下。

1) 大数据对安全情报学上游研究内容的扩充主要体现在基于大数据的安全情报学学科理论与方法创新，以及适应大数据时代的安全情报专业教育和人才培养两大方面。其中，在基于大数据的安全情报学学科理论与方法创新方面，须开展安全大数据的安全情报属性、安全大数据的安全情报价值及其实现方式、大数据环境下安全情报学的学科体系重构与发展、大数据驱动的安全情报学研究新范式、安全大数据转化为安全情报的基本理论与方法、大数据与安全情报学的融合、安全情报学取向的大数据基础理论和方法、传统安全情报学与大数据环境下安全情报学的比较，以及计算和认知安全情报理论和方法（庞娜，2018）等具体研究；在适应大数据时代的安全情报专业教育和人才培养方面，须开展大数据环境下安全情报专业教育的内容补充与更新、安全情报专业人才的数据素养教育，以及安全情报学取向的安全大数据专业人才培养等具体研究。

2) 大数据对安全情报学中游研究内容的扩充主要体现在基于大数据的安全情报管理、安全情报业务与安全情报技术三个方面。其中，在基于大数据的安全情报管理方面，须开展大数据方法在安全情报管理中的应用，基于大数据技术的安全情报管理系统建设，以及安全数据文化与安全情报文化的融合等具体研究；在基于大数据的安全情报业务方面，须开展大数据对安全情报工作的影响、基于大数据的安全情报工作流程重组与优化（特别是大数据工作流程与传统安全情报工作流程的有机融合）、大数据分析和安全情报分析的融合、大数据驱动的安全情报决策和服务体系、大数据驱动下情报主导的智慧安全管理、大数据驱动下智慧安全情报工作体系，以及面向多源安全数据的安全情报搜集、分析和融合理论与方法等具体研究；在基于大数据的安全情报技术方面，须开展基于大数据的安全情报系统开发，基于大数据的安全情报分析、挖掘和处理技术，以及基于大数据相关技术（如人工智能技术、深度学习技术、云计算技术与机器学习技术等）的安全情报技术等具体研究。

3) 大数据对安全情报学下游研究内容的扩充涉及安全情报学所有应用实践领域。根据不同分类依据，可对安全情报学的应用实践领域进行不同划分。例如，根据安全情报学在不同安全管理环节的应用，安全情报学的应用实践领域包括常态安全情报与应急情报研究；根据安全情报学在不同安全外延范围的应用，安全情报学的应用实践领域包括 Safety 情报和 Security 情报研究；根据安全情报学在不同安全领域的应用，安全情报学的应用实践领域包括社会安全情报研究、信息安全情报研究、资源安全情报研究、经济安全情报研究、国土安全情报研究与军事安全情报研究等；根据安全情报学在不同安全对象主体中的应用，安全情报学的应用实践领域包括企业安全情报、社会安全情报与国家安全情报等研究。在大数据环境下，如何在上述具体安全情报学应用实践领域基于安全情报学理论与大数据方法创新工作模式，是大数据环境下安全情报学应用实践研究须着力拓展与深化的问题。

总之，上述列举的大数据环境下安全情报学研究的新课题都是亟待开展专门深入研究和探讨的课题。当然，上述罗列的大数据环境下安全情报学研究的新课题并非囊括了大数据环境下所有的安全情报学研究课题，且每一个课题还可进一步拓展、延伸与细分出一系列子课题，限于篇幅，不再详述。

五、本节结语

在大数据时代，大数据是安全情报学面临的客观环境。因此，探讨大数据环境下安全情报学的变革与发展是非常必要的。本节基于学科高度，聚焦大数据环境下安全情报学的顶层设计，运用理论思辨和比较分析方法，依次探讨大数据环境下安全情报学的研究资源、研究任务、学科属性、方法论和研究内容的变革与发展。通过本节学习发现，大数据可以拓展与深化安全情报学的学科研究资源和任务，强化安全情报学的交叉综合属性和理工科特征。在大数据环境下，安全情报学方法论的革新须从研究范式、思维和具体方法三方面着手。同时，大数据会渗透、融入传统的安全情报学研究内容，引出一系列新的安全情报学研究课题。本节研究可为大数据环境下的安全情报学研究与发展提供基本依据和指导。

第二节 大数据时代安全情报人才培养的思考

在国家以及社会组织的安全管理工作日渐发展的进程中，安全情报人才承担着"中流砥柱"的作用，相应的安全情报人才培养机制不可或缺（李小青，2010）。在大数据时代背景下，大数据与安全情报人才培养有机结合，技术升级、思维变革以及数据驱动等变化给后者带来新的挑战和机遇（张静，2017），为安全情报人才培养提供新的发展契机。

安全情报影响着安全管理的效率和质量，而安全情报人才则是提高系统安全管理水平的必备条件（Wang and Wu，2019），因此旨在提供人才储备的安全情报人才培养机制具有重要意义。目前，许多学者主要从就业需求（王文娟和马建霞，2017）、缄默知识（李诚和吴晨生，2019）和学科发展（苏新宁，2018）等视角对情报学人才培养进行一定探索，且具体面向竞争情报（刘昆雄和甘雨，2015）、图书情报（徐艳，2016）、科技情报（吴巧玲，2012）等专业领域。在安全科学领域，安全情报人才培养旨在储备安全情报人才（引领+服务的综合型人才），以适应各类安全管理工作的实时需要。大数据时代，海量动态性数据的涌现使得安全管理工作逐渐趋向多样化、复杂化以及智能化，然而这是传统安全情报人才所无法胜任的。在大数据背景下，培养适应多元需求、契合工作要求以及知识能力卓越的安全情报人才更能满足各类安全管理工作的需要。本节针对大数据时代安全情报人才培养进行深入探讨，旨在为相关安全管理部门的人才培养提供借鉴参考，以期为国家、社会以及各类社会组织输送高质量的安全情报人才，从而有效提升大数据时代各类安全管理工作的效率。

一、大数据时代安全情报人才培养的新要求

（一）安全情报人才培养理论基础

在安全科学领域，安全管理历来都是热门话题。随着信息时代的到来，安全管理信息化已成为安全管理工作研究的重点，其旨在利用安全信息实现科学安全管理，进而有效提升安全管理效率（王秉和吴超，2018d）。在安全管理信息化基础上，研究发现安全情报缺失是安全管理失效的根本原因，并由此提出安全情报的基本定义，即安全情报是影响系统安全管理行为的安全信息（解决安全依据缺失问题），是由安全信息在一定知识指导作用下转化而成的产物（Wang and Wu，2019；化柏林和郑彦宁，2012）。同时，在安全管理工作效率稳定提升的过程中，相应的安全情报人才承担着关键作用。所谓安全情报人才，是契合安全管理工作过程中的安全情报需求，通过搜集与系统安全管理相关的情报信息，进行整理汇总、定性与定量分析和综合评价等研究，为安全管理人员提供可靠安全情报产品，帮助安全管理人员实现智能安全决策，进而有效提升系统安全水平的专业人才（李小青，2010）。安全情报人才应该具有专业的安全情报素养（章雅蕾等，2019），即具有一定的安全情报意识、安全情报

理论知识，以及安全情报搜集、分析、利用等能力。安全情报人才主要包括以下两类（苏新宁，2018）：一是面向安全情报采集、转化、处理、供给和利用的服务型人才，其主要提供安全情报战略咨询与供给服务；二是充当"耳目尖兵参谋"的引领型人才，其主要为安全管理决策提供支撑依据，使得安全管理过程变得可视、可知和可控，以实现智慧安全管理。

人才是促进社会进步与发展的第一资源，因此相应的安全情报人才培养机制具有重要意义。安全情报人才培养机制是安全情报培养机构（相关安全管理部门）在多元社会需求基础上（提供服务、支撑决策和促进发展等），按照相应培养目标对安全情报人员进行相应的安全情报教育培训，旨在为国家和社会组织输送安全情报人才（李小青，2010）。安全情报人才培养机制主要涵盖培养理念、培养目的、培养目标、培养环节、培养环境和培养考核六大基本要素，具体内涵后文将详细论述。安全情报人才培养具有显著性作用，具体表现在以下四方面。

1）促进区域协同发展：安全情报人才培养具有区域性特点，需要区域内政府行政部门（保障）、对应社会组织（需求）和培养机构（实施）的相互协调，呈现"区域一体化"发展趋势。

2）解决人才就业问题：面对多元化且高层次的就业市场需求，可培养具有一定"胜任力"（涵盖知识、技术、素质、执行力等）的安全情报人才（魏雅雯，2017），实现市场需求与人才供给的动态平衡，完善安全情报人才就业机制。

3）提升系统安全水平：安全情报人才培养的直接目的是储备安全情报专业人才，这些专业人才可挖掘有效安全情报，为安全管理决策提供可靠依据（Wang et al.，2017），有效保障系统安全。

4）促进安全情报学学科发展：安全情报人才培养机制致力于培养安全情报人才，这些专业人才成为安全情报学学科建设的重要环节，将个人专业能力真正落实于安全情报工作中，进而有效促进安全情报学的学科发展。

（二）大数据时代安全情报人才培养面临的新要求

随着大数据时代的悄然到来，科学技术不断进步与发展变革，人们的生活、工作和思考方式相应地发生巨大变化（Viktor and Kenneth，2013）。大数据时代，安全管理相关信息主要来源于海量数据资源，这些数据往往呈现动态化、高频化和多样化等特点（李学龙和龚海刚，2015），这无疑给既有安全管理工作带来巨大冲击。在安全管理过程的各个阶段，如安全数据信息的采集、整理、存储、分析以及执行等环节，安全情报分析人员发挥着重要作用。然而在大数据时代，传统安全情报分析人员的能力素质已无法适应安全管理工作的新要求，因此培养既能适应大数据环境下安全情报信息分析工作，又能结合实际需要快速挖掘安全情报以支撑安全管理决策的安全情报人才，可有效满足大数据时代背景下的各类安全管理部门开展安全管理工作的迫切需要。

安全情报人才培养承担着为国家、社会以及各类社会组织输送安全情报人才的重要作用，在大数据时代面临着新的要求。大数据背景下，云计算、物联网、移动互联、可视化等技术的兴起以及高效率、相关性、整体性等思维方式的转变，给安全情报人才培养带来新的发展机遇和挑战。大数据为安全情报人才培养提供新的技术支撑和理念指导，安全情报人才培养迎来新的发展机遇。在技术支撑方面，技术手段是契合大数据时代的新要求，即具备强大的安全情报搜集、分析和利用等能力，同时大数据为安全情报人才培养提供经济支撑（宏观调控，协调各方的利益需求）和法律保障（权责透明，设立规章制度以保障培养过程的顺利实施）。在理念指导方面，确立价值创造为核心理念，以大数据为基本特征的安全情报人才培养必须受到高度重视；鼓励全员参与，人人都是大数据（开源）的生产者和使用者，充分调动全体参与者积极性；深化大数据理念，将其贯彻到整个安全情报人才培养过程。与此同时，从相关数据库中分类提取，整合形成安全大数据，为安全情报人才培养提供新的发展方向。因此，大数据时代的安全情报人才培养切实可行。

在面临新发展机遇的同时，大数据给安全情报人才培养带来诸多新的挑战。大数据时代，技术升级、网络普及、信息共享、资源丰富、理念革新以及制度完善等变化给传统安全情报人才培养带来极大挑战（郭春侠等，2019；张静，2017）。现对安全情报人才培养进行比较（传统 VS 大数据时代），如表 6-3 所示。通过对比可概括大数据时代安全情报人才培养面临的挑战，主要如下。

表 6-3　安全情报人才培养的比较

具体方面	传统安全情报人才培养	大数据时代安全情报人才培养
培养目标	培养服务型人才，面向安全情报搜集与分析	侧重面向安全管理的决策型人才，主要培养综合型人才

续表

具体方面	传统安全情报人才培养	大数据时代安全情报人才培养
培养标准	各培养机构自成体系，缺乏针对性和统一性	共享机制推进各方面协同创新发展，统一标准势在必行
培养对象	培养机构有限且分布不均，主要面向少数人	网络化教育推动安全情报资源共享，用户呈多元化趋势
培养缘由	安全辅助与情报服务需求，但层次尚不成熟	前瞻性需求宽泛，呈现多元化趋势，业务多样且层次高
法规制度	安全情报相关法规制度缺失或未落实于实践	深入推进安全情报法律建设，规范制度以保障过程实施
情报工作	知识范式，注重安全数据的真伪性和可靠性	数据范式，强调数据的全面性和相关性，发挥数据价值
就业形势	人才供应出现缺口，信息不对称造成就业难	共享机制使得就业形势良好，但人才能力素养要求更高
教育体系	侧重组织性广泛化教育模式，宽泛而不精练	注重个性化教育模式，通过数据挖掘，针对性完善不足
	设置图书情报类和安全类课程，侧重理论层	注重交叉、有效和科学的模块化课程，理论与实践并行
	师资结构简单，研究方向局限于情报学领域	注重数据和情报分析的全方位师资力量，拓展智库建设
	教育效果评估机制较为片面，以书面考核为主	注重综合评估，从管理业务、数据处理和胜任力等着手
	教学手段单一化，以课堂授课和课外实习为主	注重多样化教学手段，包括科学研究、实习和实地调查

1）培养目标不再偏向辅助角色的服务型人才，而是面向服务+引领的综合型人才。

2）网络的兴起加快安全情报信息共享进程，各方面协同创新发展但标准尚未统一。

3）用户呈多元化趋势，需求多样且层次高，给既有安全情报专业教育带来一定冲击。

4）安全情报工作趋向数据范式，面对海量数据，挖掘数据关联成为核心。

5）大数据时代，安全大数据伦理问题（隐私）的涌现使得立法工作进入新征程，必须深入推进法律建设，规范制度以提供有效保障。

6）信息共享造就良好就业形势，同时对安全情报人员的能力要求更高。

7）教育体系亟须改革创新，应从加强智库建设、倡导个性化教育、开创针对性模块化课程、多样化教学手段和人才质量综合评价等方面着手展开。

因此，大数据时代的安全情报人才培养是极其必要的。

综上所述，大数据时代的安全情报人才培养面临新的要求：一方面，安全情报人才培养在大数据背景下迎来新的发展机遇，即新的技术支撑、理念指导和发展方向，呈现新的发展趋势；另一方面，更重要的是大数据时代安全情报人才培养面临着目标升级、统一标准、法律建设、能力提升、教育改革、适应环境、需求宽泛等诸多新的挑战（要求），这些挑战（要求）正不断驱动其进步与创新发展。

二、大数据时代安全情报人才素养体系

大数据时代，技术升级、思维变革、数据驱动等变化对传统安全情报人才培养提出新的要求，不断驱动其进步与创新发展；同时，安全管理工作趋向智能化（精准透明）、安全情报需求呈现多样化（前瞻性需求涌现）以及安全情报环境的复杂化（海量动态性数据）给传统安全情报人才的能力素养造成巨大冲击。大数据时代，为适应安全管理工作的实际要求和多元社会需求，安全情报人才的能力素养也需要不断提升。

安全情报人才的能力素养是专业的安全情报人员在适应安全管理活动（安全决策）需要时应具备的有关安全情报分析的基本知识、技能、思维和文化修养等（章雅蕾等，2019）。安全情报人才的能力素养总是处于动态变化状态（结合实际环境），在大数据时代背景下呈现新的特点。因此，综合安全情报素养以及胜任力（魏雅雯，2017）的基本内涵，结合大数据背景，构建大数据时代安全情报人才素养理论体系，具体如图6-3所示。该体系系统梳理了大数据时代安全情报人才应具有的基本素养，同时显示大数据时代安全情报人才的文化、知识、意识、技能和执行力等水平亟须提高。一方面，该体系清晰揭示了大数据背景下安全情报人才培养的主要目标（回答需要培养什么样的安全情报人才，这是整个安全情报人才培养机制的核心），为后续构建安全情报人才培养模式奠定基础；另一方面，该体系是在契合大数据时代安全管理部门的迫切需求基础上构建而成的，可为大数据时代的安全情报人才培养树立基本标准，即安全情报人才应该具有的基本素养，可参考借鉴并进行相应改进和提升。大数据时

代安全情报人才素养体系主要涵盖文化层面、知识层面、意识层面、技能层面和执行力层面五个方面，具体内涵如下。

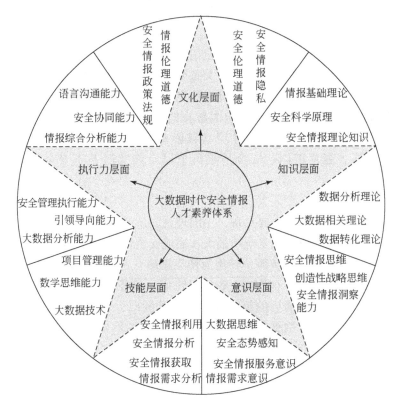

图 6-3　大数据时代安全情报人才素养理论体系模型

1. 文化层面

文化层面意味着安全情报人才在大数据背景下应具备一定的安全情报伦理，而安全情报伦理是安全情报人才的基本素养，主要源于安全伦理道德和情报伦理道德的相互融合，不断指导安全情报人才树立正确的价值观并要求其严格遵守安全情报政策法规，以确保安全情报工作过程的合法性，且注重保护安全情报隐私，避免安全情报资源遭到破坏；同时消除数据滥用现象，规范大数据的正确使用。

2. 知识层面

理论知识是判断安全情报人才合格与否的基本依据，是安全情报人才的核心素养之一，其指导安全情报实践工作的展开。安全情报人才的理论知识主要包括：①掌握安全科学原理和情报基础理论，深入理解安全情报理论知识，包括安全情报的定义、内涵、结构、价值、作用机理等；②在大数据背景下，应掌握大数据相关理论，熟悉大数据的概念、技术理念和作用价值等内容，尤其重在理解数据分析理论和数据转化理论。

3. 意识层面

安全情报人才应具备一定的安全情报意识，即安全情报思维和安全情报洞察能力。安全情报意识作为至关重要的关键素养，主要包括情报需求意识，让安全情报活动目的性和针对性更强；安全态势感知，有效促进情报安全状态；大数据思维，适应大数据时代的思维转变（相关、整体、效率等）。此外，安全情报人才应具有创造性战略思维和安全情报服务意识，这样才能真正创造安全情报价值以及切实服务于安全管理决策工作。

4. 技能层面

安全情报人才不仅需要具备一定的理论知识基础，而且更应掌握合格的专业技能。专业技能是安全情报人才完成安全情报工作的能力，主要包括情报需求分析（基础技能，转化为搜集策略）、安全情报获取（大数据检索）、安全情报分析（归纳、整合和转化）和安全情报利用（核心技能，解决安全管理问题）的综合能力。与此同时，安全情报人才还应掌握相关大数据技术（数据挖掘），尤其具备一定的数学思维能力（逻辑推理）和项目管理能力（战略管理），以适应大数据时代的安全情报工作要求。

5. 执行力层面

安全情报人才还应具备一定的执行能力，其中执行力（核心素养）是安全情报人才的实践操作能力，即在特定环境下安全情报人才意识和行为的具体表现，主要涵盖安全协同能力（互相沟通和协助）、情报综合分析能力（结合实时需要和具体环境，挖掘安全情报价值）、语言沟通能力、安全管理执行能力（切实开展安全管理活动）、引领导向能力（领导型人才，引领安全情报分析过程）以及大数据分析能力（具体场景下挖掘数据间的关联性）。

三、大数据时代安全情报人才培养模式

（一）模式的提出

大数据时代安全情报人才培养面临着新的要求，并不断进行改革创新，这有助于提高安全情报人才质量，从而更好地促进国家和社会的安全

发展。将大数据与安全情报人才培养相互融合，不仅需要先进的技术手段，更离不开相关理论的重要支撑（李小青，2010；曾湘琼，2020；王锰等，2015）。"人才培养模式"是近年来教育实践领域涌现出的高频词，主要指在一定教育思想和相应教育理论指导下，为实现一定教育目标而构思的教育式样（可参考的固定标准），其内涵丰富且呈现动态性、区域性和整体性等特点（李小青，2010；李亚萍和金佩华，2003）。在此基础上，可梳理安全情报人才培养模式的基本概念，即培养安全情报人才的一种科学思维和方法，其是由培养理念、培养目标、培养内容、培养环境和培养评价等核心要素相互协调而形成的有机系统，可为安全管理部门开展安全情报人才培养教育提供借鉴指导。因此，基于安全情报人才培养在大数据背景下面临的要求（发展机遇和挑战），综合大数据时代安全情报人才素养体系，提出大数据时代安全情报人才培养模式，如图6-4所示。

（二）模式的内涵

大数据时代安全情报人才培养模式以安全情报人才培养过程为核心，旨在契合大数据时代的新要求，以大数据对安全情报人才培养的驱动作用过程为基本范式。该模式主要涵盖安全情报人才培养理念、安全情报人才培养实施过程和安全情报人才培养评价三个部分，具体内涵如下。

1）安全情报人才培养理念，是整个模式的基础。此部分主要基于安全情报人才培养在大数据时代迎来的技术支撑、理念指导和发展方向等新发展机遇，来确立"2W1H"培养理念，即明确安全情报人才培养目的（Why，安全情报人才培养作用）、培养目标（What，安全情报人才素养）、培养内容（How，具体实施过程）三大基本要素。"2W1H"培养理念旨在契合大数据时代的新要求，为安全情报人才培养规划出一片宏观的蓝图，具有重要指引作用，为后续安全情报人才培养实施过程奠定重要基础。

2）安全情报人才培养实施过程，是整个模式的核心。此部分主要涵盖培养目的、培养目标、培养方案和培养环境等要素，各要素有机结合（彼此协调、补充和完善），共同构成安全情报人才培养实施过程。其中，培养目的是驱动，价值驱动整个实施过程，主要刻画安全情报人才培养作用，如促进社会稳定发展和面向智能安全管理决策，其具有重要意义。培养目标是导向，引领整个实施过程，作为最为核心的要素，旨在确立培养的安全情报人才应具有的基本素养（文化、知识、能力和意识等），为整个实施过程树立值得参考的标准。培养方案是关键，即具体执行过程，是

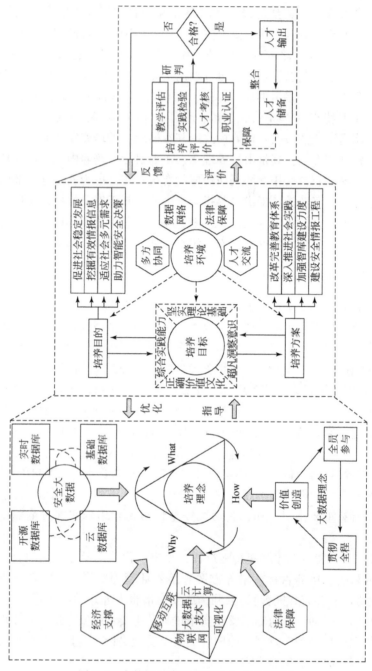

图 6-4 大数据时代安全情报人才培养模式

决定安全情报人才培养水平的重要因素。在前文梳理的大数据时代安全情报人才培养面临的挑战基础之上，对既有安全情报人才培养方案进行创新改革，如教育体系改革、安全管理工作实践和安全情报工程以及智库建设等。培养环境（安全情报文化氛围）是软力量，贯穿整个安全情报人才培养实施过程，为"2W1H"要素的确立与实施过程提供重要支撑。

3）安全情报人才培养评价，是整个模式的保障。此部分主要通过职业认证、实践检验、人才考核以及教学评估等手段对培养的安全情报人才进行评价考核，且不断进行优化和调整，从而输出合格的安全情报人才，整合以进行人才储备，进而有效适应大数据时代下的社会多元需求。安全情报人才培养评价作为检验安全情报人才质量的重要环节，应该严格把关并做到"宽进严出"，不断提升安全情报人才的职业胜任力、安全情报分析利用能力以及社会服务能力，为国家和社会的安全管理部门输出安全情报专业人才。

安全大数据主要来源于云数据库、实时监测数据库、基础数据库和开源数据库等，在大数据技术指导下，各个数据库相互联合，促进安全大数据的生成与发展，为安全情报人才培养提供新的发展方向。以上数据库旨在提供源源不断的实时数据支撑，同时可以通过反馈流程进行一定程度的更新，促进安全大数据的优化，进而提升整个安全情报人才培养模式的效率。

大数据技术主要涵盖云计算、物联网、移动互联和可视化技术，这些技术的兴起促进安全情报教育体系的改革发展，有效提升安全情报人才培养水平；同时大数据为安全情报人才培养提供经济支撑和法律保障，其中经济支撑是宏观调控利益需求，利用权责分明手段来激励各方彼此协同努力，促进整个人才培养实施过程的稳定发展；法律保障通过标准制度、过程透明和责任承担等手段提供法律约束，保障人才培养过程的顺利实施。

培养环境主要包括网络环境、科技环境、政治社会环境、法治环境以及组织文化氛围等，其贯穿安全情报人才培养的整个实施过程，通过营造一种组织协同、法律保障以及突破创新的氛围，为安全情报人才培养提供重要支撑。大数据时代，数据网络的兴起使得安全信息互联互通，促进多方融合，在一定制度保障下推动大数据资源共享（欧阳秋梅和吴超，2017），避免"信息孤岛"现象，从而促进安全情报人才交流，有效提高安全情报人才培养效率。

安全情报人才培养理念、培养实施过程和培养评价三部分联系紧密，其中培养理念作为逻辑起点，在综合大数据时代的新要求基础上，确立

"2W1H"理念,奠定整个模式的基础;培养实施过程旨在刻画大数据背景下的安全情报人才培养具体实施过程,明确培养目的、培养目标、培养方案和培养环境等核心要素,是整个模式的核心;培养评价作为逻辑终点,通过多种手段对安全情报人才质量进行严格评价,保障安全情报人才培养的效率。三部分相辅相成,通过不断的反馈调整和优化,共同构成安全情报人才培养系统,以输送安全情报专业人才。

(三)模式的讨论

1. 模式的创新性

本节提出的大数据时代安全情报人才培养模式旨在深化安全思想,以服务于国家和社会的安全管理活动为基本出发点,在传统安全情报人才培养基础上进行改革创新。模式主要突出大数据时代特色,新的支撑手段、指导理念和发展方向,无疑为安全情报人才培养提供新的发展契机(可行性);同时大数据时代面临的诸多挑战,使得安全情报人才培养的每个过程环节在大数据时代呈现新的特点(必要性)。深入推进大数据背景下的安全情报人才培养变革,同时利用大数据实现安全情报人才培养的资源共享,促进人才相互交流,充分调动参与人员的积极性,塑造良好的组织安全教育氛围,提高安全情报人才培养的效率,为国家和社会输送高质量的安全情报专业人才。

2. 模式的价值意义

大数据时代安全情报人才培养模式刻画了大数据背景下的安全情报人才培养过程,具有重要价值意义。"模式"是从若干重复事件中抽象出的规律或经验,是人类可以参考的标准(马国军,2001),因此大数据时代的安全情报人才培养模式对开展安全情报人才培养研究具有参考意义;该模式储备的安全情报专业人才,可结合实际需要,挖掘有效安全情报信息,在一定程度上提高安全管理决策的效率,实现智慧安全管理,有效促进国家和社会系统的安全发展;利用大数据技术,深入推进安全情报人才培养研究,理论与实践相结合,为安全情报学的学科建设和发展奠定理论基础。因此,模式不仅具有重要价值意义,而且具有一定的可操作性(落实实践)。

3. 模式的应用前景和促进意见

大数据时代的安全情报人才培养模式具有广阔的应用前景(可操作性),具体如下:大数据时代下,技术变革与网络行为不断推动安全情报资源共享,培养机构可通过大数据技术搜集公开情报信息资源,进而减少自身的教育成本；大数据技术让安全情报人才培养过程变得可视化，各参与方可共同监督，进行集思广益，有效完善安全情报人才培养机制；培养机构可进行一定借鉴和参考，根据具体培养环境对本节提出的模式进行具体化拓展，与自身实际相结合，进而提高安全情报人才培养效率。与此同时，模式还需要在以下三个方面进行改进：①需要从多维度不断扩展与完善，加上实证研究，完善大数据时代安全情报人才培养理论体系；②构建协同、创新、循环、优化和共享的大数据时代安全情报人才培养新格局，促进安全情报人才培养与大数据时代的真正融合，更好地服务于国家和社会的安全发展；③推进大数据背景下安全情报人才的成果研发，将成果以产品化展示的形式，从而让人们更能体会安全情报人才的价值，同时提升安全情报人才的社会服务意识，有效促进国家和社会的安全发展。

四、本节结语

安全情报人才培养旨在储备安全情报专业人才，这直接关系着国家、社会以及各类社会组织的安全管理工作。在大数据时代，大数据对安全情报人才培养提出新要求。本节在安全情报人才培养理论基础上，分析大数据背景下安全情报人才培养面临的新要求，并构建大数据时代安全情报人才能力素养体系。基于此，提出大数据时代安全情报人才培养模式，并针对模式进行详细分析与论述。通过本节学习发现，大数据时代，安全情报人才培养面临着目标升级、标准统一、需求宽泛、法律建设、能力提升、环境适应、教育改革等诸多新的要求；与此同时，亟须提升安全情报人才的知识、技能、意识、文化道德和执行力等素养水平。此外，大数据时代安全情报人才培养模式从教育体系、法规保障、智库建设、文化氛围以及人才考核等方面进行改革创新，以培养高质量的安全情报专业人才。

第三节　大数据环境下情报主导的安全管理

自大数据概念诞生以来，作为一种新思维、新理念和新工具，其在各行各业备受关注，并在不断的发展演变中悄然转变为实际生产力。在安全管理领域，也是如此。这主要是因为：①大数据实践应用（分析、挖掘和存储数据以供决策）与安全管理的主要内容（安全预测、安全决策和安全执行）存在紧密的供需关系；②安全数据信息是现代安全管理的重要基础和手段；③安全管理的目的是通过消除事件的不确定性以防控各类不安全事件，这与数据本征（揭示事物本质规律）不谋而合。因此，大数据时代给现代安全管理带来重大发展契机。但与此同时，它们也为安全管理带来了巨大挑战，如无用的安全信息数据泛滥、有价值的安全信息缺失等问题越发突出，致使安全管理无重点、预测不精确、决策不科学、措施无效等问题屡见不鲜。因此，亟待开展大数据环境下情报主导的安全管理变革研究。

事实上，就大数据环境下的安全管理的本质而言，安全管理仍是基于安全情报（王秉和吴超，2019c）的管理活动，这主要是因为：①安全管理的成败取决于是否能正确收集、管理和使用对安全管理有价值的高质量安全信息（即安全情报）；②在大数据环境下，海量、种类繁多的数据信息会掩盖事物本质，不利于发现事物规律，唯有将它们转化为安全情报才能服务于安全管理；③在大数据环境下，安全数据信息的价值密度较低，它们在安全管理工作中的应用犹如大海捞针；④在大数据环境下，安全管理中诸多问题的破解需要利用情报的思维和方法。总之，在大数据环境下，安全数据信息不便于直接面向安全管理，安全管理亟须安全情报助力。由此可见，在情报主导的安全管理理念和方法指导下，开展大数据环境下情报主导的安全管理研究具有迫切需要和现实意义。

鉴于此，本节在情报主导的思维理念下，分析大数据环境下安全管理对安全情报的依赖性，探讨大数据环境下安全情报在安全管理流程中的主导作用，在此基础上，构建大数据环境下情报主导的安全管理体系和安全管理模型。本研究以期为解决大数据环境下的安全管理所面临的难题及大数据时代的安全管理变革和实践工作提供理论依据、思路与方法指导，从而推动大数据时代的安全管理模式的转型，以及大数据在安全管理中的有效应用。

一、大数据环境下安全情报在安全管理中的价值

（一）大数据环境下安全管理对安全情报的依赖性

与传统安全管理相比，大数据时代的安全管理具有以下显著特征。

（1）安全风险与日俱增

在本质安全化（Varey，1999）水平进一步提升的背景下，安全风险不降反升（Luhmann，1984）。究其缘由：其一，在工业 4.0 时代（杨帅，2015），科技革命正深刻改变着人类的生产、生存和生活方式，在给人类带来便捷和利益的同时，安全风险率增加且危害程度加重，不仅如此，还会"滋生"各种新型危险源（如网络病毒、转基因食品、化工污染、电

子辐射等）；其二，安全管理水平相对于社会发展停滞不前；其三，人类在充分利用自然资源大力发展经济的同时破坏了自然规律，从而增加或导致洪水、火灾、沙尘暴等自然灾害，人的不安全行为也因此而成为自然安全风险源之一。

（2）安全系统日趋复杂

随着社会技术系统复杂性的提高，复杂系统（李开盛和薛力，2012）事件的多米诺骨牌效应日趋显著，事件因素繁多，系统与系统之间、子系统与系统之间、因素与因素之间的逻辑关系复杂，安全系统呈现多主体、多层次、多维度、非线性、动态性等特征。另外，安全系统因人流、物质流、能量流、信息流的动态交汇而复杂多变，安全系统的整体性和稳定性均受到不同程度的破坏。

（3）安全事件危害程度加大

广度上，在经济全球化浪潮中，生产、资本、科技等均趋向全球化，安全主体呈现多元化特征，向上可延伸至国家安全甚至人类社会，向下可拓展至微观区域和个人，包括地区安全、微单元安全和个人安全，并且涵盖了政治、经济、文化、军事、环境等众多领域，是一个复杂巨系统问题；深度上，基于城市安全系统视角，城市在吸管效应下成为高密度人口集中区、高密度财富集中区、高密度建设集中区和高密度生产集中区（朱锋，2004），能量和能量接受者的集中，为重大安全事件创造了条件；扩散速度上，当前安全事件的扩散性非常强，其一旦发生就会在复杂巨系统中形成很强的惯性，且短期内难以消除，对人类生存和发展构成更大的威胁。

（4）安全事件发生方式更为隐蔽

相较于传统安全事件，非传统安全事件发生方式呈渐进式发展且较隐蔽，安全事件在发生前，很少出现较为明显的爆发迹象，很容易被安全管理者忽视。然而，一旦危险源转化为难以避免、难以控制的实际安全问题，将对人员和财产造成无法挽回的伤害与损失。

（5）安全不确定性增加

影响安全不确定性的因素众多：一是事件因素的不确定性，一方面表现在因素一直处于动态变化中，且相互依赖、相互交织。另一方面，事件因素在未知领域的不确定性（如转基因食品安全、信息安全），处在人的认知范围外。二是安全具有主观性，安全是一种心理状态（于景元，2017），不同的人在不同的心理状态、不同的立场和不同的目的下，其安全认知和安全感均有所不同。三是人具有主观能动性，不同人抵抗安全风险的能力不同，解决安全问题的能力不同。

令人庆幸的是，大数据环境下安全情报的再度崛起，为解决诸多安全管理问题提供了新思路和新手段，其主要体现在以下四方面。

（1）安全情报有助于提升安全管理效率

在安全事件发生迅速的背景下，安全管理效率显得尤为关键。众所周知，随着大数据化时代的到来，安全数据信息已较大地提升了安全管理效率，但相较于安全数据信息，安全情报不仅具有数据信息的高速度特征，而且舍弃了无用的安全信息数据，面向安全管理时更为直接和精准，这便进一步提升了安全管理效率。

（2）安全情报有助于提高安全管理质量

安全情报的核心，并不在于安全情报本身及其应用技术，而在于其背后的规律、原理和本质。当面向安全管理时，安全情报的规模并不能决定其是否能为安全管理提供帮助，其关键在于安全情报的真实性和质量，它们是获得安全真理、安全管理思路和方法的重要源泉，统领支撑安全分析、安全预测及安全决策等安全管理行为。

（3）安全情报有助于拓展安全管理范畴

在安全学界，广义安全（即大安全）包涵 Safety 和 Security 两方面内容现已成为共识（沈洁和张可云，2020）（本书研究也是建立在大安全基础上）。但在中国，因安全科学的研究及创建是源于安全生产的，所以仍有部分国内安全学者和实践者对安全含义的理解仅停留在安全生产（侧重于 Safety）领域。近年来，安全情报学界积极推进 Safety & Security Intelligence 方面的研究，安全一体化研究已得到广泛关注，进而助力安全管理向 Security 范畴推进。

（4）安全情报有助于实现智慧安全新阶段

不可否认，安全数据信息可以映射事物的历史和现实，其运用将极大地延伸人类的观察与研究能力，进而推进人类认识事物的发展规律。但若在大数据基础上，进一步根据安全目标将基础数据信息加工激活成安全情报及其产品，实现以"智慧安全预测、智慧安全决策和智慧安全执行"为主要内容的智慧安全管理（Xu et al.，2020）。可以说，安全数据信息是求解智慧安全问题的"手术台"，而安全情报则是破解智慧安全建设与发展过程中诸多问题的"手术刀"，直接且关键。

综上所述，新时期下的安全管理对安全情报依赖性极高。安全情报不仅是一种安全资源，更是我们认识安全事务的思维方法和改变安全现状的重要工具，大数据环境下的安全情报使安全管理效率、质量、范畴和水平等方面均有所提升，能有效解决安全风险与日俱增、安全系统日趋复杂、安全事件危害程度日渐扩大、安全事件发生方式越来越隐蔽、安全不确定性进一步增加等安全问题，从而构建精准、高效、智能的安全管理体系。

（二）大数据环境下情报对安全管理流程的主导作用

基于安全管理流程角度，构建大数据环境下情报与安全管理"流程–功能"框架示意模型，如图 6-5 所示。

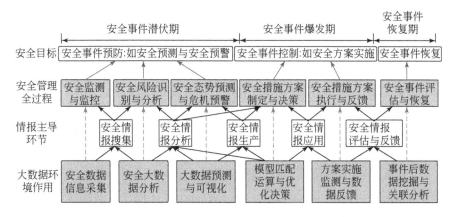

图 6-5　大数据环境下情报与安全管理"流程–功能"框架示意

现基于安全事件全生命周期角度（潜伏期、爆发期和恢复期）对该模型扼要分析如下。

1. 大数据环境下情报在安全事件潜伏期中的作用

在安全事件发生前，利用大数据平台感知、收集和整合安全数据信息，进而加工成安全情报并分析，可预见安全危机事件并预测其安全态势。简单说，大数据环境下的安全情报在安全事件潜伏期的主要功用在于对安全风险源的实时监测、对安全风险的实时分析、对突发事件态势的实时研判和及时预警等，进而防控各类安全事件的发生。

2. 大数据环境下情报在安全事件爆发期中的作用

当安全事件发生时，须充分认识安全事件的演化路径、安全事件发生条件（安全事件因素）及事件条件间的逻辑关系，采取合理措施中断事件演化路径，进而中断事件或控制事件事态以防止进一步扩大，为事件中的人和物争取宝贵的救护时间。鉴于此，大数据环境下安全情报在安全事件爆发期中的重要作用有三个：其一，安全情报是描述安全事实并追踪安全事件的演化路径，实时掌握事件动态，预测安全事件的发展趋势；其二，安全情报是安全事实及其演化路径的可视化显现，有利于安全管理者充分认识安全事件，以采取有效措施控制事件；其三，利用安全情报的分析方法和手段，完成安全事件分析及模型匹配，以辅助制定安全措施方案并优化。

3. 大数据环境下情报在安全事件恢复期中的主导作用

安全事件发生后，分析事件原因、找出危险源、提出针对性安全措施、警示教育、灾后恢复等是安全管理的重要内容，这不仅能对当前的安全管理工作进行直观的评估和反馈，而且能起到警示教育的作用，能有效预防和控制类似安全事件的再发生，具有很高的研究价值。在本质安全化水平不高的情况下，安全事件的事后分析是安全管理工作的重点，但须说明的是，安全管理须向"预防为主"的安全理念靠拢，预防是安全管理最优方式，也是安全管理的最终目标（本质安全化）。基于此，大数据环境下安全情报在安全事件恢复期中的功用主要有如下三点：一是利用大数据的综合分析能力和深度挖掘技术，找出事件发生原因和危险源；二是通过大数据可视化技术、大数据动态建模技术所获取的安全情报资料还原安全事件，这不仅有利于对安全事件进行全面分析，而且有助于安全事件后的警示教育；三是通过安全情报的获取、应用和反馈等过程直观反映安全管理过程中的不足之处。

由此可见，大数据环境下的情报对安全管理具有支撑和主导作用，且其贯穿于安全管理全过程。

二、大数据环境下情报主导的安全管理体系的构成要素

在前文已论述大数据环境下情报在安全管理中主导作用的基础上，进一步构建大数据环境下情报主导的安全管理体系，以期明晰安全数据信息和安全情报在安全管理中的运用与实践（图 6-6）。

（一）安全数据信息子体系

如图 6-6 所示，大数据环境下情报主导的安全管理体系中，最基础的就是安全数据信息子体系，其通过多种安全数据流的挖掘处理为提炼安全知识并激活成安全情报提供诸多原材料。其中，安全数据流主要分为两大类，第一类是动态安全数据流，动态安全数据流又分为生物感知数据流和物联网感知数据流两种，主要依靠生物与物联网的感知能力获取动态的安全数据信息，需要说明的是，人感知的数据信息并不全面，诸多生物在自然灾害来临时的预先感知比人更为敏感，且随着科学技术的不断进步，现

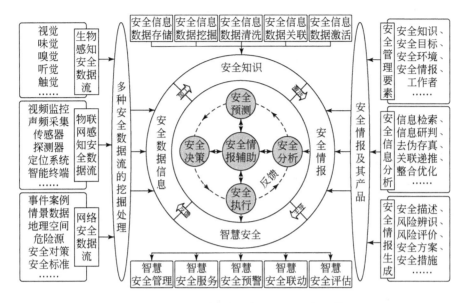

图 6-6　大数据环境下情报主导的安全管理体系

代社会也拥有了自己的"眼"（如摄像头）、"耳"（如声频监测）、"鼻"（如花粉探测器）、"口"（如 PM$_{2.5}$ 探测器）、"手"（如压力传感器），且同类感知要比生物感知更精确、更广、更迅速。这一类动态安全数据流，更具数据信息特征，但也存在偶然性、安全信息非必要、必要安全信息缺失、安全欺骗等问题。第二类是静态安全数据流（主要是基于网络的安全数据库），静态安全数据流有益于安全数据信息资源的共享，并能与其他基础数据有效融合而进行关联分析，使社会安全体系更加"智能"，通过已掌握的安全数据和历史案例可实时对危险对象的安全态势进行预测，其是一种战略性安全资源，但因预测的结论不纯粹基于事实，出现错误的概率也会增加。这两类安全数据信息的全面感知和搜集是安全感知中的主要内容甚至是全部内容。

（二）安全知识子体系

安全知识是安全信息数据去伪存真并总结规律和经验的结果，具有价值性、目的性和综合性，有助于安全管理者进一步认识安全事物，是定性、定量安全分析的重要基础，也是安全情报的主要来源，因此安全知识子体系具有重要的过渡作用。这不仅意味着此体系须对安全信息数据进行挖掘、分析、清洗和加工，以得出"正确"（正确具有相对性，依赖人的认知程度）的知识，还须进一步对知识进行激活，以形成安全决策的关键要素——安全情报。

（三）安全情报子体系

安全管理的成功与否，最终体现在其所做的安全决策是否科学、合理和有效，然而，科学安全决策的基本要求是在安全决策过程中获取有价值的安全情报（张景林和王桂吉，2001；胡雅萍等，2014a）。因此，安全情报对安全管理具有重要支撑作用。安全情报在安全管理中的应用，提高了对安全事件势态的研判能力，将可能发生的安全事件、危险源、安全风险、危险因素消除在萌芽状态，真正落实"预防为主"的安全管理原则和理念，此外，还可提高安全应急响应能力，即在安全事件发生后，如何以最快的速度响应、最佳的应急处理方案制定和最有效的安全措施落实来控制安全事件。

在安全情报的统领主导下，以安全分析、安全预测、安全决策和安全执行为主要内容的安全管理效率得到大幅提升，安全管理的科学性、时效性、针对性等均得到保证。不仅如此，因信息化基础和安全情报的统领主导，安全管理模式更为精准化和智能化，安全管理活动甚至可在无人工干预下自主完成发现危险源、预测安全态势、决策安全方案等活动，并执行安全措施以消除危险源、中断安全事件演化路径和控制安全事件等活动，这意味着大数据环境下情报主导的安全管理模式正向智慧化推进。

（四）智慧安全子体系

智慧安全是当前最为先进的安全管理思维和理念，是现阶段众多安全学者和安全实践者不断努力的方向，其应用不局限于安全管理，在众多安全领域（如安全服务、安全资源调动、安全评价等）均具有重要意义。需要强调的是，大数据环境下情报主导的安全管理可为智慧安全管理提供现实方案，可为实现智慧安全建设提供新思路。

综上所述，不难得出以下三条重要结论：一是安全数据信息是安全知识和安全情报的重要来源，也是大数据环境下情报主导的安全管理的重要基础，没有高质量的安全数据信息，也就无法获得用于支撑安全管理的安全情报；二是安全信息数据本身是客观的，对安全管理者来说是"无用的"，唯有将其加工激活成"有用的"安全情报才能发挥其内在自然价值；三是安全情报是科学安全管理（尤其是科学安全决策）的理论与实践依据，也是安全的智慧之源。

三、大数据环境下情报主导的安全管理模型构建

在构建大数据环境下情报主导的安全管理体系基础上，仍须进一步明确新思维、新理念下的安全管理工作方法和内容，以保障新时期下各系统安全，据此，构建大数据环境下情报主导的安全管理模型，如图 6-7 所示。

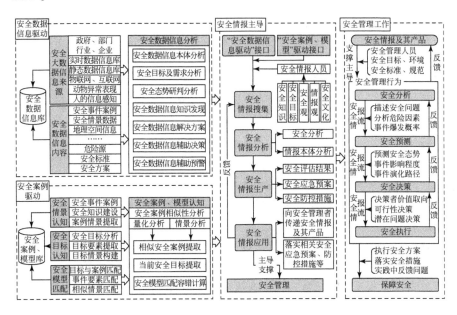

图 6-7　大数据环境下情报主导的安全管理模型

由图 6-7 可知，大数据环境下情报主导的安全管理是安全情报工作与传统安全管理工作的有机结合，该安全管理模型主要包括安全案例驱动、安全数据信息驱动、安全情报主导和安全管理工作四个部分，模型内涵具体分析如下。

1）安全案例驱动，即从历史经验出发，建立安全事件案例库，通过对现实安全事件与历史安全事件情景和要素进行分析，筛选出与现实安全事件相似程度较高的历史安全案例，进而提炼出已有安全案例相关安全知识的过程。安全案例驱动是传统安全管理的重要思想，其可贵之处在于安全知识来自安全实践，在相似程度较高的安全事件中往往能做到举一反三，且能在极短的时间内获取合适的安全解决方案，特别地，在大数据时代，安全案例驱动可借大数据分析手段更好地发挥其作用。但随着社会系

统复杂性的提升，新兴安全风险对社会生活和自然环境的威胁在不断积累与加深，一些非传统安全问题也随之显现，其发生方式隐蔽、危害程度深、防御难度大，传统经验型安全管理在当前形势下的应用已不能满足安全的需求。

2）安全数据信息驱动，即利用大数据、云计算等相关技术手段对海量安全数据进行有效的收集、分析和评价以获取真实可靠的安全情报，再通过与历史案例数据的提取比对，匹配到相似案例和安全模型，从而迅速找到解决安全问题的思路和突破口，并向安全管理者传递高质量的安全情报。安全案例驱动与安全数据信息驱动的结合是安全实践与安全认识的结合，也是经验与理论的结合，是安全知识发现的重要源泉。相比于传统安全管理中单一的经验思维，安全案例驱动与安全数据信息驱动相结合的安全管理模式更具科学性和实践性，可更好地把握安全态势，推进安全管理智能化进程，不断提高社会安全建设和安全服务水平。

3）安全情报主导，即在收集和分析安全数据信息和安全案例的基础上加工成安全知识，进而激活成安全情报和安全情报产品，并运用安全情报及其产品统领和支撑安全管理全过程。具体来说，第一，通过安全数据信息和安全案例提取安全知识，在面对具体的安全目标或任务时，有针对性地将其激活成安全情报，从而使安全情报用户（安全管理者）实时获取重要目标和危险源的安全态势，提前预防各类安全事件的发生，形成天然的安全"保护伞"；第二，依据所获取的安全情报，运用管理学、情报科学、安全科学等理论，对安全事件做出准确的安全分析、安全判断和安全决策，并以此为依据采取科学有效的安全措施和控制手段；第三，辅助安全管理者进行安全分析、安全决策、安全执行等，进而快速、智能、科学识别安全风险并预防控制安全事件。

4）安全管理工作，基于安全管理角度并依据安全行为链模式，安全管理全过程主要包括安全分析、安全预测、安全决策和安全执行，安全管理的目的在于辨识安全风险、分析安全问题、预测安全态势、优化安全决策方案、落实安全措施方案等以预防或控制安全事件；基于安全情报角度，安全管理活动是通过对安全情报进行收集、分析和应用来开展的，因此，安全管理本质上是基于安全情报管理的活动。

综上所述，大数据环境下情报主导的安全管理首先综合收集和分析安全案例和安全数据信息，然后加工提取出安全知识并将其激活形成安全情报，进而利用安全情报及安全情报产品统领和支撑安全管理活动。由此可见，大数据环境下情报主导的安全管理在管理内容上与传统安全管理相似，主要区别集中在安全管理的手段、方法和依据。总而言之，大数据环境下情报主导的安全管理为精准分析、科学预警和及时有效防控安全事件奠定坚实基础，为降低各系统安全风险，构建及时、科学、有效、智能的安全管理体系提供新的思路和手段，安全管理也因此而更加科学化、精细化和智能化。可以说大数据环境下情报主导的安全管理充分利用了大数据时代的特征和优势，开启了以数字化、智能化为核心的智慧安全建设新阶段，为保障安全提供了巨大的可操作空间，为实现智慧安全管理提供了可能。

四、本节结语

本节分析大数据环境下安全管理对安全情报的依赖性，以及安全情报在安全管理流程中的主导作用，进而提出大数据环境下情报主导的安全管理体系，并构建大数据环境下情报主导的安全管理模型。通过本节学习发现，大数据环境是安全管理的客观环境，而安全情报是安全管理的真正所需，相较于安全数据信息，安全情报在安全管理的应用使其更具科学性、针对性、时效性和价值性，其是安全管理的智慧之源，是推动安全管理趋向科学化、精准化和智能化的重要方法和工具。本节构建的大数据环境下情报主导的安全管理体系主要由安全数据信息子体系、安全知识子体系、情报子体系和智慧安全子体系构成，构建的大数据环境下情报主导的安全管理模型以安全数据信息、安全案例为驱动，以情报统领和支撑安全管理全过程，使安全管理更为科学化、精准化和智能化。

第四节　大数据驱动下情报主导的智慧安全管理

近年来，随着各类重特大安全事件频发及安全风险的日趋叠加化和复杂化，安全管理已受到国家、政府、企业、社会、大众及学界的高度关注。大数据、智能与高风险以前所未有的速度进入安全管理领域，安全管理研究及实践正在经历一场大时代下的大变革（Ouyang et al.，2018；王秉等，2019；彭照华，2019；Huang et al.，2018a；Wang et al.，2019），但目前关于安全管理新方法的创新研究尚较为匮乏（王秉和吴超，2019g；Wang et al.，2017），现有方法远远无法有效防控复杂安全风险，无法有效应对大数据时代安全管理的新机遇（①大数据可为安全管理提供丰富的安全数据资源，且大数据技术有利于收集和利用高质量的安全情报以服务于安全管理；②在大数据驱动的技术与方法变革影响下，安全管理模式从底层支撑方式到上层方法应用都在发生着脱胎换骨的变化）与新挑战

(如面临"数据迷失"问题：①无用的安全数据信息泛滥，而有价值的安全情报缺失；②尚未明晰如何使大数据有效介入安全管理工作，避免一味扎进大数据而导致安全管理工作出现迷失），更无法支撑智能时代安全风险防控的"关口前移，预防为主"以及智慧化、精准化、个性化的需求。

在此背景下，智慧安全管理理念和方法（彭照华，2019；Wang et al.，2019）被逐渐提上日程，它既是现阶段安全管理现代化鲜明的时代特征，也是实现智慧化、超前化、精准化、个性化安全管理的重要基石。例如，2018年1月中共中央办公厅、国务院办公厅印发的《关于推进城市安全发展的意见》指出，要重点倡导和实施智慧城市安全管理。总之，实现智慧化是当前安全管理所追求的重要目标，是当前乃至未来一段时间安全管理发展的重要方向。正因如此，近年来，特别是随着大数据时代的到来，学界开始关注智慧安全管理研究。例如，彭照华（2019）认为，智慧安全管理是大数据时代的高效安全管理新模式；Wang等（2019）探讨如何运用数据驱动的安全管理实现智慧安全管理。然而，目前，智慧安全管理研究仅停留在理念层面，具有普适性和奠基性的相关理论研究甚少（彭照华，2019；Wang et al.，2019）。同时，智慧安全管理正处在从理念向实践转化的关键阶段。因此，探索和实践出一套可靠可行的智慧安全管理思路和方案成为亟待破解的新难题。

在当今大数据和智能时代，应以数据为基础，以情报［情报是封装的智能，智能是开放的情报（王飞跃，2015；王延飞等，2016）］为王，实现国家、社会和各类组织的智慧安全管理。同样，安全大数据与安全情报已成为推动安全管理变革、创新与进步以及实现智慧安全管理的主要驱动力。鉴于此，本节从理论层面出发，在明确了大数据与情报综合视域下的安全管理内涵（即大数据驱动下情报主导的智慧安全管理的建立依据和基础）的基础上，将安全大数据、安全情报与安全管理三者进行有机结合，探讨大数据驱动下情报主导的智慧安全管理的内涵，并建立大数据驱动下情报主导的智慧安全管理的研究框架，以期指导未来的大数据驱动下情报主导的智慧安全管理研究与实践。

一、大数据与情报综合视域下的安全管理内涵分析

从字面含义看，大数据驱动下情报主导的智慧安全管理是安全大数据、安全情报与安全管理三者的有机结合。若进一步深究三者之间的逻辑关系，则安全大数据和安全情报是实现大数据驱动下情报主导的智慧安全管理的两大基点和基本驱动力。在开展大数据驱动下情报主导的智慧安全

管理的内涵与研究框架研究之前，须先对大数据与情报综合视域下的安全管理内涵进行深入解析。

从系统安全角度看，安全数据、安全管理与安全情报的含义如下：安全数据是指对系统安全状态及其变化方式的记录与描述；安全管理是指在特定的系统中，为保障系统安全而开展的一系列优化与控制系统安全状态及其变化方式的活动或行为；安全情报是指影响了系统安全管理的安全信息。但需要特别指出，在大数据环境下，安全情报的含义已发生变化。近年来，数据抽取、挖掘、分析、融合与处理技术和手段的不断革新升级，特别是大数据技术手段的出现，有效提升了数据分析、加工与处理能力。在此背景下，人们开始重新审视和认识"数据—信息—情报"三者之间的转化关系。在大数据时代，在传统的三种典型的数据、信息、情报转化模型［即线性转化模型、金字塔转化模型与包含关系转化模型（刘莉等，2015）］的基础上，刘莉等（2015）提出数据转化为情报的两种方式：传统的间接转化（即"数据→信息→情报"）与新出现的直接转化（即"数据→情报"）。鉴于此，在大数据时代，安全数据不仅可通过以安全信息为中间产物间接转化为安全情报（王秉和吴超，2020a），也可直接转化为安全情报。总之，无论是通过直接转化方式还是间接转化方式，安全数据均可转化为安全情报。此外，根据数据、信息、情报之间的包含关系［即"情报⊊信息⊊数据"（刘莉等，2015）］，可构建大数据环境下安全数据与安全情报之间的转化关系模型（图6-8）。由此可见，须修正上述安全情报的定义，提出安全情报的新定义，安全情报是指影响了安全管理的安全数据与信息。"安全情报"所对应的英文是"Safety & Security Intelligence"，而"Intelligence"一词既有"情报"之意，又有"智能"之意（王飞跃，2015）。因此，安全情报本身具有智慧性，在大数据环境下，安全情报的智慧性更加突出。因此，安全情报是实现智慧安全管理的前提和基础。

根据上述安全数据、安全管理与安全情报的含义，可得出安全数据、安全情报与安全管理的关系。安全情报是开展安全管理工作的直接依据，安全管理工作离不开安全情报的支持，故安全情报是安全管理的直接资源，安全情报工作是安全管理工作的直接支撑性工作内容。安全情报又是由安全数据转化而来的，安全数据的价值发挥在于创造与使用安全情报，故安全数据是安全管理的间接资源。换言之，安全数据是安全管理的根本性资源，若无安全数据资源，安全情报就无法获得，安全管理工作也就无法开展。因此，安全数据管理工作是安全管理工作的主要内容之一。同

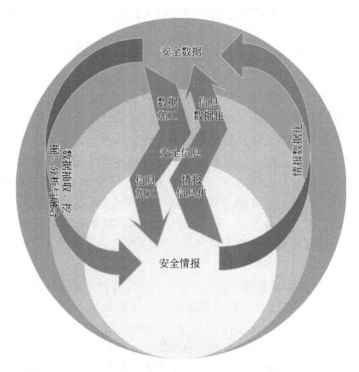

图 6-8 大数据环境下安全数据与安全情报之间的转化模型

时，安全数据与安全管理都关注系统安全状态及其变化方式，在安全管理过程中会产生诸多安全数据（如安全风险识别与评价数据），故安全管理是安全数据的载体，应关注安全管理工作中产生的安全数据资源的收集与利用。大数据环境下安全数据、安全情报与安全管理三者间的关系如图6-9所示。

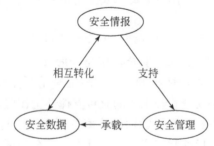

图 6-9 大数据环境下安全数据、安全情报与安全管理三者间的关系

根据安全数据、安全情报与安全管理三者间的关系，结合安全管理的基本要素，提炼出大数据与情报综合视域下的安全管理的六个基本要素（即安全目标、安全问题、安全数据、安全情报、安全情报机构与安全管理机构），并将它们进行逻辑化与体系化，构建情报与数据综合视域下的安全管理模型，如图6-10所示。根据图6-10，表6-4从系统安全角度出发，对上述要素的基本含义进行了扼要阐述（上文已详细解释安全数据与安全情报的含义，故表6-4中不再详述），并解释了图6-10中表示的各要素之间的关系。

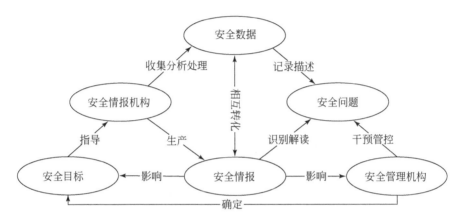

图 6-10　大数据与情报综合视域下的安全管理模型

表 6-4　大数据与情报综合视域下的安全管理的六个基本要素的含义及其相互关系

序号	要素名称	要素含义	与其他相关要素的关系
1	安全目标	由系统安全管理机构制定的一定时期内系统所期望达到的安全目标，如安全绩效目标、安全成果目标、安全风险管控目标与安全文化建设目标等	安全目标一般由安全管理机构（主要是高层安全管理领导）制定，它指导安全管理中的安全情报工作。当然，安全情报会直接影响安全目标的制定
2	安全问题	造成预期系统安全状态与实际系统安全状态之间存在差距的各种影响因素。简言之，安全问题是指各种系统安全影响因素。安全问题有严重程度差异，一般所说的安全问题是指较严重的安全问题，如安全隐患与安全事件等	安全管理工作以识别与解决安全问题为导向，具体以挖掘与识别安全问题、描述与表达安全问题、分析与归结安全问题、管控与处理安全问题为线索和切入点。因此，安全管理工作及安全管理中的安全情报工作等都须直接或间接围绕安全问题来开展

序号	要素名称	要素含义	与其他相关要素的关系
3	安全数据	对系统安全状态及其变化方式的记录和描述	安全数据可记录和描述安全问题，故安全数据是发现、分析与解决安全问题的基础性资源。同时，在大数据环境下，安全数据可通过间接或直接方式转化为安全情报
4	安全情报	影响了系统安全管理的安全信息	安全情报（如安全风险辨识与评价结果）重在识别与解读安全问题，且它直接影响安全管理机构所开展的一系列安全管理工作
5	安全情报机构	系统设置的专门负责安全情报工作的机构，旨在为系统安全管理提供所需的安全情报。安全情报工作一般包括安全数据收集、安全数据信息分析、安全情报生产、安全情报应用等工作内容	安全情报机构的目标是在收集、分析与处理安全数据的基础上，生产出服务于安全管理工作的安全情报。需要强调的是，在大数据时代，安全情报机构的安全数据工作（包括安全数据收集、分析与处理等）将进一步加强
6	安全管理机构	系统设置的专门负责组织和实施系统安全管理工作的机构。安全管理工作除了计划、组织、领导、协调与控制等一般辅助性管理活动外，主要包括安全预测、安全决策与安全执行三项活动内容	安全管理机构的主要职责是运用安全情报有效干预和管控安全问题，并制定安全管理目标

由图 6-10 与表 6-4 可知，从情报与数据综合视角看，安全管理是图 6-10 中的六个基本要素相互作用、协调和影响的过程，六个基本要素缺一不可。具体言之，安全管理以实现安全目标为目的，以安全问题为导向，以安全数据与安全情报为重要资源，以安全情报机构与安全管理机构为行为主体，以安全情报工作（包括安全数据工作）与传统安全管理工作为主要工作内容，以上述六个基本要素相互间的有效协作为重点。

二、大数据驱动下情报主导的智慧安全管理的内涵剖析

参考相关智慧管理研究（曹如中等，2017；葛晶，2017），在智慧安全管理语境下，"智慧"一词具有两层含义：①"智慧"一词的形容词含义，指智慧化（具体包括智能化、自动化、自主化、动态化、远程化、精准化）的安全管理；②"智慧"一词的名词含义，指实现智慧化安全

管理的能力需要的安全智能。从情报学角度看，安全智能源于安全情报，这是因为情报是封装的智能，智能是开放的情报（王飞跃，2015；王延飞等，2016）。由此可见，从情报角度看，实现大数据驱动下情报主导的智慧安全管理的关键在于，在传统的情报主导的安全管理中，将安全情报"活化"为安全智能，从而释放安全情报的智能性，使安全情报发挥对安全管理的智能支持作用。

在上述分析的基础上，根据大数据与情报综合视域下的安全管理内涵，阐释大数据驱动下情报主导的智慧安全管理的基本含义。所谓大数据驱动下情报主导的智慧安全管理，是指在"智慧安全管理"与"安全数据信息是通往安全的必经之路，安全情报是实现安全的必用之宝，更是实现智慧安全的前提和基础"理念的引导下，以计算安全科学、安全信息学、安全情报学与安全管理学为核心理论基础，以大数据、互联网、云计算、移动互联、智能化设备、传感网、区块链、深度学习、人工智能、安全科学技术及其他技术为技术基础，以智慧安全管理云平台系统为支撑，以"数据驱动+情报主导"为核心，将安全管理中的安全大数据工作、安全情报工作与安全管理工作进行智慧处理，实现智能化、自动化、针对化、超前化、精准化、个性化、高效化、及时化、科学化、可视化、远程化的安全风险管控，从而提升安全管理效率和质量。大数据驱动下情报主导的智慧安全管理的具体内涵主要体现在以下六方面。

1）从理念角度看，大数据驱动下情报主导的智慧安全管理=智慧安全管理+（安全大数据+安全情报）。智慧安全管理是现代安全管理科学与实践发展的新动向，正逐步在各类安全管理工作中发挥着巨大价值，它旨在提高安全管理系统的智能化水平，使安全管理系统成为一个具备安全感知、研判、分析、选择、执行、创新与自适应能力的系统，让安全管理业务、服务、活动全局全过程充满智慧。就安全大数据、安全情报与智慧安全管理三者之间的关系而言，安全大数据（即海量安全数据信息）是安全管理的根本性资源，而安全情报是经分析得出的对安全管理有用的安全数据信息（即安全情报是实现安全的必用之宝），它是封装的安全智能，安全智能是开放的安全情报（王飞跃，2015），安全情报是实现智慧安全管理的直接资源和基础。

2）从理论基础的角度看，若从学科高度和微观（直接关系）讲，大数据驱动下情报主导的智慧安全管理的直接理论基础主要涉及计算安全科学〔研究如何利用算法、大数据、云计算、区块链、人工智能等全新的技术工具来更好地解释安全现象和促进安全改善的科学（王秉，

2020a)〕、安全信息学〔研究安全信息现象及其运动规律的科学（罗通元和吴超，2018）〕、安全情报学〔研究安全情报的本质、功能、结构、产生、传递和利用规律的科学（王秉和吴超，2019b）〕与安全管理学（研究安全管理规律、探讨安全管理方法、建构安全管理模式、取得最大安全管理效益的科学）四门学科的理论、知识与方法。当然，从宏观（间接）关系讲，大数据驱动下情报主导的智慧安全管理涉及安全科学、计算机科学、数据科学、数学、信息科学、情报科学、智能科学等多门学科的交叉学科理论、知识与方法。

3）从技术角度看，大数据驱动下情报主导的智慧安全管理是通过大数据、互联网、云计算、移动互联、智能化设备、传感网、区块链、深度学习、人工智能等新型信息技术的深入应用，并依托新型安全科学技术，如海量并行安全大数据采集技术、智能安全监测监控技术（支持多源安全数据的采集与接入）、自学习型安全大数据与预测技术（基于自学习型模糊神经网络的安全预测、安全事件发生的概率预测、安全风险预测）、安全数据同化与安全信息集成共享技术、安全情报智能感知与识别技术、安全事件情景模拟技术等，建立统一的智慧安全管理云平台系统〔它是"存储型（安全数据存储）云平台"与"计算型（安全数据处理）云平台"的集合体〕，为大数据驱动下情报主导的智慧安全管理提供技术与软硬件支撑。

4）从方法角度看，大数据驱动下情报主导的智慧安全管理=大数据驱动的安全管理方法+情报主导的安全管理方法。所谓大数据驱动的安全管理，是指以海量安全数据信息为资源基础，通过对安全数据进行采集、挖掘、建模与分析，生产出安全情报（Wang et al.，2019）。所谓情报主导的安全管理，是指运用安全情报统领安全管理全局全过程（王秉和吴超，2019c）。在智慧安全管理背景下，情报主导的安全管理要特别注重发挥安全情报在安全管理中的智慧性，从而实现智慧安全管理。由此可见，大数据驱动下情报主导的智慧安全管理是大数据驱动的安全管理与情报主导的安全管理的有机结合，是二者的扬弃、深化、升华与目标，是二者的高级解读。方法角度的大数据驱动下情报主导的智慧安全管理模型见图6-11。简言之，大数据驱动下情报主导的智慧安全管理就是将安全大数据与安全情报运用到传统安全管理中，让安全数据在安全管理中发挥基础资源价值，让安全情报在安全管理中发挥智能支持价值，使传统安全管理更具有智慧，让安全管理更科学。

5）从工作业务活动角度看，大数据驱动下情报主导的智慧安全管理

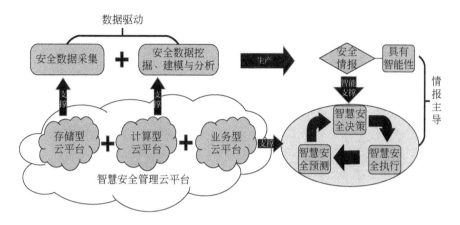

图6-11 方法角度的大数据驱动下情报主导的智慧安全管理模型

是"智慧+大数据驱动下情报主导的安全管理的相关业务活动"。大数据驱动下情报主导的安全管理的工作业务活动主要包括三个方面，即安全大数据工作、安全情报工作与安全管理工作。要实现大数据驱动下情报主导的智慧安全管理，就要使上述三方面业务活动实现智慧化。例如，在安全大数据工作方面，要实现智慧化的安全数据信息获取、处理与分析等（孙建军和李阳，2019；化柏林和李广建，2016）；在安全情报工作方面，既要实现智慧化的安全情报感知、分析、利用与反馈等（孙建军和李阳，2019；化柏林和李广建，2016），又要运用创造性智慧对安全情报进行组织、分析和重组，从而形成实用性的安全情报增值产品，以有效支撑安全管理的情报保障能力建设和安全管理创新（梁光德，2011；罗立群和李广建，2019）；在安全管理工作方面，要实现智慧安全观测、智慧安全预报、智慧安全决策、智慧安全执行。因此，大数据驱动下情报主导的智慧安全管理以各类新型信息技术（如大数据、传感网、人工智能与区块链等技术）为支撑，实现安全大数据工作、安全情报工作与安全管理工作三者的智慧联动，如图6-12所示。

6）从目标角度看，大数据驱动下情报主导的智慧安全管理模式旨在实现智能化、自动化、针对化、超前化、精准化、个性化、高效化、及时化、科学化、可视化、远程化的安全管理（即安全管理"十一化"），从而实现安全风险可测、安全风险可控和安全事件可溯，提升安全管理效率和质量，并真正降低安全管理成本。

总之，大数据驱动下情报主导的智慧安全管理的主要特点主要体现在

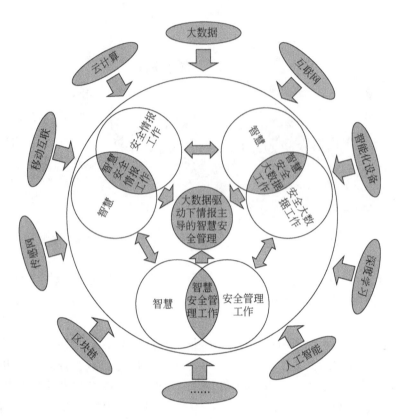

图 6-12　工作业务活动角度的大数据驱动下情报主导的智慧安全管理模型

以下三方面：①能够实现对安全大数据的深层级发掘，提取出有用的安全情报，并将安全情报"活化"为安全智能，为安全管理提供智能支持，以提高安全管理的智慧化水平和科学性；②能够实现安全管理的自动化、精准化与超前化，有效提升安全管理质量和效率，并降低安全管理人力物力成本；③能够实现对安全管理全流程、全方位智慧监测与管控，保障安全管理工作的高效、有序开展。总之，大数据驱动下情报主导的智慧安全管理是一种先进的安全管理理念，是一种智慧、增效的安全管理方法，它在新一代信息技术的支持下，实现安全管理的智慧化，实现对安全数据资源的科学重构与整合，并利用数据挖掘、分析与处理工具智能筛选有价值的安全情报服务和改进安全管理，提高安全管理效率和质量，体现安全管理的创新、智能、精准及高效。

三、大数据驱动下情报主导的智慧安全管理的研究框架建立

综上可知，大数据驱动下情报主导的智慧安全管理研究，应以安全科学、管理科学（侧重于安全管理学）、情报科学（侧重于安全情报学）、数据科学（侧重于大数据学）与智能科学五门学科的理论与方法为重要学科理论与方法基础，以情报主导的安全管理方法、大数据方法与多学科交叉方法为主要研究方法支撑，以期建立大数据驱动下情报主导的智慧安全管理体系。大数据驱动下情报主导的智慧安全管理的研究框架如图 6-13 所示。以下根据图 6-13 分析大数据驱动下情报主导的智慧安全管理的主要研究内容和方法。

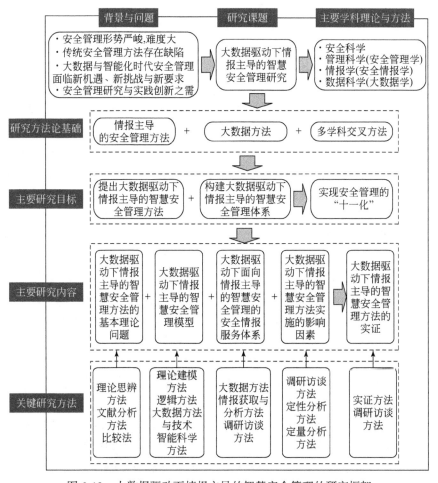

图 6-13　大数据驱动下情报主导的智慧安全管理的研究框架

（一）研究内容

由图 6-13 可知，大数据驱动下情报主导的智慧安全管理的研究内容主要包括五方面：大数据驱动下情报主导的智慧安全管理方法的基本理论问题、大数据驱动下情报主导的智慧安全管理模型、大数据驱动下面向情报主导的智慧安全管理的安全情报服务体系（包括大数据驱动下情报主导的智慧安全管理的技术支撑体系）、大数据驱动下情报主导的智慧安全管理方法实施的影响因素，以及大数据驱动下情报主导的智慧安全管理方法在相关安全管理（如城市安全管理）领域中的应用的实证。具体解释如下。

1. 大数据驱动下情报主导的智慧安全管理方法的基本理论问题

理论而言，明晰大数据驱动下情报主导的智慧安全管理方法的基本理论问题是开展大数据驱动下情报主导的智慧安全管理研究的首要任务，是开展其他研究内容的基础。该项研究内容具体主要包括：①基于大数据和安全情报开展安全管理工作的思路与优势，本节已做扼要分析；②分析和梳理大数据驱动下情报主导的智慧安全管理方法的基础性问题，主要包括内涵、核心思想、理论基础、基础要素与要求等；③大数据对情报主导的安全管理的影响（如大数据对情报主导的安全管理中的纠偏调控机制的提升）；④大数据应用于情报主导的安全管理的原理与方法（如大数据介入情报主导的安全管理的机制，以及大数据驱动下安全管理中的安全情报获取与分析方法等）；⑤如何运用大数据驱动下情报主导的安全管理方法实现智慧安全管理。

2. 大数据驱动下情报主导的智慧安全管理模型

大数据驱动下情报主导的智慧安全管理模型是实施大数据驱动下情报主导的智慧安全管理方法的基本依据。该项研究内容具体是：明确大数据在情报主导的智慧安全管理中的应用机理，并根据情报主导的安全管理的一般流程步骤，结合智慧安全管理的自身内涵、特征与需求以及大数据对情报主导的安全管理的影响，构建大数据驱动下情报主导的智慧安全管理模型，以期指导大数据驱动下情报主导的智慧安全管理相关研究与实践。

3. 大数据驱动下面向情报主导的智慧安全管理的安全情报服务体系

该体系包括大数据驱动下情报主导的智慧安全管理的技术支撑体系。安全情报是情报主导的安全管理方法和实现智慧安全管理的核心，故大数据驱动下情报主导的智慧安全管理中的安全情报服务体系研究至关重要。该项研究具体内容主要包括：①分析安全大数据与安全情报之间的关系；

②明确大数据环境下安全管理中的安全情报的来源；③分析大数据安全管理中的安全情报搜集、储存、分析、生产、评价与利用方式的改变，并建立大数据驱动下安全情报搜集、分析、生产、评价与利用等的方法、工具与技术体系。

4. 大数据驱动下情报主导的智慧安全管理方法实施的影响因素

要有效实施大数据驱动下情报主导的智慧安全管理方法，必须识别其影响因素。该项研究具体内容主要包括：①从资源（如人力资源）、政策、技术与制度等多维度出发，对大数据驱动下情报主导的智慧安全管理方法的影响因素进行定性定量分析；②在此基础上，提出有针对性且可行的对策建议来破解当前大数据驱动下情报主导的智慧安全管理方法的应用实施困境。

5. 大数据驱动下情报主导的智慧安全管理方法在相关安全管理（如城市安全管理）领域中的应用实证

在上述四方面研究内容的基础上，以某一或某几个安全管理领域为例，对大数据驱动下情报主导的智慧安全管理方法开展应用实证研究。

（二）研究方法

根据图 6-13，扼要介绍大数据驱动下情报主导的智慧安全管理的主要研究方法，具体如下。

1. 总体主要研究方法

总体主要研究方法包括：①情报主导的安全管理方法与大数据方法。由上文分析可知，大数据驱动下情报主导的智慧安全管理是通过"情报主导的安全管理方法"与"大数据方法"的有机结合使用来解决当前安全管理所面临的棘手问题，并顺应大数据和智能化时代安全管理工作的发展趋势。因此，"情报主导的安全管理方法"与"大数据方法"是大数据驱动下情报主导的智慧安全管理的核心研究方法。②多学科交叉研究方法。由大数据驱动下情报主导的智慧安全管理涉及的主要学科理论与方法分析可知，大数据驱动下情报主导的智慧安全管理是多学科交叉研究问题，故多学科（如安全科学、管理科学、情报学、数据科学与智能科学等）交叉研究方法是大数据驱动下情报主导的智慧安全管理的主要研究方法。

2. 各研究内容模块涉及的具体关键研究方法

①大数据驱动下情报主导的智慧安全管理方法的基本理论问题研究侧重基础理论层面的研究，它的主要研究方法是理论思辨方法、文献分析方

法与比较方法（如大数据驱动下情报主导的智慧安全管理与传统安全管理方法的比较等）；②就大数据驱动下情报主导的智慧安全管理模型研究而言，其核心研究方法有：理论建模方法（大数据驱动下情报主导的智慧安全管理模型隶属于理论模型）、逻辑方法（逻辑严密性和清晰性是建模的关键）、大数据方法与技术以及智能科学方法（使模型实现智慧安全管理须涉及智能科学知识和方法）；③大数据驱动下情报主导的智慧安全管理的安全情报服务体系研究主要涉及的研究方法是大数据方法、情报获取与分析方法以及调研访谈方法（此项研究面向安全管理工作实际，故调研访谈也是开展此项研究内容的关键研究方法）；④就大数据驱动下情报主导的智慧安全管理方法实施的影响因素研究而言，影响因素识别须涉及调研访谈方法，影响因素分析须采用定性与定量相结合的分析方法；⑤大数据驱动下情报主导的智慧安全管理方法的应用实证研究主要涉及实证方法和调研访谈方法。

四、本节结语

发展智慧安全管理，既是大数据时代和智能时代安全管理现代化鲜明的时代特征，也是实现安全管理"十一化"的重要基石和根本途径。在当今大数据和智能时代，安全大数据与安全情报已成为实现智慧安全管理的主要驱动力。因此，开展大数据驱动下情报主导的智慧安全管理意义重大。本节在分析大数据与情报综合视域下的安全管理内涵的基础上，将安全情报与安全大数据二者进行有机结合，探讨大数据驱动下情报主导的智慧安全管理的内涵。最后，建立大数据驱动下情报主导的智慧安全管理的研究框架。通过本节学习发现，安全数据和安全情报分别是安全管理的间接资源和直接资源，"大数据驱动+情报主导"是实现智慧安全管理的可行路径和方法。同时，就大数据驱动下情报主导的智慧安全管理研究而言，其内容丰富，研究方法多样，是一个具有巨大潜力的新兴研究领域。本节研究为实现智慧安全管理提供了可行路径和方法，可为未来的大数据驱动下情报主导的智慧安全管理研究与实践奠定基本理论基础，并提供有效方法指导。

※本章小结※

在当今大数据时代，大数据是安全情报学所面临的客观学科环境。大数据会给安全情报学带来许多巨大变化，特别是会影响安全情报学的顶层设计、人才培养和安全情报学的实践范式（即情报主导的安全管理）。正因如此，大数据必将开启安全情报学新时代。就大数据时代的安全情报学而言，大数据环境在给安全情报学发展带来巨大机遇的同时，也必然将引发一系列挑战。因此，安全情报学研究与发展理应察觉大数据对安全情报学的影响，顺应新变化与新要求，抓住大数据时代的安全情报学发展机遇和自身优势。

通过本章学习，主要得到以下发现或启示：①大数据可以拓展与深化安全情报学的学科研究资源和任务，强化安全情报学的交叉综合属性和理工科特征，革新安全情报学方法论，扩充安全情报学研究内容；②大数据时代，安全情报人才培养面临着目标升级、统一标准、需求宽泛、能力提升等新要求，大数据时代安全情报人才培养模式须从教育体系、法规保障、智库建设、文化氛围以及人才考核等方面改革创新，以培养高质量的安全情报专业人才；③大数据环境下情报主导的安全管理体系主要由安全数据信息子体系、安全知识子体系、安全情报子体系和智慧安全子体系构成；④就大数据驱动下情报主导的智慧安全管理研究而言，其内容丰富，研究方法多样，是一个具有巨大潜力的新兴研究领域。当然，本章仅是关于大数据时代的安全情报学发展的开篇之作，而大数据时代的安全情报学发展是一个庞大的课题，本章仅是关于它的初步探索性探讨和展望，仅从宏观层面为这方面研究搭建了一个理论框架或研究框架，未来需要更多学者围绕本章所构建的理论框架或研究框架开展系列深入研究，从而使大数据时代的安全情报学相关设想和展望早日变成现实。

第七章　安全情报学实践应用的重要新领域

※本章导读※

安全情报学旨在为各个领域的安全管理提供安全情报方法和服务。安全情报学的实践应用领域往往随着安全科学的发展和新的安全问题的出现而不断发展变化。近年来，随着安全科学的发展（如更加关注重大风险防范化解问题）和一些新的安全问题 [如新型冠状病毒肺炎疫情（简称新冠肺炎疫情）] 的出现，在传统的安全情报学实践应用领域（如军事安全）基础上，安全情报学面临一些新的重要的实践应用领域，如生物安全、科技安全、疫情防控和重大风险防范化解。本章主要探讨安全情报学在生物安全、科技安全、疫情防控和重大风险防范化解四个新的重要的实践应用领域的应用价值及基本思路等，以期开辟和指明安全情报学实践应用的重要新领域，进而促进实践应用层面的安全情报学研究和发展，使安全情报学发挥更大、更广的实践价值。总体看，安全情报学实践应用的重要新领域都并非相对单一的学科领域，而是一些行业部门及一些综合性、复杂性领域。

第一节　生物安全

自从国际上发生"炭疽粉末邮件事件（它是一起典型的生物恐怖主义事件）"，生物安全问题就逐渐得到世界关注（李冰雪等，2009）。近年来，随着公共卫生安全事件频发，新型两用生物技术（它以合成生物学和基因组编辑技术为代表）误用、滥用和谬用的安全风险正在加剧（孙佑海，2020），特别是在当前新冠肺炎疫情在全球大流行的背景下，全球对生物安全达到空前的关注。目前，突发新发传染病、生物入侵、农业转基因生物、农用化学品、新型生物技术、实验室生物泄漏、生物恐怖袭击、生物武器威胁等带来的生物安全风险已成为自然和人类社会健康发展中的焦点与热点问题，生物安全已进入当代国际视野，已发展为一种危及公众健康安全、生态环境、经济建设、社会安定、军事国防、科技安全、资源安全等多个方面的全局性重大国家安全甚至全球安全问题。正因如此，生物安全引起了国内外政府、社会和学界的高度重视，已经成为世界安全、国家安全的重要组成部分。新冠肺炎疫情发生以来，习近平总书记不止一次谈到生物安全问题。2020 年 2 月 14 日，习近平总书记在中央全面深化改革委员会第十二次会议上强调："要从保护人民健康、保障国家安全、维护国家长治久安的高度，把生物安全纳入国家安全体系，系统规划国家生物安全风险防控和治理体系建设，全面提高国家生物安全治理能力。"这一论断不仅丰富了国家安全体系的内容要素，完善了国家安全体系的顶层设计，且为加强国家生物安全治理体系和治理能力建设明确了方向与路径。由此可见，目前，研究生物安全正当时，意义非常重大。

其实，生物安全并非一个新问题，是一个由来已久的问题（莫纪宏，2020）。据考证，很早出现的"生物防御""生物疆域""生物国防"等术语就涉及生物安全问题。在国际社会于 1992 年制定的《生物多样性公约》中就涉及生物安全概念和内容。为有效落实《生物多样性公约》，2000 年 130 多个国家于 2000 年又签署专门针对生物安全的《〈生物多样性公约〉卡塔赫纳生物安全议定书》。自此，生物安全问题开始引起社会和公众关注。例如，2010 年以来，美国先后发布《国家生物经济蓝图》《国家生物防御战略》《加强实验室生物安全和生物安保下一步举措》等（王小理，2019）。21 世纪以来，中国面临的生物安全风险也日趋增多，所面临的生物安全形势和挑战也日趋严峻，中国也开始不断重视和加强生物安全治理。例如，为完善中国生物安全行政管理体系和法律法规体系，先后制定实施《中华人民共和国传染病防治法》《中华人民共和国进出境动植物检疫法》《中华人民共和国野生动物保护法》等法律和《病原微生物实验室生物安全管理条例》《中华人民共和国人类遗传资源管理条例》《中华人民共和国野生植物保护条例》等多部行政法规。2019 年 10 月 21 日，《中华人民共和国生物安全法（草案）》首次提请十三届全国人大常委会第十四次会议审议。在生物安全研究方面，自 21 世纪以来，生物安全研究受到了生物科学、生命科学、医学、环境生态科学等自然科学领域研究者的广泛关注。其实，从安全科学（它是典型的大交叉大综合学科）角度看，所有安全问题（如生态安全和社会安全等）均是典型的自然科学与社会科学交叉领域，生物安全领域也是如此。正因如此，生物安全研究需要自然科学与社会科学领域学者的共同参与。近年来，社会科学（如法学、伦理学、公共管理学科等）领域研究者也开始关注并开展生物安全研究，但社会科学视域下的生物安全研究尚处于起步阶段，亟待进一步充实和深入（莫纪宏，2020）。

根据诺贝尔经济学奖获得者、著名管理学家 Simon（1959）的管理（包括决策）理论，情报是管理（特别是决策）的根据、基础和起点。情报学作为一门以情报为研究对象的学科，旨在解决管理中的信息不完备问题（赖纪瑶等，2018）。同理，在生物安全领域，生物安全治理离不开情报的支持。因此，情报学（更具体讲是安全情报学）作为以社会科学属性为主兼具理工科特色的一门应用性学科（王秉和吴超，2019b），理应是生物安全研究与实践工作的一个重要学科视角。例如，为及时发现、准确预警和实时跟踪全球重大公共卫生事件，世界卫生组织于 20 世纪 90 年代后期开发了一套软件系统——"全球公共健康情报网"（Global Public Health Intelligence Network，GPHIN）。根据王秉和吴超（2019b）对安全情报学研究对象与研究内容的划分思路，生物安全情报应是安全情报学的一个具体研究对象和研究内容。曹文（2017）开展基于多层异质复杂网络的生物安全情报分析研究。同时，《中华人民共和国国家情报法》第二条指出："国家情报工作坚持总体国家安全观，为国家重大决策提供情报参考，为防范和化解危害国家安全的风险提供情报支持，维护国家政权、主权、统一和领土完整、人民福祉、经济社会可持续发展和国家其他重大利益。"生物安全作为国家安全的核心内容要素之一，防范和化解生物安全风险需要生物安全相关情报（即生物安全情报）提供决策和服务。此外，在当今信息时代，特别是大数据时代和智能化时代，生物安全情报已成为生物安全治理工作的重要基础性战略资源，生物安全治理能力的提升必须依赖高质量的生物安全情报。

但遗憾的是，生物安全在诸多社会科学领域仍是一个新领域，在情报学（安全情报学）领域也是如此，生物安全情报研究尚极为罕见。目前，较具代表性的专门的生物安全情报研究成果仅有曹文（2017）的研究，但他单纯是基于多层异质复杂网络的生物安全情报分析技术研究，尚未正式提出这一重要的安全情报学新领域，尚未明确它的基础性问题（如内涵和重要性等），这严重阻碍生物安全情报研究及生物安全情报体系建设。鉴于此，本节在明确了生物安全的内涵的基础上，开展生物安全情报的基础性问题研究，主要是明晰生物安全情报的含义及它对生物安全治理的重要性，并提出加强面向生物安全治理的生物安全情报工作的建议，以期正式提出生物安全情报这一新的安全情报学重要议题，从而为生物安全治理提供一种新视角和新思路，为未来生物安全情报研究与实践工作奠定一定理论基础。

一、生物安全的内涵

目前，国内外对"生物安全"这一概念尚无明确统一的定义（莫纪宏，2020）。安全是生物安全的上位概念，要定义生物安全，首先要明确安全的定义。现代安全科学认为，安全是指系统免受内外不利因素影响的状态（王秉和吴超，2019a，2019b）。根据安全的定义，参考已有的生物安全相关定义（莫纪宏，2020；王小理，2019；郑涛等，2012；Richardson，1999；Meyerson Laura and Reaser Jamie，2002；刘跃进，2020），顾名思义，也就是从本义（即生物本身的安全）角度讲，所谓生物安全，是指某一特定生物系统不受内外不利因素影响的状态。对于生物安全的这一定义，需要说明三点：①"生物系统"类似于"生态系统"，指在自然界的一定空间内生物与环境构成的统一整体；②"生物"指具有生命活力的物体，包括动物、植物、微生物所属各种类，它们具有一定生存和繁殖能力，并具备遗传和变异特征；③"不利影响"主要指"某一特定生物系统中的一种或几种生物受到了其他生物（一般来自某一生物系统外部）的侵害，以致打破生物系统的相对平衡状态"。

由上可知，从生物安全的本义角度看，生物安全主要指生物体对生态系统是否安全，属于生态安全的主要影响因素和关注点之一。从分类的角度看，可将生物划分为人和非人生物（即其他生物）两大类。因此，通俗讲，生物安全是指人类的生命安全健康或其他生物的正常生存、发展免受生物危险有害因素或其他危险有害因素不利影响（包括侵害和损害）的状态。生物危险有害因素包括现代生物技术（如转基因技术）的开发和应用、外来有害生物的引进和扩散，以及对人类生产和健康造成不利影响的各种传染病、害虫、真菌、细菌、线虫、病毒和杂草等。从生物安全的本义看，生物安全的着眼点和归宿点是保障人体健康安全与动植物、微生物安全，保护生态环境（莫纪宏，2020），它的重点关注范畴包括三大方面：一是防控重大新发突发传染病、动植物疫情（它们主要指微生物、寄生虫等病原体对人及动植物的侵害）；二是防范外来物种入侵（是指某一特定生物系统外部的植物、动物与微生物各种生物体进入此生物系统，并对此生物系统造成不利影响或带来威胁的现象）与保护生物多样性（一般包括遗传多样性、物种多样性和生态系统多样性）；三是防控非生物危险有害因素对生物产生威胁（如农用化学品对农作物及食品安全的不利影响，乱砍滥伐、乱捕滥食等人类破坏自然的行为也会引发生物安全问题）。

据考证，学界早期的生物安全研究主要关注生物安全本义层面的研究，如病原微生物安全（它的关注点是使人或其他动物免受能使人或其他动物致病的微生物的危害）、家禽生物安全（它的关注点是使家禽免受病毒、细菌、真菌、寄生虫等各种生物污染因子的侵害）及外来生物入侵等，可将这些生物安全问题称为传统生物安全问题（莫纪宏，2020；刘跃进，2020）。随着科技的快速发展，特别是现代生物技术的快速开发和广泛应用，非传统生物安全问题不断出现，正因如此，在生物安全的本义基础上，生物安全的内涵和外延也在不断发生延伸和拓展。近年来，国家和社会各界开始广泛关注现代生物技术开发和应用方面的安全风险防控问题，特别是生物技术开发和应用造成的对生态环境与人体健康安全产生的潜在安全威胁，如以合成生物学和基因组编辑技术为代表的新型两用生物技术的误用、滥用和谬用风险，以及生物实验室安全等。从总体演进趋势看，生物安全的内涵逐渐由"生物本身的安全风险问题"不断延伸至"生物相关的安全风险问题"。"生物相关的安全风险问题"主要指生物因子引发的安全风险（包括生物本身的安全风险可能带来的外溢性风险），如实验室生物安全、生物资源和人类遗传资源的安全、微生物耐药、生物恐怖袭击及生物武器威胁等。

习近平总书记在中央全面深化改革委员会第十二次会议上强调："把生物安全纳入国家安全体系。"从国家安全体系角度看，生物安全是国家安全的构成要素之一，但它并非与总体国家安全观中提到的"政治安全、国土安全、军事安全、经济安全、文化安全、社会安全、科技安全、信息安全、生态安全、资源安全、核安全" 11 种领域的安全问题同级，而是涉及上述多个领域的安全问题的一个交叉综合型安全问题（刘跃进，2020）。也就是说，生物安全问题蕴含于上述多个领域的安全内容。概括来看，生物安全主要涉及生态安全（主要指生物入侵、生物多样性与动植物疫情等问题）、资源安全（主要指国家生物资源安全及人类遗传资源的安全）、科技安全（主要指生物技术安全与生物实验室安全）、军事安全（主要指生物恐怖袭击与生物武器威胁）、信息安全（主要指国家人类遗传基因数据安全）、经济安全（主要指农业生物安全及生物安全问题引发的粮食安全问题）与社会安全（主要指生物性突发公共卫生安全事件）七大领域的安全问题，如图 7-1 所示。

从国家安全高度看，根据总体国家安全观的内涵，就生物安全而言，保护人民生命健康安全、保障国家安全、维护国家长治久安是根本目的，保护生物资源、促进生物技术健康发展、防范生物威胁是主要任务，生物

图 7-1　生物安全的属性及其在国家安全体系中的地位

安全治理既要重视传统生物安全问题，又要重视非传统生物安全问题。同时，要根据生物安全的属性及其在国家安全体系中的地位，构建集生态安全、资源安全、科技安全、军事安全、信息安全、经济安全与社会安全等领域的生物安全风险治理于一体的国家生物安全体系。

二、生物安全情报的含义

"生物安全情报"概念是一个组合概念，是"生物安全"与"安全情报"两个概念进行组合交叉和融合形成的。根据本节给出的生物安全及安全情报的含义（安全情报是指影响了安全管理，特别是安全决策的安全信息。换言之，它是指对安全管理有用的安全信息，旨在解决安全管理中的安全信息缺失问题）（Meyerson Laura and Reaser Jamie，2002；刘跃进，2020），可给出生物安全情报的含义，生物安全情报是指影响了生物安全治埋的一切生物安全信息（所谓生物安全信息，是指生物安全状态及其变化方式的自身显示）。生物安全情报的具体内涵主要体现在以下五方面。

（一）生物安全情报的取向

生物安全情报是面向生物安全治理的（Wang and Wu，2019；陈超，

2017）。上述生物安全情报的定义是从生物安全治理角度提出的，这表明生物安全情报是面向生物安全治理的。生物安全情报作为通过生物安全数据和信息处理获得的有用的、具有可操作性的生物安全治理信息，是生物安全治理工作的有机组成部分，对生物安全治理具有重要影响（生物安全情报对生物安全治理的重要性将在本书进行详细论述）（Wang and Wu，2019）。由此可见，生物安全情报的服务对象是生物安全治理工作，它的主体是生物安全治理者（一般是一个组织），它的目标是促进生物安全治理能力提升（主要包含两层目标：①直接目标是为生物安全治理提供有效的情报支持和服务，旨在解决生物安全治理中的信息不完备问题；②间接目标是提升生物安全治理水平）和帮助实现生物安全治理的目标（即维护生物安全）。生物安全情报工作是为了保障生物生存和发展不受侵害与威胁而实施的安全情报工作，包括与生物安全相关联的信息（包括数据和知识）的收集、分析与利用等活动，生物安全情报工作融入生物安全治理过程并发挥效用的手段是情报主导的生物安全风险管控（即运用生物安全情报统领和引导生物安全风险管控全局全过程）（王秉和吴超，2019g）。

根据生物安全的内涵与属性（图7-1）以及《中华人民共和国生物安全法》，生物安全治理范畴（内容）包括七大类：一是隶属生态安全范畴的"防范外来物种入侵，保护生物多样性及防控动植物疫情"；二是隶属科技安全范畴的"保障生物技术与生物实验室安全，以及应对微生物耐药"；三是隶属资源安全范畴的"保障国家生物资源和人类遗传资源的安全"；四是隶属社会安全范畴的"防控重大新发突发传染病及生物性食品安全问题"；五是隶属军事安全范畴的"防范生物恐怖袭击和防御生物武器威胁"；六是隶属信息安全范畴的"保障国家人类遗传基因数据安全"；七是"保障农业生物安全及防范生物因子引发的粮食安全风险"。生物安全情报的服务对象是生物安全治理，上述七方面生物安全治理的内容可视为生物安全情报的具体应用领域。基于此，可构建面向生物安全治理的生物安全情报体系，如图7-2所示。

（二）生物安全情报的基本要素

生物安全情报的基本要素是4R（Right）要素，即对的人（生物安全风险治理者）、对的信息（生物安全信息）、对的时间（生物安全治理时间段）、对的问题（生物安全问题），它们的基本含义如下：对的人是指应将生物安全情报供给至具有相应生物安全情报需求和生物安全情报素养

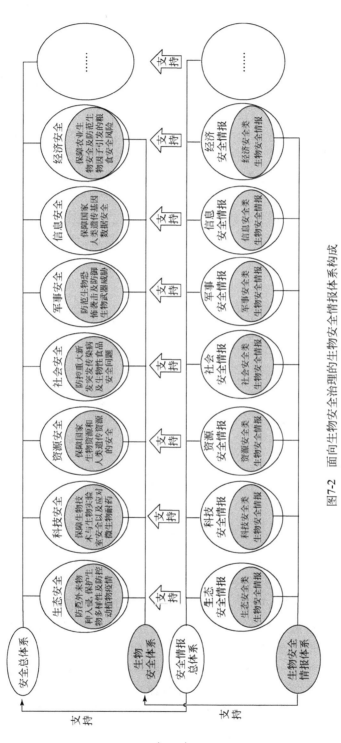

图7-2 面向生物安全治理的生物安全情报体系构成

的生物安全治理者，唯有这样，才能保证生物安全情报有效发挥效用；对的信息指对的生物安全信息（包括数据），即高质量（准确、可靠、完整）的生物安全信息，它是生产生物安全情报的基础性资源；对的时间主要指生物安全情报供给要及时，以免随着生物安全风险的发展变化而导致获取的生物安全情报失效（如有些病毒的变异进化速度极快，原有的病毒相关安全情报极有可能很快就会失效）；对的问题指对的生物安全问题，就生物安全治理者而言，生物安全情报是生物安全问题的"解决方案或策略库"，生物安全情报的作用在于帮助其解决某种生物安全问题。

上述四个因素相互依赖和联系，缺一不可，共同构成生物安全情报的内容组分和价值发挥条件。基于此，可构建生物安全情报基本要素的四面体模型，如图7-3所示。

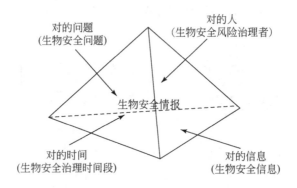

图7-3 生物安全情报基本要素的四面体模型

（三）生物安全情报的基本来源

参考安全情报的基本来源（Wang and Wu，2019），结合生物安全情报的自身特色，可将生物安全情报的基本来源概括为三大方面（图7-4）：一是风险类生物安全情报，是指专门针对生物安全风险的情报，它的获取方式是生物安全风险辨识、分析与评估；二是策略类生物安全情报，是指关于生物安全治理策略的情报，包括生物安全治理手段库（如法治、科技等手段）、生物安全治理的现状与未来情况（包括优势、劣势、机遇和挑战），以及生物安全治理的人力、物力、财力方面的支撑条件情况；三是科技类生物安全情报，是指生物安全治理的科技证据，包括生物安全方面的基础和应用性研究成果、文献和出版物，以及标准、规范、程序等。

（四）生物安全情报的归属

从生物安全情报的归属角度看，它是一种具体的安全情报类型，是关于生物安全的安全情报，是按照领域划分安全情报的一种安全情报类型。从这一角度看，生物安全情报类似于按照领域划分的其他安全情报类型（如国土安全情报、社会安全情报、军事安全情报与社会安全情报等）。但需要注意的是，根据生物安全的属性（图7-1）与面向生物安全治理的生物安全情报体系构成（图7-2），生物安全情报与按照领域划分的其他安全情报类型并非同级，它涉及按照领域划分的多种安全情报类型，是多个安全领域的安全情报的交叉综合。也就是说，生物安全情报蕴含于多个安全领域的安全情报中（图7-2）。

三、生物安全情报对生物安全治理的重要性

根据生物安全情报的含义，生物安全情报是开展生物安全治理工作的关键和必备要件，它能够为生物安全治理提供有力支持，缺失生物安全情报支撑的生物安全治理就如同无本之木、无源之水。因此，生物安全治理工作离不开生物安全情报的支持，需要以生物安全情报工作为支撑和保障，生物安全情报体系是生物安全治理体系的重要子体系和分支支撑体系之一，有效的生物安全情报工作可增强生物安全治理能力。从情报角度看，可将生物安全治理工作理解为：一类安全治理工作（生物安全治理工作是一种典型的安全治理活动）与一类安全情报工作的有机统一融合体。具体而言，生物安全治理工作以生物安全风险为治理对象，以防范和化解生物安全风险为出发点与任务重点，以各种生物安全信息（包括生物安全数据和知识）为基础资源，以挖掘和释放生物安全信息的生物安全治理价值为逻辑思路，运用各种手段和方法将生物安全信息经搜集、融合、加工、分析、挖掘和处理转化为对生物安全治理有价值的疫情情报，并用它来服务、支持和指导相关生物安全治理工作活动的开展。基于此，可提出生物安全治理的"风险维-情报维-方法维"三维工作体系（图7-4）。各维度的具体解释见表7-1。

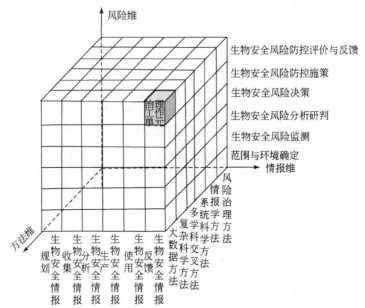

图 7-4 生物安全治理的"风险维–情报维–方法维"三维工作体系

表 7-1 生物安全治理的"风险维–情报维–方法维"三维工作体系解释

序号	维度	具体解释
1	风险维	生物安全事件的出现、蔓延和发展过程，实质是安全风险的形成、传播和演化过程。因此，生物安全治理的重点是基于生物安全风险的治理。从一般安全风险治理角度看，生物安全治理工作包括三大关键环节（即生物安全预测、生物安全决策与生物安全执行），又可细分为六项具体环节，即范围与环境确定、生物安全风险监测、生物安全风险分析研判、生物安全风险决策、生物安全风险防控施策，以及生物安全风险防控评价与反馈
2	情报维	生物安全风险治理工作需要安全情报工作（即及时、准确、全面地收集、分析和运用生物安全情报）的支撑。借鉴安全情报工作循环模型，生物安全情报工作具体包括六大环节，即生物安全情报规划、生物安全情报收集、生物安全情报分析、生物安全情报生产、生物安全情报使用和生物安全情报反馈（王秉和吴超，2019g）
3	方法维	无论是生物安全风险治理工作还是生物安全情报工作，均需一定的方法和手段提供支撑和指导。概括看，二者所需要的共性方法主要有情报学（安全情报学）方法、风险治理方法、系统科学方法、多学科交叉方法、复杂科学方法、多元分析方法、关联法、大数据方法等

　　由图 7-4 和表 7-1 可知，风险维体现生物安全治理工作的对象、任务和目标，情报维体现生物安全治理工作的基础和支撑，用以支持风险维的

生物安全风险治理工作；方法维体现生物安全治理工作的方法和工具，用以支撑和指导风险维的生物安全风险治理工作及情报维的生物安全情报工作。风险维、情报维和方法维彼此之间相互影响、支持和制约，共同组成一个全方位、立体化、系统化的生物安全治理工作体系。生物安全治理工作体系的三个维度相互交织就可确定一项具体的生物安全治理工作单元。

四、加强面向生物安全治理的生物安全情报工作的建议

这里，从国家生物安全治理这一宏观角度，提出加强面向生物安全治理的生物安全情报工作的建议，以期促进国家生物安全治理体系和能力现代化。主要建议如下。

第一，树立"一个理念"，提高"一个认识"，切实把加强生物安全情报工作当成促进国家生物安全治理能力提升和现代化的关键推动力来抓。生物安全情报工作是做好国家生物安全治理工作的第一要件，加强生物安全情报工作是推动国家生物安全治理工作发展、增强国家生物安全治理工作预见性和主动性的重要手段与措施，各级国家生物安全治理相关部门要树立"情报主导的国家生物安全治理"理念，深入理解和认识生物安全情报工作对推动国家生物安全治理能力提升与现代化的重要性，提高做好生物安全情报工作的思想认识，把生物安全情报工作纳入国家生物安全治理工作战略发展范畴，积极推进，优先发展。

第二，加强"五个建设"，为生物安全情报工作提供强有力的人才、资源和平台支撑。一是加强国家生物安全情报队伍建设。高度重视国家生物安全情报人才的培养和使用。同时，生物安全情报工作是一项集知识性和专业性于一体的综合工作，国家生物安全治理工作人员具备良好的情报素养是做好生物安全情报工作的关键，应提高国家生物安全治理工作人员对生物安全情报的采集、研判和应用能力。二是加强国家生物安全情报机构建设。没有专门的生物安全情报机构，就不可能获取高质量的生物安全情报，应建设专门的生物安全情报机构。三是构建全国统一的生物安全情报管理平台。对采集的生物安全情报采取分层管理、分类建档的方法，将搜集掌握的各类生物安全情报进行逐条、逐项、及时、准确、规范、层次分明的管理。四是加强生物安全情报网络体系建设。有针对性地在国家生物安全治理的重点环节、重点部位，延伸触角，建立纵向到底、横向到边、布局合理的生物安全情报网络，并使生物安全情报工作触角延伸到国家生物安全治理工作所涉及的每个角落，形成覆盖广泛、情报灵敏的网络体系。五是加强生物安全情报平台建设。充分利用大数据、人工智能、物联网、区块链等新兴信息技术，建立生物安全风险因子数据库，重点建设统一、权威、互联互通的生物安全情报平台，推动实现生物安全情报在平台集聚、国家生物安全治理业务事项在平台办理、国家生物安全治理决策与指挥依托平台支撑开展。

第三，强化"三个分析研判"，提高生物安全情报工作的实战效果。一是实施生物安全情报分层（主要包括基层单位、各级业务部门与各级综合生物安全情报机构三层）分析研判，通过生物安全情报分层分析研判及对不同时期、不同问题的分析研判，形成"一事一分析研判、事事有分析研判"的工作格局，确保分析研判出全面准确的生物安全情报产品，确保生物安全情报分析研判无"盲区"。二是开展生物安全情报汇总综合分析研判，依托生物安全情报分析研判及应用平台，对所有生物安全情报进行统一归口管理，重点加强生物安全情报的汇总综合分析研判，并加强分析研判成果的共享，提高生物安全情报内部共享率，打破业务和行政壁垒，推进国家生物安全治理工作协同。三是重视生物安全情报反馈研判，加强对正在应用阶段的生物安全情报跟踪评估，比较生物安全情报的实际应用效果与预期效果之间的差异，找准生物安全情报收集、分析研判和应用中的薄弱环节与缺失点，及时修正和改进生物安全情报分析研判工作，不断提高应急情报分析研判水准。

第四，建立和落实"四个制度"，建立健全生物安全情报工作长效机制。要有效促进生物安全情报工作的高效运作和持续发展，离不开生物安全情报工作制度和运行机制的建设、完善和落实。一是建立和落实日常工作运行制度。建立完善的生物安全情报体系框架、工作流程、基础建设、保障措施等制度和生物安全情报采集、报送、分析研判、应用等制度，建立生物安全情报会议制度，定期研究分析生物安全情报工作的重点和目标任务。二是建立和落实工作责任追究制度。国家生物安全治理各部门要完善应急信息情报网络，明确生物安全情报联络员及责任人，按照"谁主管、谁收集、谁报送、谁负责"的原则，确保重要生物安全情报即知即报，对报送过程中出现迟报、误报、漏报、瞒报的情况，要严肃追究相关人员责任。三是建立和落实考核奖惩激励制度。将生物安全情报工作纳入国家生物安全治理工作绩效考核，建立单位和个人生物安全情报工作实绩档案，并对其定期检查考核，建立等级情报信息评定与奖励制度，总结评比，奖优罚劣。四是建立生物安全情报保密制度，加强生物安全情报本身安全治理，提升国家生物信息综合安全能力。

五、本节结语

生物安全关乎自然和人类社会健康发展，关乎国家安全甚至全球安全，是一个重大安全问题。特别是在当前新冠肺炎疫情在全球大流行的背景下，全球对生物安全达到空前的关注。生物安全领域是一个典型的多学科交叉领域，生物安全治理离不开多学科理论和方法的支持和参与。情报学（特别是安全情报学）作为一门关注解决重大安全问题和防范化解重大安全问题的学科，理应是生物安全治理研究与实践工作不可或缺的重要学科视角。然而，目前专门针对生物安全情报的研究还尚未得到学界关注。正因如此，本节对生物安全情报开展初步性探索研究。本节主要从理论角度出发，根据生物安全的基本内涵，全面解读生物安全情报的含义，并深入论证生物安全情报对生物安全治理的重要性。与此同时，从国家生物安全治理高度出发，提出加强面向生物安全治理的生物安全情报工作的建议。通过本节研究发现，生物安全情报是安全情报学发展的下一个新方向和新机遇，生物安全治理急需安全情报的支撑和保障，生物安全情报工作是生物安全治理工作的生命线，生物安全情报工作能力是生物安全治理能力的核心，亟待将生物安全情报工作纳入国家生物安全情报体系建设，从而促进国家生物安全治理体系和能力现代化。

生物安全情报作为一个安全情报学的重要新议题，本节旨在提出生物安全情报这一新的安全情报学发展方向，为生物安全治理提供一种新视角和新思路，并为未来生物安全情报研究与实践工作奠定一定理论基础。当然，本节仅重点探讨生物安全情报的基本含义，以及生物安全情报对生物安全管理的重要性（即开展生物安全情报研究和实践工作的意义）。

第二节 科 技 安 全

在人类文明史上，科学技术一直是推动历史前进的巨大动力和杠杆。进入 21 世纪，科学技术发展的水平及其竞争能力，在相当程度上决定了国家在世界竞争格局中的地位，成为影响国家安全的重要因素。换句话说，科学技术的发展水平是反映一个国家综合国力的重要指标（刘如等，2019）。在当下科技竞争越来越激烈的时代，世界各国均将科技安全作为国家安全战略中的关键而对其加以重视（张家年和马费成，2016）。同时，随着科学技术日新月异地迅猛发展，科技安全对经济发展、社会进步产生了极其重要的推动作用。可见，科技安全战略已成为国家安全战略不可或缺的组成部分，是国家其他领域安全的技术基础，对国家安全发挥着关键作用。2014年4月，习近平总书记在中央国家安全委员会第一次会议上首次提出"总体国家安全观"，明确将"科技安全"纳入国家安全体系，使其成为国家安全战略的重要组成部分。此外，在当下信息化智能时代，科技竞争尤其是"高精尖"技术的竞争已成为国际竞争的焦点，随之而来的便是一系列科技安全问题，如科技成果安全、科技人员安全、科技产品安全、科技设施安全、科技活动安全和科技应用安全等。因此，科技与科技安全已广泛渗透在国家安全的各个领域。随着科技安全问题日益凸显，科技安全情报研究被逐渐重视。本节在已有科技安全情报研究基础上，旨在明确科技安全情报的众多基础性问题（如内涵、运行过程与重要价值等）。

一、科技安全的内涵

科技安全是非传统的安全重要领域之一。科技安全是科学技术发展的一种安全状态，包括科技发展系统安全和科技发展态势安全。

目前，国内外学术界对"科技安全"尚未形成一致认识（曾文等，2018b）。从当代安全的定义（安全是指系统免受内外不利因素影响的状态）出发，结合已有的科技安全定义（张家年和马费成，2016；曾文等，2018b；马维野，1999；刘跃进，2000），可将科技安全理解为某一科技系统及其所支撑的体系不受内外不利因素影响的状态。关于此定义，可从三个角度解释：①"科技系统"包含内容广泛，与科技相关的技术成果、人才流动、仪器设备、交流活动及科技应用等均可构成一个整体的科技系统。②"所支撑的体系"是指在科技系统保障下所构建的各种体系，包括政治、经济、军事、文化及社会等相关领域的安全体系。③"不利影响"主要指科技系统由于自身内部问题或外界势力入侵而受到扰乱或破坏的负面因素。

从科技安全本义看，科技系统自身的安全主要表现在科技活动安全、科技人员安全、科技成果与产品安全、科技设施与场所安全、科技环境安全和科技政策安全（图7-5），与之对应的六个方面的安全防控范畴如下：一是保障科技活动安全，有序开展科技工作。科技活动安全是科技安全的首要任务，在科技活动的安全保障下，科技工作才能有序展开，才可为各领域提供所需的科技支持。二是保护科技人才资源，防止科技人才流失。科技人才是科技发展的基础，是影响科技安全的关键，只有不断改善科技人才的发展环境，培养并引进更多科技人才，科技安全才有最根本的保障。三是防止科技成果泄露，保护科技产品安全。报纸、期刊（国内外）、书籍、电台、电视、互联网与社交媒体等都可能成为科技成果泄密的渠道，科技成果与专利等知识产权缺乏安全保护措施，极易造成科技成果损失（张家年和马费成，2016），应重点加以保护。四是保护科技设施安全，有效维护科研场所。国家重点科技设施设备、重点实验室与科研基地等是开展科技工作的重要基础，提供安全可靠的科研场所与科研仪器设备是科技安全的重要任务。五是维护科技环境安全，保障科技动态发展。外部环境的威胁对科技环境的安全稳定具有重要影响，外界势力常采取打压、封锁和垄断等手段构筑科技壁垒，以此阻遏国家科技发展。六是保证科技政策安全，完善科技法律法规。科技安全法律法规是科技活动的政策依据，可为科技进步和科技安全提供法律保障，应及时制定、调整和完善相关法律法规，保障科技安全建设顺利进行。

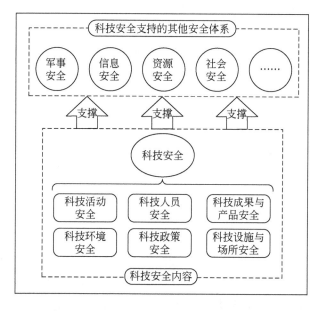

图 7-5 科技安全内容及其所支撑的安全体系

关于科技系统所支撑的安全体系，其安全状态也会受到科技安全的影响。以国家安全系统为例，一个国家的科技安全保障丧失，将导致国家的各方面安全遭到其他先进国家的威胁（子杉，2005）。当科技安全得到保障，国家才能以科技能力和水平支撑起国家的经济与军事等领域的发展。因此，从分类的角度看，科技系统所支撑的安全体系主要包括军事安全、信息安全、资源安全和社会安全等领域（图 7-5）。例如，军事安全是科技发展和应用最前沿和最广泛的领域（如武器装备研发安全、军事卫星研发安全及现代化作战样式升级等），科技对国防力量提升和军队建设具有重要意义；信息安全同样离不开科技安全的支持（如 5G 通信技术安全、大数据分析技术安全和网络空间安全等），科技安全是信息安全的重要保护伞；资源安全需要科技提供技术支撑（如深海资源安全、极地资源安全与太空资源安全等），资源的探索与保护需要科技提供动力；社会安全同样受到科技安全的影响（如公共安全监测技术、公安侦查技术与本质化安全生产技术等），科技安全得到保障，则会极大提升社会安全的水平和治理能力。

二、科技安全情报的内涵分析

从科技安全情报概念的构成看，"科技安全情报"是由"科技安全"与"安全情报"两个概念融合而成的一个重要学术概念。根据上述科技安全及已有研究中安全情报（安全情报是指所有影响了安全管理的安全信息）的基本概念，从安全情报学角度出发，可给出科技安全情报的定义，科技安全情报是指影响了科技安全管理的一切科技安全信息。科技安全情报的丰富内涵的具体解释如下。

科技安全情报是一种情报产品。科技安全情报是海量科技安全信息（包括数据）中对科技安全管理最具价值的内容，是根据科技安全管理机构的科技安全管理需求通过加工处理科技安全信息（包括数据）而获得的成熟产品，并具备其相应的价值与使用价值。价值体现在科技安全情报凝结着科技安全情报人员的体力劳动与脑力劳动，是科技安全情报人员智慧的结晶；使用价值体现在科技安全情报作为产品，可满足支持科技安全管理机构进行管理和决策的需求。此外，需要特别说明的是，科技安全情报产品的核心是科技安全情报内容，相关人员通过一定物化劳动，对科技安全情报内容附以一定载体，而后形成完整成熟的情报产品，科技情报产品内容独立并优先于相应载体。

科技安全情报具有完整的获取过程。科技安全情报的获取过程是对科技安全信息（包括数据）进行搜集、分析和生产，最终形成完备而成熟的科技安全情报的过程，同时也是科技安全管理人员通过寻找科技安全管理依据来支持科技安全管理工作的一个过程。第一步是搜集过程，主要是指科技安全情报人员利用多种方法获取所需的科技安全数据（图 7-6），该过程须关注科技安全数据来源的可靠性与科技安全数据本身的可信度。

第二步是分析过程，主要是科技安全情报分析部门对接收的科技安全数据进行加工处理，同时对其进行量化分析，形成量化的科技安全信息。第三步是生产过程，主要是将量化分析的结果与专家系统相结合，各领域专家对量化结果进行审核，得出可信度较高的科技安全情报产品，使其真正具备科技安全情报的价值与意义。

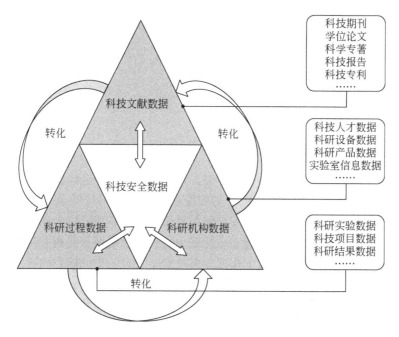

图 7-6　科技安全数据的具体内容

　　科技安全情报对科技安全管理具有重要影响作用。从情报主导的安全管理理论看，情报主导的科技安全管理可分为"科技安全情报工作"和"科技安全管理行为"两个部分，科技安全情报工作是科技安全管理行为的前提与基础，须依据科技安全情报工作的成果（科技安全情报）来展开工作。因此，科技安全情报是科技安全管理的重要支撑工具。科技安全情报对科技安全管理的重要影响体现在，它能够以支撑工具（包括方法、技术和技能）的形式辅助科技安全管理工作中的相关决策，进而提升科技安全管理的能力和水平，对科技安全管理产生影响。

　　科技安全情报是关于科技安全的一种具体的安全情报。按照领域划分，科技安全情报的归属可认定为科技安全领域。但需要注意的是，根据科技安全内容及其所支撑的安全体系（图 7-5），科技安全情报不但是类似于按照领域划分的一般安全情报类型（如国土安全情报、社会安全情报、军事安全情报与经济安全情报等），而且它同时是多个领域安全情报的基础保障并且涵盖于多个安全领域的安全情报中。

科技安全情报来源于科技安全信息（包括数据）。在大数据时代，各类安全数据剧增，科技安全数据的大数据特征日益突出，从而形成了庞大而丰富的科技安全数据资源，科技安全情报的来源也从科技安全信息扩展到了科技安全数据。对科技安全管理产生影响的科技安全数据一般包括科技文献数据、科研过程数据和科研机构数据，三者之间可相互转化，具体内容如图 7-6 所示。

三、科技安全情报工作阐释

（一）科技安全情报对科技安全管理的重要价值

科技安全情报以价值为衡量标准，价值成就科技安全情报工作。当面对科技安全管理中的相关难题（如安全决策）时，科技安全情报的价值便得以凸显，具体表现为科技安全情报是科技安全管理的核心竞争力。从情报角度看，科技安全管理的实质是基于科技安全情报开展相关科技安全管理行为与活动，安全情报工作属于科技安全管理工作的核心内容，缺失科技安全情报的科技安全管理如同无本之木、无源之水。

在日益激烈的科技竞争中，科技安全管理的内容和系统日渐复杂与庞大，而科技安全情报恰恰成为科技安全管理的核心竞争力，出色的科技安全情报工作可为科技安全管理提供强有力的支撑，有助于降低科技安全管理中的不确定性，进而保障科技安全，提升国家整体安全水平。结合"物理-事理-人理"系统方法论的思想，如图 7-7 所示，科技安全情报的核心竞争力主要体现在科技安全情报的自身属性（物理）、科技安全情报的运行机制（事理）与科技安全情报的人员素质（人理）（王秉和王渊洁，2021a）。三方面的核心竞争力具体解释如下。

科技安全情报自身具有即时性、实时性、准确性与文化性。即时性可保证科技安全情报的"鲜活"，确保在进行科技安全管理时，科技安全情报的时效性科学有效；实时性可保证科技安全情报在时间维度上具有流动特征，科技安全情报能够有效传递（王秉和王渊洁，2021b）；准确性可避免科技安全情报出现失真现象，确保对科技安全事件进行精确切实的描述；文化性可将文化关联信息（如跨国科技信息泄露事件等）融入科技安全情报，从而能应对科技安全管理中的文化差异，有助于做出合理决

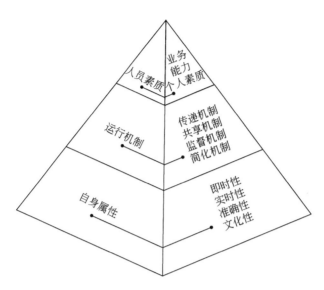

图 7-7 科技安全情报三方面的核心竞争力

策。科技安全情报的自身属性是科技安全管理最基础的核心竞争力。

科技安全情报部门具备优良的传递机制、共享机制、监督机制与简化机制。这可为科技安全情报管理提供一个优良的科技安全情报运行环境。传递机制可保障科技安全情报在第一时间传递给相关决策者，为了解科技安全动态赢得宝贵时间；共享机制可为多部门与多领域的科技安全情报资源交换与共享提供平台，利于科技安全管理中的合作研究；监督机制可加强各方对科技安全情报部门的监督，平衡其权利，防止滋生贪腐等不良行为；简化机制能够简化科技安全情报部门的办事流程，废除烦琐冗长的程序，取消重复无效的工作内容，提高科技安全管理的效率。

科技安全情报人员具备优秀的业务能力与个人素养。业务能力方面，科技安全情报人员可从海量的科技安全信息（包括数据）中挖掘出有价值的信息，并对其分析加工、深度整合，从而获得高质量的科技安全情报产品；个人素养方面，科技安全情报人员可对不同文化下的外界安全信息进行判断，对相关政治、经济、民族和文化等内容进行知识储备，同时还可跳出思维误区来处理复杂局势下的科技安全情报。科技安全情报人员是科技安全管理最重要的核心竞争力。

（二）科技安全情报在科技安全管理中的应用场景分析

参考安全情报视域下的安全管理模型，结合科技安全情报自身特点，可得出科技安全情报在科技安全管理工作中的三个应用场景（图7-8）：一是科技安全预测，是指在充分收集并掌握各种科技安全数据信息的基础上，通过分析这些科技安全数据信息获得有效的科技安全情报，进而基于科技安全情报做出超前、正确而精准的科技安全预测。二是科技安全决策，是指在综合研判科技安全预测情报的基础上，基于最佳科技安全情报快速作出科学、有效且经济的科技安全决策。三是科技安全执行，是指根据科技安全情报，通过及时而有效地实施科技安全决策方案，尽可能防控各类科技安全事件发生，或通过相关应急管理措施使科技安全事件的不良影响降至最低。

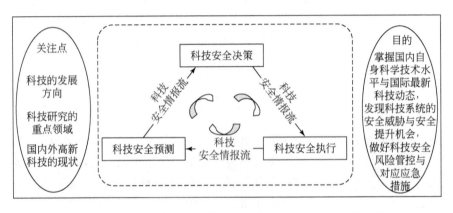

图7-8　科技安全情报在科技安全管理工作中的三个应用场景

在三个不同的应用场景中，相关安全情报人员的定位与职责也有所差异。科技安全情报预测人员主要由科技安全情报技术人员和各领域安全专家组成，一般具备情报分析能力，同时可运用量化分析手段对搜集的科技安全数据进行归纳整合，从而得到科技安全情报产品，并通过构建相关科技安全模型对科技安全管理中的风险进行预测。科技安全决策人员主要来自科技安全部门的中高层管理人员，他们在获取科技安全情报产品后，通过科技安全情报支持来进行安全局势研判，做出相应的决策并下达相关批示，以此指导科技安全管理。科技安全执行人员主要来自各科技安全管理部门的基层一线，主要充当"科技安全管理金字塔"中最基层的执行安全管理的角色，是最庞大的科技安全服务人员。他们的主要职责是执行数据管理层的决策，确保相关指令有效执行，防控科技安全管理中的基础风险。

此外，在实际科技安全管理中，通过科技安全情报的应用，科技安全部门可重点关注并了解科技的发展方向、科技研究的重点领域与国内外高新科技的现状，进而掌握国内自身科学技术水平与国际最新科技动态，以此发现科技系统的安全威胁与安全提升机会，进而做好科技安全风险管控与对应的应急措施。

（三）加强面向科技安全管理的科技安全情报工作的建议

基于以上论述，本节从国家科技安全管理的角度出发，在此提出面向科技安全管理的科技安全情报工作建议，以期健全科技安全管理体系，全面提升科技安全管理水平与能力。具体建议如下。

第一，提升科技安全的认知格局，树立科技安全情报的战略意识。各级科技安全管理相关部门首先要调整对科技安全认识的偏差，要具有"科技安全是国家安全的重要保障"的高水平认知，必须将科技安全提升到国家安全层面，要具备"科技兴则国家兴，科技强则国家强"的大格局。科技安全情报作为科技安全管理的重要支撑与基础，更是具有服务国家安全的战略意义，科技安全情报相关部门要深入理解科技安全情报对科技安全与国家竞争力的重要影响，大力发展科技安全情报工作，积极推动科技安全情报主导的科技安全管理模式，提升科技安全情报对国家安全的战略价值。

第二，加强科技安全情报资源的整合与发掘。科技安全情报资源包括与科技安全情报相关的人才、研究、技术设备与资金投入等，科技安全管理部门要在整合利用现有资源的基础上，充分发掘新的资源。人才方面，要注重发挥科技安全情报人才在科技安全管理中的作用，加快培养高水平的科技安全情报人才队伍（留住本土人才，引进外来人才），提升其对科技安全情报的搜集、分析和应用的能力，调动其创新积极性。研究方面，应加大对科技安全情报的科研投入，在不断创造新科研理论与实践方法的同时，也要将相关理论应用于实际问题，切实解决科技安全管理中的难题。技术设备方面，应充分利用大数据、人工智能、区块链等高新技术，建立统一管理的科技安全情报系统，打造完整的科技安全情报生产链条，以此获取更优质的情报产品来服务于科技安全情报管理，推进科技安全管理的事务办理与决策指挥等依托科技安全情报系统展开的新模式。

第三，完善和健全科技安全情报相关制度与体系。首先，要进一步加强科技安全情报的法律制度建设，加强对科技安全情报的保密管理（如规范或限制企业、高校和相关组织对外科技交流、科技成果发表和科技项目展示等，强化事关国家安全或重大利益的敏感领域的保密审查等），防止科技安全情报泄露。其次，要统一科技安全情报管理的各种机制，包括其共享机制、传递机制、监督机制和责任机制等，使科技安全情报部门间的联动长期稳定有效，保障科技安全工作具有一体化的规划与管理。最后，要健全科技安全情报的支撑体系，包括科技安全情报知识库、科技安全情报分析方法库、科技安全情报分析工具库等，及时生产所需的高价值科技安全情报，并借助其监测国内外科技的发展趋势，总结国内外科技安全状况，以此加强科技安全风险管控。

第四，加强科技安全情报合作，共同抵御科技安全风险。当下，科技安全已成为全球性的非传统安全问题，面对科技安全领域的共同敌人（如网络恐怖主义、核扩散风险与核恐怖主义等），一国力量难以有效抵抗。因此，须加强科技安全情报的国际合作，使各国共享所需科技安全情报，促进国与国之间的科技安全情报畅通交流，为各国科技安全提供不竭动力，增强共同抵御科技安全风险能力。

四、本节结语

科技安全关乎国家安全甚至全球安全，是一个重大安全问题。科技安全情报对科技安全管理具有十分重要的意义。因此，本节立足于理论层面，从安全情报学理论出发，分析安全科学视野下的科技安全基本含义，全面解读科技安全情报的内涵，并深入阐述科技安全情报对科技安全治理的重要价值，为日后科技安全情报方面的研究提供一定的理论依据。此外，本节从国家科技安全管理的高度出发，提出加强面向科技安全管理的科技安全情报工作的建议。同时发现，多数学者对科技安全情报的研究目前仅局限于情报学领域，尚未意识到科技安全情报与安全科学及其他领域的重要关联，所以在此也呼吁国内外学界从不同领域和视角对科技安全情报进行探索，以期共同为科技安全管理提供全面的智慧支撑。

第三节 疫情防控

为方便起见，本节将"安全情报"统一简称为"情报"。也就是说，若不特别指出，本节所说的"情报"指"安全情报"。

关于疫情防控的研究由来已久（谈在祥等，2020；曾子明和黄城莺，2017）。近年来，疫情防控研究已在世界范围内快速发展。疫情防控作为一个典型的跨学科研究领域，不仅是医药卫生学科领域的核心研究任务，也是社会科学领域的重要研究议题。因此，这一研究领域需来自不同学科的探讨，任何一门学科声音的缺失都会影响它的研究深度和广度，但已有的疫情防控主要集中在偏自然科学的医药卫生学科领域（如疫病治疗策略和药物、疫苗研发，以及疫病防控及检测的医学手段和技术等），社会科学视角的疫情防控研究偏少，这严重阻碍疫情防控的综合分析、施策和多学科合作献力。情报学作为一门为管理（或称为"治理"）提供情报支持和服务的学科（王延飞，2019），历来关注对全球、国家、社会重大现实问题的研判、警示、谋划与防控（王秉和吴超，2019d；包昌火，2009）。从情报学角度看，疫情防控离不开情报的支持，同时，疫情是一类典型的全球、国家、社会重大问题，疫情防控不能缺少情报学（特别是安全情报学，它是一门情报学和安全科学进行交叉而形成的学科，关注面向安全事件防控的情报研究）（王秉和吴超，2019a），而疫情是一类典型的安全事件，这一重要学科视角，需情报学者的参与和助力。然而，目前疫情防控研究的情报学视角存在缺位。当然，疫情作为一种突发事件类型，情报学领域也已有间接关注疫情的研究。面向突发事件应急和舆情的研究是近年来情报学领域的研究热点之一（曾子明和黄城莺，2017；唐明伟等，2019；王秉，2020b），但面向突发事件全过程的研究及专门面向疫情防控的研究甚少。因此，极有必要基于情报学角度开展面向疫情防控全过程的跨学科研究。

鉴于此，本节基于情报学（特别是安全情报学）角度，结合新冠肺炎疫情引发的安全问题及安全治理需求，探讨疫情防控的情报视角及逻辑，以期为情报视域下的疫情防控研究和实践提供一定的理论依据和方法思路参考。

一、情报视角的疫情概念解读

所谓疫情，一般是指疫病的发生、蔓延和发展情况（谈在祥等，2020）。若深入考量和解读疫情概念，特别是从情报科学角度审视和解读它，就可引申出疫情概念的情报内涵。在作者看来，疫情一词中的"情"字（即"情况"）包含两层基本含义。

1）情形之义。表示疫病的发生、蔓延和发展情形（根据情形严重程度的不同，可将疫情划分为特大、重大和一般等不同严重程度），疫情防控就是防止疫病的发生、蔓延和发展情形发生恶化。

2）情报之义。表示对疫病本身及其发生、蔓延和发展状态或情形的一种分析、评估和判断，这种分析、评估和判断是分析相关疫情信息（包括疫情数据和知识）后获得的一种结果，它是对疫情防控有用的疫情信息，根据一般的情报理解（即情报源于信息，但不同于信息，它主要是面向管理者的，它的本质是所有影响管理的内容或信息。换言之，情报是对管理有用的信息），这也就是所谓的情报（更准确地讲是疫情情报），疫情防控就是根据疫情情报来开展防控工作。

通过上述分析，可提炼出疫情概念的三要素，即疫病、情形与情报。三要素之间相互紧密联系，如图7-9所示。其中，疫病是因，是引发疫情的直接因素；情形是果，是疫病所导致的结果；情报是眼，是对疫病本身和疫病所导致结果的一种表征与判断。由图7-9可知，无论是控制因（即疫病本身）还是果（即疫病所导致的情形），都离不开眼（疫情情报）的观察、分析和研判。因此，疫情情报是疫情防控的基础和关键。

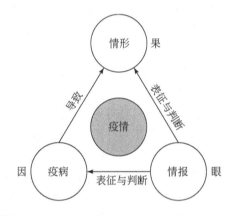

图 7-9 疫情概念的"三要素"

由上可知，从疫情防控角度看，所谓疫情情报，是指所有影响了疫情防控的疫情信息。根据信息（包括数据和知识）与情报之间的关系，疫情情报是分析相关疫情信息后获得的一种结果，而并非各种未经分析加工的杂乱的疫情信息。也就是说，尽管疫情情报的本质仍是一种疫情信息，但它又不同于一般意义上的疫情信息，而是被加工了的疫情信息（就逻辑次序而言，疫情信息在先，而疫情在后）。同时，从使用效用角度看，价值性是情报有别于信息的主要特征之一，由此可见，疫情信息对疫情防控的价值可有可无，但疫情情报对疫情防控绝对是有价值的。

二、情报在疫情防控中的价值分析

根据情报（安全情报）的一般含义（王秉和吴超，2019d；陈超，2017），从疫情防控角度看，疫情情报是指所有影响了疫情防控的疫情信息。根据信息（包括数据）与情报之间的关系（王秉和吴超，2019d；Liew，2013；李后卿等，2015），疫情情报是分析相关疫情信息获得的一种结果，而并非各种未经分析加工的杂乱的疫情信息。从使用效用角度来看，价值性是情报有别于信息的主要特征之一（王秉和吴超，2019d）。当然，绝大多数疫情情报的价值往往是瞬时的，疫情信息只是在影响疫情防控的那个瞬间才是疫情情报，一旦完成支持疫情防控的使命，它仍然会回归至原始形态（曾子明和黄城莺，2017）。根据情报在管理中的作用（王秉和吴超，2019d；陈超，2017；Wang and Wu，2019），疫情防控离不开疫情情报。因此，疫情情报是开展疫情防控工作的关键和必备要件，它能够为疫情防控提供有力支持，增强疫情防控能力。根据情报的一般特点和功能（王秉和吴超，2019d；陈超，2017；Wang and Wu，2019），疫情情报对疫情防控的重要价值主要体现在以下七方面。

1. 疫情情报有助于疫情防控坚持风险导向

从风险的角度看，疫情的发生、蔓延和发展过程，实质是风险的形成、传播和演化过程。例如，就新冠肺炎疫情风险的不断扩散和升级的本质而言，其是一个"风险链"，甚至是一个"风险网"的逐步形成和强化过程。因此，疫情防控的重点是直面疫情风险，发现、分析、掌握和防控各种疫情风险［如发现和管理传染源、发现和切断传播途径及发现和保护易感人群等（李兰娟和任红，2013）］。由此可见，疫情防控工作应基于疫情风险开展，应以疫情风险为立足点和切入点。其实，疫情风险的辨识、分析与评估就是收集、分析和获取疫情情报，疫情风险的辨识、分析与评估结果就是一类重要的疫情情报。因此，及时、准确、全面地收集、分析和运用疫情情报，有助于使疫情防控坚持风险导向，提升疫情防控的科学性和针对性。

2. 疫情情报有助于疫情的监测预警

预防为主（即早发现、早研判、早预警、早防控）是疫情防控的重要原则之一，这有助于及时、快速防控疫情，而可靠、有效的疫情监测预警，是实现疫情超前预防的先决条件。疫情情报具有监测预警功能。疫情情报所要监测的疫情因素主要包括两方面：一是疫情风险因素，如疫情征兆、疫情传染源、疫情传播途径、疫情风险分布、疫情风险流动、疫情风险大小、疫情发展态势与情况等；二是环境因素，如疫情防控的资源（物力、人力、财力等）环境、法治和社会文化环境、经济环境、政治环境及自然环境等。通过疫情情报监测各种疫情因素的发展变化，就可进行超前、正确、科学的疫情预测预警，从而发挥情报的预警功能。由此可见，疫情情报有助于实时监测、发现和预测各种疫情因素的发展变化，并通过增加超前疫情预警时间而增加疫情防控的响应时间，从而获得疫情防控管控优势，实现早发现、早预警、早防控，做到防患于未然。

3. 疫情情报有助于疫情防控中的科学、正确决策

情报是决策活动的前提和基础。同样，科学、正确的疫情防控决策也离不开高质量的疫情情报的支持，疫情情报是疫情防控决策的关键。其实，疫情防控的决策过程就是对疫情情报的搜集、分析、处理和运用，排除疫情认识上的偏颇甚至错误，把握疫情防控的最佳、合适时机，看清疫情防控形势和突出问题，做出正确、科学、可靠的疫情防控决策判断，并制定疫情防控战略和策略实施方案的过程。简言之，疫情情报有助于形成科学、正确的疫情防控决策。

4. 疫情情报有助于疫情防控中的精准施策

精准施策是提升疫情防控效果的一个重要方法论。不同地方、不同环节的疫情严重程度和扩散风险不同、易感人群各异，疫情防控工作的重点自然各不相同。与此同时，疫情会随时间推移不断呈现新的特点、发展趋势和风险等，也会给其他领域带来不同次生影响，故疫情防控工作须根据疫情实时变化进行灵活调整。由此可见，疫情防控不能眉毛胡子一把抓，而要精准分析和研判疫情、分清轻重缓急、辨明主要风险和突出问题，根据不同地点、不同环节、不同时点的不同情形采取分类施策的方法，实现精准施策，有针对性地控制各类疫情风险和问题，进而把疫情防控工作抓精抓准。疫情情报是经分析、加工和提炼的少量对疫情防控工作有价值的疫情信息（即疫情情报是相对精准的疫情信息），它可为疫情防控提供相对精准的支持。也就是说，疫情情报工作实质是一个使疫情防控工作从模糊不确定过渡至清晰精准化的过程。因此，疫情情报有助于疫情防控中的精准施策。

5. 疫情情报有助于疫情防控中的智慧防控

根据信息链，情报是封装的智慧，智慧是开放的情报，智慧性是情报的本质特征（王飞跃，2015；王延飞等，2016）。正因如此，情报理应是实现智慧管理的前提和基石，理应是实现智慧管理所要关注的焦点。同理，疫情情报是实现疫情智慧防控的重要资源和基础，疫情情报有助于实现疫情智慧防控。

6. 疫情情报有助于疫情防控中的协同和联防联控

疫情防控涉及多要素、多因素、多主体、多部门、多层级、多环节等，是一项复杂的系统工程，这决定疫情防控活动或任务的完成依赖参与

疫情防控的相关子系统之间的有效协同和联防联控。因此，在疫情防控中，多主体的协同和联防联控（特别是上下联动、部门联合）至关重要。要实现疫情防控中多主体的有效协同和联防联控，疫情情报的快速流动、传播和协同是关键，这是因为疫情情报是开展各项疫情防控工作任务或活动的依据和指南，以疫情防控者个体为单位，多源疫情情报协同是实现群体一致性行动的基础，以疫情防控者群体为单位，多源疫情情报协同是实现多方疫情协同联动防控的基础。

7. 疫情情报有助于疫情防控中的优化和学习

首先，由于疫情防控工作的复杂性和动态性，疫情防控工作通常面临多种选择。在此情况下，利用疫情情报有助于摆脱两难，甚至多难的困境，使疫情防控者的选择实现最优化，这是因为疫情情报是获得的对于疫情防控的最佳证据。其次，根据实时获取的最新疫情情报，还可以适时调整疫情防控工作方案，实现疫情防控工作的不断优化。同时，科技情报（主要指疫病本身及疫情防控的相关科学研究证据）、以往疫情的防控经验教训、他国的疫情防控对策等都是疫情情报的主要来源，搜集和利用它们，可帮助疫情防控者不断接触和学习新的疫情防控思想、方法、理论和知识等，这不仅有助于帮助疫情防控者不断完善对疫情的认识和判断，还可为疫情防控工作提供新的线索、思路和方法。

综上所述，疫情情报对疫情防控至关重要，唯有全面收集、科学分析和充分运用疫情情报，才能在疫情防控中实现"耳聪目明""及时预警""超前预防""科学防治""精准施策""智慧防控""联防联控""持续优化""风险导向"等。

三、安全情报视角的疫情防控工作难点分析

疫情情报是疫情防控工作的根本依据和支撑。从情报角度看，疫情情报缺失（不完备）问题普遍存在于疫情防控工作中，这是疫情防控工作所面临的重要难点之一。为提升疫情防控工作的有效性，应尽可能降低疫情防控工作过程中的疫情情报缺失程度。以新冠肺炎疫情防控工作为例，从情报角度审视新冠肺炎疫情防控工作，主要存在三方面具体难点。

1）在新冠肺炎疫情刚出现和暴发时，新型冠状病毒作为一种新型的未知疫病风险源，大量关键的新冠肺炎方面的科技情报（如它的来源、治病发病机理、传播途径、预防措施以及变异概率等）在短期内都无法被世界科学界认知和掌握，从而导致新冠肺炎疫情防控所需的关键科技情报缺失，进而使疫情防控工作面临诸多不确定性和困难。

2）新冠肺炎疫情处于潜伏期的基础情报（如新冠肺炎的传染性）获取不全面、分析不准确或流通传播不及时，导致疫情早期预警不及时，疫情防控工作相对迟缓被动。例如，在新冠肺炎疫情传播初期，很难准确确定新冠肺炎疫情的传染强度，这可能会导致疫情防控相关举措的出台相对有些迟缓，从而无法有效应对急剧发展的疫情形势。

3）由于新冠肺炎疫情的风险、严重性和发展蔓延态势方面的情报存在不完整或分析偏颇的情况，疫情防控工作相对迟缓。例如，在新冠肺炎疫情传播初期，很难对新冠肺炎疫情的扩散蔓延风险进行判断，这会影响疫情防控相关措施的制定和实施效果。

概括而言，导致疫情防控工作存在疫情情报缺失的因素来自两方面，即主观因素和客观因素。具体分析如下。

1）主观因素主要来自三方面。一是疫情防控者（包括个体和组织）的自身原因，主要是疫情防控者自身的情报素养，特别是情报意识（如情报敏感性）和情报工作能力缺乏，在疫情防控队伍建设方面，尚未建立专业的疫情情报工作队伍，这导致在疫情防控工作中未能有效地收集、分析和运用疫情情报来指导疫情防控工作。目前，由于疫情防控者自身的情报素养偏低和专业的疫情情报工作缺乏，其对疫情防控工作的认识和重点仍停留在疫情信息层面，而尚未过渡至疫情情报层面，这严重影响疫情防控工作能力的提升，故亟待将疫情防控工作的认识和重点从疫情信息层面上升至疫情情报层面。二是疫情情报工作基础、设施设备（如疫情原始基础数据库，包括疫情预警数据库、疫情物资数据库、疫情医疗资源数据库等；疫情情报分析和研判系统或平台）和技术保障缺乏。三是面向疫情管控的情报支持和服务体系建设缺乏，疫情情报工作保障机制（如疫情信息公开机制、疫情情报报送和使用制度、疫情情报协同机制和制度等）不健全。

2）客观因素主要来自疫情本身特征和当今时代背景。一是疫情一般极其复杂，疫情的复杂性导致疫情情报获取和分析难度大，且易导致疫情情报获取和分析存在失误。二是疫情往往具有显著的突然暴发和动态变化特征，随着疫情的突然暴发，疫情信息随之剧增，且疫情信息随着疫情发展而不断变化，这导致对多源、大量疫情情报进行搜集、分析和融合的工作量和难度都极大。三是在当今大数据时代，疫情防控工作往往被数据淹没，无用的疫情数据泛滥，但服务于疫情防控工作的有价值的疫情情报缺失，这导致疫情防控工作面临严重的"数据迷失"问题。

四、安全情报视角的疫情防控工作逻辑分析

(一) 情报视角的疫情防控工作原则

长期实践证明，对于疫情防控（特别是传染病防控）工作，务必要严格遵循和充分做到3C原则，即传递或交流（Communication）、合作或协作（Cooperation）和协同（Coordination）原则（许成钢，2020）。其中，传递或交流是合作或协作的基础和条件，协同是合作或协作的结果。特别是在当今信息时代、大数据时代和智能化时代，智慧政府、智慧城市、智慧社会正在形成并不断强化，全球化程度正在不断加深，在此背景下，疫情防控和卫生安全管理工作更应遵循3C原则。从情报角度看，疫情防控工作的3C原则与疫情情报密不可分，具体解释如下。

1）传递或交流的内容是疫情情报，交流的媒介也是疫情情报。首先，疫情防控工作中的"传递"是指将疫情情报传送和扩散至疫情防控者（即疫情情报用户），以指导他们的疫情防控活动和行为。由此观之，当疫情情报传递渠道被阻断时，疫情情报就无法快速流动、传播和有效传递至疫情防控者，这必将使疫情防控者面临无从下手、无处着力的困境，严重影响疫情防控工作。其次，疫情防控工作中的"交流"是指疫情防控者相互之间的沟通，沟通是为了了解对方的情况以及对方知道而自己不知道的东西，就沟通双方而言，这就是在获取疫情情报。同时，在疫情防控工作中，如何实现沟通，如何保障有效的沟通，均依赖疫情情报。换言之，疫情情报是疫情防控者相互之间的沟通媒介，若无疫情情报，他们之间就无法进行沟通，也就无法实现有效的沟通。

2）合作的基础是疫情情报，合作的必要条件是疫情情报的传递和交流。疫情防控者往往涉及多主体、多部门、多层级，因此，在疫情防控工作中，多方的有效合作（即协同联动和联防联控）是必需的，更是至关重要的。那么，在疫情防控工作中，多方合作的基础和重点是什么？一般而言，一致的目标及统一的认识是合作的基本条件，相互取长补短和优势互补是合作的基本目的之一，而各合作方的目标及认识的统一化、一致化须通过给各合作方供给相关情报来调节和平衡，各合作方相互间的取长补短和优势互补之处须根据各方相互传递和交流情报来掌握和确定。简言之，从情报角度看，合作的基础是情报，合作的必要条件是情报传递和交流。同样，对于疫情防控工作中的合作而言，也是如此。

3）协同的基础和前提条件是疫情情报协同。情报协同包含多源疫情

情报融合、统筹、整合、协调、共享、共用等多层含义。根据协同的基本条件，从情报角度看，要实现疫情的协同联动防控，要同时实现疫情组织（即疫情防控组织体系，涉及疫情防控部门、法律、法规、制度与机制等）协同、疫情资源（即疫情防控所需的医疗资源、人力资源、救援物资、资金资源等人、财、物方面的资源）协同与疫情情报协同，三者缺一不可。其中，疫情情报协同是疫情协同联动防控的核心，是实现疫情协同联动防控的基础和必要条件，这主要是因为疫情组织协同与疫情资源协同，以及疫情组织与疫情资源二者之间的协同，都离不开疫情情报的支持，多源疫情情报协同是实现疫情协同联动的基础。

综上可知，疫情防控工作的3C原则的核心和基础均是疫情情报，若无疫情情报，疫情防控工作的3C原则也就无法有效遵循和充分做到。鉴于此，在疫情防控工作的3C原则基础上，将疫情情报（Intelligence）纳入，提出完整的疫情防控工作原则，即"3C+I"原则，构建疫情防控工作的四面体原则模型，如图7-10所示。

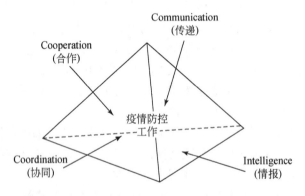

图7-10　疫情防控工作的四面体原则（即"3C+I"原则）模型

（二）情报视角的疫情防控工作思路

从情报角度看，可将疫情防控工作理解为一类管理工作（疫情防控是一种典型的管理活动）与一类情报工作的有机统一融合体。具体而言，疫情防控工作以疫情为管理对象，以消除疫情或尽可能降低疫情的负面影响为出发点，以防治和应对疫情为任务重点，以各种疫情信息（包括疫情数据和知识）为基础资源，以提升疫情信息的价值密度和释放疫情信息的疫情防控价值为内在逻辑，将疫情信息经搜集、融合、加工、分析、挖掘和处理转化为对疫情防控有价值的疫情情报，并用它来服务、支持和指导相关突发事件防控活动的开展。因此，从情报角度看，疫情防控工作是通过获取、分析与运用疫情情报来组织系列疫情防控活动的有序开展和落实，它的本质是基于疫情情报的疫情防控工作，疫情情报工作是疫情防控工作内容的核心组分。情报维是不可或缺的疫情防控工作维度之一，疫情情报工作体系和能力是疫情防控体系和能力的核心组成部分。在此基础上，参考突发事件防控的一般维度（即时间维和逻辑维）（王秉等，2020），并结合疫情（传染病）防治的策略维（李兰娟和任红，2013），建立疫情防控的四维工作体系（表7-2）。其中，情报维体现疫情防控工作的基础和支撑，是疫情防控工作体系的中心维度，情报维的工作是其他三维工作的基础和支撑；时间维体现疫情防控工作所处的阶段特征；逻辑维体现疫情防控工作的基本流程。情报维、时间维、逻辑维与策略维四个维度的疫情防控工作彼此相互影响、支持和制约，共同组成一个全方位、立体化、系统化的疫情防控工作体系。

表 7-2　四维疫情防控工作体系

序号	维度	具体解释
1	情报维	借鉴情报工作循环模型，疫情情报工作具体包括六大环节，即疫情情报规划、疫情情报收集、疫情情报分析、疫情情报生产、疫情情报使用和疫情情报反馈
2	时间维	根据突发事件的生命周期理论，按照时间先后次序，可将疫情防控工作划分为事前（疫情潜伏期）的监测预警与预防、事中（疫情暴发期）的响应与控制，以及事后（疫情恢复期）的恢复与反思三个阶段（曾子明和黄城莺，2017；王秉等，2020）
3	逻辑维	借鉴一般的安全管理工作流程，疫情防控工作主要包括六项关键环节，即区域与环境确定、疫情监测、疫情分析研判、疫情决策、疫情防控施策，以及疫情防控评价与反馈（王秉等，2020）
4	策略维	根据传染病防控策略，疫情防控策略包括三大策略，即管理传染源、切断传播途径（如隔离和消毒途径）与保护易感人群，这应是疫情防控的总体策略方法论（李兰娟和任红，2013）

为充分发挥疫情情报在疫情防控工作中的重要价值，以及最大限度解决疫情防控工作中的疫情情报缺失问题，应将疫情情报有效介入和融入疫情防控工作中，运用疫情情报来支持、服务和指导疫情防控工作。为达到这一目的，根据情报服务管理的一般理念和方法（即情报主导的方法）（王秉等，2020；王秉和吴超，2019g；Liska，2015），应积极倡导和实施情报主导的疫情防控。所谓情报主导的疫情防控，是指疫情防控者结合自

身的疫情防控经验、技能和知识，并考虑疫情防控工作的目标、资源等相关约束条件，严谨、合理、科学与充分地运用当前所能获取的所有疫情情报来统领和指导疫情防控工作的开展，以期制定和实施最佳的疫情防控方案与措施。由此可见，情报主导的疫情防控就是运用疫情情报统领和引导疫情防控工作全局、全过程。基于此，借鉴情报主导的管理模型［特别是情报主导的突发事件防控模型（王秉等，2020）］，在情报视角的疫情防控工作原则和维度基础上，建立情报主导的疫情防控工作模型（图7-11）。

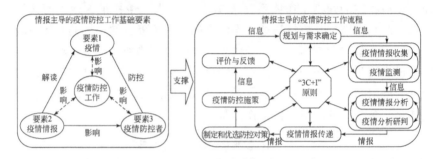

图7-11　情报主导的疫情防控工作模型

由图7-11可知，情报主导的疫情防控工作是以疫情、疫情情报和疫情防控者（包括疫情防控政府管理部门、专家学者和情报工作者）为基础要素，以它们三者之间的相互影响和协同（即根据疫情情报认识、分析、研判和解释疫情；疫情防控者对疫情进行防控；疫情情报直接影响和决定疫情防控者的防控活动）为条件和动力，以疫情防控工作的"3C+I"原则为贯穿疫情防控工作始终的基本工作原则，旨在将疫情情报工作过程与疫情防控工作过程进行有机融合（二者的融合思路和结果如图7-11所示），使疫情情报及疫情情报工作巧妙介入并有效融入疫情防控工作过程。对于情报主导的疫情防控工作，疫情情报的获取和分析是关键，疫情情报的获取和分析可主要从表7-3中的五方面着手。

表7-3　获取和分析疫情情报的角度

序号	角度	举例
1	疫病医学情报	疫病的来源、发病机理、传播途径、临床症状、易感人群、诊断方法和措施、预防治疗方法和措施，以及疫病病毒的变异概率等
2	疫情风险情报	病例数据、基本传染数（R_0值）、感染率、致死率、治愈率、疫情扩散速度、疫情分布、疫情走向、疫情影响程度等

序号	角度	举例
3	疫情资源情报	医疗资源（包括医院数量、医护人员资源、床位和设备资源等）情报，以及其他疫情防控所涉及的人力、物力、财力资源情报
4	疫情舆情情报	区域热点、热词分布、热点来源等
5	防控策略情报	疫情防控所涉及的行政、立法、教育、技术等方面的策略

五、本节结语

2020 年新冠肺炎疫情在全球的施虐，让我们深刻意识和感受到疫情防控是一场没有硝烟的战争，其关乎人民群众生命安全和身体健康，关乎经济发展和社会稳定大局，关乎国家安全和全球安全，疫情防控研究意义重大。情报学（特别是安全情报学）是疫情防控研究和工作实践不可或缺的重要学科视角，面向疫情防控的情报研究理应是情报学研究者的重大责任与使命担当，疫情防控需要来自情报学研究者的声音。作为一名安全情报学科研工作者，在新冠肺炎疫情暴发后，作者深切体会到亟待从情报学视角为疫情防控发声和献策。本节主要立足于宏观和科学层面，深入阐释疫情防控的情报视角及逻辑。本研究可为疫情防控研究和实践工作提供一种新视角、新逻辑和新思路，可为未来面向疫情防控的情报研究与实践工作奠定理论基础并提供指导，并可为情报科学（特别是安全情报学）指出一个新的研究方向。希望在本节研究基础上，各位同仁能够开展这方面的深入研究，共同为疫情防控助力和出谋划策。

第四节　重大风险防范化解

为方便起见，本节将"安全情报"统一简称为"情报"。也就是说，本节所说的"情报"指"安全情报"。

经过数十年改革开放发展，当前，中国已进入发展关键期、改革攻坚期、矛盾凸显期，在形势总体向好的同时，由于国内、国际形势日益复杂多变，各领域（如经济与社会等）的风险（特别是重大风险）挑战也日益凸显。特别是在当今信息时代和大数据时代，数据信息的关联作用，使各种风险呈现出明显的交织性、叠加性与复杂性特征，从而极易形成重大风险挑战[1]。2019 年 1 月 21 日，在省部级主要领导干部坚持底线思维着

---

① 《把防范化解重大风险作为重大课题》，《人民日报》2019 年 2 月 20 日。

力防范化解重大风险专题研讨班开班仪式上，习近平总书记发表重要讲话，强调"提高防控能力，着力防范化解重大风险，保持经济持续健康发展和社会大局稳定"。再如，在 2019 年的政府工作报告中，"风险"一词出现 24 次，防范化解重大风险被列为年度重点工作（李玉长，2019）；"打赢防范化解重大风险攻坚战"是 2019 年全国两会上代表委员们所关注的热点话题（李玉长，2019）。因此，防范化解重大风险是目前中国发展所面临的重大课题。

目前，关于防范化解重大风险的研究尚显著匮乏和不足，现有研究远远无法有效防控复杂重大风险，更无法有效应对大数据时代防范化解重大风险的新机遇（①大数据可为防范化解重大风险提供丰富的风险数据资源；②在大数据驱动的技术与方法变革影响下，防范化解重大风险的模式从底层支撑方式到上层方法应用都在发生着脱胎换骨的变化）与新挑战（如面临"数据迷失"问题：①无用的风险数据信息泛滥，但有价值的服务于防范化解重大风险的情报缺失；②尚未明晰如何将大数据有效介入重大风险防范化解工作，一味扎进大数据而导致重大风险防范化解工作出现迷失），更无法支撑智能化时代和大数据时代防范化解重大风险的"关口前移，预防为主"以及智慧化、精准化的需求。因此，亟待结合时代背景和现实需要，开展重大风险防范化解方面的创新研究。

情报学历来强调关注、研究和解决国家经济社会中的重大问题，并倡导以开放包容的态度实现与其他领域的交叉融合（包昌火，2009）。同时，于 2017 年中国情报界达成的关于情报学与情报工作发展定位的《南京共识》明确指出，情报学与情报工作将以服务于国家创新、发展与安全为宗旨（中国科学技术情报学会和中国社会科学情报学会，2018），而重大风险严重影响国家创新、发展与安全。此外，情报学诸多学科分支领域（如安全情报学、科技情报学、公安情报学、竞争情报学、军事情报学等）的核心任务之一是将情报服务于风险防范化解。例如，情报领域已有一些将情报应用于传统风险防范化解工作 [如危机预警（王晓慧和成志强，2017）、应急响应（唐明伟等，2019）与应急决策（郭春侠和张静，2016）等方面] 的研究成果。显而易见，情报学与情报工作理应在重大风险防范化解中有所担当。其中，服务于防范化解重大风险的情报研究的开展是提升重大风险防范化解能力的有力保障。然而，作为一个新课题和新热点，目前面向重大风险防范化解的情报研究比较匮乏。因此，情报学界亟须将情报之"魂"与重大风险防范化解相匹配、相关联，开展情报介入防范化解重大风险的相关研究。鉴于此，本节将情报介入防范化解重大风险的依据与模型，并在此基础上，提出情报介入重大风险防范化解的若干建议，以期促进服务于防范化解重大风险的情报研究与实践工作。

一、风险与重大风险的内涵

（一）风险的内涵

不确定性是风险管理中的基础概念之一，是在哲学、统计学、经济学、金融学、保险学、心理学、社会学与安全科学等学科领域被广泛使用的一个概念。所谓不确定性，是指事先不能准确知道某个事件或某种决策的结果（过仕明等，2014）。或者说，只要事件或决策的可能结果不止一种，就会产生不确定性。例如，在经济学领域，不确定性通常指经济主体不能确知未来的经济状况（尤其是收益和损失）的分布范围与状态。

当某一事件或决策的结果不确定时，通常说选择存在风险（Rausand，2014）。在西方经济学文献中，常把不确定性与风险直接联系起来，认为不确定性程度与风险成正比关系（过仕明等，2014）。有时，甚至将风险与不确定性作为同一概念使用，这种做法似乎不能算作概念不清，因为风险本身就是不确定性的一种形式（过仕明等，2014）。一般认为，若人们面对的随机状态可用某种具体的概率值表示，那么，这种随机状态就称为风险。若人们面对的随机状态不能够（至少在目前条件下尚不能）以某种实际的概率值表述可能产生的结果，这种随机状态则称为不确定性。由此可见，风险是指不能确切地知道，但能够预测到的事件状态；而不确定性是既不能确切地知道，也不能预测的事件状态。简言之，风险是较一般不确定性包含有更多的确定内容的不确定性（过仕明等，2014）。

综上可知，风险与不确定性没有本质区别（过仕明等，2014；Rausand，2014）。风险是由不确定性造成的，而这种不确定性的概率是已知的。根据 Rosa（1998）的观点，风险这个词在已知结果的世界中毫无用处，风险概念的核心，就是后果存在着一定程度的不确定性。正因如此，许多风险的定义都表明，风险的本质是不确定性的一种形式。例如，美国财政部将风险定义为未来事件和结果的不确定性，它描述了该事件对于完成组织目标产生影响的可能性（Rausand，2014）。尽管在经济学理论中，风险同时涵盖损失与收益两方面，但是就防范化解风险而言，风险涉及的都是负面的后果。挪威著名风险管理专家 Rausand（2014）也持同样的观点。因此，在本节中，风险用来描述未来可能发生的危险事件的不确定性。

（二）重大风险的内涵

通常根据危险事件可能产生后果的严重度，可将风险划分为重大风险和一般风险。所谓严重度，是指危险事件后果的严重性程度，可用财务指标或后果类型等表示（Rausand，2014）。在安全工程技术（特别是工业安全）领域，就"重大安全风险"而言，有与其含义相类似的提法，如"重大危险"或"重大危险设施或重大危险源"的提法，它们一般是指生产、加工、搬运、使用或储存的危险品数量等于或超过临界量的单元，但对于一般意义上的重大风险定义，目前尚未发现。鉴于此，这里尝试给出重大风险的定义，重大风险是指对国家经济社会的稳定运行与持续健康发展具有重大负面影响（产生较大干扰与冲击）的风险。风险的负面影响一般通过风险评估来衡量。例如，就安全风险而言，重大自然灾害与事故灾难风险就是典型的重大安全风险。

其实，重大风险的含义基本等同于不可接受风险的含义。在风险管理领域，不可接受风险是指风险承受主体无法容忍（接受）的风险。风险接受准则可以是定性的，也可以是定量的。在风险评估中，与危险事件相关的风险 R 可通过危险事件发生概率（或者频率）p 乘以危险事件后果 C 的方法计算得到，即 $R = C \cdot p$（Rausand，2014）。不可接受风险是指危险事件发生的概率和（或）后果的严重程度让风险承受主体无法容忍（接受）的风险，必须要采取重大的举措，降低危险事件发生概率和后果的严重程度（Rausand，2014）。两个概念之间最大的区别是：重大风险主要侧重于强调危险事件的潜在后果的严重性，而不可接受风险既强调危险事件的潜在后果的严重性，又强调危险事件发生的高频（概率）性。根据重大风险的定义和内涵，重大风险具有四个显著特征，见表7-4。

表7-4 重大风险的显著特征

序号	特征名称	具体解释
1	严重性	重大风险对风险承受主体所产生的负面影响是严重的，甚至是致命性、全局性、根本性的
2	团体性	重大风险属于团体风险，影响一般均非个人的，影响面广，将影响相当多的人，乃至整个国家和社会。同时，一般团体（如国家、社会）而非个人应当对防范化解重大风险负有责任
3	复杂性	重大风险的致因、形成机理、传导机制等一般都较为复杂，防范化解难度较大
4	叠加性	重大风险往往是众多风险叠加形成的

就重大风险的类型而言，有不同的划分方法。根据 2019 年 1 月 21 日习近平在省部级主要领导干部坚持底线思维着力防范化解重大风险专题研讨班开班仪式上的讲话，有两种重大风险划分方式，具体如下。

1) 根据具体领域的不同，可将重大风险具体划分为政治，意识形态领域的重大风险，经济领域的重大风险（内生增长动力不足风险、房地产市场结构性泡沫风险、"债务–通缩"风险、经济贸易战风险等），科技领域的重大风险（科技发展受制于人的风险、科技研发及其应用所产生的脆弱性风险等），社会领域的重大风险（如失业风险、安全生产重大风险、食品药品重大安全风险等），外部环境领域的重大风险，党的建设领域的重大风险等。

2) 根据危险事件属性不同，可将重大风险具体划分为"黑天鹅"事件与"灰犀牛"事件。前者是指极难预测的重大稀有事件，它在意料之外，却又改变着一切（简言之，就是罕见的、不寻常的重大风险），如金融风暴、2008 年中国雪灾、"9·11"事件、2011 年日本地震、欧债危机、东南亚海啸等；后者是与前者相互补足的概念，是指明显的、高概率的却又屡屡被人忽视最终有可能酿成大危机的危险事件（简言之，就是太过于常见以至于人们习以为常的重大风险），如高房价风险、金融领域的高杠杆、气候变化风险与人工智能风险等。

就化解防范重大风险而言，须从系统思维出发，全面化解防范各个领域的重大安全风险。同时，既要高度警惕"黑天鹅"事件，也要防范"灰犀牛"事件。

二、情报介入重大风险防范化解的依据

理论而言，情报与风险防范化解存在高的契合度（主要指相似之处或相互依存的关系）是情报介入重大风险防范化解的基本依据或前提，这主要是因为：若发现两者之间存在着相似之处或相互依存关系，就可使二者进行有机融合，这样不仅会使资源配置实现更优化，也会使重大风险防范化解工作更加科学、合理、有效。概括而言，情报与重大风险防范化解的契合点主要体现在两方面：情报概念与风险概念的契合及重大风险事件产生原因与情报功能的契合。

（一）情报概念与风险概念的契合

"不确定性"实际上是指"信息的不完全性"，即人们不可能掌握某

个事件的过去、现在与将来的全部信息,人们处理事件总是在某种程度的不确定性下进行的(过仕明等,2014)。在现实中,决策者往往面对的是一个不确定性的环境,决策者在做出一项决策时,对未来的结果无法准确预知,存在一定的风险。究其原因,主要是决策者不可能在完备信息基础上,通过仔细计算进行理性决策,而只能在现有已知的、不完全的信息条件下做出决策(过仕明等,2014)。因此,决策与结果之间几乎不存在已知的、唯一的对应关系,任何决策都包含着成功与失败的可能。正因如此,人们普遍接受 Shannon(1948)提出的信息定义,即"信息是使不确定性消除的某种东西"。

情报的本质是信息,只不过它是指对决策有用的信息(王秉和吴超,2018a;陈超,2017)。情报能够使情报用户(决策者)消除决策的不确定性。决策者收到情报后,就会引起决策者知识的变化,决策的不确定性就会随之减少。因此,就决策而言,情报就是减少决策者的决策的某种不确定性的有用信息。基于此,汪光松(2007)认为,情报学应该研究不确定性问题,情报是减少不确定性的认知过程。严格地讲,有效的情报系统可消除或减少决策的不确定性,但不能完全消除决策中的风险。由此可见,不确定性是情报概念与风险概念的契合点。风险管控的目标是降低因信息缺失而引起损失的可能及程度,而且同时要增大成功的可能性,将情报应用于风险管控,是用情报减少决策的不确定性的过程。

就防范化解重大风险而言,关键是要对各种重大风险有充分准确的认识与科学有效的管控,而这离不开情报的有力支持。此外,目前,决策者能获得的信息更是以前所未有的速度增长。若决策者未能从信息海洋中及时获取与防范化解重大风险密切相关的情报,那么就会酿成重大风险事件进而造成重大损失。决策者获得的情报越多、越准确、越及时,消除的不确定性也就越多,所面临的重大风险就会越少。

(二)重大风险事件产生原因与情报功能的契合

就某一系统(如国家系统、科技系统与社会系统等)而言,重大风险事件的产生原因与情报功能(职能)(赵蓉英,2017)如表 7-5 所示。分析发现,情报功能正好是重大风险事件产生原因的解决措施。因此,将情报介入重大风险防范化解工作,能够为重大风险防范化解工作提供有效措施。换言之,情报能够在重大风险防范化解工作发挥巨大作用。

表7-5　重大风险事件产生原因与情报功能比较

序号	重大风险事件产生原因	情报功能
1	系统内外环境变化的不连续性，特别是突变大变	监测系统内外环境的变化
2	系统运行发展的不确定性	分析与预测系统的潜在问题
3	决策者的主观认识的局限性，特别是重大失误/偏差	为决策提供支持
4	风险防控能力的不足	收集有用信息降低决策的不确定性
5	风险预警失败	警告（警示提示）功能
6	各类风险的叠加耦合，即"风险共生"	监测和分析变化趋势

三、情报介入重大风险防范化解的框架模型

综上可知，重大风险防范化解与情报在许多方面存在极佳的契合性或高度的相似性。同时，目前，重大风险防范化解本身作为一个重大的新课题，亟须借鉴和吸收相关学科的理论、方法与实践经验来提升重大风险防范化解能力。因此，情报活动介入重大风险防范化解工作可行且必要，可以说是正当时。为给情报活动介入重大风险防范化解工作提供基本思路和理论指导，根据重大风险的管控机制及情报与重大风险防范化解的契合点，构建情报介入重大风险防范化解的框架模型，如图7-12所示。

图7-12是围绕情报与重大风险管控工作过程及内容展开的，主要包含两个模块：情报工作模块（即图7-12中的"服务于重大风险管控的情报子系统"，它由一般的情报工作流程构成）与重大风险管控模块（目前，学界尚未具体提出重大风险管控的框架体系，根据重大风险的内涵与风险管控的一般流程，可得出重大风险管控模块的基本内容，它具体包括四个子系统，即图7-12中"重大风险识别子系统""重大风险预警子系统""重大风险控制子系统""重大风险监测子系统"），两个模块相互融合，相互补足，共同构成情报介入重大风险防范化解的框架体系。由此可见，情报介入重大风险防范化解的框架模型是情报工作与重大风险管控工作的有机融合，情报工作可为重大风险管控工作提供支持和服务，与此同时，在重大风险防范化解工作的指导下，情报工作将更具科学性、针对性与方向性，可使情报工作发挥出更大价值。根据图7-12，对情报与重大风险管控之间的联系进行扼要解释。

1）重大风险识别子系统的工作内容对应情报搜集与情报处理。重大

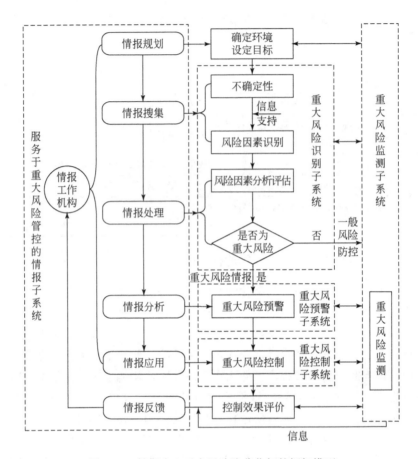

图 7-12　情报介入重大风险防范化解的框架模型

风险识别子系统与一般风险管控系统中的风险识别子系统的含义与内容不同，它更加复杂。由重大风险的内涵可知，重大风险是在对所有风险进行识别、分析与评估基础上才识别出来的。因此，重大风险识别的基本流程应是"不确定性—风险因素识别—风险因素分析评估—筛选（识别）重大风险"。从情报角度看，"不确定性—风险因素识别"阶段（主要是利用多种手段，从各个渠道收集风险信息）属于情报搜集工作，"风险因素分析评估—筛选（识别）重大风险"阶段（主要是对搜集到的风险信息进行加工处理，主要是获取重大风险情报）属于情报处理工作。

2）重大风险预警子系统的工作内容对应情报分析。重大风险预警子系统主要依赖各种分析工具与方法，对重大风险情报进行综合、分析、研判、评估和推测，揭示重大风险因素的变化趋势，并判断与监测重大风险值偏离预警线的程度，及时向决策层发出重大风险预警信号。从情报角度看，重大风险预警子系统的工作内容实际属于情报分析工作。

3）重大风险控制子系统的工作内容对应情报应用。重大风险控制子系统主要根据重大风险情报分析，制定并实施重大风险管控对策。从情报角度看，重大风险控制子系统的工作内容主要是将重大风险情报（特别是重大风险预警信号）转化为情报产品（即重大风险管控对策）并将其运用至具体重大风险管控实践活动中，使其真正产生实际效用。

4）重大风险监测子系统的主要功能对应情报的监测功能（重大风险监测子系统的主要功能是通过系统、持续地收集各种风险因素的监测数据及相关信息，并进行综合分析和及时通报的活动，这正与情报的监测功能相吻合）。同时，重大风险监测子系统可产生信息（包括数据），通过反馈环节，可重新进入情报工作机构用于生产新情报。

当然，重大风险防控的首步——"确定环境设定目标"环节与情报工作流程的首步——"情报规划"环节也相契合（王秉和吴超，2019g）。此外，根据图7-12与王秉和吴超（2019g），可提炼出情报介入重大风险防范化解的三个关键要素：重大风险（它是被管控的对象）、重大风险情报（它是管控的依据和工具）与决策者（它是管控活动的主体）。根据王秉和吴超（2019g）的研究，三个要素间的联系如图7-13所示，具体为："重大风险情报"对"重大风险"的作用是解读、分析与研判重大风险；"重大风险情报"对"决策者"的作用是通过影响决策者的决策活动来支持防范化解重大风险；"决策者"对"重大风险"的作用是实施重大风险防范化解活动。三个要素间通过信息流进行沟通、交流与协同，共同促进重大风险防范化解的情报保障能力的持续提升。

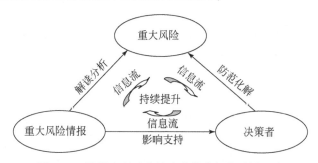

图 7-13　情报介入重大风险防范化解的关键要素

总之，将情报应用于重大风险防范化解的关键在于倡导与实施情报主导的重大风险防范化解理念及方法。所谓情报主导的重大风险防范化解，是指运用先进的信息技术及时准确地获取情报，通过科学分析处理，实时监测和快速识别重大风险，进而进行及时的重大风险预警和采取有效的防范化解措施，在风险事件发生前对其进行有效防控。换言之，为真正实现情报对重大风险防范化解工作的支撑、引领与促进作用，就要践行情报主导的重大风险防范化解理念，建立和实施"将情报融入重大风险防范化解全局全过程"策略或方法。此外，为推动情报有效介入防范化解重大风险工作，根据情报介入重大风险防范化解的框架模型（图7-12），提出以下两条重要建议。

1）围绕情报介入重大风险防范化解的流程，建立一套情报介入重大风险防范化解的工作程序与规则等。建立一套情报介入重大风险防范化解的工作程序与规则对指导情报介入重大风险防范化解工作的有效实施和开展，以及推进情报介入重大风险防范化解工作制度化、规范化与科学化具有十分重要的意义。例如：①建立重大风险化解的情报工作参与机制，重点促进重大风险化解工作与情报工作的有效融合，从而发挥情报工作在重大风险防范化解中的作用，提升防范化解重大风险的预见性、科学性与针对性；②强化重大决策的风险信息公开，建立重大风险情报监控与重大风险线索发现的机制。

2）围绕重大风险识别、预警、控制与监测四方面，强化重大风险防范化解的情报基础设施建设。情报介入重大风险防范化解工作需要强有力的情报基础设施支持，以期保证重大风险情报、信息与数据的有效收集和分析。因此，情报基础设施建设是推进情报介入重大风险防范化解工作必不可少的物质保证，是促进情报介入重大风险防范化解工作的基础条件。重大风险防范化解的情报基础设施建设，须围绕重大风险识别、预警、控制与监测四方面开展，涉及硬件（如计算机与信息收集传输硬件设施设备等）与软件（如重大风险数据库平台、重大风险情报采集系统、重大风险情报分析系统、重大风险情报预警系统等）以及网络信息平台等。

四、本节结语

防范化解重大风险是目前中国发展面临的重大课题。情报作为重大风险管控的智囊团和思想库，它对重大风险防范化解非常重要，是对抗重大风险的有力武器。情报工作在重大风险防范化解中的作用日益突出。因此，服务于防范化解重大风险的情报研究工作不仅有可为，而且大有可为，可为强化重大风险防范化解能力提供有力保障，它是情报学领域的一个新的重要研究课题。本节根据重大风险的内涵，详细分析情报介入重大风险防范化解的依据（即情报与重大风险防范化解的契合点），并提出情报介入重大风险防范化解的框架模型。本节研究可对未来服务于防范化解重大风险的情报研究与实践工作，以及构建服务于防范化解重大风险的情报工作系统奠定基础和提供理论方法指导。

毋庸讳言，本节研究是服务于防范化解重大风险的情报研究的初步探索性研究工作。为给情报介入防范化解重大风险提供进一步的理论支持和指导，进而促进情报主导的重大风险防范化解活动的有效实施，在本节研究基础上，仍须开展一系列研究，主要包括：情报介入重大风险防范化解的工作机制建设研究、情报在重大风险防范化解中的作用（影响）机理的识别与模拟研究、分析情报工作各环节具体如何影响重大风险防范化解、情报主导的重大风险防范化解路径研究、重大风险管理者的情报素养培养研究、重大风险防范化解的情报基础设施建设研究，以及大数据环境下情报介入重大风险防范化解的研究（如如何利用大数据分析挖掘等手段全面扫描环境、识别重大风险源及关键因素、分析重大风险发展趋势等）。在此，呼吁各位同仁在本节研究基础上关注并参与这方面研究，共同为提升重大风险防范化解的情报保障能力贡献智慧力量。

※本章小结※

近年来，在一些领域，安全情报学已经从概念走向实践应用。但是，目前安全情报学的实践应用领域尚较为局限，亟待扩大安全情报的实践应用场景或领域，进而使安全情报得到更广泛的推广应用，使安全情报学发挥更充分的社会价值，使安全情报学具有更广阔的实践应用天地。因此，随着安全科学的发展和一些新的安全问题的出现，我们要善于发现和捕捉安全情报学实践应用的新机遇和新领域。本章主要探讨安全情报学在生物安全、科技安全、疫情防控和重大风险防范化解四个新的重要的实践应用领域的应用价值及基本思路等，以期为安全情报学的实践应用开辟新方向和新机遇。通过本章学习，主要得到以下结论或启示：①生物安全情报是面向生物安全治理的，是助推生物安全治理能力提升的利器，促进国家生物安全治理能力和体系现代化须加强生物安全情报工作；②科技安全情报对科技安全治理至关重要，须加强面向科技安全管理的科技安全情报工作；③疫情情报缺失是疫情防控工作的难点之一，情报维是疫情防控工作的必需维度之一，情报视角的疫情防控工作思路是将情报纳入疫情防控的工作原则，并倡导和实施情报主导的疫情防控；④安全情报与重大风险防范化解存在高的契合度，安全情报介入重大风险防范化解的工作框架是安全情报与重大风险管控工作的有机融合。为促进安全情报有效介入防范化解重大风险，应根据安全情报介入重大风险防范化解的工作流程与系统框架，建立相关的工作程序与规则，并强化相关安全情报基础设施建设。当然，本章内容还需要学术层面的探讨，学术界往往不同于现实，要促进安全情报学在上述新领域的有效实践应用，还需要一线实践者的合作和助力。此外，希望安全情报学实践应用的更多新领域不断涌现并被安全情报学同仁发现和关注。

参 考 文 献

一、专著

巴忠倓：《城市发展与国家安全：第六届中国国家安全论坛论文集》，北京：时事出版社，2008 年.

包昌火：信息分析丛书前言. 孙振誉等：《信息分析导论》，北京：清华大学出版社，2007 年.

高金虎：《大失误——20 世纪重大情报战之谜》，江苏：江苏人民出版社，1998 年.

高金虎、吴晓晓：《情报思想史》，北京：金城出版社，2014 年.

过仕明、侯亚娟、王晓岚：《信息经济学》，北京：清华大学出版社，2014 年.

韩崇招、朱红艳、段战胜等：《多源信息融合》，北京：清华大学出版社，2006 年.

李兰娟、任红：《传染病学》，北京：人民卫生出版社，2013 年.

梁慧稳：《公安情报学学科体系研究》，北京：中国法制出版社，2017 年.

马费成、赵志耕：《情报工程学概论》，北京：科学技术文献出版社，2019 年.

钱学森：《关于思维科学》，上海：上海人民出版社，1986 年.

秦殿启：《信息素养论》，南京：南京大学出版社，2012 年.

邱均平、王曰芬：《文献计量内容分析法》，北京：国家图书馆出版社，2008 年.

田水承、景国勋：《安全管理学（第 2 版）》，北京：机械工业出版社，2016 年.

汪长江：《战略管理》，北京：清华大学出版社，2013 年.

〔英〕维克托·迈尔·舍恩伯格著，周涛译：《大数据时代：生活、工作与思维的大变革》，杭州：浙江人民出版社，2012 年.

吴超：《安全科学方法论》，北京：科学出版社，2016 年.

吴超、王秉：《安全科学新分支》，北京：科学出版社，2018a 年.

徐志胜、姜学鹏：《安全系统工程（第 3 版）》，北京：机械出版社，2016 年.

严怡民：《情报学概论（修订版）》，武汉：武汉大学出版社，1994 年.

叶鹰、武夷山：《情报学基础教程（第二版）》，北京：科学出版社，2012 年.

张晓军：《美国军事情报理论研究》，北京：军事科学出版社，2007 年.

赵蓉英：《竞争情报学》，北京：科学出版社，2017 年.

中国智能城市建设与推进战略研究项目组：《中国智能城市安全发展战略研究》，浙江：浙江大学出版社，2015 年.

二、论文

（一）期刊论文

安璐、吴燕珠、李纲：《反恐情报信息工作能力的体系框架研究》，《图书馆学研究》2018 年第 17 期.

巴志超、李纲、安璐等：《国家安全大数据综合信息集成：应用架构与实现路径》，《中国软科学》2018 年第 7 期．

白玫、朱庆华、郭骅等：《基于云计算的智慧养老信息系统规划与设计》，《山东财经大学学报》2017 年第 3 期．

包昌火：《这里的黎明静悄悄——再谈 Intelligence 与中国情报学》，《图书情报工作》2009 年第 8 期．

包昌火、金学慧、张婧等：《论中国情报学学科体系的构建》，《情报杂志》2018 年第 10 期．

蔡士林：《美国国土安全事务中的情报融合》，《情报杂志》2019 年第 1 期．

曹如中、史健勇、郭华：《基于竞争情报的智慧决策研究：内涵、机理与过程》，《情报理论与实践》2017 年第 12 期．

陈超：《情报的本质》，《竞争情报》2017 年第 2 期．

陈成鑫、曾庆华：《情报研究视角下智库情报能力建设路径》，《图书情报工作》2018 年第 21 期．

陈美华、陈峰：《维护科技安全的情报感知路径探析》，《情报科学》2019 年第 5 期．

陈美华、王延飞：《情报感知的条件辨析》，《情报理论与实践》2018 年第 8 期．

陈明：《数据密集型科研第四范式》，《计算机教育》2013 年第 9 期．

陈明、王乔保：《总体国家安全观视野下的情报安全问题研究》，《武汉理工大学学报（社会科学版）》2018 年第 5 期．

陈香珠、何殷婷．《"双一流"背景下高校图书馆服务能力评价指标体系构建》，《大学图书情报学刊》2018 年第 5 期．

陈倬、佘廉：《城市安全发展的脆弱性研究——基于地下空间综合利用的视角》，《华中科技大学学报（社会科学版）》2009 年第 1 期．

崔顺姬、余潇枫：《安全治理：非传统安全能力建设的新范式》，《世界经济与政治》2010 年第 1 期．

戴丽娜：《试论社交网络在开源安全情报中的应用》，《信息安全与通信保密》2016 年第 1 期．

邓凯帆：《俄罗斯安全情报与危机预警机制论析》，《江南社会学院学报》2018 年第 3 期．

丁璐璐、徐恺英、李欣颖：《智库情报收集环节质量影响因素及作用路径扎根分析》，《图书情报工作》2019 年第 21 期．

丁晓蔚、苏新宁：《基于区块链可信大数据人工智能的金融安全情报分析》，《情报学报》2019 年第 12 期．

董克、邱均平：《论大数据环境对情报学发展的影响》，《情报学报》2017 年第 9 期．

董尹、刘千里：《情报主导的供应链风险管理研究》，《情报理论与实践》2016 年第 4 期．

杜礼玲、唐毅：《基于供应链视角的高校图书馆科技情报服务能力评价指标体系研究》,《农业图书情报》2019 年第 12 期.

樊冰:《美国国家安全情报传递机制论析》,《国际安全研究》2019 年第 2 期.

樊博、李锦红:《联动型应急情报系统的规划方法研究》,《情报杂志》2011 年第 7 期.

冯秋燕、朱学芳:《人工智能在情报工作中的应用研究》,《情报理论与实践》2019 年第 11 期.

甘翼、王良刚、黄金元等:《大数据和人工智能时代的情报分析和技术探索》,《电讯技术》2018 年第 5 期.

高金虎:《作为一门学科的国家安全情报学》,《情报理论与实践》2019a 年第 1 期.

高金虎:《论国家安全情报工作——兼论国家安全情报学的研究对象》,《情报杂志》2019b 年第 1 期.

高金虎:《试论国家安全情报体制的改革路径》,《公安学研究》2019c 年第 2 期.

高金虎:《情报分析方法论的演变——基于国家安全情报分析的视角》,《科技情报研究》2020 年第 1 期.

葛晶:《我国智慧农业的管理模式、问题及战略对策》,《生态经济》2017 年第 11 期.

谷树忠、姚予龙、沈镭等:《资源安全及其基本属性与研究框架》,《自然资源学报》2002 年第 3 期.

顾基发、唐锡晋、朱正祥:《物理-事理-人理系统方法论综述》,《交通运输系统工程与信息》2007 年第 6 期.

管磊、胡光俊、王专:《基于大数据的网络安全态势感知技术研究》,《信息网络安全》2016 年第 9 期.

光夏磊、王秉、吴超等:《情报主导的智慧城市安全管理模型与体系研究》,《情报杂志》2020 年第 2 期.

郭春侠、徐春梅、储节旺:《大数据时代突发事件应急管理情报分析人才培养初探》,《图书情报工作》2019 年第 5 期.

郭春侠、张静:《突发事件应急决策的快速响应情报体系构建研究》,《情报理论与实践》2016 年第 5 期.

郭骅、苏新宁、邓三鸿:《"智慧城市"背景下的城市应急管理情报体系研究》,《图书情报工作》2016 年第 15 期.

郭继光、黄胜:《基于大数据的军事情报分析与服务系统架构研究》,《中国电子科学研究院学报》2017 年第 4 期.

郭汝、唐红:《我国城市安全研究进展及趋势探讨》,《城市发展研究》2013 年第 11 期.

何慧、刘胜湘:《法国安全情报及其传递路径论析》,《江南社会学院学报》2017 年第 3 期.

何志明:《人工智能概述》,《科技经济导刊》2018 年第 33 期.

洪亮、周莉娜、陈珑绮:《大数据驱动的图书馆智慧信息服务体系构建研究》,《图书与情报》2018 年第 2 期.

胡双启：《安全科学研究方法论》，《中国安全科学学报》2003 年第 9 期.

胡雅萍、白茹、潘彬彬：《国外情报主导警务模式比较分析及启示》，《现代情报》
　　2014a 年第 6 期.

胡雅萍、刘千里、潘彬彬：《维护科技安全的情报预测研究》，《情报杂志》2014b 年
　　第 9 期.

化柏林：《多"源"信息需要多"方"融合》，《情报学报》2013 年第 3 期.

化柏林、李广建：《从多维视角看数据时代的智慧情报》，《情报理论与实践》2016 年
　　第 5 期.

化柏林、李广建：《智能情报分析系统的架构设计与关键技术研究》，《图书与情报》
　　2017 年第 6 期.

化柏林、郑彦宁：《情报转化理论（下）——从信息到情报的转化》，《情报理论与实
　　践》2012 年第 4 期.

黄浪、吴超、贾楠：《安全理论模型构建的方法论研究》，《中国安全科学学报》2016
　　年第 12 期.

江焕辉：《国家安全与情报工作关系的嬗变研究》，《情报杂志》2015 年第 12 期.

江信昱、王柏弟：《大数据分析的方法及其在情报研究中的适用性初探》，《图书与情
　　报》2014 年第 5 期.

姜丹：《情报人才队伍建设及人才管理研究》，《科技创新导报》2013 年第 16 期.

焦健、祝利、张萌：《军事情报辅助决策价值的分析模型及其应用》，《现代情报》
　　2008 年第 3 期.

金声：《情报属性与情报价值》，《现代情报》1996 年第 3 期.

靳海婷：《论总体国家安全观下国家情报法机制构建——以"三层次"和"三状态"
　　为框架》，《情报杂志》2018 年第 11 期.

赖纪瑶、严心月、邓灵敏等：《中日韩"情报"概念认知比较》，《情报杂志》2018 年
　　第 4 期.

兰晓霞：《基于 SWOT 定量分析方法的城乡数字鸿沟弥合战略研究》，《情报科学》
　　2016 年第 2 期.

李冰雪、王峰、吴丽圆等：《亟须开展医学高职高专学生的生物安全教育》，《中国医
　　药导报》2009 年第 4 期.

李诚、吴晨生：《缄默知识与情报人才培养》，《情报理论与实践》2019 年第 8 期.

李德仁、龚健雅、邵振峰：《从数字地球到智慧地球》，《武汉大学学报（信息科学
　　版）》2010 年第 2 期.

李纲、李阳：《情报视角下的突发事件应急决策研究》，《情报理论与实践》2015 年第
　　8 期.

李纲、李阳：《智慧城市应急决策情报体系构建研究》，《中国图书馆学报》2016 年第
　　3 期.

李国秋、吕斌：《论情报循环》，《图书馆杂志》2012 年第 1 期.

李恒、刘左鑫惠：《总体国家安全观下的反恐情报信息工作：问题与实践》，《行政与法》2018 年第 11 期.

李后卿、董富国、郭瑞芝：《信息链视角下的医学信息学研究的重点及其未来发展方向》，《中华医学图书情报杂志》2015 年第 1 期.

李辉、张惠娜、侯元元等：《情报 3.0 时代科技情报服务能力研究——基于工程技术视角的服务能力四层结构模型》，《情报理论与实践》2017 年第 3 期.

李开盛、薛力：《非传统安全理论：概念、流派与特征》，《国际政治研究》2012 年第 2 期.

李美婷、吴超：《安全人性学的方法论研究》，《中国安全科学学报》2015 年第 3 期.

李敏、孙军、张哲宇：《基于大数据的工业信息安全情报分析框架》，《网络空间安全》2019 年第 4 期.

李学龙、龚海刚：《大数据系统综述》，《中国科学：信息科学》2015 年第 1 期.

李亚萍、金佩华：《我国高校本科人才培养模式理论研究综述》，《江苏高教》2003 年第 5 期.

李阳：《面向城市应急管理的情报能力建设思考》，《现代情报》2019a 年第 5 期.

李阳：《适应新时代背景的反恐情报信息服务：体系构建与实施路径》，《图书情报知识》2019b 年第 4 期.

李阳、李纲：《面向应急决策的智慧城市情报工程实践与应用》，《图书情报工作》2016 年第 11 期.

李玉长：《夺取防范化解重大风险新胜利》，http：//csr. mos. gov. cn/content/2019-03/13/content_ 74905. htm［2019-03-13］.

梁光德：《智慧服务——知识经济时代图书馆服务新理念》，《图书馆学研究》2011 年第 6 期.

梁战平：《情报学若干问题辨析》，《情报理论与实践》2003 年第 3 期.

廖其浩：《日本"情报"概念及其对情报工作的影响》，《情报理论与实践》1992 年第 5 期.

刘建准、唐霈雯、石密等：《突发事件应急管理中情报介入与融合模型研究》，《图书情报工作》2019 年第 18 期.

刘京娟、黄丹：《大数据在信息安全情报研究领域的应用》，《保密科学技术》2013 年第 9 期.

刘昆雄、甘雨：《面向企业需求的竞争情报人才协同培养模式探究》，《图书馆学研究》2015 年第 17 期.

刘莉、王翠萍、刘雁：《"数据——信息——情报"三角转化模式研究》，《现代情报》2015 年第 2 期.

刘仟、杨宇轲、殷璟：《突发公共事件舆情传播特征与规律的研究——以"长生生物问题疫苗"事件为例》，《新闻研究导刊》2018 年第 21 期.

刘如、吴晨生、刘彦君等:《中国科技情报工作的传承与发展》,《情报学报》2019 年第 1 期.

刘星:《安全伦理与"道德的"安全管理模式建构》,《经济体制改革》2007 年第 6 期.

刘跃进:《科学技术与国家安全》,《华北电力大学学报(社会科学版)》2000 年第 4 期.

刘植惠:《评"大情报"观》,《情报理论与实践》1999 年第 2 期.

刘植惠:《大情报观内涵的透视》,《情报杂志》2000 年第 3 期.

龙如银、杨家慧:《国家矿产资源安全研究现状及展望》,《资源科学》2018 年第 3 期.

卢文刚、王雅萱:《基于危机生命周期和 PPRR 理论的医患群体性事件应急管理研究——以 10 起典型个案为例》,《广州大学学报:社会科学版》2019 年第 2 期.

罗立群、李广建:《智慧情报服务与知识融合》,《情报资料工作》2019 年第 2 期.

罗通元、吴超:《安全信息学的基本问题》,《科技导报》2018 年第 6 期.

罗云:《领会习总书记公共安全与应急管理战略思想》,https://mp. weixin. qq. com/s/9E7HtQpmN43im-kfnYvYXw [2018-05-17].

罗云、黄西菲、许铭:《安全生产科学管理的发展与趋势探讨》,《中国安全生产科学技术》2016 年第 10 期.

吕雪梅:《情报主导警务模式探析》,《中国人民公安大学学报(社会科学版)》2008 年第 4 期.

马德辉:《论公安"大情报"系统构建之情报共享文化》,《中国人民公安大学学报:社会科学版》2011 年第 3 期.

马德辉、苏英杰:《"Intelligence Studies"视域下的中国公安情报学若干基本问题研究》,《情报理论与实践》2013 年第 5 期.

马费成:《述评约维兹的情报理论观点》,《情报学刊》1984 年第 4 期.

马费成:《情报学发展的历史回顾及前沿课题》,《图书情报知识》2013 年第 2 期.

马国军:《构建创新人才培养模式的研究》,《高等农业教育》2001 年第 4 期.

马海群、张斌:《我国安全情报类法律法规政策扩散分析》,《情报杂志》2019 年第 7 期.

马维野:《科技安全:定义、内涵和外延》,《国际技术经济研究》1999 年第 2 期.

莫纪宏:《关于加快构建国家生物安全法治体系的若干思考》,《新疆师范大学学报(哲学社会科学版)》2020 年第 4 期.

聂华:《数据挖掘与人工智能技术探讨》,《技术与市场》2019 年第 5 期.

欧阳秋梅、吴超:《安全大数据共享影响因素分析及其模型构建》,《中国安全生产科学技术》2017 年第 2 期.

欧阳秋梅、吴超、黄浪:《大数据应用于安全科学领域的基础原理研究》,《中国安全科学学报》2016 年第 11 期.

潘文文、沈固朝：《应急情报系统服务能力及其测评框架研究》，《情报科学》2019 年第 11 期．

庞娜：《认知情报学：大数据背景下情报分析的新机遇》，《情报理论与实践》2018 年第 12 期．

彭照华：《智慧安全管理——大数据时代的高校安全管理新模式》，《法制与社会》2019 年第 11 期．

彭知辉：《情报流程研究：述评与反思》，《情报学报》2016 年第 10 期．

彭知辉：《论公安情报分析与大数据分析的融合》，《情报理论与实践》2017a 年第 10 期．

彭知辉：《论公安情报学的学科属性及大数据环境下的变化》，《情报资料工作》2017b 年第 5 期．

钱学森、于景元、戴汝为：《一个科学新领域——开放的复杂巨系统及其方法论》，《自然杂志》1990 年第 1 期．

秦殿启、张玉玮：《情报素养：信息安全理论的核心要素》，《情报理论与实践》2015 年第 4 期．

秦殿启、张玉玮：《三层面信息素养理论的建构与实践》，《情报理论与实践》2017 年第 6 期．

秦铁辉：《论情报的基本属性》，《情报学刊》1991 年第 1 期．

瞿志凯、兰月新、夏一雪等：《大数据背景下突发事件情报分析模型构建研究》，《现代情报》2017 年第 1 期．

商瀑：《国家安全情报学学科建设论纲：研究对象、学科特点、体系及研究方法》，《情报杂志》2018 年第 8 期．

沈洁、张可云：《中国大城市病典型症状诱发因素的实证分析》，《地理科学进展》2020 年第 1 期．

时艳琴、陈雪飞、谢威等：《情报 3.0 时代情报的特征、任务与工具》，《情报杂志》2017 年第 10 期．

苏新宁：《大数据时代情报学学科崛起之思考》，《情报学报》2018 年第 5 期．

苏幼坡、刘瑞兴：《地震灾害情报的速发性》，《情报杂志》2001 年第 2 期．

孙成江、李琪：《公共图书馆服务能力评价指标体系构建及实证研究》，《情报资料工作》2015 年第 6 期．

孙建军、李阳：《论情报学与情报工作"智慧"发展的几个问题》，《信息资源管理学报》2019 年第 1 期．

孙琳、王延章：《基于知识元的多源竞争情报融合方法研究》，《情报杂志》2017 年第 11 期．

孙瑞英、马海群：《总体国家安全观视域下中国特色的国家情报工作安全体系构建研究》，《情报资料工作》2019 年第 1 期．

孙佑海：《加快实现国家生物安全治理能力现代化》，《保密工作》2020 年第 4 期．

谈在祥、吴松婷、韩晓平：《美国、日本突发公共卫生事件应急处置体系的借鉴及启示——兼论我国新型冠状病毒肺炎疫情应对》，《卫生经济研究》2020 年第 3 期．

谭博：《模型与验证：大学生情报素养评价体系构建及其运用》，《情报探索》2017 年第 12 期．

谭钦文、苗东涛、刘建平等：《基于可靠性理论的事件树分析方法研究》，《中国安全生产科学技术》2015 年第 6 期．

谭晓、吴晨生：《基于工作流的快速情报生产线系统研究》，《情报理论与实践》2019 年第 11 期．

唐超：《总体国家安全观指导下公共安全情报法律体系构建研究》，《情报杂志》2017 年第 4 期．

唐明伟、苏新宁、张艳琼：《面向大数据的突发事件物联网情报采集》，《情报科学》2018 年第 3 期．

唐明伟、苏新宁、王昊：《突发事件应急响应情报体系案例解析——以公共安全事件为例》，《情报科学》2019 年第 1 期．

唐晓波、郑杜、谭明亮：《融合情报方法论与人工智能技术的企业竞争情报系统模型构建》，《情报科学》2019 年第 7 期．

汪光松：《不确定性与情报服务》，《图书情报导刊》2007 年第 1 期．

王秉：《计算安全科学》，《现代职业安全》2020a 年第 1 期．

王秉：《生物安全情报：一个安全情报学的重要新议题》，《情报杂志》2020b 年第 10 期．

王秉、刘华森、吴超：《情报主导的突发事件防控研究》，《信息资源管理学报》2020 年第 1 期．

王秉、王渊洁：《安全管理中的安全情报失误影响因素分析》，《情报杂志》2021a 年第 2 期．

王秉、王渊洁：《安全情报失误致因模型研究》，《情报理论与实践》2021b 年第 1 期．

王秉、吴超、黄浪等：《大数据环境下情报主导的国家矿产资源安全管理：范式与平台》，《情报杂志》2019 年第 10 期．

王秉、吴超：《安全信息视阈下的系统安全学研究论纲》，《情报杂志》2017a 年第 10 期．

王秉、吴超：《安全信息—安全行为（SI—SB）系统安全模型的构造与演绎》，《情报杂志》2017b 年第 11 期．

王秉、吴超：《基于安全大数据的安全科学创新发展探讨》，《科技管理研究》2017c 年第 1 期．

王秉、吴超：《安全情报学建设的背景与基础分析》，《情报杂志》2018a 年第 10 期．

王秉、吴超：《科学层面的安全管理信息化关键问题思辨——基本内涵、理论动因及焦点转变》，《情报杂志》2018b 年第 7 期．

王秉、吴超：《安全信息学论纲》，《情报杂志》2018c 年第 2 期．

王秉、吴超：《一种基于证据与风险的系统安全管理新方法：ERBS 法》，《情报杂志》2018d 年第 9 期．

王秉、吴超：《安全信息素养：图情与安全科学交叉领域的一个重要概念》，《情报理论与实践》2018e 年第 7 期．

王秉、吴超：《系统安全学视域下的现代城市安全——一类典型的复杂巨系统安全问题》，《深圳安全》2018f 年第 6 期．

王秉、吴超：《安全情报概念的由来、演进趋势及含义》，《图书情报工作》2019a 年第 11 期．

王秉、吴超：《大安全观指导下的安全情报学若干基本问题思辨》，《情报杂志》2019b 年第 3 期．

王秉、吴超：《安全情报学学科建设的问题与思考》，《图书情报工作》2019c 年第 24 期．

王秉、吴超：《关于国家安全学的若干思考——来自安全科学派的声音》，《情报杂志》2019d 年第 5 期．

王秉、吴超：《安全情报在安全管理中的作用机理及价值分析》，《情报理论与实践》2019e 年第 2 期．

王秉、吴超：《一种安全情报的获取与分析方法：R–M 方法》，《情报杂志》2019f 年第 1 期．

王秉、吴超：《情报主导的安全管理（ILSM）：依据、含义及模型》，《情报理论与实践》2019g 年第 6 期．

王秉、吴超：《安全情报系统的理论框架研究》，《现代情报》2019h 年第 1 期．

王秉、吴超：《大数据环境下安全情报学的变革与发展》，《图书情报工作》2020a 年第 10 期．

王秉、吴超：《情报主导的城市安全管理研究》，《情报理论与实践》2020b 年第 4 期．

王秉、吴超：《大数据驱动下情报主导的智慧安全管理：内涵与研究框架》，《图书情报工作》2020c 年第 11 期．

王聃、冯卫国：《基于突发事件：大型体育赛事中的情报需求分析与风险防控》，《情报杂志》2019 年第 8 期．

王飞跃：《情报 5.0：平行时代的平行情报体系》，《情报学报》2015 年第 6 期．

王静茹、宋绍成：《突发事件应急管理的多模态危机情报融合体系构建》，《情报科学》2016 年第 12 期．

王静宜、徐敏、祝振媛等：《情报分析中的方法应用研究》，《情报理论与实践》2020 年第 1 期．

王克平、冯晓娜、刘新燕：《竞争情报与企业危机预警》，《情报科学》2012 年第 3 期．

王玲玲、周利敏：《公共安全、风险预防及治理策略选择——以"12·31"上海外滩踩踏事件为例》，《广州大学学报：社会科学版》2016 年第 15 期．

王锰、左建安、陈雅：《大数据环境下信息管理专业人才培养模式分析与构建》，《图书馆》2015 年第 4 期.

王文娟、马建霞：《基于就业市场需求的我国情报人才培养探讨》，《情报理论与实践》2017 年第 6 期.

王小理：《网络生物安全：大国博弈的另类疆域》，《科学中国人》2019 年第 7 期.

王晓慧、成志强：《面向企业危机预警的反竞争情报需求分析》，《情报科学》2017 年第 1 期.

王心妍、王晓慧：《产业竞争情报智慧服务体系研究》，《竞争情报》2019 年第 3 期.

王延飞：《特殊性——情报学的特色发展思考》，《情报理论与实践》2019 年第 10 期.

王延飞、赵柯然、何芳：《重视智能技术凝练情报智慧——情报、智能、智慧关系辨析》，《情报理论与实践》2016 年第 2 期.

王艳卿：《关于我国情报学发展的问题研究》，《图书情报研究》2020 年第 1 期.

王曰芬、邹本涛、宋小康：《大数据驱动下情报研究知识库及其体系架构设计》，《情报理论与实践》2019 年第 1 期.

王哲、陈清华：《企业竞争情报的特征及作用》，《情报杂志》2004 年第 1 期.

王知津、葛琳琳：《竞争情报 SWOT 模型与 BCG 矩阵比较研究》，《图书与情报》2013 年第 3 期.

巫细波、杨再高：《智慧城市理念与未来城市发展》，《城市发展研究》2010 年第 11 期.

吴超、王秉：《近年安全科学研究动态及理论进展》，《安全与环境学报》2018b 年第 2 期.

吴超、黄浪、贾楠等：《广义安全模型构建研究》，《科技管理研究》2018a 年第 1 期.

吴超、吴林：《安全情报视域下安全管理模式探讨》，《广州大学学报（社会科学版）》2020 年第 2 期.

吴超、杨冕、王秉：《科学层面的安全定义及其内涵、外延与推论》，《郑州大学学报（工学版）》2018b 年第 3 期.

吴晨生、李辉、付宏等：《情报服务迈向 3.0 时代》，《情报理论与实践》2015 年第 9 期.

吴承义、唐笑虹：《大数据时代国家安全情报面临的变革与挑战》，《情报杂志》2020 年第 6 期.

吴巧玲：《论科技情报人才的素质和培养》，《情报探索》2012 年第 7 期.

吴青、沙景华：《基于资源系统观视角的区域资源安全性评价体系研究》，《经济研究导刊》2015 年第 18 期.

吴琼、吴晨生、刘如等：《情报 3.0 思路下的情报工作体系建设研究》，《情报理论与实践》2018 年第 11 期.

吴世忠：《大数据时代安全风险及政策选择》，《瞭望》2013 年第 32 期.

吴素彬、陈云、王科选等：《美国"以目标为中心"的情报分析流程研究》，《情报杂志》2013 年第 4 期.

吴晓涛、申琛:《新阶段美国突发事件预防体系新特点及启示》,《武汉理工大学学报:信息与管理工程版》2016 年第 2 期.

席彩云、邓胜利、郑晗:《人工智能与情报收集分析》,《保密工作》2018 年第 4 期.

肖克炎、孙莉、李楠等:《大数据思维下的矿产资源评价》,《地质通报》2015 年第 7 期.

肖连杰、孟涛、王伟等:《基于深度学习的情报分析方法识别研究——以安全情报领域为例》,《数据分析与知识发现》2019 年第 10 期.

肖鹏、苏永东、张睿等:《电网信息安全情报集中管控平台研究与建设》,《网络安全技术与应用》2017 年第 1 期.

谢晓专:《总体国家安全观视域下我国情报学发展的困境与转向》,《公安学研究》2019 年第 4 期.

谢晓专、高金虎:《中国国家安全情报学术史(1949—1999 年):历史范式主导的情报论》,《情报理论与实践》2020 年第 4 期.

熊勇清、胡娟:《研究生创新创业素质与学科交叉培养模式——基于在校研究生的调查与分析》,《研究生教育研究》2017 年第 2 期.

徐葛培:《大数据可视分析视角下的矿产资源规划研究》,《科技创新与应用》2017 年第 26 期.

徐艳:《大数据背景下图书情报学科人才培养模式研究——以 GSLIS 和 SILS 为例》,《现代情报》2016 年第 10 期.

许成钢:《应对重大突发事件,信息的迅速流动是一切的一切》,http://www.aisixiang.com/data/120092.html[2020-02-10].

许辉辉、许荣荣:《云计算在军事情报融合中的应用研究》,《西安文理学院学报(自然科学版)》2014 年第 1 期.

薛梅:《基于空间建模的公共安全情报分析初探》,《测绘与空间地理信息》2011 年第 3 期.

闫慧:《2019 年中国图书情报与档案管理领域研究热点回顾》,《情报资料工作》2020 年第 2 期.

颜烨:《安全与应急的关系:基于产研学分域的分析》,《情报杂志》2019 年第 9 期.

杨峰、张月琴、姚乐野:《基于情景相似度的突发事件情报感知实现方法》,《情报学报》2019 年第 5 期.

杨国立、李品:《总体国家安全观背景下情报工作的深化》,《情报杂志》2018 年第 5 期.

杨建林:《情报学哲学基础的再认识》,《情报学报》2020 年第 3 期.

杨帅:《工业 4.0 与工业互联网:比较、启示与应对策略》,《当代财经》2015 年第 8 期.

杨园利:《"情报"概念新探:一对一服务的信息科学》,《情报探索》2013 年第 8 期.

杨峥嵘、解虹：《用科学归纳法定义情报》，《情报学刊》1988 年第 1 期．

姚乐野、范炜：《突发事件应急管理中的情报本征机理研究》，《图书情报工作》2014
年第 23 期．

叶鹰、马费成：《数据科学兴起及其与信息科学的关联》，《情报学报》2015 年第
6 期．

于宏源：《矿产资源安全与"一带一路"矿产资源风险应对》，《太平洋学报》2018 年
第 5 期．

于宏源、余博闻：《资源自立与全球治理——欧盟矿产资源安全战略评析》，《欧洲研
究》2017 年第 2 期．

于景元：《系统科学和系统工程的发展与应用》，《科学决策》2017 年第 12 期．

于景元、刘毅：《复杂性研究与系统科学》，《科学学研究》2002 年第 5 期．

袁莉、姚乐野：《应急管理中的"数据–资源–应用"情报融合模式探索》，《图书情报
工作》2014 年第 23 期．

袁有雄：《钱学森情报研究学术思想探析》，《情报理论与实践》2013 年第 9 期．

曾庆华、陈成鑫：《基于综合集成方法的反恐情报分析系统构建》，《情报杂志》2018
年第 4 期．

曾文、李辉、李荣等：《数据工程视角下的智能情报分析与应用探索》，《情报理论与
实践》2018a 年第 7 期．

曾文、李辉、李享等：《服务于国家科技安全的科技情报研究思考》，《情报理论与实
践》2018b 年第 6 期．

曾湘琼：《大数据时代的健康信息学人才培养》，《图书馆论坛》2020 年第 2 期．

曾子明、黄城莺：《面向疫情管控的公共卫生突发事件情报体系研究》，《情报杂志》
2017 年第 10 期．

张家年：《国家安全保障视域下安全情报与战略抗逆力的融合与对策》，《情报杂志》
2017 年第 1 期．

张家年、马费成：《我国国家安全情报体系构建及运作》，《情报理论与实践》2015a
年第 8 期．

张家年、马费成：《美国国家安全情报体系结构及运作的研究》，《情报理论与实践》
2015b 年第 7 期．

张家年、马费成：《国家科技安全情报体系及建设》，《情报学报》2016 年第 5 期．

张家年、马费成：《总体国家安全观视角下新时代情报工作的新内涵、新挑战、新机
遇和新功效》，《情报理论与实践》2018 年第 7 期．

张景林、王桂吉：《安全的自然属性和社会属性》，《中国安全科学学报》2001 年第
5 期．

张静：《浅谈大数据环境下核情报人才培养和用户服务》，《中国核科学技术发展报告
（第五卷）——中国核学会 2017 年学术年会论文集第 9 册（核情报分卷、核技术经
济与管理现代化分卷、核电子学与核探测技术分卷）》，2017 年．

张灵莹：《一类决策信息的价值分析模型》，《深圳大学学报（理工版）》2002 年第
2 期．

张秋波、唐超：《总体国家安全观指导下情报学发展研究》，《情报杂志》2015 年第
12 期．

张晓军：《情报、情报学与国家安全——包昌火先生访谈录》，《情报杂志》2017 年第
5 期．

张兴旺、麦范金、李晨晖：《基于大数据的企业竞争情报动态信息处理的内涵及共性
技术体系研究》，《情报理论与实践》2014 年第 3 期．

张扬、金品轩：《国外情报学理论研究的几个关键问题——以"社会公共安全"为视
角》，《情报探索》2014 年第 8 期．

章雅蕾、吴超、王秉：《安全情报素养：总体国家安全观背景下安全人员的必备素
养》，《情报杂志》2019 年第 3 期．

赵冰峰：《论情报主导竞争》，《情报杂志》2014 年第 1 期．

赵发珍：《我国突发事件中的应急情报研究——一个文献综述》，《现代情报》2020 年
第 2 期．

郑涛、黄培堂、沈倍奋：《当前国际生物安全形势与展望》，《军事医学》2012 年第
10 期．

中国科学技术情报学会、中国社会科学情报学会：《情报学与情报工作发展南京共
识》，《图书情报工作》2018 年第 1 期．

周柏林：《情报概念研究》，《现代情报》1997 年第 3 期．

周干峙：《城市及其区域——一个典型的开放的复杂巨系统》，《城市规划》2002 年第
2 期．

周京艳、刘如、赵芳等：《新时代大情报观的重塑》，《情报理论与实践》2019 年第
8 期．

周智博：《宪法"国家安全"条款视阈下国家安全情报法律体系建构》，《情报杂志》
2020 年第 3 期．

朱锋：《"非传统安全"解析》，《中国社会科学》2004 年第 4 期．

朱志昌：《物理事理人理方法论国际交流的启示》，《Systems Engineering, Systems
Science and Complexity Research—Proceeding of 11th Annual Conference of Systems
Engineering Society of China》2000 年．

子杉：《国家的选择与安全》，上海：上海三联书店，2005 年．

邹萍、董颖、李莘等：《科学知识图谱视角下国内外图情领域危机管理对比研究》，
《情报科学》2018 年第 12 期．

（二）硕博论文

曹文：《基于多层异质复杂网络的生物安全情报分析研究》，天津大学 2017 年硕士学位
论文．

董磊：《智慧景区信息化管理服务系统设计与实现》，浙江工业大学 2019 年硕士学位

论文.

高敏:《面向医疗领域安全问题的情报工作探讨》,南京大学 2019 年硕士学位论文.

黄兰秋:《基于云计算的企业竞争情报服务模式研究》,南开大学 2012 年博士学位论文.

黄欣荣:《复杂性科学的方法论研究》,清华大学 2005 年博士学位论文.

蒋希:《总体国家安全观下的网络安全情报工作及对策研究》,南京大学 2019 年硕士学位论文.

李培玲:《Intelligence Studies 视阈下的情报失误原因及规避策略研究》,中国人民公安大学 2019 年硕士学位论文.

李小青:《创新型竞争情报人才培养模式构建研究》,福州大学 2010 年硕士学位论文.

瞿咬根:《化工园区突发事件全流程应急管理研究——以上海化学工业区为例》,上海交通大学 2009 年硕士学位论文.

魏雅雯:《面向安全领域的情报学课程探析》,南京大学 2017 年硕士学位论文.

相前:《校园网安全情报管理系统》,北京林业大学 2019 年硕士学位论文.

张旭:《高校图书馆智库型服务体系构建及能力评价研究》,吉林大学 2019 年博士学位论文.

三、报刊

《第一财经日报》

《法制日报》①

《光明日报》

《解放军报》

《科技日报》

《人民日报》

《学习时报》

四、外文文献

Asthana, N. C., Nirmal, A. Intelligence and Security Management. Aavishkar Publishers, Jaipur, 2008.

Atkinson, M., Belayeva, J., Zavarella, V., et al. News mining for border security intelligence. IEEE International Conference on Intelligence & Security Informatics, 2010.

Barnes, P., Charles, M. B., Branagan, M., et al. Intelligence and anticipation: issues in security, risk and crisis management. International Journal of Risk Assessment & Management, 2007 (7).

Benzidane, K., Alloussi, H. E., Warrak, O. E., et al. Toward a cloud-based security intelligence with big data processing. NOMS 2016-2016 IEEE/IFIP Network Operations and Management Symposium, 2016.

---

① 2020 年,《法制日报》更名为《法治日报》。

Betts, R. K. Analysis, war, and decision: why intelligence failures are inevitable. World Politics, 1978 (31).

Brookes, B. C. The foundations of information science: Part Ⅱ. Quantitative aspects: classes of things and the challenge of human individuality. Journal of Information Science, 1980 (2).

Bruenisholz, E., Wilson-wilde, L., Ribaux, O., et al. Deliberate fires: from data to intelligence. Forensic Science International, 2019 (301).

Brummer, H. L., Badenhorst, J. A., Neuland, E. W. Competitive analysis and strategic decision-making in global mining firms. Journal of Global Business and Technology, 2006 (2).

Burnhein, R. Information literacy: a core competency. Australian Academic & Research Libraries, 1992 (23).

Cates, S. The evolution of security intelligence. Network Security, 2015 (2015).

Clark, R. M. Intelligence Analysis: A Target-Centric Approach. CQ Press, Washington, D. C., 2010.

Devlin, K. The role of conceptual structure in human evolution. In Ganter, B., Minequ, G. W, (eds.). Conceptual Structures: Logical, Linguistic, and Computational Issues, 8th International Conference on Conceptual Structures. Springier Verlag, Berlin, 2000.

Donoho, D. 50 years of data science. Journal of Computational & Graphical Statistics, 2017 (26).

Dulles, A. W. The Craft of Intelligence. Harper & Row, NewYork, 1965.

Fingar, T. Reducing Uncertainty: Intelligence Analysis and National Security. Stanford University Press, California, 2011.

Fleisher, C., Bensoussan, B. Strategic and Competitive Analysis: Methods and Techniques for Analyzing Business Competition. Pearson Prentice Hall, New Jersey, 2003.

Florea, G., Popa, M. Safety and security integration in LPG tank farm process control. IFAC Proceedings, 2012 (45).

Fraser-Arnott, M. Competencies for information specialists in emerging roles. Library Management, 2017 (38).

Frevel, B. Managing urban safety and security in Germany: Institutional responsibility and individual competence. European Journal of Criminology, 2013 (10).

Garai, H., Cochrane P. Managing Information. Ashgate Publishing, New York, 1997.

George, F., William, A. Artificial Intelligence: Structures and Strategies for Complex Problem Solving. Six Edition. Addison-Wesley Longman Publishing Co., Inc, Boston, 1997.

Hale, A. Safety management in production. Human Factors and Ergonomics in Manufacturing & Service Industries, 2003 (13).

Hale, A. Safety management, what do we know, what do we believe we know, and what do we overlook. Tijdschrift Voor Toegepaste Arbowetenschap, 2005（18）.

Hall, A. D. Three-dimensional morphology of systems engineering. IEEE Transactions on System Science and Cybernetics, 1969（SSC-5）.

Handel, M. I. War, Strategy and Intelligence. Psychology Press, London, 1989.

Hey, T., Tansley, S., Tolle, S. The Fourth Paradigm: Data-Intensive Scientific Discovery. Microsoft Research, Redmond, 2020.

Huang, L., Wu, C., Wang, B., et al. A new paradigm for accident investigation and analysis in the era of big data. Process Safety Progress, 2018a（37）.

Huang, L., Wu, C., Wang, B., et al. Big-data-driven safety decision-making: A conceptual framework and its influencing factors. Safety Science, 2018b（109）.

IARPA. Research Programs. https://www.iarpa.gov/index.php/research-programs ［2020-04-10］.

Johnson, L. K. National Security Intelligence. Polity Press, Oxford, 2012.

Kahaner, L. Competitive Intelligence. Simon and Schuster, New York, 1996.

Kent, S. Strategic Intelligence for American World Policy. Princeton University Press, New Jersey, 1951.

Kim, Y., Kim, I., Park, N. Analysis of cyber attacks and security intelligence. Lecture Notes in Electrical Engineering, 2014（274）.

Liew, A. DIKIW: data, information, knowledge, intelligence, wisdom and their interrelationships. Business Management Dynamics, 2013（2）.

Liska, A. Building an Intelligence-Led Security Program. Elsevier, Amsterdam, 2015.

Lowenthal, M. M. Intelligence from Secrets to Policy（4th ed.）. CQ Press, Washington, D. C., 2009.

Luhmann, N. The self-description of society: crisis fashion and sociological theory. International Journal of Comparative Sociology, 1984（25）.

Lynch, C. Big data: how do your data grow?. Nature, 2008（455）.

Marshall, P., Hirmas, A., Singer, M. Heinrich's pyramid and occupational safety: a statistical validation methodology. Safety Science, 2018（101）.

Meyerson Laura, A., Reaser Jamie, K. Biosecurity: moving toward a comprehensive approach. Bioscience, 2002（52）.

Ouyang, Q., Chao, W., Lang, H. Methodologies, principles and prospects of applying big data in safety science research. Safety Science, 2018（101）.

Patriarca, R., Gravio, G. D., Cioponea, R., et al. Safety intelligence: incremental proactive risk management for holistic aviation safety performance. Safety Science, 2019（118）.

Peterson, M. Intelligence-led policing: The new intelligence architecture. Bureau of Justice Statistics, 2005（20）.

Piètre-Cambacédès, L., Chaudet, C. The SEMA referential framework: Avoiding ambiguities in the terms "security" and "safety". International Journal of Critical Infrastructure Protection, 2010 (3).

Pramanik, M. I., Lau, R. Y. K., Yue, W. T., et al. Big data analytics for security and criminal investigations. Wiley Interdisciplinary Reviews: Data Mining and Knowledge Discovery, 2017 (7).

Rankin, M. National security: information, accountability, and the Canadian security intelligence service. University of Toronto Law Journal, 1986 (36).

Rausand, M. Risk Assessment: Theory, Methods, and Application. John Wiley & Sons Inc, New York, 2014.

Richardson, J. H. Biosafety in microbiological and biomedical laboratories. Government Printing Office Report on TB Laboratory Services, 1999 (4): 206-207.

Riel, A., Kreiner, C., Messnarz, R., et al. An architectural approach to the integration of safety and security requirements in smart products and systems design. CIRP Annals, 2018 (67).

Roberta, W. Pearl Harbor: Warning and Decision. Stanford University Press, California, 1962.

Rosa, E. A. Metatheoretical foundation for post-normal risk. Journal of Risk Research, 1998 (1).

Rozenfeld, O., Sacks, R., Rosenfeld, Y., et al. Construction job safety analysis. Safety Science, 2010 (48).

Schlegelmilch, J., Albanese, J. Applying business intelligence innovations to emergency management. Journal of Business Continuity & Emergency Planning, 2014 (8).

Shannon, C. E. A mathematical theory of communication. Bell Labs Technical Journal, 1948 (5).

Shulsky, A. N., Gary, J. S. Silent Warfare: Understanding the World of Intelligence. Brassey's, Washington, D. C., 2002.

Simon, H. A. Theories of decision-making in economics and behavioral science. The American Economic Review, 1959 (49).

Song, I., Zhu, Y. Big data and data science: what should we teach?. Expert Systems, 2016 (33).

Trim, P. R. J. Disaster management and the role of the intelligence and security services. Disaster Prevention & Management, 2003 (12).

Turban, E., Sharda, R., Aronson, J. E., et al. Business Intelligence: A Managerial Approach. Pearson Prentice Hall, New Jersey, 2008.

Turner, M. A. Why Secret Intelligence Fails. Potomac Books, Inc., Dulles, 2005.

Varey, P. Process plants: A handbook for inherently safer design (Review). 1999.

Viktor, M. S., Kenneth, C. Big Data: A Revolution That Will Transform How We Live, Work, and Think. Hodder & Stoughton, London, 2013.

Wang, B. Safety intelligence as an essential perspective for safety management in the era of safety 4. 0: from a theoretical to a practical framework. Process Safety and Environmental Protection, 2020 (120) .

Wang, B., Wu, C. Demystifying safety-related intelligence in safety management: some key questions answered from a theoretical perspective. Safety Science, 2019 (120) .

Wang, B., Wu, C. Safety informatics as a new, promising and sustainable area of safety science in the information age. Journal of Cleaner Production, 2020 (252) .

Wang, B., Wu, C., Huang, L., et al. Using data-driven safety decision-making to realize smart safety management in the era of big data: a theoretical perspective on basic questions and their answers. Journal of Cleaner Production, 2019 (210) .

Wang, B., Wu, C., Shi, B., et al. Evidence-based safety (EBS) management: a new approach to teaching the practice of safety management (SM) . Journal of Safety Research, 2017 (63) .

Wang, R., Ji, W., Liu, M., et al. Review on mining data from multiple data sources. Pattern Recognition Letters, 2018 (109) .

Weller, G. R. The Canadian security intelligence service under stress. Canadian Public Administration, 2010 (31) .

Winge, S., Albrechtsen, E., Arnesen, J. A comparative analysis of safety management and safety performance in twelve construction projects. Journal of Safety Research, 2019 (71) .

Winzer, C. Conceptualizing energy security. Energy Policy, 2012 (46) .

Xu, R., Wu, Y., Luan, J., et al. Consumer-perceived risks of genetically modified food in China. Appetite, 2020 (147) .

Yovits, M. C., Kleyle, R. M. The average decision maker and its properties utilizing the generalized information system model. Journal of the American Society for Information Science, 1993 (44) .

后　记

　　也许很多人与我相似，对一本书的阅读是从一头"前言"一尾"后记"开始的。一本科学著作的正文内容往往是作者用"脑"形成的相对中规中矩的理性产物，而后记部分则往往是作者用"心"呈现的相对自由随意的真情流露。要真正读懂一本科学著作，真正走进和读懂作者（特别是性格相对内向、不善言谈的作者）的内心，那就必须阅读它的后记部分。正因如此，在撰写拙作《安全情报学导论》一开始，我就计划和思考在本书付梓之际要如何肆意地挥洒激扬文字，通过后记的形式品味过往，反思现在，展望未来。本拙作行将付梓，在这一刻，很多话一下子涌上来，实在是情之所至，我想用后记的方式记录下来，展现自己的心路历程和所感所悟，也算向读者提供一些必要的"情报"。现在还是寒假假期，由于白天要履行一名父亲的基本责任和义务——带娃陪娃，这些文字是在孩子睡后的夜深人静之时完成的，我想这样的时刻极好，因为夜深人静之时往往更容易陷入深度思考，更安逸地憧憬诗和远方、更好地表达内心感受！

　　写作是漫长而艰辛的，历时数百个日日夜夜的伏案工作，经过多次讨论与修正，在拙作即将付梓之际，我长舒了一口气，算是又完成了自己真心想做的一件事。在此刻，我想真诚地表达我的六份真情实感：一份是对恩师（本书第二作者吴超教授）的感激，一份是对亲人的感恩，一份是对所有关心、支持和鼓励我的同仁、亲戚、朋友的感谢，一份是对自己坚持、努力和付出的自豪，一份是对安全情报学研究的用情，一份是对本书的编辑老师辛勤、认真、严谨工作的感动。这是因为，她们给予我的强大能量共同促成了我对安全情报学研究的冲动、专注与热情。

　　和吴超教授成为师生是一种缘分和幸运，拥有默契和共同追求是　种缘分和幸运，共同研学著书是一种缘分和幸运！更有缘和幸运的是，这将是我们一起合著的第九本书。在中国传统文化里，"九"是一个幸运数字，寓意"永恒""无数""百尺竿头更进一步"，永远呈上升趋势。希望以此拙作为基点，我们还可以产生更多更心仪的学术成果。我坚信，这一份缘分和幸运定会继续延续，上述愿望定会实现，因为我们二人之间有难得的高质量师生关系。我起初想不到到底用什么词来贴切表达我们之间的师生关系。最后，我觉得引用吴超教授科学网博客博文和给我邮件中的话来形容和表达，是再好不过了。他曾在博文和给我的邮件中写道，"尽管我们年纪相差 34 岁，他 90 后，我 50 后，但我是他的老师又是他的朋友""哈哈，我们科研兴趣一致，你也很坚持，我们算是难得的配对了""我们之间没有学术'代沟'，是很搭的一对'老少配'"。

近年来，由于个人学术兴趣推动和新时期安全科学理论创新需要等因素，我持续开展安全情报学方面的基础理论研究，算是误打误撞进入了图情学科特别是情报科学领域，并在图情类期刊发表了系列研究成果，且在图情学科领域拿到了科研的"第一桶金"。目前，我主持获得资助的几项纵向科研项目都是图情学科领域的科研项目，本书就是国家社会科学基金后期资助项目（隶属图情学科）的最终成果。这里，与各位读者分享，是什么驱使我进入了情报科学领域的。我想，主要是我对交叉科学研究的认识、理想和追求。目前，很多人都说自己在从事交叉科学研究。那么，怎样才是真正的交叉科学研究者呢？我认为有两个直观的衡量判断指标：一是所开展的研究内容的确属于交叉科学；二是研究者在自学科和相关他学科领域的学术期刊都能发表研究论文。我从事的安全情报学研究属于安全科学和情报科学的交叉领域，我希望我的安全情报学研究成果要在安全科学和情报科学领域的学术期刊都能发表研究论文。正是这种交叉科学研究的认识、理想和追求，驱使我不满足于仅在安全科学领域学术期刊发表研究成果，必须进入情报科学领域期刊发表研究成果并得到认可或批评指正。

同时，我非常愿意与各位读者朋友分享一下在这段旅程中的一些个人科研心得体会和收获。若读者已阅读了本书的前言部分，就会知道，安全情报学研究系列成果和本书是我的用心之作。概括而言，在撰写本书的这段时间，收获颇丰，我深刻明白了一个道理：当一个人把专业和工作作为一种幸福时，虔诚便来自心底。具体科研心得体会和收获主要有以下七大方面。

第一，学术研究需要一份简单。道家名言"大道至简"告诉我们：简到极致，便是大智；简到极致，便是大美。我确实算是一个生活、思绪、兴趣和追求相对简单的人，没什么生活情趣，也不想紧盯考核指标和指挥棒追求所谓的业绩或"帽子"，生性向往自由，最大的享受和愿望是可以听着快活的广场舞曲一个人读书和写作。也许正是这份简单，才促使自己较快地完成了这本拙著。

第二，学术研究需要一份宁静。记得曾读过一篇文章，标题是"为什么我们缺少特立独行的人生态度", 文章内容引起了很多人的共鸣, 众人纷纷点赞。多给自己留点"安静的时间"确实不易! 我们经常想着"热闹", 但最终发现, 带来成长的却大多是属于自己的"安静"。

第三, 学术研究需要一份全心投入。常言道:"十年磨一剑"。我自攻读博士学位开始直至完成本书, 几乎每天(包括大多节假日)从早到晚都在思考它, 钻研它, 丰富它。

第四, 学术研究需要保持一份兴趣。我坚信兴趣是科学研究活动的动力和精髓, 我的研究更多的是基于兴趣的探索。正是这种不受太多名利所累的自由探索, 我才觉得它其实还蛮有意思和价值的。正因为如此, 我也无须太多被动的"坚持", 也愿意牺牲休息时间撰写本书。

第五, 学术研究需要一份相信和坚守。我的学科专业背景是安全科学与工程, 它被设置在理工科学院, 我在理工科学院算是一位"特别"甚至"另类"研究者, 因为我所从事的安全科学(包括安全情报学)基础理论研究偏社科属性, 这与理工科学院的主流科研方向和考核评价体系存在巨大差异, 成果考核时很难被算数, 有时候我甚至觉得有些憋屈。其实, 上述问题是目前国内文理大交叉学科科研工作者普遍面临的问题。幸好我一直相信和坚持了自己的选择, 坚信"安全科学基础理论研究不仅有可为, 且大有可为", 坚持在安全情报学领域深耕, 最终才取得了一系列研究成果。通过这一宝贵经历, 我才真正明白那句话——"因为相信和坚守, 所以看见"。

第六, 学术研究需要一份格局。高层次的研究成果需要研究者拥有大格局。本书的完成源于一个大格局: 真正属于大安全的研究视野,"敢于创建新学科, 敢于国际领先, 理论创新只有第一没有第二"的学术信仰,"甘坐冷板凳, 坚守兴趣, 十年磨一剑"的学术魄力,"既要脚踏实地, 又要仰望星空"的学术追求,"定蓝图→产系列(成果)→成体系"的科研方法论。

第七, 学术研究需要一份真情。无论对人、事或物, 人终究是感情动物。在我的科研路上,"安全"一词与我一直相伴, 我们也算老朋友啦。我相信, 任何的爱都绝不是一时的心血来潮, 从结识, 到喜欢, 到爱, 这既需要缘分, 更需要漫长岁月的点点滴滴来积淀, 来培养, 这样才会萌生浓烈的感情。就连世间最伟大的母爱, 也需要数月的怀胎。我要承认我对安全情报学研究的日久生情。相信很多读者也有此体会与感悟。还清晰记得我的本科毕业论文的致谢的题目是"安全, 爱你是幸福的"。而且, 随着时间一久, 我对安全的爱变得越来越纯粹了。正是我对安全情报学研究的那份真情，才使我肯花心思和时间探索它。

做任何事都是追求价值的。希望它所传递的安全情报学的思维、理论与方法，能够为安全与情报科学发展、建设更高水平的平安中国、国家安全事业和谋求全人类的安全福祉做出一点小贡献。在此，谨以此书献给热爱安全和情报科学事业（特别是安全情报学事业）的广大同仁们！目有星辰，心怀山海，以梦为马，不负韶华，唯有相信，方可看见！希望在未来，我继续对安全情报学满怀热爱，继续恣意在安全情报学领域绽放生命热情！希望在不断的研究和探索中，能够争取早日孕育出《安全情报学详论》或《安全情报学》教材，不辜负各位读者的期盼。

想到冗长的文字容易让人产生审美疲劳，繁杂的信息容易让人迷失而找不到有用的情报，为了避免上述问题，那么就仅主要记录和分享上述关于安全情报学研究的个人经历和体会，让读者倾听我心灵深处的声音。

是为后记。

王 秉

写于二〇二二年二月十五日午夜时分